LEONARDO ARAÚJO

MULHERES LEVANTADORAS DE PESO

UMA ETNOGRAFIA DA FORÇA

KOTTER
EDITORIAL

Coordenação editorial: Sálvio Nienkötter
Editor-executivo: Daniel Osiecki
Editores-adjuntos: Claudecir de Oliveira Rocha, Tiago Goes Cardoso
Capa: Paula Villa Nova
Design editorial: Carlos Garcia Fernandes
Produção: Cristiane Nienkötter
Preparação de originais e revisão: O Autor

Dados Internacionais de Catalogação na Publicação (CIP)
(CIP) Angélica Llacqua CRB-8/7057

Araújo, Leonardo
Mulheres levantadoras de peso / Leonardo Araújo. – Curitiba : Kotter Editorial, 2023.
384 p.

ISBN 978-65-5361-092-7

1. Educação física feminina 2. Sociologia I. Título
CDD 301
22-2830

KOTTER EDITORIAL

Kotter Editorial
Rua das Cerejeiras, 194
82700-510 | Curitiba/PR
+55 41 3585-5161
www.kotter.com.br | contato@kotter.com.br

Feito o depósito legal
1ª Edição
2023

LEONARDO ARAÚJO

MULHERES LEVANTADORAS DE PESO

UMA ETNOGRAFIA DA FORÇA

Dedicado a todas as mulheres levantadoras de peso e também às agências humanas e não humanas que compuseram as células, os tecidos, sistemas e cavidades deste texto encarnado.

AGRADECIMENTOS

Apesar dos inevitáveis momentos de solidão, uma pesquisa nunca se faz só. Agradecer a quem esteve presente - em corpo, intenção ou palavras - é, portanto, uma maneira de reconhecer e celebrar a partilha de afetos, saberes e intensidades que constituíram a matéria mesma de minha escritura, feita de corpo e palavras.

Começo então agradecendo à Glória Diógenes, com quem aprendi algumas das mais valiosas lições antropológicas em nossas conversas de fim de tarde, quando os ventos faziam dança com os papéis espalhados pela mesa. Glória é potência de vida, e ter sua companhia ao longo desse percurso era ser contagiado por intuições, dizeres e palavras de incentivo. Por tudo isso, muito obrigado.

Queria agradecer também ao professor Kaciano Gadelha (*in memoriam*). Com seu olhar arguto, sempre conseguia me fazer enxergar além, tendo provocado uma verdadeira revolução epistemológica em mim. Agradeço também ao Professor Pablo Assumpção, cujas críticas, contribuições teóricas e encorajamento foram fundamentais para que eu tivesse a confiança de seguir meus instintos. Meu muito obrigado também à professora Irlys Barreira, de quem tive a sorte de ser aluno mais de uma vez e com quem aprendi que o rigor do método pode conviver com a criatividade da escrita. À professora Rosângela Araújo, mais conhecida como Mestra Janja, por ter me ajudado a vislumbrar a existência de um vasto arquivo de luta feminista e negra, nos jogos de capoeira e nas rodas da vida.

À Amanda Nogueira, pelas conversas, trocas bibliográficas e dicas metodológicas. Amanda é daquelas amizades que sempre me fazem descobrir coisas novas e alimentam meu desejo de saber.

A Alan Santiago, por ser talvez a pessoa que mais conhece meus textos e ideias, e com quem divido o amor pela literatura.

Queria agradecer também a Flávio e Regina, meus pais. Faltam-me palavras para dizer do carinho e apoio que recebi ao longo de todos esses anos. Devo muito do que sou a vocês. Obrigado por tudo.

Finalmente, gostaria de agradecer a todas as mulheres que colaboraram enormemente para a realização da pesquisa: Larissa Araújo, Beatriz Mesquita, Jeska Barros, H., Marilia Coutinho e Cris Sousa. Obrigado pelos ensinamentos e pela generosidade em compartilhar comigo uma parte de suas vidas. Este trabalho só foi possível por causa de vocês.

Estamos condenados à razão. Mas é essa mesma razão dissociativa que pode nos aproximar, por momentos iluminados, da unidade perdida, em alguns pontos-anos-luz no espaço-tempo. Nós buscamos essa unidade na prática do lúdico e do erótico, na arte, no esporte, no amor e no sexo. Nessas áreas do in- utensílio, há vida além da tirania do lucro e da utilidade. Ao brincar e jogar, estamos salvos, livres. E de volta. (LEMINSKI, 1987, p. 44)

A Hora da Lâmina/Paulo Leminski

PREFÁCIO

Deus está no particular
Aby Warburg

Aviso. Leia a bula inexistente antes de aqui entrar. Aqueça. Nenhum movimento se faz com o corpo passivo. Você pode até imaginar que irá deitar-se em uma poltrona confortável, ou em uma rede sacudida pelo balanço do vento e deleitar-se com a leitura do livro "Mulheres levantadoras de peso: uma etnografia da força". Não é bem assim. Trata-se de escritos-em-movimento, em trânsito, em fluxos descontínuos de experimentação. Assim como as levantadoras de peso, aqui se entra num estado de flow, termo cunhado por Csikszentmihalyi que significa uma "motivação completamente focada", um profundo afunilamento da atenção.

Mais que uma tese, uma escritura científica, o leitor estará diante de um acontecimento. O autor empreende uma aventura, um experimento que atravessa a usual tessitura dos textos acadêmicos, de falarem sobre o mundo, as pessoas, as coisas; apartadas ou distanciadas dos encontros. Ao contrário, as palavras aqui emergem como uma espécie de quantum energético, embaladas por experimentações, fabricações e desorganizações corporais.

Na tentativa de seguir pistas (GINZBURG,1990) capazes de prover, passo a passo, os vestígios para a construção de músculos, remodelações de si, ao longo de três anos, Leonardo passa a vivenciar a fabricação corporal de três mulheres musculosas: as fisiculturistas Larissa Araújo e Jeska Barros, e a crossfiteira Beatriz (Bia) Mesquita. Seu corpo, juntamente com cada uma delas, incursiona formas diversas de construção, de desorganização, comparando-se à feitura de uma obra, que tende a liberar-se de sua figura, e assumir outras formas.

Deleuze (2011) ao refletir sobre a obra de Francis Bacon, na Lógica das Sensações, mostra um tipo de construção estética em constante rematerialização da materialidade (p. 19), sendo que a materialidade, toda ela, se encontra ao lado da sensação. Trata-se não mais dos corpos da "medicina", corpos invólucros, corpos orgânicos que existem por meio de suas fronteiras corporais. São corpos desfocados de suas formas habituais, libertados de seu papel representativo, assim como as figuras do pintor Francis Bacon, os corpos "dobram-se, ou contorcem-se, libertos de toda figuração" (DELEUZE, p. 45). Então cada corpo que lê, que passa os olhos e deixa a pele ser tocada por essa escrita, é tangido de sua imobilidade, da tentativa inútil de fazer prevalecer, de preservar suas formas originais. É que o corpo "não espera algo de sua estrutura, espera algo de si mesmo" (p. 53), faz esforço para outros devires.

Por isso nem se iluda que palmilhará lugares de uma escrita que se arvora de tecer amplas significações, construir conceituações capazes de abarcar realidades díspares, ou supostos corpos universais. Como bem diz Ginzburg (1990, p. 163) "a tendência a apagar os traços individuais de um objeto é diretamente proporcional à distância emocional do pesquisador". E aqui, pelo contrário, não há distâncias. Há uma certa orgia de corpos que se encontram entre outras dobras e possibilidades de si, das levantadoras de peso e do antropólogo levantador de palavras. Há misturas, "eu te abraço rede, tu me soltas feixe" (SERRES, 2001, p. 23).

Nas "Notas sobre um pesquisador amador", Leonardo indaga "há, na vida, algo que se faça sem o corpo? Há pesquisa sem um coração batendo, sem um peito que se enche de ar, sem músculos que nos levam de um lugar ao outro, sem o gozo que dá cabo do desejo mais intenso, sem uma pele que conhece a forma das coisas, sem um esqueleto capaz de resistir aos mais duros golpes?" As rotas que aqui seguirá o leitor de como pesquisar com o corpo trazem, em "carne viva", a tão rara estratégia metodológica que se move para além da usual escuta e do exercício etnográfico do olhar. Como bem disse o autor, a ordem é a mistura entre "veias, cartilagens, pele, ossos e músculos", nas circunstâncias que envolveram os próprios devires corporais do pesquisador e das mulheres levantadoras de peso.

De algum modo, é possível dizer que essa obra, por meio de múltiplos indícios de programações político-somáticas do corpo, a qual se refere Preciado (2008, p. 87), exerce uma espécie de profanação. Deixa ver em corpos femininos testosteronizados, me valendo de um neologismo, a certeza de que ser homem ou mulher é uma ficção, "produzida por um conjunto de tecnologias de domesticação do corpo" (Idem, p. 89). Profana-se por embaralhar fronteiras de gênero, por experimentar fazer delas novos usos, por dissolver suas formas usuais, por brincar com elas (AGAMBEN, 2007, p. 75), dessacralizando dispositivos de binarismo e de segmentações.

As diversas táticas de "piratarias de gênero" (PRECIADO, 2008), apresentadas ao longo desse livro, como no caso de uma das interlocutoras da pesquisa, Larissa, podem mover o olhar do leitor, encorajá-lo não necessariamente a ultrapassar limites biológicos, fronteiras entre gêneros, mas a lançar-se na aventura de outros saques e pilhagens. Nos rastros de Leonardo, arriscando uma espécie de pirataria dos desassossegados, dos que escrevem para além do que dizem como sendo as fronteiras de si, dos que atravessam lugares do próprio corpo e dos hiatos entre corpos.

Glória Diógenes

Referências Bibliográficas

AGAMBEN, Giorgio. Profanações, São Paulo: Boitempo, 2007.

DELEUZE, Gilles. A lógica das sensações. Lisboa: Orfeu Negro, 2011.

GINZBURG, Carlo. Mitos, Emblema e sinais – Morfologia e História. São Paulo: Companhia das Letras, 1990.

PRECIADO, Beatriz. Testo Yonqui. Madrid: Espasa, 2008.

SERRES, Michel. Os Cinco sentidos – Filosofia dos corpos misturados. Rio de Janeiro: Bertrand Russel, 2001.

Sumário

Lista de Figuras

Lista de quadros

MULHERES LEVANTADORAS DE PESO: UMA ETNOGRAFIA DA FORÇA

1. HISTÓRIA DE UM CORPO-PESQUISA

"Quanto mais pesado o fardo, mais próxima da terra está nossa vida, e mais ela é real e verdadeira."
(KUNDERA, 2009, p. 2)

Mesmo querendo dizer a verdade, se escreve falso. Se lê falso. Loucura. Uma vida real passada se apresenta como uma vida fictícia futura. Contar sua vida é sempre um mundo às avessas."
(DOUBROVSKY, 1989, p. 92, apud FIGUEIREDO, 2013, p. 11).

Eu antes tinha querido ser os outros para conhecer o que não era eu. Entendi então que eu já tinha sido os outros e isso era fácil. Minha experiência maior seria ser o âmago dos outros: e o âmago dos outros era eu."
(LISPECTOR, 2004, p. 43)

Peso. Força sofrida por um objeto em virtude da atração gravitacional nele exercida por outro corpo massivo. Força recebida por um corpo posicionado debaixo de outro corpo, ainda quente e ofegante ao final de tudo. Força exercida pelo primeiro ar preenchendo os pulmões de quem acaba de nascer. Força que esmaga o peito quando tudo parece perdido. Força exercida contra a pele por palavras feitas para ferir. Força feita contra um corpo que, do contrário, continuaria a subir até se esvaziar por inteiro, como um balão. Força mantida por dois corpos que se unem em um abraço apertado. Força que faz descer o suor pelo rosto, marcando a pele com um caminho de sal. Força exercida pelo lençol sobre um corpo que não dorme enquanto não cobrir a própria fragilidade. Peso. Tudo aquilo que fatiga, atormenta e oprime. Peso. Matéria mesma de que é feita a leveza.

Nesse sentido, o "peso" (por um lado, anilhas, barras de ferro, halteres, *kettlebells*[1] e, por outro, o cansaço, a disciplina, o preconceito social, as lesões, o risco da morte), juntamente à "leveza" (a adrenalina das competições, os títulos, o reconhecimento do público e o respeito dos(as) outros(as) atletas), às tecnologias corporais (anabolizantes, suplementos alimentares, cirurgias plásticas, protocolos de desidratação, programas de treinamento), às políticas de gênero[2] e, finalmente, à materialidade dos corpos de minhas interlocutoras serão tomados como fenômenos[3] de um emaranhado[4] de relações intra-ativas[5] na

---

[1] Peso com o formato de uma bola de ferro, achatado na base e ligado a uma espécie de "alça" na parte superior.

[2] Por esse termo quero demarcar um conjunto de relações sociais e políticas que se fundamenta na essencialização da diferença entre os gêneros. Em contraposição a ela, Butler (2004, p. 4, tradução nossa) faz menção a uma "Nova Política de Gênero" (New Gender Politics) para falar de uma "combinação de movimentos relacionados a transgeneridade, transsexualidade, intersexualidade e suas complexas relações com o feminismo e a teoria *queer*".

[3] O uso que faço do conceito de fenômeno se afasta tanto do sentido kantiano quanto do fenomenológico. Com ele, não quero me referir à "coisa-em-si-mesma" (númeno) ou aos objetos percebidos, mas a um conjunto específico de intra-ações. Nas palavras de Barad (2007, p. 140, tradução nossa), fenômenos "não são o mero resultado de exercícios laboratoriais engendrados por sujeitos humanos; em vez disso, são padrões diferenciais de materialidade ('padrões difrativos') produzidos por meio de intra-ações agenciais complexas de múltiplas práticas materiais-discursivas ou por aparatos de produção corporal".

[4] Trata-se de um conceito que, com inspiração em Barad (2007), tomo emprestado à física quântica, para dizer de um fenômeno no qual pares ou grupos de partículas são geradas, interagem ou dividem proximidade espacial, de maneira que o estado quântico de uma não pode ser descrito independentemente do estado quântico da outra.

[5] O neologismo criado por Barad (2007, p. 34, tradução nossa) diz da mútua constituição de agências emaranhadas, isto é, "em contraste com a usual 'interação', que assume a existência de agências individuais que a precedem, a noção de intra-ação reconhece que agências distintas não ocorrem, emergindo apenas por meio de sua intraação". Nesse sentido, agências singulares seriam distintas apenas em relação a seu mútuo emaranhamento (*entanglement*), não preexistindo como elementos individuais. Em última instância, tal concepção fornece uma maneira de dissolver os dualismos que atuam como ponto de amarração de concepções problemáticas, por estabelecerem hierarquias implícitas que reforçam relações de dominação. Nesse sentido, o realismo agencial de Barad me é importante especialmente no que toca às considerações sobre como as

construção de uma corporalidade feminina forte (por esse termo quero me referir a um corpo capaz de, através de sua fisicalidade e musculatura, erodir certo discurso corrente em nossa paisagem sociocultural que vincula ser mulher à fragilidade, à passividade e ao medo).

Em outras palavras, estou interessado em investigar como a tarefa contínua de levantar pesos tem como resultado não apenas a fabricação, dentro de um campo de práticas muito específicas (fisiculturismo[6] e Crossfit[7]), de uma mulher musculosa, mas também a instituição de uma verdadeira infecção das "bases moleculares da produção da diferença sexual" (PRECIADO, 2008, p. 110, tradução nossa) e, no limite, um tensionamento das noções que fundamentam a própria ideia de humanidade[8]. Nesse sentido, desejo investigar as implicações corporais e políticas desse processo, bem como as negociações envolvidas, dentro do regime político heteronormativo[9] para que mulheres musculosas e/ou "testosteronadas" possam seguir com seu fazer marginal. Com isso, estou assumindo que os gêneros "masculino" e "feminino" bem como os signos e os atributos corporais que lhes dão suporte não têm caráter ontológico, mas se configuram como "efeitos políticos somáticos de um processo de normalização" (PRECIADO, 2008, p. 110, tradução nossa). "Masculinidade" e "feminilidade" surgem a partir

forças em ação na materialização dos corpos não são apenas sociais, mas também advindas, igualmente, da própria materialidade deles, afirmação que está subsumida à reflexão sobre as relações existentes entre práticas discursivas e fenômenos materiais. Em outras palavras, o corpo, em minha investigação, aparece não como uma matéria amorfa, moldada pelos mais diversos discursos de poder, mas como sendo ele mesmo capaz de agência, de produzir relações diferenciais com outras materialidades, inclusive não humanas.

[6] Esporte que se baseia no uso de exercícios de resistência progressiva, com pesos livres e/ou máquinas, para fazer crescer os músculos do(a) praticante (8 CATEGORIAS, 2018).

[7] Sistema de condicionamento físico baseado em exercícios variados e de alta intensidade que misturam elementos ginásticos, aeróbicos e de levantamento de peso.

[8] Como pude observar em campo, em alguns momentos as interpelações a respeito dos corpos de minhas interlocutoras se deslocavam de questões de gênero para aspectos que as empurravam para o território do "monstruoso" e do "abjeto", alvos, ao mesmo tempo, de "nojo" e "desejo". Para explorar essa dimensão me valho da noção de "monstro" em José Gil (2006) e "abjeção" em Kristeva (1982). No sentido de investigar as potencialidades e os limites desses corpos "pós-humanos" mobilizo o conceito de "ciborgue" em Donna Haraway (2000).

[9] "A ideia de 'heteronormatividade' refere-se a uma tendência compulsória da cultura de reproduzir a ideologia dominante via um agenciamento estrutural da intimidade humana em instituições tradicionalmente heterossexuais, como o casamento religioso e a família. Esse agenciamento da intimidade refletiria uma temporalidade análoga à do sistema capitalista, baseada na (e dependente de) necessidade de 'reprodução'" (ASSUMPÇÃO, 2011, p. 46).

do corte agencial[10] promovido por aparatos de produção corporal[11] materiais-discursivos[12], os quais estabelecem limites e criam realidades por processos de inclusão e exclusão (BARAD, 2007). Dessa forma, de acordo com nossa paisagem sociocultural, seriam "homens" todos aqueles que possuíssem como atributos pelos faciais, pênis, sêmen, agressividade, músculos, voz grossa e testosterona. E, de outro lado, seriam mulheres aquelas pessoas associadas à menstruação, à vagina, à passividade, à flacidez, às estrias, à celulite, ao estrógeno, à voz fina, ao medo de envelhecer e às pílulas anticoncepcionais.

Trata-se, assim, de uma pesquisa que leva em conta não o trânsito entre "masculino" e "feminino", conceitos que só existem como parte de uma "metafísica naturalista do gênero"[13] (PRECIADO, 2008, p. 148, tradução nossa), mas como a fronteira entre "homem" e "mulher", entre

---

[10] Cortes agenciais, segundo Barad (2007), são instâncias a um só tempo ônticas e semânticas, por meio das quais intra-ações agentivas específicas determinam limites e propriedades de fenômenos, tornando articulações particulares significativas. Desse modo, "homens" e "mulheres" só existem como diferença a partir da realização de um processo de inclusão/exclusão por meio do qual quem possui determinada característica está "dentro" e quem possui outra está "fora".

[11] De acordo com a definição de Barad (2007, p. 148, tradução nossa), "aparatos são as condições de possibilidade e impossibilidade para o que importa; eles delimitam o que importa e o que é excluído de importar. Aparatos promovem cortes agenciais que produzem determinados limites e propriedades de 'entidades' dentro de fenômenos. Isto é, cortes agenciais são ônticos e semânticos. É somente através de intra-ações agenciais específicas que os limites e as propriedades dos componentes dos 'fenômenos' se tornam determinados e que articulações particulares se tornam significativas (...) Portanto, aparatos são práticas produtoras de limite". Em última instância, tal compreensão parte da ideia de que os corpos não possuem limites ou propriedades inerentes, sejam elas quais forem, uma vez que são fenômenos materiais-discursivos. Sendo assim, "corpo" só faz sentido em meu trabalho quando entendido como "corpo em produção".

[12] "O sentido é possível por meio de práticas materiais específicas. A completude de sentido semântico [*semantic contentfulness*] é alcançada não através de pensamentos ou performances de agentes individuais, mas por práticas discursivas particulares. Contudo, a crença comum de que práticas discursivas e sentidos são fenômenos caracteristicamente humanos não é suficiente. Se práticas discursivas são práticas de produção de limites em um sentido ôntico (assim como semântico), então as práticas por meio das quais o humano e o não humano são diferencialmente constituídos não podem recair em uma noção de práticas discursivas que se vale de uma noção anterior do que é humano. O que é preciso, então, é um entendimento pós-humanista das práticas discursivas. Em uma consideração realista agencial, práticas discursivas são (re)configurações materiais específicas do mundo através das quais a determinação de limites, propriedades e sentidos são diferencialmente produzidas (...) Sentido não é uma propriedade de palavras individuais ou grupos de palavras mas uma performance contínua do mundo em sua dança diferencial de inteligibilidade e ininteligibilidade" (BARAD, 2007, p. 148, tradução nossa).

[13] Com essa expressão, Preciado pretende dar a ver o caráter tecnicamente construído do gênero, tanto da feminilidade quanto da masculinidade.

"masculinidade" e "feminilidade", é diferencialmente produzida[14] pelo emaranhado de relações dos quais meu corpo e o de minhas interlocutoras fazem parte.

Para levar essa investigação a efeito me propus à realização de um experimento por meio do qual passei a vivenciar alguns dos processos de fabricação corporal de três mulheres musculosas: as fisiculturistas Larissa Araújo e Jeska Barros, e a crossfiteira[15] Beatriz (Bia) Mesquita[16]. Ao longo de três anos, estabeleci contato regular com cada uma delas, acompanhando-as em competições ou em seus locais de treinamento, na tentativa de urdir uma espécie de receituário que pudesse me servir de guia para a construção de seus músculos, levando em conta suas rotas de dor[17], as técnicas corporais[18] específicas de cada modalidade, as disciplinas de tempo e de afetos, bem como os regimes de treinamento e alimentação. Com isso, comecei a efetuar um trabalho de mutação em meu próprio corpo, de expansão da capacidade física e do repertório de movimentos, o qual só foi possível pela proposta não de um trabalho de campo "tradicional", mas de uma topologia de pesquisa[19] cujas bordas foram estabelecidas pelas intra-ações de nossos corpos.

---

[14] Quando afirmo que as fronteiras entre os sexos, bem como entre os gêneros são diferencialmente produzidas, parto de uma ontoepistemologia fundamentada não em uma geometria da reflexividade, mas de uma metodologia difrativa. Em lugar de privilegiar processos de produção de identidade, ela joga luz nas "diferenças geradas pelas práticas de produção de conhecimento e nos efeitos que elas têm no mundo" (BARAD, 2007, p. 72, tradução nossa).

[15] Categoria nativa usada para fazer referência aos(às) praticantes de Crossfit.

[16] A escolha pelas modalidades "Crossfit" e "fisiculturismo" foi incidental. O que, de fato, levei em consideração na definição de minhas interlocutoras foi sua corporalidade musculosa.

[17] A experimentação de parte dos processos de fabricação corporal vivenciados por minhas interlocutoras resultou em uma série de lesões em meu corpo, as quais passaram a compor o emaranhado de intra-ações que dão forma à pesquisa. Com o tempo, minhas dores se constituíram como uma espécie de via privilegiada a suas experiências, motivo pelo qual vieram a se incorporar à metodologia do trabalho por meio da noção de "rotas de dor", conforme sugerido por Glória Diógenes em conversa no dia 11 de novembro de 2019. Segui-las, portanto, foi uma das maneiras de empreender minha investigação, fazendo de meu corpo um "órgão de saber indiciário" (GINZBURG, 1999, p. 179). No tópico seguinte desta tese, descrevo meu receituário de experimentação corporal com mais detalhes.

[18] Sobre o conceito de técnica corporal, ver MAUSS, 1979.

[19] Minha escolha por esse conceito não é arbitrária. Trata-se, na verdade, da tentativa de demarcar uma separação da noção euclidiana de espaço e da ontoepistemologia que se desenvolve a partir de suas fronteiras. Enquanto a geometria se interessa por formas e tamanhos, a topologia investiga problemas relacionados a limites e à conectividade.

Trata-se, no entanto, de uma experiência marcada por fronteiras que precisam ser explicitadas. Ao me propor o desafio de fazer uma pesquisa com o corpo, devo assumir que os limites do que posso dizer, sentir e experimentar são produzidos também pelos limites de minhas próprias inscrições corporais, as quais possuem evidentes implicações políticas. Pensando com Jota Mombaça (2017), isso significa que as identidades estabelecidas por minhas relações com o mundo – homem, branco, cisgênero[20] e heterossexual – me situam dentro de um espaço de poder e privilégio, isto é, como um sujeito legitimado a falar. O que a crítica a esse regime de autorização discursiva coloca em jogo, segundo Mombaça (2017), é a existência de um modo privilegiado de enunciação da verdade, "uma forma particularizada pelos privilégios epistêmicos da branquitude e da cisgeneridade de se comunicar e de estabelecer regimes de inteligibilidade, falabilidade e escuta política". Ou seja, o que o debate contemporâneo sobre "lugar de falar" busca demarcar é a impossibilidade de que sujeitos privilegiados pelos regimes de autorização discursiva, aos quais Jota se refere, continuem a produzir ficções de universalidade que, no limite, servem a uma outra ficção, talvez ainda mais perversa, segundo a qual "partimos todas de uma posição comum de acesso à fala e à escuta" (MOMBAÇA, 2017). Em meu caso, portanto, a questão que se apresenta não é *se devo ou não falar* sobre uma experiência corporal feminina específica, mas sobre *como* farei isso, isto é, se esconderei ou não os rastros que tornam o que tenho a dizer não um saber universal, mas situado, uma vez que meu corpo e suas marcas de privilégio agenciam e são agenciados por tramas e relações de poder historicamente construídas.

Dito isso e, antes de começar, gostaria de partilhar um pouco da história de meu corpo[21], da relação com seus limites, sua imagem e, es-

[20] "Conceito 'guarda-chuva' que abrange as pessoas que se identificam com o gênero que lhes foi determinado quando de seu nascimento" (JESUS, 2012).

[21] Assim como para Serge Doubrovsky, na obra autoficcional *Le livre brisé* (1989), a narrativa que trago aqui de minha infância e adolescência foi em grande medida reconstruída em consultórios de psicanálise ou a partir dos relatos contados por minha mãe. Esse reencontro com minha história, no entanto, só foi possível por meio de uma traição inelutável, já que recontá-la significou proceder a sua própria falsificação. Como Doubrosvky, em vez de encontrar o menino de carne e osso que fui, acabei me deparando apenas com o esqueleto de meu próprio Édipo (FIGUEIREDO, 2013, p. 71). Dessa forma, nesse jogo de aparecimento e perda, tudo que pude alcançar foi não a gênese do conjunto de predicados e características que tornaram possível referir-me a partir de um "eu", mas a invenção de mim mesmo, isto é, um exercício de fabulação ou autoficção. Assim, a compilação das cenas que escolhi (?) trazer aqui diz, na verdade, de um sujeito fragmentado às voltas com a

pecialmente, da ligação com os pesos, existenciais e materiais, em minha própria tentativa de fazer da vida uma experiência, tanto quanto possível, "leve".

Fui uma criança gorda. Até meus 12 anos, um dos maiores prazeres que tinha na vida era comer. E eu comia de tudo. Desde refeições preparadas em casa e temperadas com "amor de mãe" até comidas de rua, passando por toda a diversidade de produtos industrializados que a vida "moderna" era capaz de proporcionar.

Na divisão dos gastos familiares, meu pai ficava responsável pela compra dos alimentos e minha mãe pelos gastos com saúde e colégio. Então, era quase sempre ele que chegava com algum embrulho cheiroso que trazia da padaria, lugar que frequentava com uma assiduidade religiosa, para minha felicidade. E ele se divertia ao me ver comendo com gosto, a segunda merenda da tarde, enquanto o jantar não ficava pronto.

Em nossa relação fria, na qual as palavras pouco circulavam, fossem elas de carinho ou de reprimenda, e na qual os gestos afetuosos e o contato físico eram raríssimos, a comida representava nosso único elo, além do esporte (quando criança, meu pai costumava me levar aos jogos do Ceará no estádio Presidente Vargas).

Graças ao processo de análise, mais de duas décadas depois, "descobri" que não era só a comida que me fazia engordar, mas, talvez principalmente, a aceitação daquele amor paterno que se dava por meio do alimento. Na visão de um homem que, quando criança, chegou a dormir com fome, uma criança gorda, ou "forte", como dizia, era sinônimo de saúde e, portanto, índice do sucesso como pai. A postura ativa de receber toda aquela comida e, no processo, construir um corpo pesado (de amor) era meu modo silencioso de dizer que eu também o amava. Quando, por algum motivo, a palavra é impedida de tomar seu curso, é no corpo que sua ausência é marcada[22].

---

tentativa de produzir sua própria biografia (esburacada), procedimento descrito por Barthes (2005) pelo conceito de "biografema": "não a completude de uma história, não a foto toda, mas pequenos detalhes, algumas inflexões, que emocionam numa biografia" (FIGUEIREDO, 2013, p. 20). Ou, como resume lindamente Marguerite Duras no livro *O amante*: "A história da minha vida não existe. Ela não existe. Jamais tem um centro. Nem caminho, nem trilha. Há vastos espaços onde se diria haver alguém, mas não é verdade, não há ninguém" (DURAS, 1985, p. 12).

[22] Para a psicanálise, de modo geral, quando o sujeito não possui recursos para a elaboração discursiva de seus sintomas, estes passam a se manifestar por meio de afecções somáticas, como era o caso das primeiras pacientes histéricas de Freud.

Mas, se, por um lado, eu amava a comida para dizer que amava meu pai, por outro simplesmente odiava o corpo nascido daquela relação transitiva. Ele pesava, suava, me fazia perder o direito a uma identidade – no colégio, meus apelidos giravam em torno de animais grandes e objetos volumosos –, me isolava das brincadeiras infantis e dos primeiros exercícios de paquera que começavam a aparecer ali pelos oito anos de idade. Desde cedo, aprendi que pessoas gordas não eram, em geral, objeto de desejo[23].

Lembro que me doía profundamente ver os corpos magros dos garotos da minha idade exibindo atleticismo, leveza e audácia nos esportes, principalmente no futebol, mas também nos jogos de corpo inventados (pega-pega, carimba, gato-mia, pique-esconde, amarelinha, arremesso de castanhola – esta última, modalidade criada pelos moleques do colégio onde eu estudava).

Ao não ser escolhido para participar das brincadeiras com os outros meninos, ao ser ridicularizado quando tentava desafiar os limites de meu próprio corpo – certa vez, vinha em desabalada carreira quando, aproveitando não haver quase ninguém por perto, tentei pular uma mureta de meio metro de altura e me estatelei no chão com a canela arrebentada, para divertimento dos que assistiram à cena –, fui me fechando às possibilidades de socialização, principalmente masculina, que, na infância, sucedem em grande medida pela colocação do corpo em movimento.

Aos poucos, me especializei em ser um observador da diversão alheia, ajudado pelo par de óculos que tornava o mundo mais nítido para meus olhos míopes. Se não me era conferido o direito de correr e se eu mesmo não conseguia reivindicá-lo à força, restavam-me espaços de convívio marginais à experiência interditada, a qual, por vezes, mostrava-se dura e violenta. Assim, enquanto a maioria dos garotos jogava bola no recreio ou brincava de espirobol[24], a mim sobrava ou ser plateia ou constituir outro conjunto de interesses que pudesse me proporcionar um lugar naquele espaço. Passei então a me relacionar com as meninas, cujos corpos eram ensinados desde cedo a não ficar se movimentando por aí, debaixo de sol, com a possibilidade de se sujar ou se machucar. Ao contrário, deviam

---

[23] O livro *Hunger* (2017), de Roxane Gay, me ajudou a situar os incômodos que sentia em relação a meu corpo gordo. A coragem da autora em compartilhar sua história serviu de inspiração para toda a escrita deste tópico.

[24] Esporte em que uma bola é amarrada, por uma corda, ao topo de um poste. O objetivo do jogo é, antes do adversário, enrolar a corda ao redor da estrutura metálica por golpes sucessivos na bola.

permanecer contidos, limpos e delicados. De certa maneira, em minha fantasia[25], os obstáculos – diferentes não só em natureza, mas também em intensidade – à expansão de nossos repertórios corporais, na relação com as pessoas e o mundo, pareciam nos aproximar por serem prescritos a partir de fora.

O convívio com as mulheres foi então se tornando para mim um lugar de segurança, já que, estando perto delas, não precisava provar nada com meu corpo, bastando apenas conversar e me engajar nos assuntos que lhes fossem agradáveis. Lembro de duas amigas que fiz nessa época, Nínive e Natália, de quem sentava perto nas aulas e a quem fazia rir com minhas "piadas" e comentários "engraçados". Lembro que a fluidez de nossa interação me deixava muito feliz comigo mesmo.

Como o "pai da horda" freudiano, todo mito fundador parece ser parte de um acontecimento perdido no tempo, uma narrativa dentre outras tantas possíveis, mas atribuo à consciência da rejeição de meu corpo, tanto por mim como pelos outros, o começo das dificuldades com o convívio masculino e meu gradual afastamento da socialização entre garotos, cujas demandas chegavam como algo além do que meu corpo era capaz de fazer.

Mais tarde, e isso também em virtude da análise, percebi que o sentimento de que esse mundo masculino, nos primeiros ensaios de disputa de força, autoridade, coragem e destreza corporal, me rejeitava era, de certa forma, a continuação de algo muito anterior: a relação com meu pai.

Se meu corpo pesado lhe causava o sentimento reconfortante de ser bem-sucedido na tarefa de prover a família, também era o alvo privilegiado de críticas. Às vezes, vinham na forma de histórias dando conta de suas proezas físicas quando jovem, na ênfase que gostava de dar à diferença que havia entre nós, já que a ele, aparentemente, era concedido o direito de fazer tudo o quanto a mim era negado. Assim como os garotos do colégio, meu pai fora um moleque magro, bom de bola, que passava o dia

[25] "No seminário dos anos de 1956-1957, a fantasia é assimilada ao que ele (Lacan) passa a denominar de 'parada na imagem', maneira de impedir o surgimento de um episódio traumático. Imagem cristalizada, modo de defesa contra a castração, a fantasia é inscrita por Lacan, entretanto – o que difere fundamentalmente da perspectiva kleiniana –, no âmbito de uma estrutura significante, e, por conseguinte, não pode ser reduzida ao registro do imaginário. Além da diversidade das fantasias de cada sujeito, Lacan postula a existência de uma estrutura teórica geral, a fantasia fundamental, cuja 'travessia' pelo paciente assinala a eficácia da análise, materializada num remanejamento das defesas e numa modificação de sua relação com o gozo" (ROUDINESCO; PLON, 1998, p. 225).

na rua brincando e colocando o corpo no mundo. Outras vezes, vinha na atribuição de um adjetivo que até hoje, quando dirigido a mim, causa um sentimento próximo da fúria. Mole. Moleza. Matéria sem forma. Sem resistência. Passiva. Sem vontade. "O Leonardo é muito mole": essa frase vinha como punição imediata diante da incapacidade de realizar qualquer coisa que, para ele, parecesse fácil.

Se um certo tipo de masculinidade parecia se fechar a mim, tanto em casa como fora, senti-me acolhido por outra maneira de vivenciar o mundo, considerada mais "feminina", e meus interesses foram naturalmente se deslocando de uma para outra. A história familiar se completa com uma mãe que não só me protegia de todos os "ataques" de meu pai, mas também dava e exigia um amor incondicional, sentindo-se mais importante e necessária a cada novo pequeno fracasso vivenciado por mim.

Meu aprendizado de corpo, por um tempo, organizou-se em torno de uma única coisa: ficar parado e me engajar em atividades que exigiam de mim apenas esforço intelectual. Se não podia jogar bola, me lançava na missão de completar o álbum de figurinhas da Copa do Mundo de 94, decorando o nome e altura de praticamente todos os jogadores das seleções; se não podia nadar, passava tardes e tardes brincando com bonequinhos de plástico na pia da lavanderia; se não podia saltar, via desenhos, como o *Cavaleiros do zodíaco*, que me faziam sonhar com a possibilidade de praticar acrobacias e me mover na velocidade da luz; se não podia lutar, me deleitava com a identificação absoluta entre mim e os personagens do jogo de videogame *Street Fighter*, verdadeira febre nos fliperamas do começo dos anos 1990; se não podia ser magro ou forte, desenhava personagens de histórias em quadrinhos, como uma tentativa de apreender a forma do corpo deles com as mãos; se não podia ter uma namorada, escrevia, para mim mesmo, histórias meio eróticas, meio infantis, nas quais as meninas se interessavam por mim; ou então abria o dicionário para me surpreender com o fato de que as palavras podiam causar excitação.

Dessa forma, comecei a viver intelectualmente todas as experiências que me ressentia de não experimentar no "mundo real". Pensar era melhor que fazer, ou antes, era justamente o que "resolvia" a incapacidade de ação. Eu me dividia, portanto, entre o garoto que queria ser como os outros, mas se deixava vencer pelo próprio corpo, vivendo solitariamente experiências que costumam ser partilhadas em grupo;

e o garoto que eu conseguia ser, ou seja, um que se fazia agradável ao convívio com as mulheres, outras figurações da mãe acolhedora, e que, *aparentemente*, não queria conversa com o que era considerado masculino (ou paterno).

Aqui, acho importante trazer uma experiência que desorganiza, de certa maneira, a sequência linear dos eventos que marcaram minha infância. Por volta dos seis anos, meus pais me matricularam no karatê, em uma escola localizada num bairro periférico (Henrique Jorge) onde morávamos à época. Ainda como faixa branca, a qual marca o início da caminhada do karateca na "arte das mãos vazias", e já sendo uma criança maior e mais pesada que as demais, participei de um pequeno campeonato no colégio Santa Isabel, tendo me tornado campeão na modalidade "kata" – sequência de movimentos que visa simular uma disputa com vários oponentes imaginários e que tem por função reforçar o aprendizado dos golpes e deslocamentos no praticante. Foi a primeira vez que me dei conta da potência de meu próprio corpo, ao perceber ser ele capaz de agência[26]. Pouco depois ganhei a faixa amarela, graduação seguinte à branca, tendo, no entanto, parado logo em seguida, mais uma vez acossado pelos limites do corpo. Lembro um exercício em particular que me causava terror: o professor colocava um bastão rente à parede para que a garotada pudesse saltar por cima dele, enquanto corria em círculos pela área de treinamento. Por meu peso, nunca conseguia pular alto o suficiente, fazendo com que as outras crianças "mangassem"[27] de mim.

Foi então que, ao completar 12 anos e cansado de não me encaixar, comecei a fazer uma dieta por conta própria, a fim de perder peso. Antes disso, já tinha feito algumas tentativas de emagrecer, mas nenhuma delas a sério, porque decorrentes das preocupações de minha mãe com minha saúde, não minhas.

---

[26] "Agência é atribuível àquelas pessoas (ou coisas, veja abaixo) que iniciam sequências causais de um tipo particular, isto é, eventos causados por atos da mente, da vontade ou intenção, em vez de uma mera concatenação de eventos físicos. Um agente é aquele que causa o 'acontecimento de eventos' em sua vizinhança. Como resultado desse exercício de agência, certos eventos surgem (não necessariamente os eventos que eram 'pretendidos' pelo agente). Ao passo que cadeias de causa-e-efeito físico/material consistem em 'acontecimentos', os quais podem ser explicados por leis físicas que, em última instância, governam o universo como um todo, agentes iniciam 'ações' que são 'causadas' por eles mesmos, por suas intenções, não pelas leis físicas do cosmos. Um agente é a fonte, a origem, de eventos causais, independentemente do estado do universo físico" (GELL, 1998, p. 16, tradução nossa).

[27] Regionalismo que significa "fazer troça".

Cortei alguns dos lanches entre as refeições principais, reduzi a porção destas últimas e, ajudado pelo crescimento e pela revolução hormonal da adolescência, em cerca de dois meses, meu corpo estava bem mais "enxuto". Embora o tratamento na escola e a aceitação de minha imagem corporal pelos outros tivesse melhorado bastante, não fiquei satisfeito. O desafio passara a ser não só continuar emagrecendo, mas também me tornar forte, como os heróis dos quadrinhos de ação. Meio sem querer e ainda por conta própria, comecei a me exercitar no quintal de casa todas as tardes, de segunda a sexta.

Primeiro, os exercícios começaram sem peso, em atividades inventadas por mim ou copiadas dos meus pais, que sempre tiveram em casa alguns aparelhos de ginástica, como esteiras e bicicletas ergométricas. Aos poucos, atendendo a meus pedidos, eles foram comprando outros equipamentos, como anilhas, barras de ferro e até um *peck deck*[28], que passaram a ser incorporados a minha rigorosa rotina. Eu começava a me exercitar por volta de duas e meia da tarde e ia até as cinco, sozinho, em uma área coberta construída na parte de trás do quintal[29].

Não tolerava qualquer interrupção nos exercícios e só saía de lá quando sentia o corpo absolutamente cansado dos levantamentos de peso, das caminhadas na esteira e dos abdominais que, em geral, encerravam as sessões de treino. Era como se estivesse preparando o corpo para algo muito importante e precisasse de uma entrega total ao que considerava um dever para comigo mesmo. A preocupação com a alimentação foi mudando, à medida que passei a me ocupar não só com o número de calorias consumidas, mas também com a qualidade da comida que ingeria.

Sem me dar conta estava fabricando, para mim, outro corpo, um do qual pudesse me orgulhar. Para tanto, havia constituído uma disciplina estrita que pressupunha um regime do tempo – precisava cumprir uma certa quantidade de horas para sentir que os exercícios tinham sido satisfatórios –; um regime de treinamentos – por meio do qual meus músculos eram trabalhados de acordo com uma certa compreensão de sua organização e limites –; um regime alimentar; e, por fim, um regime de organização

[28] Aparelho multifuncional que permite o trabalho de uma série de grupos musculares.

[29] Minha relação, desde muito cedo, com os exercícios físicos teve a ver não só com uma sexo-política de gênero (PRECIADO, 2008), isto é, com a produção de um corpo lido e desejado como heterossexual, mas também com o estabelecimento de uma política de existência, por meio de sua inscrição em um regime de visibilidade que me fizesse ser "notado".

da vida, na medida em que os dias giravam em torno dos exercícios e da necessidade de garantir que o trabalho corporal continuasse me levando cada vez mais longe.

Ao exibir uma nova figura e com a mudança de colégio, passei a ser reconhecido não mais como um corpo indesejado. Pelo esforço de adequação, fui agraciado com os olhares de reconhecimento e de aprovação por parte dos colegas e me tornei visível, pela primeira vez na vida, para as meninas, cuja atenção, antes, sempre passara ao largo. Havia, finalmente, me tornado "alguém". Ou assim acreditava.

Apesar de ter, agora, um corpo como qualquer outro, capaz de correr, pular e se exercitar com certo grau de competência, havia um sentimento de deslocamento constitutivo em mim que me impedia de ocupar, no fim das contas, o lugar que tanto me esforçara para conseguir. Por uma dinâmica muito particular, me tornara, a um só tempo, muito identificado com os elementos tradicionalmente associados à masculinidade – esportes, *rock*, artes marciais, quadrinhos, filmes de terror e de ação –, os quais eram vivenciados longe dos olhos dos outros; e muito desconfiado e avesso à performatividade de gênero[30] masculina e seu conjunto de prescrições limitantes e abusivas. Por me recusar a participar de muitas das interações dos garotos em busca de afirmação da própria identidade, passei a ser visto com desconfiança. O problema agora não era mais a matéria de meu corpo, a qual passara a ficar dentro dos "padrões", mas a maneira como ele se colocava.

Fui descobrindo, com o tempo e para minha surpresa, que, de certa maneira, eu "falhava" em obter minha inscrição no que seria tradicionalmente considerado masculino. Embora meu desejo estivesse dentro do espectro da heterossexualidade, algo na maneira como conduzia o corpo e minhas ações foi me conferindo, no colégio, uma certa fama de gay ou de "gilete", termo pejorativo que se usava na época para fazer referência a pessoas bissexuais. E o interessante é que continuo causando essa impressão até hoje. Há uma história engraçada quando eu estava "ficando"

[30] "Se o gênero é performativo, daí segue que a realidade do gênero é, em si mesma, produzida como um efeito da performance. Embora existam normas que governam o que será ou não real, ou o que será ou não inteligível, elas são colocadas em questão e reiteradas no momento em que a performatividade começar sua prática citacional (...) O que isso significa é que, por meio da prática de performatividade de gênero, não apenas vemos como as normas que governam a realidade são citadas, mas também compreendemos um dos mecanismos pelos quais a realidade é produzida e alterada no curso de sua reprodução" (BUTLER, 2004, p. 218, tradução nossa).

com uma cantora famosa aqui de Fortaleza. Sem saber como me dar um "fora" ou porque o encontro não estivesse saindo como o esperado, em certo momento ela olha para mim e diz: "Um dia você vai conhecer um homem muito legal".

Dentro de meu romance familiar, eu era uma espécie de oposto de meu pai, como ele mesmo fazia questão de deixar claro. Era "mole", passava os dias isolado com meus pensamentos e desejos, comia demais, não tinha amigos, não era especialmente bom em nada, muito menos nos esportes. Em outras palavras, na sua frente eu era muito pouco. Ainda assim, desejava tudo. Nessa competição que se estabelecia entre nós, quem eu era? O que podia contra esse "super-homem" que se mostrava sempre tão infalível, tão seguro de si e de suas opiniões?

Já que não conseguia ser tão "macho" quanto ele, decidi lutar a partir do lugar onde não só meu pai, mas também eu havia me colocado, e me fazer bom em tudo aquilo em que ele era "ruim" (as informações sobre sua falibilidade chegavam a mim por meio de minha mãe e das constantes reclamações sobre suas atitudes e comportamentos). Uma das coisas que ela mais reclamava, algo que não mudou até hoje, é que ele nunca a escutava. E o que fiz? Me tornei ouvidos para ela. Meu pai não gostava de literatura, e eu quis ser escritor um dia (de alguma maneira é o que faço para sobreviver). Meu pai gostava de MPB, e eu de *rock*. Meu pai era um homem masculino, e eu um homem "feminino", "delicado". Meu pai não sabia conversar, e eu me fiz agradável às mulheres pela conversa, sempre tendo mais amigas do que amigos. Em resumo, passei a rejeitar meu pai em todas as dimensões conscientes, como uma forma de compensar a autoestima que achava que ele havia me roubado, e ficava feliz em cada vitória conseguida, embora ele sequer desconfiasse de nossa disputa cerrada e ininterrupta.

Ainda assim, havia todo um magma de identificações com aquele homem que permaneceram recalcadas até explodirem com toda força na análise. Descobri que, dentro de mim, no mais recôndito do meu ser, há um homem muito parecido com ele. Isso dói, mas, ao mesmo tempo, me confere um sentimento de liberdade e poder.

Essas identificações haviam aparecido em outras épocas, embora sempre de maneira inconsciente. Houve um tempo em que eu quis ser muito bom em matemática, matéria que meu pai se orgulhava de ter uma certa facilidade; e houve um período em que sonhei ser engenheiro, assim como ele, o que me levou a cursar cinco semestres de engenharia elétrica na Universidade Federal do Ceará (UFC). Meu fracasso com essa experiência teve um efeito muito intenso, produzindo consequências que participaram da história de meu corpo e, de certa forma, desta pesquisa também.

Com o passar dos anos, os pesos que antes me faziam tremer no esforço de levantá-los foram se tornando leves, e, terminado o terceiro ano, finalmente entrei para uma academia de musculação no mesmo bairro onde continuava morando. Havia sido aprovado no vestibular e estava pronto para seguir o caminho que traçara para mim. Só não contava que as aspirações em ser bem-sucedido na mesma profissão que meu pai escolhera esbarrariam na total incapacidade de suportar tudo que dizia respeito a ela.

Meu fiasco como futuro profissional das "exatas" e as crises sucessivas que foram se desenrolando por causa disso geraram, como contrapartida, a necessidade de compensar o insucesso com algo sobre o qual pudesse ter o mínimo de controle e que, de quebra, me permitisse alcançar a autoestima que nunca tive. Sem estabelecer cálculo prévio, foi crescendo em mim a necessidade de ficar cada vez mais forte, para que, assim, nada ou ninguém pudesse me machucar.

Para alcançar o objetivo, voltei a organizar a vida em torno dos exercícios, dos alimentos e suplementos que me permitiriam conquistar o corpo sonhado. Praticamente só pensava em comer a fim de conseguir levantar o máximo de peso possível na academia. As únicas coisas que contavam, portanto, eram a experiência de interação com as anilhas e barras de ferro, a execução das tarefas físicas programadas e a imagem suportada por meu corpo.

Minha "armadura de músculos", no entanto, não impediu que uma sensação de vazio fosse crescendo cada vez mais. Quando enfim consegui largar a engenharia e me decidi a fazer uma mudança drástica de rumos, entrei em um estado de ansiedade tão profundo que acabei adoecendo e perdendo toda a "força" conquistada. Em um ano emagreci cerca de 15 kg. Foi um período em que sentia estar tudo fora de controle, inclusive, e principalmente, meu corpo.

Essa breve história, como afirmei, com suas causas e consequências, não passa de uma entre outras tantas narrativas possíveis para "explicar" por que as coisas aconteceram como aconteceram. Trata-se, portanto, de uma versão, mas uma cuja importância se dá na medida em que obedece às tramas de meu próprio desejo. E por que "desperdiçar" tantas linhas contando uma história que, muito provavelmente, só interessa a mim mesmo? A resposta a essa pergunta é, na verdade, tão simples quanto óbvia. Se me permito essa espécie de autoindulgência é por dois motivos. O primeiro é para que não reste dúvidas sobre o quanto minha própria história se entrelaça à pesquisa, partilhando das mesmas fibras, tendões e ligamentos. O segundo é que este não se trata de um trabalho *sobre o corpo*, mas *com o corpo*. Sua matéria, sua potência e suas conexões com o mundo é que dão sentido às palavras que escrevo, as quais, tanto quanto possível, serão investidas da pele, ossos, sangue e músculos de todos os corpos que fizeram e fazem parte do trabalho[31].

Nesse sentido, foi a história de meu corpo e seus sintomas que fez com que nascesse em mim o desejo de investigar experiências de produção de corporalidades que desafiassem fronteiras e limites socialmente impostos.

Minha ideia inicial era formular uma problemática que discutisse a relação entre produção de subjetividade – mais especificamente no campo da arte e da *performance* –, corpo e política. Partindo da noção de que a arte é capaz, ainda que inconscientemente, de apontar tensões e rupturas, meu objetivo era entender os desafios à ordem política e econômica lançados por quatro *performances*[32] artísticas que, ao proporem a fabricação de outras corporalidades e a produção de diferentes políticas de existência[33], colocavam em xeque noções bem estabelecidas sobre gênero, natureza e cultura.

Dito de outra forma, minha hipótese era que seria possível observar na obra e na vida das artistas – duas mulheres cisgênero, duas mulheres

[31] Seguindo Tim Ingold (2012), minha pesquisa se apresenta como a tentativa de percorrer os caminhos da "matéria em fluxo" (INGOLD, 2012, p. 35), urdindo não propriamente um texto acadêmico, mas uma espécie de alquimia ou receita culinária por meio da qual não imponho uma forma à matéria. Ao contrário, busco "reunir materiais diversos e combinar e redirecionar seu fluxo tentando antecipar aquilo que irá emergir" (INGOLD, 2012, p. 36).

[32] Mais adiante trarei uma breve discussão sobre a categoria "performance" em minha investigação. Aqui ela assume o sentido de uma obra artística inscrita dentro do campo da arte performática.

[33] Maneiras de reivindicar a produção de um regime de visibilidade que force o reconhecimento de identidades sociais vítimas de apagamento e exclusão pelos discursos hegemônicos, representados pelo patriarcado, pelo capitalismo, pelo racismo e pela heteronormatividade.

trans[34] e uma pessoa trans não binária[35] – insurgências contra a produção biopolítica[36], ou seja, contra a ligação profunda entre produção de riqueza e produção da vida social, ao reivindicarem a existência de um corpo nem feito para o trabalho nem para a reprodução biológica, mas que tivesse como guia ético o desejo.

Ao fazer isso, no entanto, eu havia adotado como pressuposto inicial uma esquemática do poder do tipo *Star Wars*[37], na qual os agentes em disputa estariam em campos absolutamente opostos e totalmente cientes de suas demandas. Depois de um tempo ficou evidente que a modelização dessa relação por meio da fórmula "Império *versus* Resistência" definitivamente acabava por engessar a potencialidade das obras.

Isso me obrigou a realizar um primeiro "giro" na pesquisa. Ao reformular a hipótese, inverti a posição que teoria e campo ocupavam, passando a trabalhar com a ideia de que as obras em consideração poderiam instituir processos deflagradores de novos possíveis, tanto do ponto de vista do alargamento das fronteiras do corpo quanto da ideia de que sua matéria funcionaria como um dispositivo dissolutor das dualidades – corpo/mente, biologia/cultura, homem/mulher – que estão na base do imaginário ocidental e de seus símbolos.

Esse rearranjo mostrou-se, no entanto, ser apenas uma solução provisória. Afinal de contas, que corpo era esse de que estava falando? A quem pertencia? Onde estavam as pessoas em minha pesquisa? Será que essa profusão de conceitos e categorias não apontaria, na verdade, para um vazio que eu tentava a todo custo preencher?

---

[34] "Conceito 'guarda-chuva' que abrange o grupo diversificado de pessoas que não se identificam, em graus diferentes, com comportamentos e/ou papéis esperados do gênero que lhes foi determinado quando de seu nascimento" (JESUS, 2012).

[35] Pessoa trans que não se identifica nem como homem nem como mulher.

[36] O conceito de biopolítica, no pensamento de Foucault, ganha corpo a partir de "Vontade de saber" (1976) e dos cursos ministrados no Collège de France intitulados "Em defesa da sociedade" (1975-1976), "Segurança, território, população" (1977-1978) e "O nascimento da clínica" (1978-1979). Para ele, essa categoria dá a ver a inserção do biológico no político, tendo a própria vida caído no campo de controle do saber e de intervenção do poder. A biopolítica tem como alvo não mais indivíduos, mas populações inteiras, destinando-se ao controle da própria espécie. Nesse sentido, ela vai se ocupar dos processos biológicos do homem-espécie, estabelecendo sobre ele uma regulação.

[37] Título de uma franquia de ópera espacial norte-americana criada pelo cineasta George Lucas, na qual as forças da resistência, representadas pela Aliança Rebelde, lutavam para derrubar o Império Galáctico que dominava todo o universo e que tinha como principal representante o *jedi* caído Darth Vader (STAR WARS, 2019).

Refletindo sobre o impulso que despertara em mim o interesse pelo tema, poderia dizer tratar-se de uma tentativa de captar a produção de diferentes subjetividades e modos de vida, o que envolvia, também, a fabricação de um regime específico do corpo. A partir dessa percepção, portanto, e do entendimento das relações entre meu próprio corpo e a pesquisa, pude, de fato, ver para onde queria caminhar. Aqui, identifico um segundo "giro" no trabalho.

Uma das obras que havia escolhido estudar, intitulada *Cuts: A Traditional Sculpture* [Cortes: uma escultura tradicional] (2011), propunha a realização de uma travessia de gênero a partir da produção de um corpo híbrido, com características ao mesmo tempo *hipermasculinas* e *hiperfemininas* (tomando como referência o entendimento comum dos atributos físicos que identificavam o corpo de um homem e de uma mulher).

Para chegar a esse resultado, o artista, que também se identifica como *bodybuilder* [fisiculturista], realizou um ciclo performático de seis meses, por meio do qual se submeteu a um rigoroso treinamento com pesos, a uma dieta calórica e ao uso de anabolizantes, a fim de fabricar um corpo tradicionalmente masculino – com músculos, veias aparentes e pelos – sem recorrer a qualquer procedimento médico. Os "cortes" a que se refere o título da obra fazem alusão tanto ao nome dado à cirurgia de redesignação de gênero como à imagem das fibras musculares sob a pele do artista.

Inspirado por essa *performance* e por minhas próprias investigações, mas também movido por uma vontade, cada vez mais forte, de sair de um debate puramente conceitual para adentrar o campo reflexivo aberto pela afetação de meu corpo, passei a construir uma nova montagem temática. De obras de arte que investigavam os limites corporais a partir de uma perspectiva mais ligada ao gênero, passei a privilegiar em meu trabalho experiências de mulheres que buscavam fabricar para si um corpo musculoso.

Figura 1 – *Cuts: A Traditional Sculpture* (2011)

Fonte: https://www.cassils.net/cassils-artwork-cuts. Acesso em: 19 abr. 2017.

A partir dessa nova orientação, o objeto da pesquisa passou a ser a negociação entre "masculinidade" e "feminilidade" em mulheres praticantes de *powerlifting*[38], fisiculturismo e Crossfit, esportes/práticas que podem levar à produção de uma corporalidade considerada "masculina", "horrorosa" e "escrota", predicações comumente usadas, como pude constatar

[38] Esporte cujo objetivo é levantar a maior quantidade de peso possível nas três modalidades que o compõem: agachamento, supino reto e levantamento-terra. Como afirma Marilia Coutinho (2011, p. 29) em seu livro *Powerlifting: de volta ao básico*, "é treino funcional, é esporte de adrenalina, mas também é a melhor coisa que inventaram depois do pecado original e do chocolate".

em minhas primeiras investigações[39], contra as atletas que se engajavam nessas modalidades[40]. A essa altura da pesquisa, me interessava saber: que tipo de investimento as levava a buscar, com seus corpos, uma experiência de limite, a qual se dava a ver pela intensidade dos treinamentos, das dietas e das competições? Que espécie de potência revelavam? Quais eram seus itinerários pela cidade, longe dos espaços onde os músculos eram cultivados? E, enfim, como essas mulheres se mostravam nas redes sociais, especialmente no Instagram?[41].

Essas não eram nem de longe questões fechadas, mas apenas pontos de amarração, ainda frágeis, que me possibilitaram algum direcionamento. Minha opção por atletas desses esportes se deu, inicialmente, pela aproximação explícita com o trabalho corporal de Cassils e com as questões que ele suscitava, além do fato de possuírem um *ethos* assemelhado ao do artista, na medida em que treinavam com pesos, faziam dieta para ganho de força e/ou músculos, além de, em muitos casos, valerem-se de anabolizantes. Também me interessava a radicalidade daquelas práticas corporais, pois, ao se engajarem na construção de um corpo musculoso e potente, tido pelo senso comum como "masculinizado", essas mulheres se tornavam praticantes marginais de atividades também consideradas marginais, em certos casos podendo cobrar um preço elevado das adeptas.

Em uma exploração inicial, me deparei com a história de uma ex-fisiculturista, uma mulher ainda jovem, com menos de 40 anos, que teve o funcionamento dos rins afetado pelo consumo indiscriminado de proteínas, suplementos alimentares e anabolizantes, sem o acompanhamento

[39] Como uma maneira de mapear mulheres engajadas na prática de levantamento de pesos, passei a conversar com o instrutor da academia onde eu me exercitava em busca de informações. Em uma de nossas interações, em outubro de 2017, ele fez uma crítica às mulheres que desejavam ficar musculosas, usando os termos citados por mim.

[40] O que esse tipo de predicação, direcionada contra os corpos de minhas interlocutoras, pretende é estabelecer uma espécie de "fronteira de normalidade", para além da qual tudo pode ser qualificado como divergente, anômalo ou monstruoso. Segundo José Gil (2006, p. 18), o monstro "é pensado como uma aberração da «realidade» (a monstruosidade é um excesso de realidade) a fim de induzir, por oposição, a crença na «necessidade da existência» da normalidade humana. Uma existência que seja um dado adquirido: é imprescindível não questionar a nossa identidade de homens como seres reais. A nossa facticidade é de direito".

[41] "Rede social *on-line* de compartilhamento de fotos e vídeos entre seus usuários, que permite aplicar filtros digitais e compartilhá-los em uma variedade de serviços de rede sociais" (INSTAGRAM, 2019).

médico adequado. Em virtude disso, passou a fazer hemodiálise para sobreviver, dependendo de uma máquina para desempenhar o papel que os órgãos não eram mais capazes de cumprir. Outra coisa que me chamou muito a atenção nesse caso foi que a ex- atleta não havia ganhado dinheiro algum com o esporte – mais tarde descobri que isso era uma coisa comum não só entre mulheres, mas entre homens também –, trabalhando, atualmente, como ambulante em Fortaleza para sobreviver[42].

A opção de trabalhar com mulheres na pesquisa se deve ao movimento que realizam em direção a um corpo tradicionalmente associado à masculinidade, mas sem que isso represente, diferentemente de Cassils, um trânsito de gênero, uma vez que todas as minhas interlocutoras se entendem como mulheres cis[43]. Elas se localizam, portanto, na fronteira entre marcadores de gênero que costumam ser estanques e que, quando embaralhados, provocam forte reação.

A princípio, portanto, decidi acompanhar cinco mulheres – duas praticantes de fisiculturismo, duas praticantes de Crossfit e uma *powerlifter* – e os trânsitos efetuados pelo corpo delas, não só, como disse, nos espaços onde eram fabricados – *boxes*[44] de Crossfit e academias de musculação – ou onde eram colocados à prova e reconhecidos, mas também em outros itinerários. Como uma fisiculturista se mostrava no Tinder[45]? Como seu corpo era percebido dentro de um ônibus ou no Centro da cidade? Quais as redes de sociabilidade de que participavam?

Nesse momento me interessava também saber que padrões estéticos referenciavam a fabricação desses corpos fortes e musculosos, buscados a todo custo. Qual seria, por exemplo, o conjunto de imagens que guiava

42 Como alerta Marilia Coutinho (2012b), o uso de esteroides androgênicos anabólicos (AAS) é cercado de desinformação e preconceito. Para a atleta e autora, a questão não é a utilização, em si, das substâncias, mas a maneira como se dá. Em suas palavras, o "problema do mau uso de AAS, principalmente sua autoadministração ou prescrição por leigos, é que os efeitos negativos não se restringem à toxicidade e aos conhecidos efeitos colaterais fartamente discutidos", podendo acarretar também "uma epidemia de casos psiquiátricos e de desordens endocrinológicas" (*sic*) (COUTINHO, 2012b). Nesse sentido, deveria ser adotada, segundo ela, uma postura moralmente neutra, evitando, por um lado, a demonização dos anabolizantes, cuja utilização pode ocorrer de maneira segura, desde que haja o acompanhamento adequado; e, por outro, seu uso massificado, por indicação de pessoas sem a formação adequada.

43 Abreviação do termo "cisgênero".

44 *Box*, palavra que significa "caixa" em português, é o nome dado ao local onde o Crossfit é praticado.

45 Famoso aplicativo de celular de paquera.

o investimento dessas mulheres sobre a plasticidade do corpo, a fim de transformá-lo de maneira tão radical?

Minha "entrada" efetiva em campo[46] e a aproximação de três interlocutoras – a fisiculturista Larissa Araújo, as crossfiteiras Beatriz Mesquita e H.[47] – provocou, no entanto, um terceiro "giro" na pesquisa.

Se, em um primeiro momento, entre as questões que me ajudaram a situar o campo empírico, aparecia um interesse pelo trânsito dessas mulheres musculosas em Fortaleza, na tentativa de compreender não só quais eram seus espaços privilegiados de circulação, mas também como seus corpos eram recebidos e percebidos pelas pessoas de modo geral, posteriormente, quando passei a partilhar com as atletas sua vivência cotidiana, percebi a necessidade de uma reconfiguração radical das questões de partida.

Diferentemente do que acreditava, as inúmeras horas gastas na construção de corpos musculosos não implicava exibi-los no espaço da cidade. A princípio, parecia-me natural que o resultado de tanto esforço se traduzisse em uma necessidade de gozar de músculos para além dos locais onde eram fabricados e/ou encontravam finalidade, como as competições, por exemplo. O que vi, no entanto, apontou exatamente o contrário. Salvo alguns poucos momentos de lazer, àqueles corpos não era dado outro regime que não o de uma disciplina estrita, quase militar, que implicava controle do tempo – havia horários para treinar, para comer, para dormir e acordar –; da alimentação – as dietas seguidas à risca, as porções de comida sempre medidas, a preocupação constante com a ingestão de nutrientes, suplementos alimentares, bem como, em quase todos os casos, de melhoradores de desempenho –; e também dos deslocamentos – pelo que pude perceber, a movimentação de minhas interlocutoras pela cidade resumia-se, quase inteiramente, ao circuito casa-trabalho/trabalho-casa.

O corpo delas era instrumentalizado para o alcance de metas e objetivos físicos que iam desde a quantidade de peso levantada até o incremento e a definição de massa muscular, passando pela boa execução de exercícios ginásticos, elemento importante no Crossfit, criando, dessa forma,

---

[46] A ideia de "campo" é problematizada no tópico seguinte, referente à metodologia do trabalho, uma vez que, para minha pesquisa, falar em "entrar" ou "sair" de campo não faz sentido, já que nela não há "dentro" que não se faça "fora" e "fora" que não se faça "dentro".

[47] A escolha de me referir a essa interlocutora por meio de sua inicial será explicada mais à frente.

um regime de visibilidade bastante estrito. Porém, se os corpos pouco se mostravam nos trânsitos pela cidade, sua imagem circulava profusamente nas redes sociais, em especial no Instagram. A visibilidade na Internet, em contraposição à pouca circulação que possuíam na cidade, foi revelando o importante papel da imagem na fabricação da corporalidade das atletas.

Esse momento se mostrou especialmente desafiador para mim. Primeiro, porque a experiência de campo havia desmontado – felizmente – toda a arquitetura conceitual que havia erigido, fazendo com que a pesquisa se revelasse como algo aberto e indefinido. Um ano e meio se passara e tudo que tinha conseguido era o indício de que existia uma questão importante a respeito dos trânsitos entre masculinidade e feminilidade e de que as imagens delas, veiculadas nas redes sociais, pareciam ter um papel na maneira como se dava a transformação dos corpos. A ansiedade em saber para onde ir me inclinava a tratar essas novas questões como o centro do trabalho – uma vez que eram tudo o que tinha –, embora soubesse que, com isso, haveria a chance de ignorar outros dados que a pesquisa porventura me apontasse. Era preciso, portanto, ter paciência e esperar.

Mas um outro fato ainda, desses absolutamente imprevisíveis, me fez questionar seriamente se deveria continuar o trabalho empreendido até ali. Em um domingo à noite, retornando da praia, ao abrir o Instagram, leio em meu *feed*[48] a postagem de uma de minhas interlocutoras lamentando a morte trágica e inesperada de H., a qual eu encontrara havia pouco mais de um mês. Em meu computador estavam cerca de 60 fotos da última visita a seu *box*, quando pude registrar imagens do corpo dela desempenhando toda a potência de que era capaz. O sorriso doce e a voz calma faziam um contraste marcante com os ombros largos, com braços e pernas musculosos, com a força e a explosão de movimentos. H. era uma mulher muitíssimo ocupada, tendo que se desdobrar em várias funções – mãe, estudante, profissional, esposa e atleta –, sem se permitir o direito de falhar em nenhuma. Sonhava com mais tempo e condições de praticar o esporte que enchia o peito de alegria só de falar e também com uma vida melhor para as filhas. Tantas cobranças fizeram com que se cansasse e nos deixasse talvez cedo demais. O fato é que esse momento pôs em questão o sentido de tudo o que eu fizera até ali.

---

[48] Os *feeds* permitem aos usuários de Internet acompanhar o conteúdo de *sites*, blogues ou redes sociais sem a necessidade de acessá-los diretamente (FEED, 2018).

Afinal de contas, o que poderia ser mais importante do que a vida? Ou do que a morte, esse acontecimento tão definitivo e diante do qual todo resto se amiúda? O corpo é potência; e a vida, alucinação. O circuito dos acontecimentos, a partir dali, me fez girar, mais uma vez, sem controle. Eu e ela, de tantos modos tão distantes, mas de outras maneiras tão próximos: as questões com o corpo, as inseguranças a respeito do que ele podia fazer, o medo do olhar do Outro[49].

A morte de H. me atingiu mais forte do que poderia imaginar. Após o choque inicial e o pensamento de abandonar tudo o que tinha feito, resolvi retornar, instintivamente, ao início, à pergunta primeira que se agitara dentro de mim. Afinal de contas, o que podia o corpo? Uma das melhores respostas a esse questionamento encontrei na poética[50] de Cassils, e foi para sua obra que voltei quando me senti tão completamente perdido. Em seu *site*[51], que funciona como uma espécie de portfólio, o artista documenta todas as *performances*, trazendo textos, vídeos e imagens que possibilitam ver alguns dos múltiplos sentidos que seu trabalho pode tomar. Ali há uma obra na qual põe fogo no próprio corpo, coberto por uma roupa especial que evita que arda em chamas. Há outra em que o *performer* desfere chutes, socos, joelhadas e cotoveladas em um bloco informe de argila, construindo uma espécie de imagem da violência. Há, por óbvio, a *performance* que inspirou meu projeto, trazendo a imagem de um corpo que suporta[52], em si, signos da masculinidade e da feminilidade. Há uma também em que o atleta, usando uma máscara que dá a impressão de que os olhos foram vazados por algum objeto pontiagudo, executa uma rotina de poses de fisiculturismo, sustentando-as

[49] "Termo usado por Jacques Lacan para designar um lugar simbólico – o significante, a lei, a linguagem, o inconsciente, ou, ainda, Deus – que determina o sujeito, ora de maneira externa a ele, ora de maneira intrassubjetiva em sua relação com o desejo. Pode ser simplesmente escrito com maiúscula, opondo-se então a um outro com letra minúscula, definido como outro imaginário ou lugar da alteridade especular. Mas pode também receber a grafia grande Outro ou grande A, opondo-se então quer ao pequeno outro, quer ao pequeno a, definido como objeto (pequeno) a" (ROUDINESCO; PLON, 1998, p. 558).

[50] O uso que faço da palavra "poética" tem o sentido de produção criativa ou processo de criação.

[51] http://cassils.net/.

[52] "Suportar" é um significante que comparece muitas vezes em meu texto, na medida em que ele marca, profundamente, minha própria experiência corporal. Suportar um corpo pesado. Suportar a inadequação de um corpo que custou a "encontrar" um lugar. Suportar os pesos que me permitiram fabricar um outro corpo. Suportar as demandas infinitas das obrigações cotidianas. Suportar o trabalho de permanecer vivo.

por um tempo tão longo que o corpo colapsa em cãibras e espasmos incontroláveis.

Por mais que, a princípio, pudessem parecer diferentes umas das outras, em todas as obras havia uma espécie de dança entre, por um lado, as demandas e os dispositivos de controle que incidiam sobre o corpo e, por outro, a agência violenta que este era capaz de empreender contra os regimes discursivo-materiais[53] que buscavam aprisioná-lo. Diante da obrigação de fabricar um corpo para o trabalho e para a reprodução, Cassils cria outros pontos de engate, desmontando o regime político-somático (PRECIADO, 2008), que, por meio da especialização técnica do corpo, tenta classificá-lo, controlá-lo e, no limite, até mesmo eliminá-lo.

Um olhar mais cuidadoso sobre a obra de Cassils me fez perceber que, de alguma maneira, a força expressiva de seu corpo em ação era também partilhada por H. e pelas outras mulheres com as quais havia estabelecido contato àquela altura. Assim como no caso do artista/atleta, a materialidade do corpo delas dizia muito, tanto pela maneira como se colocavam no mundo como pela forma como interagiam com ele.

Nesse sentido, pude perceber ao longo do percurso etnográfico que seus corpos eram muito mais do que apenas corpos. Eram, na verdade, um conjunto de relações com os objetos e seu entorno, relações estas que se transformavam no momento em que se tornavam capazes de agir sobre o espaço de diferentes maneiras, criando para si outros repertórios de movimentos, que ultrapassavam, em geral, o que deles era requisitado[54]. Ao perceber isso, algumas questões se colocaram para mim. Quando foi a última vez que executei um movimento sem alguma finalidade prática? Qual o momento em que parei de inventar (brincar) com o corpo?

Apesar da timidez, H. tinha muito a dizer com sua corporalidade, e mostrar isso foi um dos motivos que me fez não só querer continuar, mas mantê-la, como palavra encarnada, no texto, muito embora nossa convivência tenha sido tão breve. Apesar do consentimento inicial, sua morte inviabilizou a renovação de nosso laço enquanto parceiros de pesquisa,

---

53 Seguindo o realismo agencial de Barad (2007), parto da noção de que matéria e discurso não são polos opostos, constituindo-se, de outra forma, apenas quando em relação. Dessa maneira, todo discurso pode ser entendido também como possuindo uma materialidade e vice-versa.

54 "Desse modo, o corpo é menos uma entidade do que um conjunto vivo de relações; o corpo não pode ser completamente dissociado das condições ambientais e de infraestrutura da sua vida e da sua ação" (BUTLER, 2018, p. 59).

motivo pelo qual escolhi usar meus dados de campo, preservando-lhe o anonimato.

Depois da decisão de seguir em frente, houve a aproximação de outra interlocutora, a fisiculturista Jeska Barros, tendo meu campo, com isso, ganhado contornos finais. No entanto, ainda lutava para saber o que, de fato, queria dizer com a pesquisa. Como falei, até aquele momento o que mais me saltava aos olhos era a negociação entre "masculinidade" e "feminilidade" estabelecida por minhas interlocutoras em sua prática corporal, subsidiada pela circulação da imagem de seus corpos no Instagram e pelas interações que efetuavam com seus seguidores[55].

O exercício de pensar esta investigação como um experimento, pelo qual, através da partilha sensível estabelecida com minhas interlocutoras, eu tentaria construir meu próprio receituário de fabricação corporal, fazendo desta uma pesquisa afetada[56], só veio algum tempo depois, pelas trocas e diálogos construídos ao longo de nossas interações[57]. Ao mesmo tempo foi necessário também que eu olhasse com bastante atenção a trama constituída por minhas próprias questões enquanto sujeito e os problemas que, *a priori*, pareciam dizer apenas da pesquisa.

Como disse no começo desta história, minha performatividade como homem heterossexual era de certa maneira "falha". Pensando com Lacan e sua teoria da sexuação, era como se minha posição de gozo se desse do lado "não todo fálico"[58]. Na prática, isso explicaria, em parte, minha

[55] Usuários(as) da plataforma de compartilhamento de imagem que tinham acesso a vídeos, fotos e textos postados pelas atletas.

[56] Ver "Ser afetado" (2005), de Jeanne Favret-Saada.

[57] Em uma troca de e-mails na qual conversávamos sobre minha pesquisa, o professor Kaciano Gadelha me disse: "Você tem que ampliar essa antropologia do corpo para além das entrevistas, saber explorar as técnicas corporais, compor com e também não centrar todo o seu foco no discurso do feminino e como essas mulheres se afastam da imagem feminina padrão, isso é a superfície do campo e o disparador, é o que tá mais à mostra, mas e aí? Para onde isso nos leva? Como ampliar e aprofundar uma antropologia do corpo desde aí?". Essas palavras me puseram a pensar durante meses e fizeram, por fim, com que eu me desse conta de que havia todo um território possível a ser explorado.

[58] No Seminário 20, Lacan (2010) propõe, por meio da teoria da sexuação, a existência de duas posições em relação ao gozo, as quais classifica como "feminina" e "masculina", apesar de, segundo ele, não dizerem respeito propriamente ao gênero. A posição "feminina" seria marcada pela não subscrição completa ao significante fálico, o que implicaria a impossibilidade de universalização da mulher, demonstrada na famosa frase de Lacan "A Mulher não existe", uma vez que só poderiam ser contadas uma a uma. Já a posição "masculina" estaria do lado do "todo fálico", que diz da possibilidade de os homens formarem conjunto, podendo, por sua vez, serem universalizáveis. Há uma questão importante aqui, a qual não será abordada neste trabalho, mas apenas indicada,

identificação com certa performatividade "feminina", como tentativa de construção de um possível dentro da "disputa" que se dava contra a masculinidade paterna, sentida por mim como algo absolutamente opressor. Esse mecanismo, no entanto, fez com que recalcasse minhas próprias identificações com essa mesma "masculinidade" que eu julgava "ridícula" e que me fazia vivenciar, de maneira solitária, seus signos e elementos característicos.

A experiência de minhas interlocutoras, portanto, ao produzirem uma corporalidade associada à "masculinidade" e ao vivenciarem um certo tipo de trânsito entre posições (de gozo), mobilizado por práticas físicas, passou a me interessar bastante. De maneira inconsciente, eu esperava obter a confirmação não só de que esse movimento era possível, mas também de que eu deveria vivenciá-lo em meu corpo, razão pela qual me submeti a diferentes experimentações em diversas práticas corporais: treinamento funcional, Crossfit, *powerlifting*, ioga, karatê, *taekwondo* e musculação.

Entretanto, se minha fantasia me permitia, ainda que acidentalmente, tornar meu corpo um dispositivo de pesquisa, tema que abordarei com mais profundidade no tópico seguinte, também me impedia de enxergar para além dela. Foi preciso ainda um longo período de amadurecimento para que percebesse que meu trabalho não poderia adquirir um estatuto próprio, a menos que o descolasse, tanto quanto possível, de minhas próprias questões subjetivas, enxergando além dos fantasmas de minhas identificações[59].

Tendo finalmente percebido minhas limitações em relação ao campo e a necessidade de superá-las, passei a me colocar de maneira diferente não só em relação ao trabalho empírico, mas também diante das informações

que diz respeito a uma certa essencialização de gênero produzida por Lacan com as nomeações "feminino" e "masculino" para se referir às diferentes posições de gozo, uma vez que se trata de significantes que, em si, carregam a história social de seu uso e de seus efeitos. A partir do contato com críticas mobilizadas pelos estudos de gênero, muitos psicanalistas, entre os quais me incluo, preferem eliminar os citados termos, fazendo referência apenas à relação entre as posições de gozo e o significante fálico. Em outras palavras, não haveria uma posição "masculina" e uma "feminina", mas apenas uma "não toda fálica" e outra "toda fálica".

59 A orientação também teve um papel fundamental, na medida em que funcionou, para mim, como verdadeiras lições de antropologia; de como não só fazer um trabalho de campo, mas também se deixar ser atravessado e afetado por ele, ao partir da compreensão de que não se trata apenas de uma experiência intelectual, mas sobretudo de corpo. "Se você tiver a humildade de não considerar o campo uma coisa menor, aí então você vai ter condições de fazer um bom trabalho": essa frase, dita pela orientadora em um de nossos encontros, passou a servir como bússola a me guiar pelos caminhos incertos da pesquisa.

que já havia colhido. Como dar conta das lacunas que agora apareciam de maneira tão nítida? O que estaria por trás do que, até aquele momento, havia conseguido perceber?

Um dia, escrevendo sobre a interação que acabara de ter com uma de minhas interlocutoras, me dei conta de haver cometido mais um erro grave: no interesse de investigar as negociações entre "masculinidade" e "feminilidade" em mulheres cuja prática corporal resultava no ganho de músculos, acabei encaminhando o trabalho em torno da reflexão sobre a potência do corpo "feminino", tomando-o sempre em relação ao "masculino", como se a diferença entre os gêneros fosse um dado da natureza e não o efeito de um processo produtivo.

Ao partir dessa posição, deixava de perceber as particularidades que constituíam a experiência de minhas interlocutoras e, em última instância, o processo de fabricação de seus corpos, as maneiras como se colocavam em ação e, por fim, as implicações políticas da criação de uma corporalidade feminina detentora de potência física.

Essa percepção, somada às reflexões sobre a fabricação do corpo de um boxeador levada a cabo por Wacquant (2004), foram os alicerces para a produção de um quarto e último "giro" da pesquisa, a qual passou a se organizar, finalmente, ao redor da seguinte questão: como a prática corporal de mulheres levantadoras de peso impacta o arquivo[60] e o repertório[61] ligados a uma certa imagem do corpo feminino como frágil, delicado e, portanto, incapaz de exercer violência? Nesse sentido, parto do pressuposto de que a potência do corpo de minhas interlocutoras, bem como sua imagem, exerce uma força disruptiva contra certa ideia do feminino presente em nossa paisagem sociocultural. No entanto, seriam seus corpos, por si sós, capazes de questionar relações de poder fundamentadas na diferença sexual, em um binarismo de gênero produzido e sustentado pelo discurso heteronormativo?

Para refletir sobre isso, o trabalho se constrói a partir de três movimentos[62]. No primeiro, intitulado "Notas de um pesquisador-atleta ama-

[60] Memória acessível a partir de documentos, textos literários, mapas, filmes, vídeos, em resumo, de qualquer materialidade com certa capacidade de resistir ao tempo (TAYLOR, 2003).

[61] Conjunto de conhecimentos e práticas incorporadas, como linguagem, *performances*, danças, rituais e esportes, por exemplo (TAYLOR, 2003).

[62] A divisão em três movimentos é inspirada nos exercícios básicos do *powerlifting* – agachamento, supino e levantamento-terra – os quais, por serem fundamentais na prática de qualquer atividade

dor", apresento meu percurso metodológico, construído em conjunto com uma série de experimentações corporais ativadas pela partilha sensória com minhas interlocutoras.

Já no segundo, "'A mulher pode ser o que ela quiser': fabricando um corpo feminino musculoso", relato o processo de produção de seus corpos, levando em conta as tecnologias utilizadas, os cenários[63] onde são fabricados, os regimes de afeto, tempo e treinamento necessários para levá-los ao limite, as lesões enfrentadas, as dietas, os disciplinamentos e os regramentos necessários para performarem bem nas competições. Além disso, reflito especificamente sobre como a lógica de cada modalidade contribui para a construção do repertório de movimentos e da imagem sustentada por elas.

Por fim, no terceiro movimento, "Colocando o corpo pra jogo"[64], mostro o corpo de minhas interlocutoras em ação, em suas diferentes modalidades esportivas. O momento das competições é de fundamental importância para esta investigação, na medida em que representa o objetivo último de todo o investimento corporal e subjetivo, aquilo que vai não só validar a prática corporal delas – ao produzir uma experiência de

---

que envolva o levantamento de pesos, são praticados por todas as minhas interlocutoras, independentemente das modalidades.

63 O conceito de "cenário" (TAYLOR, 2003) se liga tanto ao de "repertório" quanto ao de "arquivo". "Cenários", segundo Taylor (2003, p. 28, tradução nossa), são paradigmas de criação de significado que "estruturam ambientes sociais, comportamentos e potenciais resultados", ajudando a tornar visíveis algumas relações subjacentes. A autora fala, por exemplo, da reconstituição da invasão colonial das Américas e da África em *reality shows* como *Survivor* e *Fantasy Island*. Nesse sentido, a seguinte passagem é bastante ilustrativa: "O cenário inclui características bem teorizadas na análise literária, como narrativa e *plot*, mas demanda também que prestemos atenção aos meios e comportamentos corporais como gestos, atitudes e tons não redutíveis à linguagem. Simultaneamente configuração e ação, cenários ativam e enquadram dramas sociais" (TAYLOR, 2003, p. 28, tradução nossa).

64 A inspiração para este capítulo veio da leitura da tese de doutorado *Iê, viva meu mestre: a Capoeira Angola da "escola pastiniana" como práxis educativa* (2004), da professora Rosângela Costa Araújo, mais conhecida como Mestra Janja. Nela, a capoeirista traz a noção de jogo como um elemento fundamental da "dança-guerreira", na medida em que não é uma prática centrada em justificativas materiais, "levando os seus 'jogadores' ao também permanente exercício de ampliação das suas bases interpretativas, expostos que estão a temporalidades multifacetadas, num constante ir-e-vir" (ARAÚJO, 2004, p. 37). Nesse sentido, ao colocar seu corpo "em jogo", o capoeirista seria capaz de transcender as necessidades imediatas da vida, ao mesmo tempo em que conferiria um sentido à sua ação, abrindo um campo de possibilidades de reinvenção de "cenários, seres, imagens e movimentos" (ARAÚJO, 2004, p. 37). No caso de minhas interlocutoras, colocar o corpo "pra jogo" adquire importância por conferir sentido a todo o processo de invenção corporal no qual estão engajadas. Afinal de contas, tudo o que fazem tem como objetivo mais explícito garantir o sucesso nas competições.

reconhecimento tanto por parte dos integrantes da comunidade da qual fazem parte como das pessoas "leigas", que, de modo geral, dão importância a valores como sucesso, esforço e sacrifício, muito presentes em qualquer atividade orientada para resultados –, mas também possibilitar a existência de um retorno financeiro que as permita continuar a carreira. As competições constituem ainda o instante em que são exibidos os resultados do processo de fabricação corporal, o qual se dá nos espaços fechados das academias de ginástica, centros de treinamento, em casa[65] ou nos *boxes* de Crossfit.

Para tanto, narrarei suas participações em três competições – uma de Crossfit (Chicks and Barbells) e duas de fisiculturismo (Sobral Open e Mr. Olympia Amatour) – acompanhadas por mim entre 2017 e 2019, na medida em que podem ser entendidas como verdadeiros nós a sustentarem as tramas relacionais que atravessam o campo, fazendo convergir, de maneira bastante intensa, elementos que dizem respeito a questões de gênero, tecnologias e limites do corpo, entre outras.

A partir das reflexões mobilizadas pelo campo, interesso-me também em investigar algumas implicações resultantes da prática corporal das atletas, levando em consideração os entrelaçamentos possíveis entre empoderamento físico e empoderamento político.

O primeiro indício de que essa relação poderia ser estabelecida veio por meio da leitura do livro *Mulheres, raça e classe* (2016), de Angela Davis. Nele, a autora traz um famoso discurso proferido pela ex-escrava Sojourner Truth intitulado "Ain't I a Woman?" [Não sou uma mulher?], em que ela reflete sobre a normatização do corpo feminino pelo patriarcado[66]. Em determinado momento da Convenção pelos Direitos das Mulheres [Women's Rights Convention], ocorrida em 1851 na cidade de Akron, Ohio, Sojourner, que era uma mulher forte em virtude dos trabalhos braçais aos quais foi submetida a vida inteira, pediu a palavra e falou:

[65] No caso dos(as) fisiculturistas, em virtude das várias horas de treinamento diárias, parte dos exercícios é feita em casa, especialmente o "aeróbico em jejum" (AEJ), realizado logo que o(a) atleta acorda e que tem a função de acelerar o metabolismo e a queima de gordura corporal.

[66] De acordo com Butler (1999), a noção de patriarcado como sendo uma estrutura repressiva e regulatória universal dever ser repensada, uma vez que representa "uma estratégia de colonização epistemológica que subordinaria diferentes configurações de dominação sob a rubrica de uma noção transcultural" (BUTLER, 1999, p. 44, tradução nossa). Nesse sentido, o recurso que faço a ela parte da compreensão de que é fundamental a crítica de seu estatuto universalizante, a fim de não desconsiderar distintas configurações de assimetria de gênero.

> Quero dizer algumas palavras sobre essa questão. Eu sou uma mulher dos direitos [*sic*]. Tenho tantos músculos quanto qualquer homem, e posso fazer tanto trabalho quanto qualquer homem. Tenho lavrado, e colhido, e descascado, e cortado e ceifado, e algum homem pode fazer mais do que isso? Ouvi muito sobre os sexos serem iguais. Posso carregar tanto quanto qualquer homem e posso comer tanto quanto também, se eu conseguir [o que comer]. Eu sou tão forte quanto qualquer homem que existe agora. Quanto ao intelecto, tudo o que posso dizer é que, se uma mulher tem uma medida e um homem tem duas medidas – por que a mulher não pode ter sua medidazinha cheia? (TRUTH *apud* AIN'T I A WOMAN?, 2019, tradução nossa).[67]

Como esse discurso não foi gravado, várias versões apareceram ao longo da história. O que citei acima, reproduzido apenas em parte, foi transcrito por Marius Robinson em 21 de junho de 1851, tendo aparecido pela primeira vez na publicação *Anti-Slavery Bugle* [Clarim antiescravista]. Outra versão, de 1863, reproduzida pelo ativista do movimento abolicionista e pelos direitos das mulheres que presidia a sessão, traz, além das palavras de Sojourner, uma descrição mais detalhada da cena, dando concretude ao discurso empoderador da mulher, construído não só com palavras, mas também com o corpo.

> "Aquele homem ali diz que as mulheres precisam ser ajudadas a entrar nas carruagens e levantadas acima de valas e ter os melhores cantos em qualquer lugar. Ninguém nunca me ajuda a entrar em garagens ou a pular poças de lama, ou me dá o melhor lugar!" E, se erguendo inteiramente e a voz soando como um trovão, perguntou: "Não sou uma mulher? Olhem para mim! Olhem para o meu braço! (e desnudou o braço direito até o ombro, mostrando a tremenda força muscular). Eu lavrei, e plantei, e juntei tudo em celeiros, e nenhum homem podia me alcançar! Não sou uma mulher? Eu podia trabalhar e comer tanto quanto um homem – quando conseguia comida – e suportar o chicote tão bem quanto eles! E não sou uma mulher? Eu tive 13 filhos e vi a maioria deles sendo vendida como escrava, e, quando chorei meu luto

[67] No original: "I want to say a few words about this matter. I am a woman's rights [*sic*]. I have as much muscle as any man, and can do as much work as any man. I have plowed and reaped and husked and chopped and mowed, and can any man do more than that? I have heard much about the sexes being equal. I can carry as much as any man, and can eat as much too, if I can get it. I am as strong as any man that is now. As for intellect, all I can say is, if a woman have a pint, and a man a quart – why can't she have her little pint full?".

de mãe, ninguém, senão Jesus, me ouviu! E não sou uma mulher?" (TRUTH *apud* AIN'T I A WOMAN?, 2019, tradução nossa).[68]

Em sua fala, Sojourner faz uma crítica ao machismo, baseando-se, entre outras coisas, na inexistência de qualquer diferença entre sua capacidade física – demonstrada, para a audiência, pela imagem do braço musculoso – e a de um homem. É interessante notar como, nesse caso, a força de seu corpo, construída em décadas de trabalhos forçados nas *plantations*[69] americanas, agora lhe servia, como mulher livre, de suporte para se opor ao discurso que justificava a opressão masculina pela suposta fragilidade biológica da mulher. A condição não humana de Truth aos olhos dos senhores de escravos não a incluía em algumas das interdições estabelecidas para as mulheres brancas da época, nomeadamente o trabalho e a possibilidade de desenvolvimento físico. Nesse último caso, tratava-se, para Truth, não de uma possibilidade, mas de algo necessário para que pudesse aguentar a violência e objetificação de seu corpo pelo racismo. Para o sujeito negro, ser fisicamente forte nunca foi um privilégio, mas uma condição de sobrevivência frente ao regime de morte produzido e sustentado pela branquitude[70].

A fala de Truth mostra que a escravidão não foi capaz de despossuí-la. Pelo contrário, a resistência que teve de empregar para se manter viva,

---

[68] No original: "Dat man ober dar say dat womin needs to be helped into carriages, and lifted ober ditches, and to hab de best place everywhar. Nobody eber helps me into carriages, or ober mud-puddles, or gibs me any best place!" And raising herself to her full height, and her voice to a pitch like rolling thunder, she asked. "And a'n't I a woman? Look at me! Look at my arm! (and she bared her right arm to the shoulder, showing her tremendous muscular power). I have ploughed, and planted, and gathered into barns, and no man could head me! And a'n't I a woman? I could work as much and eat as much as a man—when I could get it—and bear de lash as well! And a'n't I a woman? I have borne thirteen chilern, and seen 'em mos' all sold off to slavery, and when I cried out with my mother's grief, none but Jesus heard me! And a'n't I a woman?".

[69] Sistema agrícola baseado na monocultura de exportação, comum no período colonial nas Américas.

[70] "a branquitude é entendida como uma posição em que sujeitos que ocupam esta posição foram sistematicamente privilegiados no que diz respeito ao acesso a recursos materiais e simbólicos, gerados inicialmente pelo colonialismo e pelo imperialismo, e que se mantêm e são preservados na contemporaneidade. Portanto, para se entender a branquitude é importante entender de que forma se constroem as estruturas de poder concretas em que as desigualdades raciais se ancoram (...) Ou seja, é preciso pensar o poder da branquitude como princípio da circularidade ou transitoriedade (FOUCAULT, 1999), compreendendo-o como uma rede na qual os sujeitos brancos estão consciente ou inconscientemente exercendo-o em seu cotidiano por meio de pequenas técnicas, procedimentos, fenômenos e mecanismos que constituem efeitos específicos e locais de desigualdades raciais. Pensar o poder da identidade racial branca dessa maneira também tem o intuito de retirar o olhar que aponta o racismo para cada sujeito em particular e recolocá-lo para o entendimento de estruturas de poder sociais com particularidades de cada sociedade em questão" (SCHUCMAN, 2012, p. 23).

mesmo diante da dor de ver muitos dos filhos, prováveis frutos de outras violências sobre seu corpo, serem vendidos como escravos; mesmo depois de tantos anos de exploração e trabalho imposto; mesmo tendo o corpo continuamente objetificado e espoliado, fez com que erguesse a voz diante de uma plateia surpresa não só com a força de suas palavras, mas também de seu corpo. Dito de outro modo, as palavras de Truth – nome que significa "verdade" em português – eram fortes porque seu corpo era forte.

Outro indício da relação que se poderia estabelecer entre empoderamento físico e empoderamento político chegou até mim a partir de um encontro com a capoeirista e professora do Departamento de Estudos de Gênero e Feminismo da Faculdade de Filosofia e Ciências Humanas da Universidade Federal da Bahia (UFBA), mais conhecida como Mestra Janja, no dia 8 de setembro de 2018. O nome do evento era "Uma Roda de Conversa com Mestra Janja: Mulheres Capoeiristas e Movimento Negro", organizado pelo Fórum Cearense de Mulheres (FCM), pela Articulação de Mulheres Brasileiras e pela Universidade Livre Feminista.

Nunca ouvira falar de Mestra Janja antes, mas sabia ser ainda um tanto incomum a existência de mulheres mestras de capoeira, o que me motivou a querer ouvir as experiências que tinha a partilhar. A roda que se formou em torno dela era pequena, com pouco mais de 20 pessoas. Depois de uma breve apresentação, Janja começou a contar a história da capoeira no Brasil, uma luta-dança inventada pelos(as) escravos(as) como forma de resistência cultural, corporal e política à opressão extremamente violenta que sofriam.

Figura 2 – Mestra Janja na roda de capoeira

Fonte: Fica-DC Archive (2008).

Partindo da própria experiência, ela nos contou que, a partir dos anos 1970, começaram a surgir mulheres na capoeira, embora tenha descoberto, como fruto de pesquisas, registros de mulheres capoeiristas desde o século XIX. Estas chegaram a formar maltas, isto é, grupos "arruaceiros", próximo ao que poderia ser entendido como gangues. Por essa quebra dos padrões de feminilidade eram chamadas de "mulheres-machos", "mulheres de cabelo nas ventas", tendo chegado, inclusive, a ser presas por "perturbação da ordem pública".

Outro evento citado se deu logo após a independência do Brasil, quando uma capoeirista, pescadora e marisqueira conhecida como Maria Doze Homens – apelido que ganhou ao ter nocauteado 12 homens com suas habilidades de luta – organizou um grupo de 40 mulheres para enfrentar a resistência portuguesa que se formava em Itaparica, Bahia, local onde passaram a aportar navios vindos da antiga metrópole a fim de fortalecer os opositores ao processo de libertação. Simulando uma noitada de festa e sexo, embebedaram os homens e depois lhes deram uma surra de cansanção – planta da família das urtigas que causa enorme coceira e irritação na pele –, partindo, em seguida, em direção ao mar para colocar fogo nos navios.

O fato de tais histórias, segundo Janja, serem pouco conhecidas, mesmo entre capoeiristas, denuncia a misoginia presente na prática, onde assédio e opressão de gênero ainda são uma constante. Arrisco dizer que isso se deve a um processo mais amplo que, historicamente, busca apagar o arquivo da resistência feminina contra a opressão de gênero, limitando, assim, o repertório corporal das mulheres, na tentativa de criar um corpo dócil e assujeitado.

Essas cenas históricas, protagonizadas por mulheres negras, me fazem pensar que a luta feminista passa também pela desconstrução do mito da mulher como frágil, delicada e incapaz de agressividade. Nesse sentido, busco refletir sobre a possibilidade de a emancipação feminina ser consequência também da compreensão de que o corpo da mulher é capaz de produzir violência. Falo de violência aqui tanto em sentido amplo como também político, ou seja, quando dirigida contra o patriarcado e seus regimes de dominação e exploração da mulher (e de outras corporalidades dissidentes).

Nesse sentido, falo da produção de um corpo forte não apenas no sentido mais óbvio do termo, isto é, musculoso, mas sobretudo de um corpo que tenha passado por um processo de desalienação[71], ou seja, capaz de produzir movimento, de suscitar resistências, de inventar gestos e novas relações com o mundo ao qual está inelutavelmente conectado. Com isso, não estou dizendo que toda mulher forte é feminista – das três mulheres que acompanhei, apenas uma se identifica explicitamente como tal, muito embora as práticas e a materialidade dos corpos de todas elas atuem como um discurso que constrói outros possíveis –, nem estou defendendo que, para ser feminista, uma mulher precise, necessariamente, ser musculosa.

O que quero dizer é que não parece ser possível pensar a emancipação social de qualquer identidade subalternizada[72] a menos que se reconheça que a possibilidade de produção de outras corporalidades é parte constitutiva desse processo. Mais do que isso, talvez ocupe mesmo sua dianteira, já que um corpo liberto, ou melhor, circunscrito pelos limites de seu próprio desejo, e desalienado, produz agenciamentos capazes de desorganizar relações de poder. É nesse sentido que a capacidade de produzir violência se coloca, a fim de barrar o extermínio de corpos dissidentes, pela construção de sua capacidade de defesa, física e subjetiva. Assim, a dança, as artes marciais, a *performance*, o circo, o *powerlifting*, o fisiculturismo, o Crossfit, em resumo, todas as artes do corpo, podem ser entendidas dentro de um mesmo registro: da possibilidade de fabricação de um corpo capaz de agir com o mundo.

Para concluir a história deste corpo-pesquisa, acho importante falar, ainda uma última vez, sobre os limites que minha própria posicionalidade

---

[71] Desalienação corporal é um processo inverso ao de "alienação corporal" descrito por Coutinho (2006). Por ele, a autora e atleta faz referência não apenas "à separação simbólica (epistemológica e ideológica) entre corpo e mente", como também "a seu resultado, uma espécie de 'essencialização' da pessoa, em que o corpo é concebido como algo 'lá fora', uma entidade 'externa'. No sentido que defini, 'corpo' é sempre secundário em relação a 'mente'. A 'essência' humana é situada na mente nesse discurso dominante. Trata-se, assim, de um pensamento essencialista e, portanto, idealista. Esse pensamento essencialista é pervasivo e contamina todos os setores da produção intelectual contemporânea (por ser um pensamento dominante): ciência, arte e religião, não faz diferença. Estar alienado significa estar AFASTADO de algo. Assim, a alienação corporal é esse afastamento do indivíduo em relação a seu corpo. Como alguém pode estar afastado de seu corpo, se justamente o que eu digo é que SOMOS nossos corpos? O afastamento, ou alienação, nessa expressão, implicam PERDA DE INTEGRAÇÃO e de CONTROLE. Assim, se concebemos o corpo como um epifenômeno do ser (algo construído 'em cima' da coisa, no caso 'você'), o corpo e o indivíduo não são mais uma unidade integrada e, consequentemente, o indivíduo tem um controle limitado sobre o próprio corpo".

[72] Subalternidade, segundo Spivak (2005, p. XX, tradução nossa), descreve "as camadas mais baixas da sociedade, constituídas por modelos específicos de exclusão dos mercados, da representação político-legal e da possibilidade de associação integral ao estrato social dominante".

e os privilégios que a constituem me impõem na realização de meu trabalho. Como a funkeira, atriz e *performer* trans Linn da Quebrada[73] me ajudou a ver, pertenço à tradição de homens que buscam, de alguma forma, investigar o "feminino". No entanto, na tentativa de, tanto quanto possível, me colocar de maneira crítica em relação a essa tradição, pretendo abdicar de qualquer pretensão de universalidade a respeito de minhas experiências e das reflexões que produzi a partir delas. Esta pesquisa, em última instância, tem um objetivo muito mais simples: elaborar, com as singularidades que marcam meu próprio corpo, uma investigação dos processos de fabricação corporal de minhas interlocutoras – mediados por práticas físicas muito particulares (fisiculturismo e Crossfit), bem como por um conjunto de tecnologias (hormônios, suplementos alimentares, procedimentos estéticos e cirúrgicos, entre outras) que garantem um alto rendimento nas competições – e de possíveis implicações sociais e políticas advindas da produção de um corpo feminino forte.

[73] Ver FERRÉZ, 2018.

2. PRIMEIRO MOVIMENTO: NOTAS DE UM PESQUISADOR-ATLETA AMADOR

"Quem sabe passaria para o papel o que estava escrito, cravado e gravado no seu corpo, na sua alma, na sua mente."
(EVARISTO, 2018. p. 138)

Há, na vida, algo que se faça sem o corpo? Há pesquisa sem um coração batendo, sem um peito que se enche de ar, sem músculos que nos levam de um lugar ao outro, sem o gozo que dá cabo do desejo mais intenso, sem uma pele que conhece a forma das coisas, sem um esqueleto capaz de resistir aos mais duros golpes?

Falar, portanto, que faço esta pesquisa com o corpo pode parecer algo, de certa maneira, redundante. No entanto, com isso, quero dizer algo mais. Para além das funções básicas e das afetações anímicas que põem em xeque até a objetividade mais fria, afirmo que, para a realização deste livro, meu corpo serviu como uma estratégia metodológica fundamental, na medida em que me propus a experimentar em minhas veias, cartilagens, pele, ossos e músculos, o conjunto de movimentos e habilidades que marcam a experiência corporal de cada uma de minhas interlocutoras nas diferentes modalidades praticadas por elas (e em tantas outras).

Em virtude disso, ao longo dos quatro anos em que empreendi o trabalho de campo, pratiquei – em períodos de tempo determinados pelo contato com minhas interlocutoras e pelas circunstâncias envolvidas em meus próprios experimentos corporais, como as lesões deles decorrentes, por exemplo – musculação, que é a base do treino de qualquer fisiculturista; treinamento funcional[74] e Crossfit; e, finalmente, *powerlifting*. Além disso, me aventurei em outras artes do corpo como ioga, *taekwondo*, karatê e dança, a fim de colocar em questão a organização corporal que carreguei, de maneira irrefletida, durante toda a vida. Também participei de competições, realizei uma mudança radical na alimentação, assumindo, tanto quanto possível, um *ethos* próximo ao de minhas companheiras de pesquisa, inclusive em relação ao regime de tempo e visibilidade do corpo, na medida em que passei a dormir e acordar mais cedo, a sair menos e levar um estilo de vida mais "saudável".

Com isso meu objetivo foi abandonar um registro meramente representacional, desde onde tentaria "descrever" a vivência das atletas (como se isso fosse possível), para experimentar as sensações que seus modos de vida provocariam em meu corpo (GADELHA, 2016).

Em virtude disso e assumindo, como já afirmei, que minha posicionalidade impõe limites intransponíveis – apesar da tentativa de vivenciar parte dos movimentos que integram a corporalidade de minhas interlocutoras, jamais poderia saber de fato como tal experiência se dá, pelo fato óbvio de eu não ser mulher –, segui o propósito de, no lugar do tradicional diário de campo, construir um verdadeiro "diário de corpo"[75]. "Escrito" a partir de minhas vivências, inspiradas e em conexão com a de minhas interlocutoras, apresenta-se não como um texto, mas como uma textura (INGOLD, 2012), isto é, um conjunto de linhas de fluxo que compuseram a malha formada por meu corpo, o corpo de minhas interlocutoras e por todas as coisas que nos cercaram.

Outra coordenada que me serviu de guia, em razão do uso que fiz do corpo e dos experimentos a que me submeti para levar a investigação adiante, decorre da crítica que Barad (2007) move contra a separação moderna entre sujeito (do conhecimento) e objeto (de pesquisa). Em suas palavras, a "linha entre sujeito e objeto não é fixa, mas uma vez que um corte

[74] O treinamento funcional tem como um dos pilares fundamentais o fortalecimento do centro de força do corpo, que inclui os músculos do abdômen, dos quadris e da região lombar, os quais são responsáveis pela estabilização da coluna vertebral. Essa prática tem como foco trabalhar o corpo de forma integral, proporcionando um desenvolvimento muscular mais equilibrado e a diminuição dos riscos de lesão (TREINAMENTO, 2015).

[75] A proposta da produção de um "diário de corpo" se deu a partir de minhas interlocuções com o professor Kaciano Gadelha, inspirada ainda nas obras *Os afectos mal-ditos: o indizível das sexualidades camponesas* (2006), de Paulo Rogers, e *O sensível e o cruel: uma aprendizagem pelas performances sadomasoquistas* (2016), de Juliano Gadelha.

é feito (i.e. uma prática particular está sendo encenada), a identificação não é arbitrária, mas é, de fato, materialmente determinada e especificada para uma dada prática" (BARAD, 2007, p. 155, tradução nossa). Isso significa que a separação entre mim e minhas interlocutoras não se verifica *a priori*, sendo, ao contrário, performada a partir de certos dispositivos (aparatos) – por exemplo, quando uso roupas diferentes das delas ou quando apareço nos locais de treinamento munido de câmera fotográfica e de celular ou bloco de anotações – que vão produzir regiões de "dentro" e de "fora", as quais só existem no momento em que tais cortes são encenados. Quando tais aparatos não estão em jogo, a separação entre pesquisador e interlocutoras não se sustenta. Essa noção me permitiu não só propor, metodologicamente, alguns deslocamentos de noções como "campo" (lugar privilegiado de onde poderia "observar" meu "objeto de estudo" com "segurança") e "diário de campo" (representação "fiel" do fenômeno "observado"), mas também jogar com a incerteza desses limites.

Mas, antes de partilhar o "diário" com vocês, gostaria de evidenciar outras três estratégias de pesquisa que foram se desenvolvendo não só com o trabalho de corpo, mas também com as idas aos espaços de treinamento das atletas e às competições de que participaram.

A primeira delas foi o emprego de uma câmera fotográfica, com o fim de criar um arquivo de imagens[76] dos treinamentos e do desempenho

[76] Ao contrário de um uso meramente representativo, afirmo que a imagem comparece em meu trabalho como uma "forma que pensa" (SAMAIN, 2012, p. 23), ou, em outras palavras, como uma materialidade detentora de "uma 'vida própria' e um verdadeiro 'poder de ideação' (isto é, um potencial intrínseco de suscitar pensamentos e 'ideias') ao se associarem a outras imagens" (SAMAIN, 2012, p. 23). Dizer isso pode parecer estranho à primeira vista, mas há um ponto de apoio a essa proposição que pode ser encontrado em Gregory Bateson e sua teoria dos sistemas. Em uma longa citação do epistemólogo inglês trazida por Samain (2012, p. 27), há a descrição de uma cena na qual um lenhador corta uma árvore com um machado. Cada golpe efetuado por ele se ajustará ao anterior, em uma dinâmica capaz de autocorreção, determinada, em última instância, pelo sistema global "árvore-olhos-cérebro-músculos-machado-golpe-árvore". Esse modelo daria conta, assim, de descrever a própria natureza da informação ou do pensamento, os quais, em lugar de "objetos isolados", poderiam ser mais bem compreendidos como sistemas de produção de diferenças, criadas a partir de outras diferenças, anteriores. Nesse sentido, o que pensa não é o indivíduo isolado, mas o sistema formado por sua intra-ação com os objetos circundantes. Além disso, tão importante quanto o modelo comunicacional batesoniano para fundamentar a proposição de Samain (2012, p. 23) – "as imagens são formas que pensam" – é a transformação epistemológica iniciada por Aby Warburg e seu *Atlas Mnemosyne*. A partir dela, o historiador alemão tinha a intenção de "escrever" uma história da arte sem palavras. Para tanto, iniciou um projeto grandioso, realizando composições de imagens em grandes painéis. A última versão do *Atlas*, antes da morte do autor, continha 63 painéis de 170 por 140 centímetros, contendo algo em torno de mil reproduções fotográficas. Dessa forma, a partir da organização de uma constelação de imagens, a ideia era executar uma

das atletas nos torneios que tive oportunidade de acompanhar. Para tanto, antes de realizar os registros, eu lhes perguntava da possibilidade de utilização do equipamento. Com o passar do tempo, em que pese a função óbvia de servir como dispositivo de captura de imagens, a câmera foi me fazendo perceber a existência de uma dimensão menos evidente: a de conferir a mim um "lugar" em "campo". Em outras palavras, a presença do dispositivo demarcava um corte (agencial) capaz de criar uma separação produtiva que me permitia acessar outras camadas sensíveis em nossas interações.

Portar uma câmera, por exemplo, fez com que as pessoas presentes nos cenários de produção corporal de minhas interlocutoras me tomassem, em diversas ocasiões, como um fotógrafo, ou seja, um elemento "fora do enquadramento". A repetição das situações em que essa identidade foi atribuída a mim me fez perceber que a câmera diminuía a problematização a respeito de minha presença nos locais onde as atletas circulavam, muito embora eu fosse alguém, de certa maneira, estranho a eles, em razão de não portar os signos visuais que compunham a imagem de seus(suas) frequentadores(as), como roupas de ginástica ou corpo musculoso.

Outra possibilidade que esse dispositivo me conferia, onde foi possível – nem todos os espaços de treinamento permitiam fotografias –, era a de andar, sem constrangimento, pelos lugares em que nossos encontros ocorriam. Era essa incorporação da máquina fotográfica, portanto, que me permitia, em virtude dos emaranhados intra-ativos constituídos pelas linhas de fluxo de nossas materialidades (INGOLD, 2012), reconfigurar as zonas de mediação entre meu corpo e os ambientes habitados por minhas interlocutoras. Dessa maneira, pela integração da câmera a meu

espécie de arqueologia simbólica por meio da qual poderia traçar linhas de conexões entre apresentações do imaginário humano sobre certos temas, como, por exemplo, a relação do "homem" com o sistema cósmico (CORNELL UNIVERSITY, 2016). Segundo o texto que acompanha esse painel, ele não dá a ver apenas relações entre imagens individuais, mas também um quadro por meio do qual cada imagem diz da relação fundamental do "homem" com o cosmos. É esse o sentido, portanto, que Samain (2012) dá à afirmação de que as imagens pensam: é como se cada imagem fosse um golpe do machado do lenhador e, seguindo a metáfora, é como se o talho aberto por esse instrumento, informado pelos golpes anteriores, nos aproximasse um pouco mais do sentido que se colocaria em movimento pelo "simples" fato de essas imagens estarem juntas. Ao repousarem uma ao lado da outra, é como se conversassem, como se pudessem produzir informações não apenas sobre si, mas também sobre as relações que estabelecem umas com as outras. Trata-se, desse modo, de revelar, em meio a uma cultura acadêmica inflacionada pelo poder analítico da linguagem, o quanto a imagem pode apontar para novas camadas compreensivas, não só pelo fato de ela nos pôr a pensar, mas também em razão de portarem, em si mesmas, pensamentos.

corpo como uma espécie de "tecno-órgão", eu ia de um lado a outro, me agachava, tornava a ficar de pé, subia batentes, movia objetos de lugar, tudo para conseguir "uma boa foto". Dito de outra maneira, a performatividade[77] encenada por mim criava certas torções no território de nossos contatos, estabelecendo não só espaços de "dentro" e de "fora", mas também dobras que funcionavam como pontos de atravessamento entre uma dimensão e outra.

Assim, por causa de meu "tecno-olho", eu sentia uma liberdade contemplativa que dificilmente seria experimentada de outra forma. Para citar um exemplo, não havia problema, mesmo diante da presença do marido de Larissa, que, enquanto tentava obter o melhor ângulo possível, me demorasse com a lente apontada para a atleta – ou melhor, para partes de seu corpo, já que a lógica do fisiculturismo fazia dele um conjunto de fragmentos autonomamente trabalhados, a fim de que pudessem alcançar o desenvolvimento adequado, situação que se refletia não só em sua produção, mas também na apresentação de sua figura.

A segunda estratégia adotada foi a utilização das redes sociais Facebook[78], WhatsApp[79] e, principalmente, o Instagram. Seu impacto na pesquisa se evidenciou de maneira gradual, servindo tanto como ferramenta de aproximação de possíveis interlocutoras quanto como plataforma por meio da qual era possível o acesso a imagens e vídeos do cotidiano das atletas que eu acompanhava, bem como de tantas outras que partilhavam de experiências corporais semelhantes às suas. Para tanto, bastava "seguir"[80] os perfis das mulheres cujo registro de produção corporal eu queria acessar a fim de que recebesse diariamente em meu *feed* imagens

---

[77] O uso que faço aqui de "performatividade" deriva do conceito de "performativo" em Barad (2007). Segundo a autora, ele aponta para uma classe de abordagens alternativas ao representacionalismo, colocando em questão suas premissas básicas e enfocando práticas ou *performances* de representação. Além disso, interessa-se na produção de efeitos dessas práticas, bem como nas condições de sua eficácia. Ainda segundo a autora, o deslocamento em direção a alternativas performativas, em detrimento do representacionalismo, muda o foco das questões referentes à correspondência entre descrição e realidade para outras relativas a práticas, fazeres e ações.

[78] Rede social virtual lançada em 2004 pela empresa Facebook Inc., sediada na Califórnia (FACEBOOK, 2019).

[79] "aplicativo multiplataforma de mensagens instantâneas e mensagens de voz para *smartphones*" (WHATSAPP, 2019).

[80] "Seguir" alguém no Instagram significa ter acesso a todo conteúdo – vídeos, fotos ou textos – produzido pelo(a) usuário(a). Para tanto, basta acessar o perfil de quem se deseja seguir e clicar no botão de mesmo nome.

de seu cotidiano, seja levantando pesos, fazendo *cardio*[81], se divertindo ou mesmo expressando opiniões políticas e visões de mundo.

Antes de começar a pesquisa, eu não era usuário do Instagram, o que só veio a ocorrer por ocasião dos primeiros contatos com minhas interlocutoras. No final de um encontro com Larissa, no dia 23 de setembro de 2017, ela acessou a rede social em questão e começou a me mostrar uma série de fotos tirada ao longo dos anos, traçando uma espécie de linha temporal da evolução do físico. Na ocasião, pude ver imagens de competições passadas, de quando esteve lesionada e também o vídeo de uma apresentação que realizou com o marido fisiculturista, um número de dança misturado a poses comuns no esporte. Quando terminou de me mostrar o material, perguntei-lhe se possuía perfil no Facebook, uma das únicas redes sociais a que eu tinha acesso até então e onde acreditava ser possível obter mais informações sobre ela. Larissa respondeu que sim, mas que mal a utilizava, preferindo o Instagram. A seguir ela me questionou se eu "tinha" essa rede social e, ao responder que não, emendou: "Tem que ter".

A dimensão "virtual", portanto, foi mostrando relevância à medida que o trabalho avançava, ao oferecer outra camada etnográfica que me permitia não só completar lacunas existentes na pesquisa, mas também acessar dados importantes que não apareciam em minhas interações presenciais com as atletas. Partindo da noção um tanto engessada de que minha pesquisa só poderia ser levada a cabo no "corpo a corpo", tive certa resistência em me valer do material que se apresentava. Além disso, o fato de minha formação não ter se dado na antropologia fazia com que eu quisesse me provar como pesquisador, o que acreditava só ser possível ao apostar na artificial separação entre "real" e "virtual", com a precedência do primeiro em relação ao segundo[82].

Felizmente, as rachaduras dessa frágil concepção, alimentada por uma boa dose de vaidade pessoal, não resistiram à riqueza do material à disposição com apenas alguns toques na tela do celular, fazendo com que "real" e "virtual" passassem a executar uma dança, um movimento produtivo.

---

[81] Nome comumente usado por minhas interlocutoras para fazer referência aos exercícios cardiorrespiratórios.

[82] Como mostra Derrida (2001), oposições filosóficas sempre trazem consigo a presença de uma hierarquia violenta.

Com isso, o ciberespaço[83] se transformou em mais um território etnográfico, desde onde as questões da pesquisa também puderam ser pensadas.

Como forma de encaminhar o paradoxo que eu mesmo havia criado, portanto, passei a problematizar explicitamente as noções de "virtual", "real" e também a oposição implícita advinda da operação inadvertida desses termos, capaz de produzir a ideia de que haveria especificidades não comunicáveis a caracterizar cada um deles[84]. Dessa maneira, essas dimensões passaram a ser consideradas por mim não como fenômenos separados e eventualmente relacionáveis, mas experiências cuja produção se dava a partir de sua intra-ação, em uma "espécie de copresença" (DIÓGENES, 2015, p. 540). Valendo-me de outra imagem, "real" e "virtual" comporiam uma mesma superfície, marcada, no entanto, por um ponto de torção, produzido pela multiplicidade de interações que integram os ambientes *on-line* e *off- line*.

Sendo assim, é possível dizer com Glória Diógenes (2015, p. 553, grifo nosso) que o

> antropólogo, nesse esteio de observação, se posiciona diante de um "desdobramento" também corporal – no caso, o de combinar ações etnográficas presenciais e outras em meio ao ambiente da Internet; ora ele estaria diante de corpos pós-orgânicos, ora perante dimensões de existência pós-orgânicas. Desse modo, *o próprio antropólogo estaria sendo arremetido para um novo regime digital da exposição dos corpos no panorama da contemporaneidade.*

A partir daí, a pesquisa no ciberespaço ganhou contornos mais definidos, tendo sido englobada, de maneira sistemática, como mais uma dobra[85] por meio da qual transcorreram minhas investigações de campo, bem como as interações com as atletas. Nesse sentido, o Instagram me permitiu acesso a dezenas de imagens que mostravam a rotina e as técnicas envolvidas na produção da corporalidade delas. Além disso, pude me valer dessa plataforma como

---

[83] Segundo Rifiotis (2010), o ciberespaço poderia ser definido como um "conjunto de processos que permitem interações sociais e possibilitam a emergência de grupos" (RIFIOTIS, 2010, p. 21).

[84] Sobre essa discussão, ver o artigo de Rifiotis "Duas ou três coisas sobre elas, as comunidades virtuais" (2010).

[85] Seguindo a pista de Glória Diógenes (2015), tomo emprestado o conceito deleuziano de "dobra" (1991) para pensar as categorias "real" e "virtual" não em termos binários, mas como partilhando "uma espécie de copresença" (DIÓGENES, 2015, p. 540).

espaço de fortalecimento de nossos laços, na medida em que eu costumava "curtir"[86] suas publicações, bem como escrever comentários positivos.

Minhas investigações na Internet, como afirmei, também me proporcionaram a chance de entrar em contato com o trabalho de produção corporal de outras atletas, as quais, apesar de não pertencerem a meu *corpus* de pesquisa propriamente, ajudaram a compor a paisagem antropológica que orientou a formulação das questões que apresento aqui e a maneira como pude dar conta delas, como é o caso da pesquisadora, treinadora e atleta Marilia Coutinho[87].

Por fim, a última técnica de pesquisa foi a escuta das interlocutoras, a partir de uma interação propositalmente fluida e minimamente dirigida. Em nossos primeiros encontros, foram surgindo diversos assuntos que, embora na aparência fugissem ao interesse da pesquisa, não eram barrados por mim. Ao contrário, apesar de isso não ter se dado de forma consciente desde o início, minha postura foi a de acolher as falas da maneira mais abrangente possível, na tentativa de suscitar nelas a liberdade de discorrerem sobre qualquer tema, sem restrições. Com o passar do tempo e com a definição do objeto de pesquisa, minhas perguntas foram se tornando mais precisas, acarretando interações mais orientadas.

Importante dizer que, por vezes, o método de interação construído, pela diferença de personalidade entre as atletas, sendo umas mais "falantes" e outras mais "caladas", não funcionou sempre da mesma maneira, tendo sido necessário, por vezes, algumas adaptações, como quando "entrevistei" Bia baseado em algumas perguntas, tocando em assuntos que não conseguira abordar em interações passadas.

Refletindo sobre esse ponto em particular, percebo que o contato com a psicanálise, fruto não só da formação teórica, mas, sobretudo, da experiência como analista, subsidiou, em alguma medida, a maneira pela qual nossas conversas foram tomando forma. Com isso, não quero dizer que me atribuía

---

86 Redes sociais como Facebook, Instagram e YouTube disponibilizam, em sua plataforma, um botão por meio do qual os usuários podem "curtir" os conteúdos nelas veiculados.

87 Marilia foi campeã e recordista mundial de *powerlifting* em 2011, além de ser doutora em sociologia da ciência pela Universidade de São Paulo e possuir dois pós-doutorados, um pela Universidade da Flórida e outro pela Virginia Tech, onde chegou inclusive a ser professora. Minha intenção inicial era fazer dela uma das interlocutoras, tanto por seu desempenho atlético em um esporte de força como pelas reflexões a respeito de sua prática, do corpo, do gênero e também do esporte. As dificuldades em contactá-la – Marilia mora hoje nos Estados Unidos – por meio das redes sociais, apesar das tentativas empreendidas, me demoveram da ideia inicial. Em que pese isso, ela se fez presente em vários pontos da pesquisa.

o papel de analista em nossas interações – o que seria absurdo –, mas que a escuta analítica, com a atenção flutuante e ênfase nos significantes[88], servia de inspiração ante as palavras dirigidas a mim.

Previamente à descrição dos elementos que deram forma ao "diário de corpo", apresentarei a seguir um "quadro" que ajudará o(a) leitor(a) a ter uma visão mais abrangente dos perfis de cada uma das atletas, antes de aprofundá-los no capítulo seguinte.

Quadro 1 – Apresentação das interlocutoras de pesquisa (2019)

Nome	**Larissa Araújo**	**Beatriz Mesquita**	**Jeska Barros**
Idade	37	30	38
Raça	Parda	Branca	Branca
Orientação sexual	Heterossexual	Lésbica	Heterossexual
Gênero	Mulher cis	Mulher cis	Mulher cis
Classe social	Classe média baixa	Classe média	Classe média baixa
Estado civil	Casada	Solteira	Casada
Filhos(as)	Não	Não	Sim
Naturalidade	Ceará	Ceará	Ceará
País de residência	Brasil	Brasil	Brasil
Formação escolar	Educação superior em andamento (educação física)	Educação superior completa (educação física)	Educação superior em andamento (educação física)
Instituição de ensino superior	Faculdades Integradas do Ceará (UniFic)	Universidade Federal do Ceará (UFC)	Faculdades Integradas do Ceará (UniFic)
Modalidade esportiva	Fisiculturismo	Crossfit	Fisiculturismo
Tempo de prática no esporte	22 anos	5 anos	4 anos
Melhor resultado	Campeã do Muscle Contest (2019)	Vice-campeã no Monstar Games (2018)	Vice-campeã Arnold Classic South America (2019)

88 Signos linguísticos que dão a ver o trabalho do inconsciente.

Como se pode ver, a tabela compreende tanto informações sobre a vida pessoal das atletas (nome, idade, orientação sexual, gênero, classe social, raça etc.) como dados relativos à prática corporal (modalidade, tempo no esporte, melhor resultado). Permite ainda ter em conta se tratar de mulheres que começaram relativamente tarde no esporte que praticam (à exceção de Larissa, que iniciou no fisiculturismo aos 15 anos), em que pese a maioria delas possuir uma relação prévia com outras modalidades. Na infância, Larissa foi campeã cearense de basquete, tendo também jogado futsal. Durante toda a faculdade, Bia fez parte do time de futsal do curso de educação física, além de já ter praticado judô. Jeska teve uma carreira no handball[89] na adolescência.

Apesar disso, todas elas são, em diferentes níveis, figuras de destaque em suas modalidades. Bia está entre as principais atletas de Crossfit da região Nordeste. O mesmo pode ser dito a respeito de Larissa e Jeska, as quais integram uma das principais federações de fisiculturismo do país, a Federação Internacional de Fisiculturismo e Fitness (IFBB[90] Brasil), tendo alcançado resultados de expressão nacional na categoria amadora.

A relevância no esporte foi, portanto, um dos critérios para a definição das interlocutoras. A representatividade também foi levada em consideração, uma vez que tentei privilegiar uma certa diversidade de raça (Larissa se define como parda), classe (apesar de todas se definirem como pertencentes à classe média, Jeska e Larissa acrescentaram o predicado "baixa" para demarcar seu lugar social) e orientação sexual. Outro critério importante para a delimitação das modalidades contempladas – fisiculturismo e Crossfit – era a exigência da produção de um corpo forte e musculoso.

Tendo apresentado, de maneira geral, os principais eixos metodológicos do trabalho, desejo trazer agora os elementos que fizeram parte da construção do "diário de corpo", por meio do qual relatarei, ainda que brevemente, algumas experiências que marcaram minha corporalidade

[89] "Handball é um esporte coletivo no qual dois times de sete jogadores cada passam a bola com as mãos, com o objetivo de arremessá-la ao gol da equipe adversária" (HANDBALL, 2019, tradução nossa).

[90] Além da IFBB, há outras duas federações importantes, levando em conta o número de inscritos(as): a National Amateur Body-Builders' Association (NABBA) e a National Physique Committee (NPC), ambas com presença no Brasil.

durante a pesquisa e também certas cenas que dizem não só da produção de meu corpo, como também de meu gênero.

Uma delas transcorreu em uma academia que eu costumava frequentar cerca de dez anos atrás. Na parede oposta à recepção, chamava a atenção um grande cartaz preto fornecido por uma marca de suplementos como forma de divulgação de sua linha de produtos. Nele, podia-se ver, além da logomarca da empresa, a imagem de uma estátua grega masculina apoiada no que parecia ser uma espécie de coluna de mármore. De longe, não era possível divisar os genitais da estátua, como era comum nas representações corporais produzidas pelo classicismo grego, que, em sua idealização da figura humana, buscava exaltar valores como beleza e virtude. Portanto, durante algum tempo, tomei esse conjunto imagético apenas como um diálogo com essa estética apolínea, baseada na supressão de afetos mundanos e na construção de um corpo limpo, forte e saudável.

Certa vez, no entanto, em virtude de a área destinada aos alongamentos estar ocupada, resolvi me dirigir a um local menos frequentado pelos(as) praticantes de musculação, justamente onde estava pregado o cartaz. Ao chegar ali, enquanto aquecia os músculos, dei uma olhada despretensiosa nele, acreditando que não apresentaria mais do que minhas especulações anteriores apontavam. Isso tornou ainda maior minha surpresa ao perceber que a representação daquele homem de músculos volumosos e perfeitamente desenhados não se apoiava em uma coluna de mármore, mas sim no que parecia ser um pênis gigantesco, que ia do chão até a altura dos ombros[91]. Era como se aquela imagem, feito matéria viva, gritasse aos quatro ventos: "Homens, conquistem músculos e, em troca, terão um falo tão grande que se tornará impossível caber na região para onde foi desenhado e que, além disso, poderá ser exibido por aí e até servir de suporte ou ponto de apoio quando tudo mais tiver falhado".

---

[91] Por ocasião da escrita deste tópico me dei conta de que a imagem era a releitura de uma antiga estátua de Hércules, da autoria de Glicão. Apresenta-o apoiado em sua maça, a qual tem estendida sobre ela a pele do Leão de Nemeia, o primeiro dos 12 trabalhos do herói grego (HÉRCULES FARNÉSIO, 2019). Apesar de na estátua original a junção do bastão de Hércules com a pele remeter, de certo modo, a uma figura fálica, a interpretação da obra trazida no cartaz, pela maneira como os objetos foram desenhados, acabou por fortalecer sobremaneira essa associação.

Figura 3 – Cartaz

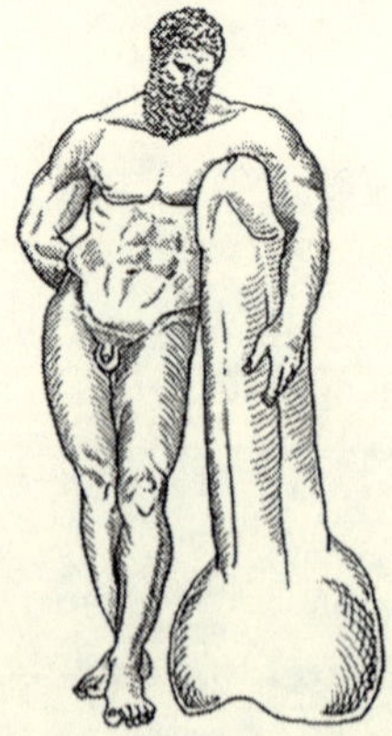

Igor Gonçalves. Hércules. 31 jan. 2021. 1 desenho, pb, 21 x 29,7 cm. Acervo Pessoal.

Esse foi um dos primeiros indícios que me permitiram perceber as academias como espaços de produção corporal e de gênero. A segunda cena, retirada de minhas andanças por espaços de ginástica ao longo dos anos, corrobora a hipótese.

Na Mega Body, academia a qual costumava frequentar, havia uma série de máquinas usadas para trabalhar grupos musculares de maneira localizada, e em cada uma delas existia uma pequena figura apresentando a anatomia do corpo humano, com destaque para os músculos exercitados durante a atividade física. Com o andamento da pesquisa e a consequente desnaturalização de um conjunto de fatos que antes passavam ao largo, me dei conta de que, em sua grande maioria, as figuras representavam corpos considerados masculinos, o que se podia perceber pelo desenho do rosto propositalmente anguloso e pelos cabelos curtos. As únicas máquinas associadas à figura feminina eram as de adução e abdução, as quais se destinavam a trabalhar principalmente os glúteos e os músculos internos das coxas. Mais uma vez, elas pareciam emitir um sinal bem claro: "Mulheres, trabalhem com ardor coxas e bundas, tenham-nas grandes, estejam prontas para serem mecanicamente penetradas, e assim conseguirão despertar o desejo de homens caralhudos e bem-sucedidos".

Em uma tarde de 2017, enquanto conversava com uma amiga (Lívia Soares[92]) sobre essas memórias e sobre a vontade de dar "corpo" a minha investigação, ela começou a me mostrar, no Instagram, perfis de algumas atletas com quem já tinha entrado em contato pela intenção de realizar um curta-metragem sobre mulheres no esporte.

A possibilidade da intermediação de Lívia oferecia uma solução satisfatória para um problema que, de início, parecia difícil de resolver: como me aproximar de eventuais interlocutoras, levando em conta que, além de ser homem, eu nunca havia praticado seriamente nenhum esporte, tampouco conhecia mulheres atletas? À falta de familiaridade com meu interesse de pesquisa, portanto, somava-se o problema da construção do campo.

A Internet foi uma boa saída para o contato com elas, embora fosse um processo, às vezes, delicado, por ser comum mulheres sofrerem situações de assédio pelas redes sociais. Por causa disso, em muitas dessas ocasiões, preferi não tomar a iniciativa até encontrar alguém que pudesse servir de "ponte" entre mim e uma possível interlocutora.

O fato de Lívia ser mulher e atleta dava-lhe acesso a pessoas, lugares e vivências que, a *priori*, pareciam impossíveis a mim. Daí sua importância no primeiro contato que tentei estabelecer com mulheres cuja experiência corporal me interessava. Serviu também como uma espécie de mediadora, pois, sempre que tinha dúvidas de como me dirigir a alguém, era ela quem me ajudava a pensar estratégias de aproximação, além de indicar o que seria ou não apropriado. Essa foi uma questão que me fez pensar bastante ao longo do trabalho, por definir mesmo os limites de onde eu poderia ir na experiência sensível estabelecida com minhas companheiras de pesquisa.

É muito comum, nas etnografias clássicas[93], a descrição de momentos cruciais em que os pesquisadores narram acontecimentos ou vivências, que, em sua visão, foram capazes de garantir-lhes a entrada em um campo de experiências nativas anteriormente interditado. Dessa forma, vencido esse obstáculo, passariam a ter a confiança de seus parceiros e parceiras de

---

[92] Lívia é cineasta, instrutora circense e atleta de *taekwondo*, tendo sido vice-campeã pan-americana em 2017 e campeã argentina em 2018. Ela teve um papel muito importante no início da investigação, ao me apresentar não só um panorama do campo que eu buscava explorar, mas também possibilidades de contatos com atletas, algumas das quais vieram a integrar meu *corpus* de pesquisa.

[93] Entre elas posso citar *Argonautas do Pacífico Ocidental* (1976), de Bronisław Malinoswki; "Deep Play: Notes on the Balinese Cockfight", do livro *The Interpretation of Cultures* (1973), de Clifford Geertz; *Sociedade de esquina* (1993), de William Foote Whyte; e *Corpo e alma* (2004), de Loïc Wacquant.

pesquisa e, com isso, seriam capazes de penetrar outra camada de sentidos, mais profunda. Junto a isso, é frequente existir certa autoidealização da figura do(a) *pesquisador(a) em campo*, na medida em que, em muitos casos, até nos mais bem-intencionados, pintam-se com tintas um tanto quanto heroicas ao darem a ver a disposição – física e subjetiva – de se engajarem em experiências de alteridade que, muitas vezes, são de fato radicais.

Em que pese isso, é importante não perder de vista que, ao longo da história da antropologia, o trânsito que sujeitos brancos e de posição social privilegiada, como eu, realizam na tentativa de "compreender" experiências de grupos sociais minoritários e/ou precarizados (sejam eles uma população racializada num país asiático, como no caso de Geertz em "Um jogo absorvente: notas sobre a briga de galo balinesa" (2000); ou um conjunto de boxeadores negros na periferia dos Estados Unidos, no caso de Wacquant, em *Corpo e alma* (2004); ou, ainda, um grupo de mulheres levantadoras de peso, em meu caso, só para citar alguns exemplos, que, apesar de distantes no tempo, possuem um mesmo ponto de partida) revela uma questão que precisa ser mais bem abordada: até que ponto pode mesmo o(a) pesquisador(a) dividir a experiência de seus(suas) interlocutores(as) de pesquisa? Ou antes: poderia ele/ela reivindicar esse feito, sem ao menos colocar em questão o quanto seus identificadores sociais – de raça, classe e gênero[94] – demarcam um lugar e uma visão de mundo que não só o(a) situam em uma rede de relações de poder, mas também produzem limites epistemológicos?

Talvez essa falta denote uma dificuldade generalizada de nós – que falamos de dentro da academia, posição por si só bastante favorecida, e que

[94] Nesse sentido, como afirma Feldman, "se o espaço social e o espaço corporal continuamente predicam um ao outro e se ambos são sujeitos a uma continua reconstrução pela violência, a noção de uma relação estável entre agência e enquadramentos sociais nomotéticos, como classe, etnicidade ou ideologia política se tornam problemática. A agência política é múltipla e formada por um mosaico de posições subjetivas que podem ser, ao mesmo tempo, descontínuas e contraditórias" (1991, p. 04, tradução nossa). Em sua crítica à interseccionalidade, Ochy Curiel (2017) parece partir de um entendimento parecido a respeito de como tais categorias, na verdade, se engendrariam difrativamente, por meio de interações diferenciais. O problema da interseccionalidade estaria então em assumir que as identidades se constituem de maneira autônoma, separando, em seu caso, a mulher da condição de negra; a condição de negra da condição de lésbica e assim por diante. Segundo ela, isso seria um problema porque "quando entendemos o Sistema Mundo Colonial, todas essas condições são produzidas pelos sistemas de opressão" (p. 116). Com isso, se perderia de vista a questão de como tais categorias foram produzidas, "Quem produziu a negra? Teríamos que nos perguntar, em uma proposta política de transformação. Quem produz a mulher, quem produz a pobre? Fundamentalmente são os sistemas de opressão. A interseccionalidade não dá conta, não chega a essas análises e coloca essas diferenças como quase inatas, já dadas" (p. 116).

além disso carregamos, muitas vezes, outros tantos signos de privilégio – adotarmos uma posição difrativa[95] em relação a nosso próprio fazer, no sentido de admitirmos que, muitas vezes, nossas narrativas falham na proposta de universalidade, uma vez que estamos, assim como nossos interlocutores e interlocutoras, constrangidos por limites que particularizam qualquer olhar que direcionemos ao mundo, não importa o quão armado estejamos de teorias e "boas intenções". Pior, em relação ao campo, estamos em posição de flagrante "desvantagem", na medida em que os fenômenos a que temos acesso são inelutavelmente contaminados por nossa própria experiência social enquanto sujeitos. Isso independe do quanto impliquemos nosso corpo e nossa existência na tentativa de conseguir o maior número de "dados de campo", para, ao final, produzirmos um "bom trabalho". Não se trata de uma questão moral, mas de um problema de outra ordem, uma vez que os limites do campo parecem ser determinados pelos limites de nossos próprios privilégios[96].

Será que, ao fugir da polícia com os outros balineses que acompanhavam a rinha de galo, Geertz corria mesmo risco, a ponto de acreditar ter sido essa experiência o que precipitou os laços de camaradagem entre ele e as pessoas pesquisadas? Até que ponto, Wacquant, um acadêmico branco, francês, bem alimentado e com a carreira consolidada, conseguiu, de fato, partilhar da experiência de um lutador, tendo em vista que a maior parte dos boxeadores que frequentavam o clube de Dee Dee era formada por jovens negros que usavam a luta como forma de ascensão social, em um bairro violento e miserável? Qual terá sido mesmo o nível de abertura de Doc[97] e seus amigos em relação a Foote Whyte, um homem de classe média alta, estudado e vindo de uma realidade tão distante da vivida pelos garotos da sociedade de esquina? Em última

[95] Como afirmei em nota anterior, a perspectiva difrativa não privilegia processos de produção de identidade, mas destaca "diferenças geradas pelas práticas de produção de conhecimento" (BARAD, 2007, p. 72, tradução nossa) e os "efeitos que elas tem no mundo" (BARAD, 2007, p. 72, tradução nossa). Essa metodologia se baseia no fenômeno físico conhecido como "difração", isto é, no modo como as ondas se combinam no instante de sua superposição ou, ainda, na forma assumida após seu desvio ou espalhamento quando encontram alguma barreira física. Enfatizando, portanto, a natureza relacional da diferença, a metodologia difrativa se interessa não em mostrar onde ela (diferença) aparece, mas sim seus efeitos. A diferença, portanto, não é tomada como essencializada ou sem consequências, e, nesse sentido, a difração pode servir como ferramenta de análise para investigar os efeitos de sua produção.

[96] Essa frase foi dita inúmeras vezes pelo professor Kaciano Gadelha, ao longo de nosso contato, e me serviu de baliza tanto ética quanto epistemológica para pensar e problematizar minha relação com o campo.

[97] Interlocutor-chave da etnografia produzida por William Foote Whyte em *Sociedade de esquina* (1993).

instância, como essas três etnografias – poderia citar tantas outras –, apesar do brilhantismo, lidam com todas essas questões?

Nesse sentido, parto do princípio de que há limites específicos que marcam não só minha presença em campo, mas também minha relação com as atletas, limites esses que outras pessoas, caso de Lívia, por exemplo, provavelmente não encontrariam. Admitir isso não significa assumir, desde já, uma derrota. Ao contrário, ao trazer essa problemática para dentro da pesquisa, procuro trabalhar não só *a partir*, mas *com* minhas próprias faltas e impossibilidades. Nela, o que busco alcançar não é a reprodução, em mim, da experiência de minhas interlocutoras, tampouco fazer de meu corpo tábula rasa para as escrituras que marcam suas corporalidades. Isso seria impossível. Na verdade, trata-se da fabricação de um corpo- pesquisa a partir da organização de minha própria anatomia corporal e subjetiva, mas inspirada pelos predicados que constituem a corporalidade das interlocutoras. Esta pesquisa pretende ser, dessa forma, um exercício de contágio.

Auxiliado por Lívia, durante todo o mês de agosto de 2017, fiz uma pesquisa exploratória, registrando as primeiras anotações e conversando com pessoas-chave. Até aquele momento, além de Lívia, eu tinha recorrido a um primo, Levi Souza, que é educador físico, e a um dos instrutores da academia Mega Body, localizada no bairro Monte Castelo, onde eu me exercitava, para obter mais informações sobre mulheres musculosas em Fortaleza. Foi por meio do primeiro que fiquei sabendo de Larissa Araújo. Em um almoço de família, aproveitando a presença de Levi, contei-lhe da pesquisa e, ao descobrir que conhecia a fisiculturista, pedi que me ajudasse a chegar até ela.

No dia 19 de setembro de 2017, cerca de duas semanas após obter seu número telefônico, mando uma mensagem para Larissa e, a partir daí, começam nossas interações, tendo o primeiro encontro acontecido no dia 21 de setembro de 2017, na academia Universo Gym, situada na rua José Vilar, Aldeota, bairro de classe média alta de Fortaleza.

No dia marcado, apesar do cansaço, achei por bem deixar meu corpo numa disposição física parecida com a de Larissa e acabei indo até a academia me exercitar. Relendo minhas anotações de campo vários meses depois, percebi que o gesto de preparar o corpo para encontrá- la foi uma das primeiras manifestações da ideia de usá-lo como dispositivo de pesquisa. Enquanto prática física, a musculação, elemento fundamental para qualquer fisiculturista, estava longe de ser algo desconhecido para mim. Como disse, minha relação com os pesos começara ainda na adolescência, continuando pela idade adulta, o que me permitia um conhecimento razoável do nome dos exercícios, maquinários, grupos musculares trabalhados e alguma noção sobre dietas e suplementos alimentares. Uma academia de ginástica, portanto, era um ambiente no qual eu me sentia relativamente confortável.

A pesquisa, no entanto, me levou a querer expandir meu repertório de movimentos para além dos habitualmente executados na musculação. Por influência de Lívia, acabei praticando *taekwondo* por algum tempo – um mês para ser mais preciso – no *dojang*[98] que ela frequentava. Porém uma lesão no ombro durante um treinamento com um praticante mais graduado fez com que eu tivesse que me afastar da atividade, a qual terminei por abandonar.

Experimentar com o corpo exige uma grande disposição para aprender movimentos com os quais não estamos acostumados e remediar os pequenos ou grandes acidentes que fazem parte da tentativa de expansão de limites. Passei um tempo tratando o machucado em casa, mas como não melhorava tive que buscar um médico, que, por sinal, foi recomendado por Lívia. O histórico de lesões de minha amiga era tão grande e ela já havia passado por tantos procedimentos que seu conhecimento quanto a indicação de bons profissionais era vasto.

Na época de meu primeiro encontro com Larissa, portanto, eu ainda estava lidando com essa lesão, diagnosticada como uma inflamação no tendão que ligava o ombro ao bíceps, embora já tivesse voltado a treinar com pesos, apenas tomando o cuidado de evitar alguns movimentos.

Outra experiência corporal que me propus a viver à época de meu primeiro encontro com a fisiculturista veio por meio da inserção de alguns elementos de *powerlifting* na rotina de exercícios, tomando por base os vídeos produzidos por Marilia Coutinho. A pesquisadora e atleta possuía um canal no YouTube abordando variados aspectos do treinamento, como reflexões sobre elementos técnicos da modalidade, demonstração da mecânica adequada para os levantamentos e comentários sobre meios de contornar lesões comuns no esporte.

---

[98] "Termo usado nas artes marciais coreanas, tais como taekwondo, tangsudo, kuk sool won e hapkido, que se refere a um local formal de treinamento. É, tipicamente, considerado o lugar formal de reunião para estudantes de artes marciais conduzirem treinamentos, exames e outros encontros relacionados" (TAEKWONDO, 2019, tradução nossa).

Em vídeo publicado no dia 10 de junho de 2014, intitulado *Supino*[99]*: como se posicionar para um bom levantamento*, Marilia mostra a maneira correta de colocar o corpo debaixo da barra, levando em conta a posição dos braços, das pernas e, principalmente para esse tipo de exercício, dos ombros e da coluna. Como o *powerlifting* é um esporte de força, em que as atletas manipulam altas cargas – o recorde pessoal de Marilia é 105 kg –, são de suma importância manobras que permitam a proteção de articulações, cartilagens e ligamentos, de modo a evitar, tanto quanto possível, eventuais lesões. Assistindo a esse vídeo, me veio a ideia de tentar praticar o levantamento me valendo das dicas da atleta, para descobrir se, seguindo a técnica corretamente, eu seria capaz de aumentar minhas cargas pessoais e, assim, partilhar um pouco de sua experiência de corpo.

Comecei então a treinar o supino de uma maneira totalmente diferente da que estava acostumado e, gradualmente, fui aumentando minhas cargas. Como não possuía recursos para contar com o apoio técnico e profissional adequado, me ocupava do exercício por conta própria, contando, no máximo, com o auxílio do instrutor da academia onde eu me exercitava, o qual não tinha a formação para orientar, de maneira correta, esse tipo de atividade. Ainda assim, era algo que estava disposto a tentar. Com a redução da inflamação em meu tendão, aos poucos fui voltando ao supino até atingir a marca de 90 kg, considerada baixa para uma pessoa de minha estatura, gênero e peso.

No dia de meu encontro com Larissa, portanto, eu estava me sentindo animado com os novos aprendizados que, a partir do contato com as atletas, ia incorporando à vida. Ela me recebeu com um sorriso, sentada em um banco em frente à recepção da academia. Depois de cumprimentá-la com um aperto de mão, ela me apresentou a seu marido e treinador, Lucas Coelho, como sendo um dos principais atletas de fisiculturismo do Brasil em sua categoria.

Pelo suor na pele e nas roupas de ginástica, percebi que Larissa havia acabado de treinar. Sentando-me a seu lado, comecei a lhe falar sobre a pesquisa e sobre como seria nossa colaboração. Mais até do que os músculos dela, me chamou a atenção a vivacidade do olhar, tão expressivo quanto o

---

[99] "forma de levantamento de peso voltado principalmente para o treinamento dos músculos peitorais maiores, mas que também envolve, como sinergistas, os músculos deltoides, serráteis anteriores, coracobraquiais e tríceps braquiais. Enquanto está deitado em decúbito dorsal, de preferência sobre um 'banco' específico, o praticante abaixa uma barra com pesos até perto do peito (90 graus) e então a empurra para cima até que seus braços estejam esticados (ou próximos a isso)" (SUPINO, 2017).

restante do corpo, que gesticulava e se movia para acompanhar as palavras que saíam caudalosas da boca.

Ainda assim era impossível não notar a musculatura desenvolvida pelos anos de prática do fisiculturismo. Os trapézios saltados esticavam as alças da camiseta branca que lhe vestia o tronco apenas parcialmente, deixando à mostra os braços largos e torneados, os ombros redondos e *fibrados*[100] e o peitoral bem trabalhado – músculos cujo desenvolvimento era considerado um fator de desvio da figura tradicional feminina. Ainda assim, parecia orgulhosa do corpo e não aparentava incômodo ao falar do esporte que praticava e dos demais aspectos relacionados a ele, como a preparação para os campeonatos, as dietas, o uso de anabolizantes, as categorias em que eram divididas as competidoras e assim por diante. Também me chamou a atenção a cor da pele, uma vez que dificilmente poderia ser considerada uma pessoa branca.

No final, enalteceu o fisiculturismo e brincou que até o encerramento da pesquisa eu viraria um competidor[101] também, afirmação que fez com que todos caíssemos na gargalhada. Antes de ir embora, ainda me convidou para acompanhar seu treino dali a dois dias, no sábado. A partir de então estabelecemos um ritmo de encontros regulares, sempre nos locais de treinamento para o Sobral Open de fisiculturismo, competição que marcaria o retorno de Larissa aos palcos e que se realizaria nos dias 23 e 24 de novembro de 2017 na cidade de Sobral (CE).

Dias depois, com a ajuda de Lívia, consegui chegar à segunda participante da pesquisa. Em uma das reuniões que fazíamos para discutir temas transversais a nossos interesses (corpo, arte, gênero e esporte), minha amiga me mostrou o Instagram da crossfiteira Beatriz Mesquita, com quem ela já havia entrado em contato anteriormente. Aproveitando-me disso, no dia 16 de outubro de 2017 mandei-lhe uma mensagem dizendo ser amigo de Lívia e explicando como se daria a colaboração com a pesquisa, caso aceitasse. A atleta e treinadora de Crossfit acabou se mostrando interessada na proposta, e, com isso, marcamos um dia para "trocar uma ideia".

Por minhas interações com Larissa terem possibilitado a confecção de um método de pesquisa *em progresso*, tomei-o como referência para meu contato

[100] Processo de tornar visíveis as fibras musculares pela diminuição do percentual de gordura corporal, fruto da dieta e do grande volume de exercícios cardiorrespiratórios.

[101] A "profecia" de Larissa acabou se realizando, embora eu não tenha virado competidor de fisiculturismo, e sim de karatê.

com Beatriz. Dessa forma, assim como fizera anteriormente, marquei um primeiro diálogo com a atleta no local de treinamento. No dia 20 de outubro de 2017, às 10h, sentamos para conversar nas cadeiras da lanchonete que ficava dentro do Porão Crossfit, *box* onde dava aula e também treinava, localizado na rua Coronel Linhares, Meireles, bairro de classe média alta de Fortaleza.

Antes de nos despedirmos, falei da intenção de treinarmos juntos um dia, a fim de que pudesse sentir, com meu corpo, as exigências físicas do esporte. Falei também da intenção de trazer a câmera da próxima vez para fazer algumas imagens do treino, com o que ela se colocou de acordo. Beatriz disse que, se eu quisesse, já poderíamos acertar um horário na semana seguinte para a realização da primeira experiência no Crossfit. No entanto, em virtude de uma nova lesão no ombro, acabei não podendo aceitar o convite, preferindo, dessa vez, me recuperar plenamente para não voltar a me machucar.

Essa nova contusão decorreu das experimentações com o *powerlifting*. Em uma tarde no final do mês de outubro, dando sequência ao treinamento que começara no início do mês, eu fazia o levantamento supino com uma carga de 90 kg, tentando seguir as recomendações de Marilia. Entretanto, cometi o erro de subestimar o aprendizado corporal necessário para a realização correta do movimento. Quando me posicionei debaixo da barra, arqueando a coluna e tentando colocar apenas as pontas dos pés no chão, pedi que o instrutor observasse a execução, pois em caso de falha muscular eu sofreria o impacto de quase 100 kg em meu tórax. Como a carga era alta, decidi fazer apenas três repetições, informação que comuniquei a ele para que ficasse ciente de quando deveria intervir (é comum, quando se está levantando uma carga alta, pedir um "toque", espécie de ajuda dada pela pessoa designada para acompanhar o movimento). Na segunda repetição, no entanto, tive uma sensação estranha no ombro ao executar a fase concêntrica do supino, ou seja, de contração muscular. Era como se algo tivesse inchado dentro da articulação, sensação que vinha acompanhada de dor. Ainda assim, com o corpo "adrenalizado", mesmo não me sentindo bem, decidi insistir em outra repetição, a fim de completar o levantamento. Ao final, ao me erguer do banco, percebi que a sensação de dilatação intra-articular havia aumentado, o que me fez interromper o restante do treinamento, para não agravar o que já sabia ser uma lesão.

Como da primeira vez em que me contundira, decidi esperar alguns dias, a ver se o machucado melhorava sozinho, enquanto aplicava gelo e *sprays* anti-inflamatórios. Continuei frequentando a academia na medida do possível, evitando os exercícios que poderiam me causar dor, os quais, na ocasião, eram quase todos os que envolviam os membros superiores. Em virtude das limitações e do desconforto que sentia ao empreender os movimentos mais simples, decidi enfim procurar um médico. Depois da realização de alguns exames (ultrassom e ressonância magnética) foi constatada uma bursite no ombro esquerdo.

Com a sequência do trabalho de campo e em virtude do maior conhecimento adquirido me dei conta do que havia saído errado no levantamento. Inadvertidamente, ignorara dois elementos fundamentais para a boa execução do supino: o plano de descida da barra em relação ao corpo e o ângulo formado entre braço e antebraço.

Apesar de ser um exercício executado por mim há muitos anos, a tentativa de experimentar outro esporte, com sua lógica correlata, fez com que meu corpo se desorganizasse em sua mecânica. Com esse evento, percebi que, por mais que tivesse observado vídeos, lido textos e conversado com pessoas, o esporte exigia um conhecimento que não se dava apenas por meio de uma apreensão intelectual, mas no corpo do/da praticante, sendo fundamental o engajamento deste para o aprendizado, o que implicava também, como falei, uma certa disposição para lidar com limites e as consequências de sua ultrapassagem. No meu caso, descobrira ser a bursite uma lesão crônica que, provavelmente, me acompanhará como marca por toda a vida.

Para sair da fase aguda, isto é, de maior dor, tive que tomar anti-inflamatórios, além de fazer quase um mês de fisioterapia, só aos poucos voltando a praticar atividades físicas. Como forma de acelerar minha recuperação e fortalecer a musculatura que estava enfraquecida pelo tempo que precisei ficar parado, pratiquei um pouco de kundalini ioga[102] com uma amiga professora. À época do primeiro contato com Beatriz, portanto, eu estava finalizando o processo de recuperação, embora ainda sentisse dores e limitação em alguns movimentos.

Nesse momento da pesquisa, por recomendação de Lívia, comecei a praticar treinamento funcional no mesmo local onde ela treinava. Era tanto a tentativa de acessar outra experiência corporal quanto uma alternativa

[102] Escola de ioga influenciada pelas linhagens de hinduísmo, shaktismo e tantra (KUNDALINI, 2019).

aos exercícios que estava habituado a fazer, mas que, depois da lesão, passaram a me causar dor. Em virtude de trabalhar o corpo de forma integral, essa modalidade se assemelhava muito ao Crossfit, sendo a diferença entre as duas mais de ênfase do que de natureza. Enquanto o funcional abrangia aspectos ligados ao bem-estar, englobando inclusive práticas destinadas à recuperação de lesões, o Crossfit era voltado à competição e ao desempenho. Os exercícios, no entanto, e os movimentos executados nos dois esportes se aproximavam bastante. Dessa forma, além de auxiliar em minha recuperação também seria uma chance de experimentar a prática corporal à qual Beatriz dedicava tanto tempo.

A experiência com essa atividade física durou cerca de um mês e meio, em virtude de o alto custo ser incompatível com minhas condições financeiras. Durante esse tempo, entretanto, tive a oportunidade de ser orientado por um educador físico que participava de competições de Crossfit e que conhecia bem a modalidade. Essa vivência ainda me deu a chance de aprender novos movimentos e reorientar toda a percepção em relação a meu próprio corpo. A partir das conversas com Júnior, aprendi sobre princípios fundamentais ao Crossfit e ao treinamento funcional, como mobilidade[103], fortalecimento do *core*[104], cadeia cinética[105], além de fazer exercícios que nunca havia tentado antes, como *clean & jerk*[106], *snat-*

[103] "capacidade para executar movimentos dentro de grande amplitude" (FLEXIBILIDADE, 2012).

[104] Termo em inglês que se refere aos músculos que integram o centro de força do corpo, incluindo os músculos do abdômen, dos quadris e da região lombar, responsáveis pela estabilização da coluna vertebral.

[105] Refere-se aos músculos engajados na produção de movimento.

[106] Também conhecido como arremesso, é um dos dois tipos de levantamento de peso olímpico (LPO), sendo executado em duas partes. Inicialmente, a barra, partindo da posição horizontal no solo, é erguida até a altura dos ombros, enquanto a levantadora se agacha, flexionando as pernas para recebê-la. A seguir, ela se ergue, a fim de alinhar o corpo. Na segunda parte, usando conjuntamente pernas e braços, a barra é erguida acima da cabeça da levantadora, enquanto esta faz um movimento de "tesoura" com as pernas, realinhando-se, finalmente, com os braços estendidos para completar o levantamento (HALTEROFILISMO, 2019).

ch[107], *hip thrust*[108], ondulações na corda[109], séries com *kettlebells*, *muscle-up*[110] na argola – todos amplamente praticados por Beatriz. Esse período representou, portanto, uma imersão importante na prática corporal de minha nova interlocutora, na medida em que pude experimentar um pouco das demandas físicas exigidas por seu esporte e da lógica corporal por trás dele. Permitiu-me também desenvolver certo repertório corporal e linguístico a respeito dos elementos que envolviam o Crossfit, facilitando as interações com Beatriz, pelo estabelecimento de um léxico comum.

Após isso, demorou certo tempo para que voltasse a entrar em contato com minhas colaboradoras. E esse intervalo maior se deveu, entre outras coisas, a uma nova experiência à qual decidi submeter meu corpo, ao me dar conta da importância da dimensão competitiva na prática corporal delas.

Apesar de dizer que os torneios não a moviam tanto, Bia estava sempre envolvida com a preparação para algum campeonato, os quais lhe serviam de motivação para manter a dedicação aos treinamentos. Larissa falava abertamente do amor pela competição e de como adorava subir no palco para exibir o resultado de incontáveis horas passadas na academia, seja levantando pesos ou fazendo treinamentos cardiorrespiratórios. Marilia Coutinho se esforçava tanto na tentativa de superar os próprios limites que colecionava uma enorme quantidade de lesões: ruptura dos ligamentos dos joelhos, lesões nas cartilagens dos dois cotovelos, rompimentos da musculatura isquiotibial das duas pernas, entre outras. H. se ressentia por não poder se preparar melhor para os campeonatos, já que, além de atleta, tinha que cumprir outros tantos papéis.

Em virtude disso e seguindo o desejo de usar meu corpo como um dispositivo de pesquisa, propus-me a participar de uma competição, na

[107] Também denominado arranco, integra o levantamento de peso olímpico (LPO), consistindo em "levantar a barra do solo até acima da cabeça num movimento sem pausa, sem apoiá-la no corpo". Partindo do solo, a barra, colocada em frente às pernas da levantadora, é puxada em um movimento único e erguida acima da cabeça com a extensão completa dos braços e a flexão das pernas. Em seguida, a levantadora deve se erguer com a barra levantada até estabilizar o movimento.

[108] Exercício para glúteos designado para melhorar força, velocidade e potência, por meio da extensão dos quadris (HIP THRUST, 2017).

[109] Valendo-se dos braços a praticante produz uma série de ondulações em uma corda naval, a fim de trabalhar os membros superiores, a região do *core* e as pernas (SANTIAGO, 2020).

[110] O *muscle-up* é um exercício de força avançado, no qual a praticante realiza uma puxada radial, girando os pulsos, assim que o peito se aproxima da barra, a fim de empurrá-la até que os braços fiquem totalmente esticados (MUSCLE-UP, 2019).

tentativa de viver, ainda que de forma apenas aproximada, uma experiência fundamental no modo de vida das atletas.

Como tendo a fugir aos holofotes, não foi nada fácil me colocar naquela situação, ainda mais porque competições representam um daqueles momentos em que você vai se pôr à prova na frente de "todo mundo". Isso assusta, dá medo. No entanto, me desafiei a encarar a tarefa, entre outras coisas, pela intuição de que só ao experienciá-la no corpo eu poderia compartilhar a sensação que levava minhas interlocutoras a dedicar boa parte da vida a esses momentos tão intensos – pelo esforço físico e mental que demandavam – quanto breves.

A escolha de competir no karatê me pareceu a melhor opção disponível, já que era o único esporte no qual eu possuía destreza suficiente para me engajar em uma disputa. Competir em alguma das modalidades das interlocutoras, fosse no Crossfit ou no fisiculturismo, caso levasse a ideia à frente com certo grau de responsabilidade, demandaria bastante tempo e investimento. Em virtude disso, para marcar meu corpo com essa vivência, em março de 2018 aceitei o convite de meu professor para participar do XXIV Campeonato Cearense de Karatê, na modalidade "kata". Na oportunidade, sagrei-me vice-campeão na categoria adulto, resultado que voltei a obter no ano seguinte.

Para tanto, inspirado nas trocas com minhas interlocutoras, fui me impondo, aos poucos, uma rotina parecida com a delas, o que envolvia exercícios – musculação, ciclismo e karatê; controle dos horários de sono, a fim de possibilitar uma recuperação muscular satisfatória; redução drástica do número de saídas noturnas, bem como da ingestão de bebidas alcoólicas e outras drogas; uso de suplementos alimentares, principalmente minerais como zinco e magnésio; mudança em minha dieta alimentar, por meio da qual eliminei quase integralmente o consumo de açúcar e carboidratos refinados, como pães e bolos, em troca de alimentos contendo alto nível energético e proteico, como ovos, pasta de amendoim, abacate, além de folhas e carboidratos complexos, como batata e arroz integral.

No começo, todo esse esforço foi empreendido "em nome da pesquisa", mas em pouco tempo descobri um verdadeiro prazer em reconstruir o corpo, em vista de prepará-lo para uma tarefa física complexa. Por vezes, me sentia mesmo eufórico depois dos treinos, pelo engajamento em uma experiência de "pura" presença, como se nada mais existisse, a não ser meu corpo em movimento.

Logo após a competição, tratei de procurar Bia, com a intenção de dar seguimento às tentativas de completar as lacunas surgidas em nossas interações. Para contornar isso, tive que vencer minha resistência inicial e fazer alguns ajustes no método que vinha estabelecendo até ali, a fim de avançar a colaboração. Dessa forma, por mais que resistisse a usar a entrevista, em virtude de acreditar que ela terminaria por engessar a interação com as interlocutoras, ao demarcar uma hierarquia entre "pesquisador" e "pesquisada", resolvi apostar nela. Mantendo o propósito de deixar espaço para que as palavras circulassem o mais livremente possível, em lugar de um questionário fechado, levei à Bia algumas perguntas abertas[111], dando conta de assuntos que já haviam aparecido em nossas conversas, mas que necessitavam de maior aprofundamento. Os diálogos baseados nas perguntas foram divididos em dois momentos: o primeiro no dia 9 de março de 2018, e o segundo uma semana depois, no dia 16, ambos no Porão Crossfit.

O engajamento em uma pesquisa sem o estabelecimento de limites claros entre o "fora" e o "dentro" de campo possibilitou que o desejo e o tesão pelo trabalho se encaminhassem de formas bastante diversas. Em meu caso, além dos exercícios e das experimentações com o corpo, as várias conversas que tive com pessoas que, em alguma medida, partilhavam de questões parecidas com as minhas, até mesmo em situações de diversão, foram me trazendo contribuições relevantes. Em uma dessas trocas, conversando com a multiartista Fernanda Meireles, ela me falou da existência de uma quadrinista de Brasília chamada lovelove6 que produzira uma série de desenhos nos quais mulheres musculosas se valiam da força como defesa frente à opressão masculina, exibindo músculos com orgulho. A série de quadrinhos da artista se chamava *Fortona.* Ao "visitar" sua conta no Instagram, me chamou a atenção um dos primeiros desenhos, acompanhado de um texto que levantava questões importantes, as quais produziram reverberações significativas no trabalho, especialmente a ligação que lovelove6 estabelecia entre um corpo feminino musculoso e "potenciais inexplorados", como se pode ver no texto que acompanha a postagem.

[111] As perguntas encontram-se em anexos ao final do trabalho.

> Por muitos anos os campeonatos de bodybuilding femininos privilegiaram corpos de mulheres fortes que ainda conservassem sua feminilidade e, especialmente, sua pequenez. Depois que as mulheres passaram a crescer tanto quanto os homens e a adquirir características físicas consideradas masculinas, muitos campeonatos perderam patrocínios e até o próprio presidente da Confederação Internacional de Bodybuilding (IFFB), Ben Weider, as acusou nos anos 90 de impedir o esporte de ser considerado uma modalidade olímpica! Até hoje o público e os juízes dos campeonatos, além de julgar a figura musculosa, que é o que importa no bodybuilding, forçam a barra esperando das competidoras uma tal beleza e sensualidade "natural das mulheres". *Apesar de todo sexismo, as fortonas resistem e trabalham pesado por seus objetivos, despertando a curiosidade, estranheza e admiração da sociedade, abrindo caminho para que nós mulheres percebamos potenciais inexplorados.* Um beijo pras fortonas! (LOVELOVE6, 2017, grifo nosso).

Figura 4 – *Fortona*

Fonte: Lovelove6 (2017).

A essa altura, fora alguns desconfortos musculares que passei a identificar com antecedência e a tratar antes que se tornassem algo sério, as lesões ficaram menos frequentes e fui ganhando confiança para a proposição de novos experimentos, como rotinas de exercícios para mobilidade e elasticidade, no intuito de expandir a amplitude articular do corpo e, quem sabe, incorporar outros movimentos a ele. A força e a flexibilidade de H., valências físicas fundamentais para que conseguisse realizar levantamentos, serviram de inspiração para os testes a que me propus, a partir da observação de alguns treinos dela.

Como disse, nosso processo de colaboração foi interrompido por um evento trágico. Após a notícia de sua morte, uma das poucas coisas que consegui fazer por algum tempo foi tomar nota de forma nada sistemática dos vídeos de Marilia no YouTube, não sabendo ao certo o que fazer com o material que ia se acumulando. Escrevendo sobre isso agora, percebo não ter sido mera coincidência haver retomado a exploração das lições disponibilizadas pela atleta e pesquisadora. Na verdade, naquele momento, embora não tivesse me dado conta disso, o que estava em jogo não era tanto conhecer melhor sua prática corporal ou suas sagazes reflexões sobre o corpo, mas apenas escutá-la, como se buscasse nela um consolo.

Tempos atrás, Marilia tentara tirar a própria vida. Levando consigo uma lâmina, dirigiu até uma estrada de terra, na saída da rodovia Rio-Santos (SP), e cortou a própria jugular, ficando para morrer dentro do carro. Ao ver o sangue jorrando profusamente, recua da decisão e, contando com um golpe de sorte, consegue chamar um homem que passava por perto, sendo levada por ele às pressas até um posto de saúde. Depois de ter a hemorragia estancada, é avisada pelo médico, talvez como uma forma de puni-la pelo ato, de que não haveria garantias de que fosse sobreviver. Em algumas entrevistas, bem como nos vídeos de seu canal no YouTube, Marilia conta que os exercícios e a prática corporal que passou a empreender no *powerlifting* foram os responsáveis por manter a saúde mental estável, pois, sem eles, provavelmente estaria morta (COUTINHO, 2011, 2012b). Eles não haviam sido suficientes para salvar vida de H., no entanto.

Esse momento coincidiu com a reflexão sobre o estatuto de verdade atribuído ao diário de campo, no sentido de pensar sobre o regime discursivo implícito que nele operava.

Duas obras foram fundamentais nesse processo: *Meeting the Universe Halfway* (2007), da cientista e teórica feminista Karen Barad, e *Afetos malditos* (2006), do antropólogo Paulo Rogers. Ambos e de diferentes maneiras – a primeira a partir dos estudos da ciência, do pensamento feminista e da teoria *queer*, e o segundo por suas reflexões e práticas etnometodológicas – me levaram à compreensão de que o conhecimento sobre o mundo, seja ele qual for, não se dá a partir de uma matriz representacionalista, tão bem criticada por Foucault[112], segundo a qual um observador teria acesso à realidade pela mediação da linguagem, como se os dois primeiros preexistissem à relação observada. Virando a chave, ou seja, entendendo os fenômenos a partir de uma perspectiva performativa, coloca-se em relevo o fato de que o conhecimento emerge de um engajamento material com o mundo[113].

A partir dessa crítica, portanto, e de uma ontologia apoiada na performatividade, ou seja, na noção de que teoria e prática devem ser compreendidas a partir desse enquadramento, passei a vislumbrar a possibilidade, como afirmei, da utilização de meu corpo como dispositivo da pesquisa.

Pela boa experiência vivida anteriormente, resolvi aceitar outro convite para, dessa vez, participar de um campeonato de kumite (luta), a VI Copa Karatê Club Karlão. Depois dele, voltei a competir ainda em 2018 no Campeonato Brasileiro de Karatê, nas modalidades luta e kata.

Essa e outras experiências citadas, mobilizadas em grande medida pela iniciativa de fazer de meu corpo campo, foram incutindo outra compreensão a respeito dele. Na musculação, por exemplo, prática com a qual tenho mais familiaridade, comecei a perceber a existência de um conjunto de códigos implícitos que transformavam os programas de treinamento em verdadeiros sistemas de produção de gênero. Nesse sentido, os homens treinavam para reforçar caracteres considerados masculinos (ombros largos, braços fortes e peitoral desenvolvido), enquanto as mulheres eram levadas a dar maior atenção às pernas, à cintura e aos glúteos, tomando o cuidado de não ficarem "fortes demais".

Meu corpo "pede movimento", a ponto de me sentir profundamente mal, física e psicologicamente (fato que também percebi na maioria das interlocutoras e em outras atletas com que tive contato, ainda que indiretamente) quando passo muitos dias sem me exercitar. É como se estivesse "sumindo", não apenas concretamente, pela perda de volume muscular, mas também existencialmente. Apesar disso, durante muitos anos, fiz dele uma máquina reprodutora de movimentos preestabelecidos, os quais acabavam por limitar o repertório expressivo, de acordo com meu gênero. De alguma

---

[112] Sobre uma crítica aprofundada à representação, ver *As palavras e as coisas* (2007), de Michel Foucault.

[113] Segundo Barad (2007, p. 379, tradução nossa), a "produção de conhecimento não é uma atividade mediada, apesar das concepções mais comuns dizerem o contrário. Conhecer se dá por um engajamento material direto, uma prática de intra-atividade com o mundo, como parte deste em sua configuração dinâmica material, sua contínua articulação".

maneira, tornei-me prisioneiro de meus músculos, desenvolvidos de acordo com uma demanda social que reforçava prescrições heteronormativas.

Seguindo os exercícios destinados aos "homens", eu privilegiava o trabalho dos músculos associados à masculinidade e, secundariamente, o das pernas, com pouca ênfase nos músculos abdominais, nos glúteos e na região lombar. Em virtude disso, criara um corpo desequilibrado, cheio de dores, portador de uma expressividade robótica, com pouca mobilidade e sem nenhuma criatividade. Isso não era privilégio meu, mas sintoma de uma sociedade que levou ao extremo não só a crença na separação entre masculino e feminino, mas também entre mente e corpo. O único momento em que a maioria de nós se permite brincar com o corpo é na infância; depois passamos o resto da vida presos a cadeiras – esses eficientes instrumentos de disciplinamento corporal – sem nos darmos conta, como me disse uma vez Mestra Janja, de que "temos joelho".

Ainda sobre minha experiência corporal, conseguia levantar 25 kg na rosca direta[114], mas era incapaz de correr longas distâncias, de saltar, de realizar movimentos rápidos, de dançar, de colocar a perna lá no alto. Seguindo as atribuições corporais requeridas ao gênero, havia-me tornado pesado e "encurtado". E foi por efeito da pesquisa que comecei a colocar em xeque a maneira, irrefletida, por meio da qual vinha conduzindo o corpo.

Nesse mesmo período, retomei o contato com Larissa, com o objetivo de saber como andavam os treinos, já que havia se passado quase um ano desde nosso último encontro. Alguns dias depois (31 de agosto de 2018), voltei a ver Bia. Ao final da conversa, me pus a assistir a uma aula inteira de Crossfit e ao começo de outra, tendo permanecido algo em torno de duas horas no Porão. Como não estava com a câmera, enquanto observava o treino fui perguntado por um dos instrutores se não tinha intenção de fazer o próximo. Respondi que não, mas logo em seguida me veio a ideia de retomar o propósito de fazer uma aula experimental com a crossfiteira. Seria uma oportunidade a ser agarrada o mais rápido possível, já que estava sem nenhuma lesão à época, algo que havia se tornado raro desde que me impusera uma rotina mais próxima a de minhas interlocutoras.

Jeska Barros acabou vindo integrar o trabalho nessa mesma época. Antes disso, eu havia tentado chegar à fisiculturista Rosy Silva, a qual

[114] Exercício executado com halteres ou barra para trabalhar os bíceps braquiais por meio da flexão dos cotovelos.

competia na categoria Women's Physique. Por não termos conhecidos em comum, arrisquei lhe mandar uma mensagem privada pelo Instagram, mas nunca fui respondido. Ao contatar Jeska – Larissa acabou intermediando nossa conversa –, expliquei-lhe que a ideia era acompanhar sua volta aos treinos e competições depois da pausa que dera na carreira para a aplicação de próteses de silicone nos seios.

Cerca de uma semana após o encontro com a fisiculturista, compareci, no dia 18 de setembro de 2018, ao *box* de Bia sem câmera fotográfica, caneta ou bloco de anotações, mas apenas com meu corpo e minhas dores (a felicidade de estar livre de lesões durou pouco, pois acabei machucando o nervo ciático na tentativa de desferir um chute alto, durante a preparação para o Campeonato Brasileiro de Karatê, que aconteceria dali a três meses).

Por ser a técnica principal, Bia só participava dos momentos mais importantes do treino. A princípio, passava as instruções dos exercícios a serem realizados no dia, o tempo destinado a cada um deles, bem como a carga com a qual deveriam ser executados. Tudo isso, para ao final, encaminhar os(as) praticantes para o Workout of the Day [Exercício do dia] (WOD), sequência extremamente intensa de exercícios, para os quais os anteriores servem de preparação física e técnica. Dessa forma, em um treinamento corriqueiro, os exercícios preparatórios – focados no fortalecimento muscular, no aprimoramento técnico e em atividades de mobilidade – tomavam cerca de 70% da aula, sendo os últimos 30% destinados ao WOD. Para evitar lesões, executamos, antes de começar, uma extensa sequência de alongamentos, com a ajuda de um bastão, momento que foi conduzido pelo instrutor auxiliar de Bia. Em seguida, simulamos alguns dos exercícios que faríamos no dia, voltados para o treino de força e de explosão.

Como treinaríamos o *power snatch*[115], que é um levantamento complexo e técnico, a estratégia de Bia era "quebrá-lo" em movimentos mais simples, repetidos à exaustão. Após o aquecimento, a técnica chamou todos(as) para a frente de uma lousa branca, a fim de comunicar a dinâmica aos(às) praticantes.

Obedecedo às orientações, começamos com uma barra sem peso, para aprender a fazer o movimento sem risco de lesão. A seguir passamos às anilhas. Partindo da posição inicial, deveríamos levantar o peso acima da

[115] Variação do *snatch* tradicional, por meio do qual a praticante realiza todas as etapas do levantamento, com a efetuação apenas parcial da fase de agachamento.

cabeça o mais rápido possível em uma série de cinco exercícios e, após isso, efetuar mais cinco agachamentos com a anilha mantida no topo. Só então chegamos à barra olímpica, mas sem peso, ainda como preparação para o *power snatch*. A fim de levá-lo a cabo, a(o) praticante deveria partir de uma posição similar à do levantamento-terra[116], erguendo a barra acima da cabeça por meio da contração dos glúteos e impulsão do quadril para frente, mais ou menos como se fosse saltar para o alto, tudo isso enquanto, ao mesmo tempo, elevava os cotovelos até a linha dos ombros. A ideia era que, depois da subida vertical da barra, se entrasse por baixo dela para a recepção do peso com os braços esticados.

Figura 5 – Minha mão após o treino de Crossfit

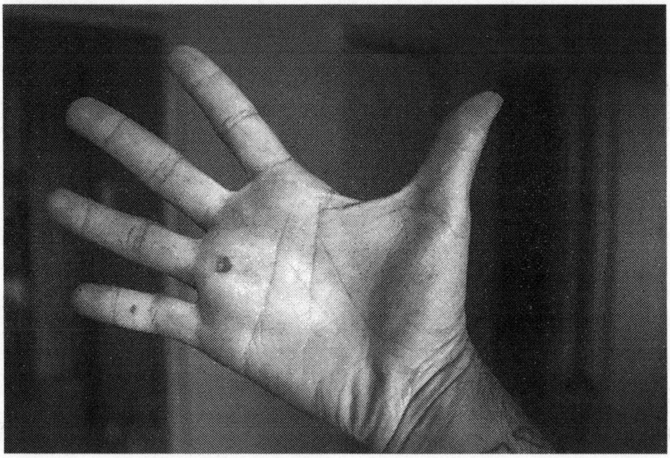

Fonte: O autor (2018).

Para treinar técnica e força de forma progressiva, fomos executando cinco séries de duas repetições cada, com aumento da carga. Só então partimos para o WOD, que teve a duração de 15 minutos. Nesse intervalo de tempo, os(as) alunos(as) tinham que fazer 15 agachamentos unilaterais[117]. Em seguida, dez *power snatches*, dez agachamentos erguendo

[116] Levantamento multiarticular no qual a praticante segura a barra com as mãos em uma pegada pronada e na mesma linha dos ombros. A seguir, mantendo a coluna em posição neutra, ergue a barra, deslizando-a pela extensão da tíbia, até atingir a altura dos joelhos, elevando o tronco para ficar totalmente de pé (LEVANTAMENTO, 2018).

[117] Agachamento realizado com apenas uma das pernas, tendo a outra como apoio.

o peso acima da cabeça e, finalmente, dez puxadas na barra fixa. Todos esses constituíam um *round* ou rodada, e cada praticante deveria fazer o máximo que conseguisse dentro do tempo estabelecido, anotando, ao final, o resultado no quadro branco.

Em um dado instante, enquanto eu lutava para fazer os *power snatches* com uma carga considerada bastante baixa, 30 kg, Bia se aproxima de mim e com seu jeito "durão" me avisa que estou fazendo o movimento muito devagar, devendo aumentar a aceleração para gerar mais momento[118] e assim erguer a barra com mais facilidade. Foi interessante ver a relação que ela possuía com os(as) alunos(as). Ao final de cada exercício, chamava todos e todas a comparecer ao quadro para receber novas instruções. Quem estivesse conversando tinha a atenção devidamente chamada, sem nenhum constrangimento. Pela postura firme, era respeitada inclusive pelos homens, que obedeciam às recomendações sem contestação.

Após ter acompanhado Larissa durante o Sobral Open, no dia 6 de outubro de 2018, foi a vez de presenciar de perto uma competição com a participação de Bia. Intitulado Chicks and Barbells [Garotas e Halteres], o torneio tinha a particularidade de contar com a participação apenas de mulheres. Meses depois, mais especificamente no dia 2 de fevereiro de 2019, ainda compareci a outro torneio de Crossfit, o Interbox Team Challenge, realizado em Fortaleza.

Por intermédio da crossfiteira, ainda cheguei a entrar em contato com outra atleta, a empresária e treinadora Cris Sousa, a qual visitei em uma tarde de janeiro de 2018. Nossa colaboração, contudo, não teve continuidade, em virtude da quantidade de material de campo já existente quando de sua aproximação. As informações de nosso breve contato, apesar disso, serviram para elucidar algumas questões apenas indicadas em outros momentos da pesquisa, como, por exemplo, o uso comum de esteroides por competidores e competidoras de Crossfit, cujos torneios sofriam pouca ou quase nenhuma fiscalização das agências reguladoras de *doping*[119]. O uso do hormônio e de outras substâncias melhoradoras

[118] Grandeza física que representa a intensidade de força aplicada a um sistema rotacional.

[119] *Doping* ou dopagem química é "a utilização de substâncias proibidas no desporto que podem tornar o atleta mais forte e mais rápido sendo considerado uma espécie de trapaça e sendo proibido em torneios e campeonatos, por promoverem o aumento ilícito do rendimento do atleta" (DOPAGEM, 2019).

da *performance*, aliás, são uma prática comum em todo e qualquer esporte, como demonstrou o documentário da Netflix *Ícaro* (2017), dirigido pelo norte-americano Bryan Fogel.

Após a lesão no ombro, voltei a treinar *powerlifting*, esporte pelo qual acabei me interessando. Dessa vez, no entanto, procurei me informar melhor sobre possibilidades de retornar à prática com maior segurança. Através de Lívia, fiquei sabendo da existência de alguns treinos disponíveis gratuitamente na Internet, por meio dos quais o(a) levantador(a) interessado(a) poderia realizar exercícios programados e com aumentos periódicos e graduais das cargas, evitando que certas afobações, como a minha, se transformassem em lesões e machucados.

Nesse ponto, decido ancorar minha pequena jangada em um mar de águas calmas, após um início de jornada tempestuoso. Não se trata de uma chegada, mas, antes, de um lugar de onde me foi possível ver o percurso empreendido. Muitas outras palavras poderiam ainda ser ditas a respeito dos entrelaçamentos que busquei produzir entre meu corpo (e minhas experiências) e os corpos (e experiências) das três mulheres levantadoras de peso que acompanhei desde 2017. Mas se aqui decido fazer parada é por acreditar ter apresentado a vocês o mapa que fui traçando ao longo do caminho, com as linhas rasuradas e por vezes trêmulas, confusas, desenhadas em momentos de medo, de noite escura, excessiva claridade, euforia e também calma. Meu "diário de corpo" seguiu com dizeres encarnados e marcas inscritas, a partir das vivências que me propus atravessar, inspirado pelo modo de vida de minhas companheiras de viagem e dentro dos limites que instauram meu lugar no mundo.

Para falar disso, a escolha da palavra "entrelaçamento" ou *entanglement* não foi à toa. Trata-se de um conceito que tomei emprestado à física quântica, para dizer de um fenômeno no qual pares ou grupos de partículas são geradas, interagem ou dividem proximidade espacial, de maneira que o estado quântico de uma não pode ser descrito independentemente da outra. Com isso, desejo sublinhar que, em nossa tentativa (minha e delas) de inventar outro corpo possível[120], as experiências das

[120] "Reencontramos, deste modo, os sonhos mais antigos do devir-animal xamânico; e, ao mesmo tempo, perguntamo-nos angustiados: que corpo podemos nós ter hoje? Que corpo «natural», humano, para uma alma que se tornou completamente artificial, antinatural, destruidora da natureza? Pomos à prova o limite de nossa «naturalidade», procuramos pontos de referência por toda

atletas guardam com as minhas uma relação tal que as coordenadas de uma só podem ser evidenciadas a partir das coordenadas da outra.

Dito de outro modo, na produção da corporalidade das três, essas tramas se revelam pela partilha sensível que estabeleci com suas experiências corporais, cuja potência garante a inesgotabilidade do que se poderia dizer a seu respeito, constituindo-se em uma material-discursividade tão vasta e múltipla quanto as marcas que individualizam seus seres no mundo. Dessa maneira, o que trago a vocês são apenas minhas "escrevivências"[121], isto é, tudo quanto me foi possível dizer a respeito de Larissa, Bia e Jeska, em suas explorações sobre a potência do corpo feminino.

---

parte e é por isso que acolhemos todas as espécies de monstros: os fabulosos e os teratológicos" (GIL, 2006, p. 13).

[121] Conceito cunhado por Conceição Evaristo no livro *Becos da memória* (2006) e que dá conta de uma escrita mediada pelo corpo, pela condição e pela experiência (OLIVEIRA, 2009), isto é, em meu caso, por meu corpo biologicamente masculino e racialmente branco, por minha inserção de classe e os privilégios dela decorrentes e, finalmente, pelas experiências que relatei aqui, de maneira mais ou menos breve. Segundo a escritora, em fala pública realizada durante a XIII Bienal Internacional do Livro do Ceará, tal conceito possui a marca étnica das mulheres negras, estando de modo inelutável vinculado à sua experiência coletiva. Ainda de acordo com ela, essa dimensão deve ser destacada sempre que um autor branco recorrer ao sentido de escrevivência.

3. SEGUNDO MOVIMENTO: "A MULHER PODE SER O QUE ELA QUISER": FABRICANDO UM CORPO FEMININO MUSCULOSO

"A dor como o que mais nos empurra para fora do mundo e para dentro do corpo"
(TAVARES, 2013, p. 331)

3.1 Larissa Araújo

De cima do palco, Larissa olha para os quatro jurados (todos homens) que avaliam seu físico com atenção a partir de critérios como volume, qualidade e aparência das fibras, vascularização e densidade muscular, cor da pele e integridade da pintura que ajuda na evidenciação dos músculos, além de observar maquiagem, cabelo, unhas, sorriso, tamanho dos seios e outras qualidades consideradas "femininas".

Para a avaliação, as atletas precisam executar, de maneira geral, a mesma rotina de poses, as quais são requisitos obrigatórios. O que vai individualizar a apresentação, portanto, é a maneira como acontece a transição de uma para outra, sendo esse o momento em que dão azo à criatividade, ajudada, no caso de Larissa, por já ter sido dançarina.

Dessa forma, a "arte de posar", tanto quanto a alimentação e os treinamentos, é elemento fundamental no fisiculturismo. Como nos torneios as atletas devem exibir, em poucos minutos, o resultado de meses de trabalho árduo, as poses precisam evidenciar ao máximo o físico, dando a ver tanto quanto possível os "cortes" (como são chamados os sulcos formados entre uma fibra muscular e outra) debaixo da pele. Para ajudar no processo de visibilidade da musculatura, os(as) fisiculturistas se valem, ainda, de outros dois artifícios: desidratação (processo que será tratado mais adiante) e pintura da pele. Nesse último caso, a tinta bronzeadora serve para deixá- la mais escura, ajudando a criar um jogo de luz e sombras que potencializa a imagem dos músculos no palco. Em geral manipulada em *spray* e na cor laranja, a quantidade da aplicação varia de acordo com a cor da pele do(a) atleta. Quanto mais clara, maior a quantidade do produto, como me informou Larissa, por ocasião do torneio Sobral Open, realizado no dia 25 de novembro de 2017 no Palmeiras Country Clube (Sobral-CE).

Enquanto eu acompanhava Larissa na área reservada aos fotógrafos[122], a atleta se apresentava com um sorriso largo no rosto, característica sua no dia a dia, mas que era acentuada quando subia ao palco, pois às mulheres, segundo me revelou, não era dado o direito de fazer "careta", ou mesmo permanecer com o rosto "fechado". Em uma das poses, exibia a musculatura de perfil, ao mesmo tempo em que jogava o cabelo de lado, a fim de mostrar o trapézio; o deltoide[123] direito, ainda que iluminado apenas pela luz baça dos refletores virados em sua direção, aparecia totalmente *fibrado*; o tríceps braquial[124] era contraído de maneira contundente quando Larissa esticava o braço direito; da mesma forma, o reto abdominal[125] e os oblíquos[126] também se mantinham retesados, permitindo assim ver a musculatura torácica da atleta. Mais abaixo dava para perceber outra contração na coxa direita, ficando evidentes os "cortes" nos quadríceps.

Para construir o físico que exibe nos palcos pelo país e que, em pouco tempo, mostrará também ao mundo, já que Larissa faz planos de competir nos Estados Unidos, ela se vale de exercícios progressivos de força, por meio de barras de ferro, anilhas, halteres e máquinas construídas para

[122] Falarei sobre o torneio em detalhes no "Terceiro Movimento" desta tese.

[123] Músculo que recobre o ombro.

[124] Músculo com três origens (cabeça longa, cabeça lateral e cabeça medial) e inserção na parte posterior do olécrano.

[125] "músculo par que corre verticalmente em cada lado da parede anterior do abdome humano (...) separados por uma faixa de tecido conjuntivo chamada linha alba (linha branca)" (MÚSCULO, 2019).

[126] Músculos localizados na região lateral do abdômen.

trabalhar grupos musculares de forma isolada. Com isso sua intenção é obter definição, volume e simetria, seguindo um padrão estético que privilegia, como afirmei, além da apresentação de uma musculatura avantajada, muito acima da média para uma pessoa comum, um baixíssimo percentual de gordura, de modo a possibilitar a visibilidade máxima dos músculos.

Sua fabricação corporal, durante o tempo em que durou nossa colaboração, de setembro de 2017 a dezembro de 2020, ocorreu majoritariamente nas academias Universo Gym, CB Fitness e Smart Fit, dando-se também em casa ou na rua (como parte da preparação, Larissa também precisava "queimar" gordura, o que conseguia por meio de um grande volume de exercícios cardiorrespiratórios de média intensidade, efetuados em bicicleta ergométrica, subindo e descendo os degraus de seu prédio ou mesmo em caminhadas)[127].

Esses três lugares não diferiam muito entre si, uma vez que o cenário de uma academia de ginástica seguia um roteiro já bem estabelecido em Fortaleza. Em geral, havia um bicicletário ou estacionamento para veículos (por se tratar de academias localizadas em "bairros nobres", esse último era um aspecto levado em conta pelo(as) frequentadores(as), a ponto de uma delas, a CB Fitness, oferecer serviço de manobrista para clientes). Um pouco adiante, existia uma recepção, por onde os alunos(as) entravam mediante a apresentação da digital, vinculada a um cadastro eletrônico contendo informações gerais, como nome, endereço, foto e situação de pagamento. Havia também uma área reservada à realização dos exercícios aeróbicos, com esteiras, bicicletas ergométricas, elípticos[128] e nas academias mais modernas, como a Smart Fit, até mesmo simulador de escada, aparelho que auxiliava muito na "queima" de gordura e no fortalecimento dos glúteos e quadríceps.

Além desse, havia ainda outro ambiente equipado com máquinas, as quais, seguindo a lógica do fisiculturismo, permitiam ao(à) frequentador(a) trabalhar grupos musculares de forma concentrada, possibilitando o aumento de volume muscular por meio de um treinamento que, em geral,

---

[127] Para saber mais sobre o histórico de surgimento das academias de ginástica e seu desenvolvimento no Brasil, ver a tese *"Limites" corporais e riscos à saúde na musculação: etnografia comparativa entre duas academias de ginástica cariocas* (2014), de Alan Camargo Silva.

[128] Também conhecido como *transport*, reúne dois exercícios – corrida e pedalada – em um só, promovendo a perda de gordura e aumento da capacidade cardiorrespiratória com baixo impacto articular.

alinhava alta carga com grande número de repetições agrupadas em "séries", que costumavam variar entre três e cinco. Por fim, geralmente localizada em uma parte mais isolada, pelo risco que representavam a algum(a) praticante afoito(a) ou distraído(a), ficava a área dos pesos "livres", como eram conhecidas as barras de ferro, as anilhas, os halteres e os *kettlebells* (menos comuns).

Como pude observar, ao frequentar os espaços de treinamento de Larissa e a academia onde me exercitei no decorrer da pesquisa, além de tantas outras pelas quais passei ao longo dos anos, essa distribuição espacial determinava também uma distribuição dos(as) usuários(as) segundo uma política de gênero, manifesta como um "sistema semiótico encarnado" (PRECIADO, 2008, p. 185, tradução nossa). Em outras palavras, de modo a construir uma corporalidade correspondente ao gênero, as mulheres disputavam entre si os equipamentos de *cardio,* com o propósito de reduzir medidas, especialmente na região da cintura, além de eliminar celulites e gorduras localizadas. Também investiam boa parte do tempo nos maquinários, particularmente naqueles voltados ao trabalho dos membros inferiores, em busca de alcançar uma bunda grande e ao mesmo tempo firme; pernas torneadas e grossas (de preferência sem nenhum pelo); um abdômen definido e liso, que não exibisse "dobrinhas" indesejáveis ao se sentarem, ou mesmo, se tivessem sorte, de conquistar uma "barriga negativa"[129], privilégio de poucas. Esses costumam ser locais silenciosos, a não ser pelas conversas entretidas entre as mulheres, quase sempre em tom baixo o suficiente para não serem ouvidas por pessoas alheias à interação.

Os homens, por outro lado, amontoavam-se na área dos pesos "livres", onde podiam levantar altas cargas para a construção de membros superiores fortes e vigorosos, ficando sujeitos, no entanto, a alguns acidentes de percurso, como o que ocorreu com um colega meu dos tempos de engenharia. Ao realizar um levantamento supino com um peso muito maior do que sua capacidade de erguê-lo, teve parte do indicador decepado na tentativa de se livrar da barra de ferro de uma vez.

Ainda nesse local, misturado à música alta (os estilos variavam entre forró, eletrônico, swingueira, *funk, rock, pop* e *rap),* podia-se ouvir,

---

[129] É uma barriga côncava, ou seja, possuindo uma curva para dentro, cuja forma é alcançada por pessoas com baixíssimo percentual de gordura abdominal.

especialmente nos horários de "pico", das 17h às 21h, urros, gemidos e gritos de incentivo vindos dos parceiros de treino (era comum homens se exercitarem em dupla ou até mesmo em trio), os quais preenchiam todo o ambiente: "Bora, porra, vai, vai, vai...". Essa expressividade vocal fazia parte da *performance* pela qual exibiam tanto sua masculinidade desavergonhada e *flamboyant* quanto os rostos sérios e as caretas que denunciavam o esforço empreendido pelos músculos, em meio ao barulho dos pesos ressoando ao tocar o chão, após propositalmente largados.

Ao terminarem as "séries", erguiam as camisas para ver, em primeira mão, o *pump*[130] dos músculos na frente do espelho, sob os olhares, e algumas vezes toques, de aprovação dos companheiros. O afeto entre os homens circulava sob a vigilância constante dos demais, sendo qualquer deslize prontamente punido por ataques à masculinidade do "infrator", os quais se davam em forma de xingamentos como "bicha", "viado", "baitola", "balde"[131], entre outros. As conversas, aos gritos, giravam em torno de suplementos, saídas e outras demonstrações de virilidade, como brigas e situações em que, de alguma maneira, colocavam a própria vida em risco. O trecho de um *rap* chamado *Bodybuilder solitário* demonstra um pouco do *ethos* masculino presente em uma academia de musculação (muito embora nem todos os frequentadores o sigam à risca, ele baliza, de modo geral, a maneira como um homem "de verdade" deveria se comportar não só durante o exercício, mas também na vida):

> Ferramentas são halteres, meu corpo é obra-prima
> Vou construir um gigante com treino e dieta rígida
> Pra muitos eu era um nada, era um fraco, era um lixo
> Mas hoje eu sou espelho treinam pra ser parecido
> Admiram minha mudança e ficam impressionados
> Como é que espancado que tinha 30 de braço
> Tô indo rumo ao topo, invejoso não aguenta
> Queria ver o meu mal, me olha e se lamenta
> Zé-ninguém, era o nome no meu registro
> Mas hoje eu sou alguém que se chama indestrutível
> Sem amor, nem apoio, consegui sair da merda
> Um milhão de vezes caí mas sou duro na queda

[130] Categoria nativa que dá conta do inchaço muscular após a realização de um esforço físico, em virtude do aumento de circulação sanguínea na região.

[131] Gírias usadas para se referir, de forma pejorativa, a homens homossexuais.

Sonhador, lutador, assim que Deus me fez
Apanhei, caí, sangrei, levantei e revidei
Hoje tô pronto pra guerra armado até os dentes
Minha rima é rajada que vem direto da mente
Na ausência fala mal e elogia pela frente
Prefiro meu cachorro do que esse tipo de gente
Eu sigo meu caminho sem ninguém do meu lado
Em meio à selva de ferro, *bodybuilder* solitário.

Uma interação observada por mim no dia 25 de outubro de 2017, na Universo Gym, entre o companheiro de Larissa e dois atletas treinados por ele também corrobora essa percepção. A conversa dos três chegava a ser divertida, pois, embora as demonstrações de apoio e afeto passassem necessariamente pelo corpo, mais precisamente pela avaliação do físico de cada um, o que evolvia não só olhares, mas também alguns toques, tudo isso era mediado por signos "masculinos" como palavrões ou expressões faciais denotando agressividade, enquanto contemplavam a própria imagem no espelho e gravavam vídeos para postar no Instagram, na intenção de mostrar os músculos para a comunidade de seguidores.

Essa agressividade se evidenciava também pelos termos de que se valiam na comunicação. Em lugar de se tratarem pelos nomes próprios ou por interlocutórios pessoais mais comuns como "cara" ou "macho" (muito usado em Fortaleza), preferiam outros como "grandão", "monstro" e "fera". Muitos chegavam a proferir a palavra "pai", embora o motivo disso continue sendo um mistério para mim (talvez a psicanálise tivesse algo a dizer a esse respeito). Camisetas com os dizeres "Fika grande porra", "Monstro não chora!", "Fique grande ou morra tentando", "Fecha a cara e treina", "No pain, no gain" [Sem dor, sem ganho], "Tá pesado, faz balé!", "Não existe glória sem sacrifício", "Go heavy, or go home" [Treine pesado ou vá pra casa] pareciam indicar, do mesmo modo, parte da matéria que constituía o imaginário desses homens.

Essa "paisagem de pessoas, coisas e lugares" (SEREMETAKIS, 1991, p. 1) pode ser ilustrativamente complementada pela descrição de uma visita que fiz à Universo Gym, no dia 6 de outubro de 2017, para observar um dos treinos de Larissa. Porque chegara antes do combinado e porque a atleta se atrasara bastante, passei cerca de duas horas (das 16h às 18h, horário em que a academia ia começando a ficar cheia) apenas observando a dinâmica do espaço e dos frequentadores, enquanto ia tomando algumas notas.

De início, me detive na interação entre um frequentador e dois funcionários, um deles instrutor de musculação e o outro recepcionista. Todos homens. Pelo grisalho da barba, o praticante devia ter entre 40 e 50 anos. Trazia os cabelos relativamente longos penteados para trás, provavelmente com a ajuda de algum gel. Mesmo a certa distância, ele cheirava a suor e Rexona Men (marca de desodorante). Apesar de não possuir uma figura atlética, tinha os braços fortes, os quais deixava, mesmo quando relaxados, um pouco afastados do corpo, como se quisesse parecer mais largo. Sua voz era profunda, parecendo vir das entranhas, muito embora o tom demasiado grave causasse a impressão de artificialidade. Não passava de 1,65 m de altura. Os outros dois estavam uniformizados, eram magros e aparentavam ser bem mais jovens que o interlocutor.

No momento em que minha atenção se dirigia a eles, conversavam sobre política, mais especificamente sobre a aprovação, pelo Congresso Nacional, do fundo partidário de campanha, no valor de 1,7 bilhão de reais. O mais velho afirmou que isso era uma "pouca vergonha" e que os militares deveriam mesmo voltar ao poder, pois só assim seria possível dar um jeito no país, no que foi apoiado pelo instrutor. Disse também que, em 2018, seu voto iria para o à época presidenciável Jair Bolsonaro, pois o Brasil estava precisando mesmo de um "macho", que além de tudo era "sério", já que não estava envolvido em investigações de corrupção e defendia os valores familiares. Em seu monólogo, continuou dizendo que o ex-presidente Lula sempre fora um "ladrão", tendo essa opinião mais uma vez corroborada pelo instrutor. O recepcionista tentou divergir um pouco a respeito de Lula, mas decidiu não levar à frente os argumentos pela agressividade demonstrada pelos outros "debatedores".

A seguir, o mais velho se dirigiu a um pipoqueiro que havia estacionado o carrinho na calçada, bem em frente à academia, chamando-o de "viado". Supus que deviam possuir já certa intimidade, pois o homem, negro, pareceu não ter se ofendido com o "xingamento" lançado contra ele. Em outros momentos, esse mesmo praticante, a fim de chamar a atenção dos homens para os quais queria dizer algo, gritava: "Ei, baitola!"[132].

Entrando mais alguns metros pela academia – todo o diálogo anterior se dera na recepção –, pude ver três televisões ligadas em volume altíssimo, o qual, reverberado pelas paredes do espaço, se unia à música saída dos alto-falantes para formar uma verdadeira massa sonora que tornava impossível qualquer sensação próxima ao relaxamento. Dois aparelhos estavam sintonizados na Rede Globo, enquanto o outro mostrava os *highlights* de algumas lutas de Brock Lesnar, famoso lutador de Mixed Martial Arts (MMA)[133]. Comecei a me sentir tenso por causa de todos aqueles estímulos e com uma vontade enorme de me livrar da energia que ia se acumulando dentro de mim. Eu olhava para os pesos e para as máquinas, lamentando não estar vestido com roupas de ginástica e não poder "puxar um ferro" para dar vazão à adrenalina que corria no sangue.

Desde o momento em que chegara, me chamou a atenção o fato de a maioria dos frequentadores serem homens. Já passando um pouco das 17h, só havia duas mulheres, tendo uma delas vindo malhar com o filho pequeno a tiracolo. Outra coisa intrigante, ao me concentrar na percepção do som ambiente, foi que o estilo musical ouvido ali, comum também em outras academias, era o mesmo *pop-dance-eletrônico* conhecido como "bate-cabelo"[134], que fazia sucesso nas boates gays. Apesar disso, não percebi qualquer incômodo dos homens. Enquanto isso, o mais velho, tendo terminado o treino há pelo menos meia hora, continuava andando de um lado para o outro, buscando interagir com as pessoas.

Por se tratar de uma academia localizada em um bairro de classe média alta, a maioria dos frequentadores era branca. Quase todas as pessoas negras que por ali circulavam, incluindo Larissa e Lucas, ou eram funcionários do espaço ou prestavam serviços aos usuários.

Trazendo a camiseta em cima do ombro, a qual só vestiu no momento em que decidiu cruzar a roleta que dava acesso ao interior da academia,

---

[132] Termo comumente usado, em especial no Nordeste, para se referir à homossexualidade masculina de maneira pejorativa.

[133] Esporte de combate que reúne técnicas de luta em pé (muaythai, karatê, *taekwondo*, boxe, sanda, *kickboxing*) e luta agarrada (jiu-jitsu, *wrestling*, sambo, judô).

[134] Esse termo faz referência ao tipo de música usado por certas *drag queens* em suas apresentações. No ponto alto do show, como forma de agitar o público, elas começam a girar a cabeça freneticamente, empregando longas perucas para potencializar o efeito causado por esse movimento.

entrou um rapaz branco de aproximadamente 20 anos. Ele demonstrava muito orgulho do físico, pois, além de fazer questão de exibi-lo na rua, após cada série parava na frente do espelho, observando-se de uma maneira quase compulsiva.

Atravessando a área dos aparelhos de *cardio* e, a seguir, do maquinário para o trabalho localizado dos músculos, chegava-se ao local onde ficavam os halteres mais pesados (alguns passavam dos 30 kg), a maior parte das anilhas e das barras de ferro, destinadas a exercícios com altas cargas. Não por acaso, pendurados nas paredes havia alguns quadros trazendo imagens de fisiculturistas famosos, todos homens. Um deles mostrava o ator e fisiculturista Arnold Schwarzenegger, com uma mensagem alertando os praticantes sobre o dever de guardar os pesos após o uso. Por ali, quase não se viam mulheres, já que os pesos pareciam ser destinados apenas aos homens, na busca por potência física e, principalmente, pela produção de masculinidade.

Mais um indício da "programação político-somática" (PRECIADO, 2008, p. 187) que evidenciava o caráter não essencializável do gênero pôde ser percebido em outra ida à Universo, no dia 25 de outubro de 2017. Em um aparelho televisivo instalado de frente para o *leg press* – máquina para trabalhar os músculos anteriores e posteriores da coxa, bem como os glúteos, e que era preferência entre as praticantes femininas – estava sendo exibido um vídeo no qual mulheres em *microshorts* e *top* se exercitavam diante do olhar lascivo da câmera, que percorria o corpo delas em diversos ângulos. Às vezes, subia para mostrar os decotes ou então baixava, para, a seguir, se aproximar da bunda e da vulva como se quisesse beijá-las. Para mim, não havia dúvida de que essa câmera funcionava como uma espécie de metáfora do olhar masculino diante do corpo feminino.

Quando finalmente passou a mostrar um homem, era treinando com pesos e vestido com roupas frouxas e mais "adequadas" aos exercícios. Além disso, os corpos deles não eram recortados por *close-ups* (técnica recorrente nos filmes pornográficos), aparecendo sempre por inteiro, em planos abertos. Em resumo, não eram sexualizados como as mulheres, as quais, segundo evidenciado pela gramática imagética presente no vídeo, pareciam muito mais preocupadas em seduzir do que em treinar, fato revelador do imaginário masculino sobre o tipo de lugar ocupado pelas mulheres no cenário de uma academia de ginástica.

Isso aponta para o que Preciado (2008, p. 207) identifica como a "ecologia farmacopornográfica[135]" em que nos encontramos. Em suas palavras,

> em nossa atual configuração somatopolítica de gênero, só as biomulheres, as tecnomulheres e os gays são contemplados com *corpos potencialmente penetráveis*, do mesmo modo que somente os bio-homens se apresentam e são representados como penetradores naturais universais. Essa divisão política dos corpos produz sucessivas segmentações do espaço social em termos de gênero (PRECIADO, 2008, p. 207, tradução nossa)[136].

No entanto, se Preciado (2008) denuncia a política que fundamenta o receituário somático heteronormativo, também aponta para possíveis saídas, vislumbradas na "crescente tecnificação da produção do prazer e da reprodução sexual" (PRECIADO, 2008, p. 207)[137]. Ou seja, no limite, a possibilidade aberta pelo filósofo evidencia o caráter performático e técnico do gênero, em diferentes manifestações.

No caso de Larissa, isso ficava nítido quando, por meio de sua corporalidade, conseguia garantir entrada em espaços considerados eminentemente "masculinos", como a sala dos pesos livres, por exemplo. Nas ocasiões em que fui à Universo Gym encontrá-la, era a única mulher treinando os músculos superiores com os mesmos pesos utilizados pelos homens. No dia em que acompanhei a execução de exercícios para os peitorais, Larissa realizou, sem demonstrar muito esforço, várias repetições do levantamento supino, com halteres de 20 kg em cada uma das mãos.

---

135 Segundo Preciado (2008, p. 32, tradução nossa), o regime farmacopornográfico poderia ser definido como um "regime pós-industrial, global e midiático (...) tomando como referência os processos de governo biomolecular (fármaco-) e semiótico-técnico (-porno) da subjetividade sexual, dos quais a pílula (anticoncepcional) e a *Playboy* são paradigmáticos (...). Ainda que as linhas de força finquem raízes na sociedade científica e colonial do século XIX, seus vetores econômicos não se farão visíveis até o final da Segunda Guerra Mundial, ocultos, em princípio, sob a aparência da economia fordista e ficando expostos unicamente depois do progressivo desmoronamento deste no final dos anos 1960".

136 No original: "en nuestra actual configuración somatopolítica del género solo las bio-mujeres, las tecno-mujeres y los gays son contemplados como *corpos potencialmente penetrables* del mismo modo que solo los bio- hombres se presentam y son representados como *penetradores universales naturales*. Esta división política de los cuerpos produce sucesivas segmentaciones del espacio social em términos de género".

137 No original: "creciente tecnificación de la producción del placer y de la reprodución sexual".

Outro episódio, vivenciado no dia 18 de junho de 2019, dessa vez na Smart Fit Cocó, demonstra, de maneira ainda mais precisa, o que estou tentando dizer. Enquanto conversava com Larissa e Lucas previamente ao início do treino, um casal se aproximou de nosso grupo fazendo festa. O rosto de Lucas, até então fechado e tenso em razão das fortes dores que sentia nas costas, ficou iluminado. Larissa, por sua vez, abriu um sorriso, e as brincadeiras começaram a chover de lado a lado. Eu reconhecera o homem do Instagram de Lucas, já que haviam gravado vários *stories*[138] juntos na mesma academia.

Nesse clima "descontraído", Larissa me apresentou ao casal e disse que eu estava fazendo uma pesquisa sobre ela e seu esporte. A mulher adotou uma postura educada, demonstrando um interesse respeitoso, ao passo que o companheiro pareceu não levar muito a sério o conteúdo do trabalho (era uma figura tão debochada que, em certo momento, fez uma piada relacionando o tamanho do próprio pênis, "pequeno", com o fato de ser descendente de japoneses). Logo pressupôs que meu interesse pela atleta se devia ao fato de ela "parecer um homem" e de as pessoas, ao vê-la junto a Lucas, terem certeza de que era ela quem "comia" o marido e não o contrário. Nesse momento, todos riram, inclusive eu, ainda que constrangido.

Essa cena, apesar da aparente banalidade, revelou-se de extrema importância para entender o tipo de posição conferida à Larissa e a maneira como seu corpo parecia representar uma ameaça ao regime heteronormativo, cuja reação assumiu, na situação narrada, a forma de um questionamento jocoso a respeito da feminilidade da atleta. Essa era, entretanto, apenas a camada mais visível. Havia outra que só fui capaz de perceber mais tarde e que apontava, diretamente, para a potência política do corpo de Larissa. Mais uma vez nas palavras de Preciado (2008, p. 207, tradução nossa): "parece inevitável que a divisão sexual do trabalho se dilua, se atenue ou até seja invertida dependendo da possibilidade de mais e mais biomulheres acederem (de se pagarem, literalmente) à posição de penetradoras universais".

Sendo assim, o que a "brincadeira" implicava, em um primeiro plano, era a tentativa de uma espécie de "ortopedia de gênero", ao "denunciar"

---

138 Além da postagem de imagens e de textos curtos, o Instagram disponibiliza aos usuários uma ferramenta conhecida como *stories*, por meio da qual era possível "subir" conteúdos em diversos formatos – texto, imagem e vídeo –, os quais ficavam disponíveis para acesso durante um período de 24 horas.

que a atleta se afastara demais do que seria considerado um corpo feminino "normal" (secundariamente, a sexualidade de Lucas também era atacada, tendo sido automaticamente "rebaixado" à posição de um "corpo passivo"). Entretanto, em um segundo plano, o que a piada revelava era a "ascensão" de Larissa, em razão da musculatura e da força, a uma posição "ativa", de poder, incessantemente questionada pela política somática que busca resguardar a "verdade do gênero", a qual não pode existir "fora de um conjunto de ficções culturais normativas" (PRECIADO, 2008, p. 178, tradução nossa).

Era esse tipo de reação que uma mulher musculosa como Larissa suscitava, até das pessoas mais próximas, pela construção do corpo se basear nos requisitos da Women's Physique. Sobre isso é preciso dizer que, tanto no caso dos homens quanto no das mulheres, os padrões corporais mudam de acordo com as exigências particulares das categorias.

Em 2015 houve uma reordenação do fisiculturismo feminino, com a extinção, pela IFBB, da categoria Bodybuilding para as mulheres e a criação, em seu lugar, da Women's Physique, na qual Larissa compete. Por não haver, na primeira, limites para o crescimento muscular das atletas, sendo, anteriormente, a categoria mais extrema, achou-se que o físico delas estava "passando dos limites", aproximando-se demais dos homens. Era como se os dirigentes dessa e das demais federações, as quais passaram a adotar a mesma postura, assumindo o papel de "porta-vozes" dos interesses do público, dissessem que os corpos daquelas mulheres padeciam de uma "superabundância de realidade" (GIL, 2006, p. 74), de um "excesso de presença" (GIL, 2006, p. 75), ou ainda de uma "loucura da carne" (GIL, 2006, p. 18), revelando "um corpo que atacou a alma absorvendo-a numa parte corporal" (GIL, 2006, p. 75).

Esse "excesso" percebido como "obscenidade orgânica" (GIL, 2006, p. 78), na medida em que as *bodybuilders* apresentariam uma corporalidade radicalmente diferente do que seria esperado de uma mulher, "revelando algo de disforme, de visceral, de «interior»" (GIL, 2006, p. 78), ou, em última instância, monstruoso, indicava, segundo o próprio *site* da federação internacional de fisiculturismo (IFBB BRASIL, 2019), uma perda da "feminilidade", o que afastaria o público das competições. Esse argumento, no entanto, era visivelmente falacioso, tendo em vista o número de seguidores que a *bodybuilder* russa Nataliya Kuznetsova

– umas das principais expoentes do esporte na atualidade – possui no Instagram (456 mil)[139].

Figura 6 – Nataliya Kuznetsova

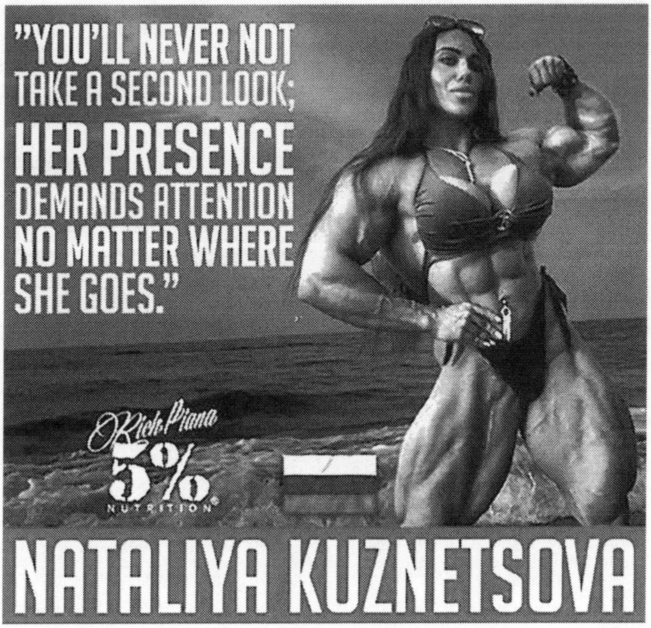

Fonte: Kuznetsova (2020).

Sobre esse assunto, no dia 21 de setembro de 2017 Larissa me falou que, com a extinção da categoria Bodybuilding feminina, a regra "quanto mais volume, melhor" passou a se aplicar apenas aos homens, tendo a mudança servido para impedir que as mulheres ficassem muito "masculinizadas", o que fez com que muitas tivessem que se adaptar para não serem excluídas das competições. Disse ainda que entre as atletas de fisiculturismo havia um receio de apresentar uma figura muito masculina, motivo pelo qual a maioria optava pelas categorias menos extremas, como Bikini e Wellness. Na academia *Smart Fit*, dia 18 de junho de 2019, ou seja, quase dois anos depois de tocarmos no assunto pela primeira vez, perguntei à Larissa o que achava da extinção da Bodybuilding feminino, e ela respondeu:

[139] Em julho de 2019.

Ah, eu não concordo, não, porque, assim, é escolha, né? A mulher pode ser o que ela quiser. Então, tipo, ali são anos de treino, abriram mão de tanta das coisas, sofreram um preconceito tão grande pra viver aquilo ali e a própria entidade corta, porque eles preferem se entregar à opinião de uma sociedade, entendeu? Porque quem tem que ditar a beleza disso são as próprias fisiculturistas e são eles que geram o próprio preconceito com a categoria, sabe? "Ah, não vai ter patrocinador"... Não vai ter, até hoje ainda não tem, a gente. A Women's também não tem, as *figures* também não têm, só quem tem hoje ainda é as pequenas, magrinhas. Então, tipo assim, se o próprio fisiculturismo olhar com esse olhar de preconceito pra categoria vai continuar do mesmo jeito, tá entendendo? A própria federação eu acho que faz a distinção ainda entre... Eu acho que a gente como *women's*, a gente não é valorizada ainda dentro da própria federação. As mais valorizadas são as magrinhas e as *wellness*, que são aquelas gostosas de praia, só. Mas partiu pra ficar mais musculosa, nem a própria federação eu acredito que *coise*, sabe? Quando é pra premiar as *bikinis* e as *wellness*, eles dão uma coroa de rainha, tá entendendo? Aí, quando vai premiar as *bodyfitness* e as *women's* dão uma espada, tá entendendo? De guerreira. Por que que não dá uma coroa também? Porque nós somos mulheres femininas, somos rainhas também. Então traz uma coisa muito pesada, né? Masculina, muita agressividade... E, se eles não dão valor a isso... Bota pra ser uma princesa também, bota pra ser uma rainha também lá! E tu acha que eu não vou falar, não, lá no dia? Rapaz, eu vou pra causar é polêmica, tu te prepara lá! No Muscle Contest[140]. Vou lá pra falar! Tu vai ver lá minha entrevista, o que eu vou falar, tu aguarda, viu?! Que eu tô bem aqui assim, eu. Não interessa se as marcas não veem beleza nisso; não querem patrocinar porque acham que é agressivo ou masculino. Eu acho que o campeonato é de fisiculturismo e, se é fisiculturismo, ele é um culto ao físico, e eu acho que quem tem que abraçar isso principalmente é a federação, porque elas estão fazendo coisas ali que nem homens não fazem. Tem muitos homens que não conseguem ficar com o físico daquelas atletas ali. É muito mais difícil. E ela tá abrindo mão de um padrão pra seguir o coração dela por amor ao esporte, e a federação vai e não valoriza? Errado demais, entendeu? Se você acha feio ou bonito, pouco importa! Tem que valorizar o físico que a mulher construiu ali. Ali é treino, é dieta, é dias sem família, não tem aniversário, não tem nada, pra chegarem e tirar? Muito errado.

[140] Campeonato vinculado à IFBB Pro League, realizado entre os dias 3 e 4 de agosto de 2019 em São Paulo, onde Larissa se tornou atleta profissional, ao se sagrar campeã.

Segundo artigo veiculado no site norte-americano *T Nation* (ROMANO, 2015), antes da extinção da Bodybuilding, houve, ainda em 2005, uma primeira tentativa de regulação da modalidade, com a exigência de que todas as *bodybuilders* reduzissem o volume muscular em 20% para poder continuar competindo. O mesmo artigo ainda levantava a hipótese de que o incômodo causado na federação não se devia tanto ao volume das atletas, mas principalmente às mudanças no rosto – uma vez que os anabolizantes e o processo de desidratação deixavam-nos vincados, angulosos, cheios de veias e com as peles espessas – e na voz delas, que passavam a ficar mais grossas[141].

Para facilitar a apresentação das categorias presentes no fisiculturismo hoje em dia, exponho o seguinte quadro, contemplando parâmetros como idade, peso e altura, de acordo com o *site* da IFBB Brasil, federação a qual tanto Larissa quanto Jeska estão filiadas. As categorias seguem a ordem dos físicos mais esguios até os mais avantajados.

Quadro 2 – Categorização das modalidades do fisiculturismo feminino

Categoria	Idade	Peso	Altura
Bikini Fitness	Não especificada	Não especificado	≤ 160 cm 161 ≤ 163 cm 164 ≤ 166 cm 167 ≤ 169 cm 170 ≤ 172 cm > 172 cm
Wellness	Não especificada	Não especificado	Não especificada
Fitness coreográfico	Não especificada	Não especificado	Não especificada
Bodyfitness (Figure)	Não especificada	Não especificado	Não especificada
Women's Physique	Não especificada	Não especificado	≤ 163 cm > 163 cm

Fonte: IFBB Brasil (2019).

[141] Em *Testo Yonqui* (2008), Preciado destaca que a voz e os pelos faciais, cujo crescimento em algumas fisiculturistas resultavam de anabolizantes de efeito androgênico, eram dois dos principais marcadores sociais de gênero.

A Women's Physique era destinada a "mulheres que querem elevar o seu nível de massa muscular e condicionamento ao máximo possível através de treinamento e dieta, porém respeitando a anatomia, volume e silhueta feminina" (*IFBB BRASIL, 2019,* grifo nosso). Nas palavras de Larissa, era condição fundamental ter o tronco desenvolvido para competir nessa categoria, com as pernas não tão volumosas e os braços, costas, deltoides, peitorais e bíceps mais desenvolvidos.

Outra necessidade, embora velada, que se impõe às fisiculturistas, especialmente àquelas que apresentam maior volume muscular, é a aplicação de próteses de silicone[142]. Em virtude do processo de construção dos músculos e da perda de tecido adiposo, os seios acabam apresentando uma redução de tamanho ao olhar dos jurados, "deficiência" que necessitava ser "corrigida" pelo procedimento cirúrgico, o qual, quando não realizado, reduzia drasticamente as chances de as atletas serem bem-sucedidas nas competições. Larissa, por exemplo, precisou passar pela cirurgia para continuar competitiva. Com Jeska, deu-se a mesma coisa.

Ainda sobre a Women's Physique, por ser a categoria em que as esportistas mais se aproximariam de uma forma física considerada "masculina", não parecia ser mera coincidência tratar-se da única modalidade em que deveriam, além de posar, realizar uma rotina de dança, sendo aspectos como "feminilidade" e "beleza" também avaliados.

Para alcançar a musculatura exibida nas competições, a alimentação é um aspecto fundamental, o qual, muitas vezes, obedece a um saber de ordem prática, muito embora, com a profissionalização do esporte, seja cada vez mais comum que os(as) atletas mais relevantes, como é o caso de Larissa, contem com uma equipe de profissionais de saúde que inclui médico, fisioterapeuta e nutricionista. Além disso, as fisiculturistas fazem uso dos anabolizantes para expandir os limites biológicos do corpo. Tais substâncias são formas sintéticas de testosterona ou seus derivados, responsável por acelerar o processo de crescimento muscular, podendo ocasionar uma série de efeitos secundários, como queda de cabelo, crescimento do

[142] Segundo Preciado (2008, p. 138, tradução nossa), os seios funcionam como "centros somáticos de produção de gênero", isto é, próteses de produção do corpo feminino, independentemente de se tratar de "biosseios" (seios "naturais") ou "tecnosseios" (próteses de silicone). Nesse sentido, a diferença entre bio- e tecno- não é "a diferença entre o orgânico e o inorgânico. Não se trata de avaliar aqui a passagem do biológico ao sintético, mas de assinalar a aparição de um novo tipo de corporalidade. As novas técnicas de produção do corpo não são fiéis a uma taxonomia clássica segundo a qual a cada órgão e a cada tecido corresponde uma única função e uma única localização" (PRECIADO, 2008, p. 139, tradução nossa).

clitóris, surgimento de espinhas e pelos corporais, engrossamento da voz, espessamento da pele, entre outros.

Pensando com o realismo agencial de Barad (2007) e levando em conta que o corpo não é um objeto com limites e propriedades inerentes, e sim um fenômeno material-discursivo, afirmo que, na produção da corporalidade de Larissa, os anabolizantes agem com os tecidos, os órgãos e as moléculas, estabelecendo junto a eles um emaranhado de relações diferenciais. Com a ingestão contínua da substância[143], o organismo dela passa, desse modo, a experimentar uma série de modificações somáticas em decorrência da incorporação dos fármacos, estabelecendo com eles um "mundo de matérias em fluxo" (INGOLD, 2012, p. 35), em que a testosterona sintética vai se misturar aos hormônios produzidos por seu sistema endócrino e outras tantas substâncias que circulam no sangue. Esse processo de mutação corporal tem como consequência a criação de um corpo feminino "fora dos padrões" não só de um ponto de vista estético, mas também médico[144], ao mesmo tempo em que suspende os limites entre natural e artificial, dualidade essa, seguindo o argumento de Barad (2007), produto de um corte agencial específico e não um dado ontológico.

Outra implicação menos evidente do uso da substância se revela na própria subjetividade da atleta, pois, na medida em que a materialidade de seu corpo é capaz de enunciar discursos, estes também passam a constituir a maneira como Larissa percebe e age com o mundo. Para além das modificações de humor a que ficavam sujeitos os(as) usuários(as) de anabolizantes[145], as substâncias conformavam a maneira como a atleta compreendia as possibilidades do corpo e, no limite, do próprio ser. Como pude notar ao longo de nosso extenso contato, sua corporalidade, desde que em interação com as substâncias corretas e submetida aos protocolos de treinamento e dieta adequados, era entendida como uma matéria plástica, cuja maleabilidade parecia obedecer apenas à vontade da atleta.

---

143 Nas palavras de Preciado (2008, p. 131, tradução nossa), os hormônios, masculinos ou femininos, não passam de meras "ficções sexo-políticas".

144 Com o uso dos anabolizantes, os níveis de testosterona livre no sangue de Larissa, segundo me revelou em conversa no dia 18 de junho de 2019, chegam aos 500 ng por dl de sangue, o mesmo valor que pode ser encontrado em circulação no corpo de um homem cis considerado saudável.

145 Para mais informações sobre os efeitos físicos e psíquicos do uso de anabolizantes, ver O'MALLEY; O'MALLEY, 2017.

Em seu caso, o uso dos anabolizantes não representava uma tentativa de transição do gênero feminino para o masculino (a hormonização ainda é considerada, de maneira geral, uma das etapas desse processo, apesar de os questionamentos a essa "necessidade" virem crescendo cada vez mais entre pessoas trans). Na verdade, seguindo Preciado (2008), a prática de Larissa poderia ser mais bem descrita como a realização de uma "pirataria de gênero"[146], servindo a testosterona como uma espécie de prótese biomolecular que permitia ao corpo ultrapassar certos limites biológicos.

Assim, antes de concebê-los como uma fronteira cuja demarcação fugiria a qualquer questionamento, tanto pela dificuldade da travessia como pelos riscos inerentes a ela, Larissa tratava-os como um convite à ultrapassagem, apesar dos perigos enfrentados. Estes eram calculados a todo instante por meio de uma lógica construída no decorrer da carreira no esporte, levando em conta, principalmente, a dinâmica "risco-recompensa". Para citar um exemplo, por ocasião do Sobral Open de 2017, Larissa optou por não realizar o arriscado processo de desidratação, cujo objetivo era ampliar a visibilidade dos músculos pela redução da espessura da pele, em virtude de o nível do torneio, segundo sua avaliação, estar aquém de seu potencial.

Ainda sobre a maneira como os anabolizantes compareciam na prática corporal de Larissa, é importante dizer que outros fármacos eram convocados a participar do emaranhado agencial que, em última instância, dava forma a seu corpo, em virtude de as consequências bioquímicas da testosterona sintética serem, normalmente, difíceis de conter, ainda mais levando em consideração as quantidades ingeridas pela atleta.

De modo a que não ocorresse o fenômeno descrito pelos(as) fisiculturistas como "aromatização", isto é, a transformação, no organismo, do excesso de testosterona em estrogênio, levando ao desenvolvimento de caracteres secundários "femininos", tanto homens quanto mulheres necessitavam fazer uso de uma medicação para pacientes portadores de câncer de mama. Esse remédio tinha a função de bloquear

[146] Ao se definir como "pirata de gênero" ou "gender hacker", Preciado (2008, p. 47, tradução nossa) afirma: "Eu pertenço a esse grupo de usuários de testosterona. Somos usuários *copyleft*: isto é, consideramos os hormônios sexuais como biocódigos livres e abertos cujo uso não deve estar regulado nem pelo Estado, nem confiscado pelas companhias farmacêuticas".

os receptores de estrogênio – hormônio que tende a estimular o crescimento desordenado das células em alguns tecidos, como o mamário – por meio da ativação do gene Bcl-2 (ESTROGÊNIO, [2014?]). Em conversa por WhatsApp no dia 9 de outubro de 2017, Larissa mencionou três dos medicamentos que utilizava, todos parte do tratamento contra a doença: letrozol, exemestano e tamoxifeno[147].

O processo de mutação psicossomática empreendido por Larissa constitui, portanto, o que Le Breton (2003) define como "produção farmacológica de si", em que o sujeito passa a assumir a gestão de processos orgânicos que antes se davam de maneira mais ou menos autônoma. Seguindo uma racionalidade orientada por objetivos específicos[148] – no caso da atleta, crescimento muscular e baixo nível de gordura corporal –, os fármacos cumprem o papel de fornecer ao organismo o que ele precisa, na busca incessante pelo corpo desejado. O detalhamento dos elementos que compõem a produção deste foi baseado no acompanhamento de dois ciclos de preparação da atleta para competir no Sobral Open (2017) e no Muscle Contest (2019). Mas, antes de continuar o assunto, gostaria de partilhar com vocês um pouco da história de vida da atleta, a partir das informações colhidas em interações e diálogos ocorridos entre setembro de 2017 e dezembro de 2019.

Logo em nosso primeiro encontro – ela estava voltando às competições depois de quase dois anos parada em virtude de uma lesão no pé –, Larissa deu mostras de que, desde criança, parecia desafiar papéis de gênero, preferindo praticar esportes tidos como "masculinos", em vez de se engajar em práticas tradicionalmente vinculadas à "feminilidade". No dia 21 de setembro de 2017, me contou que, apesar de a mãe querer que entrasse para o balé, acabou escolhendo o basquete, esporte que praticou de maneira competitiva durante seis anos (dos nove aos 15), no Clube Náutico. Ainda como atleta da modalidade, começou a musculação para melhorar o desempenho atlético. Apesar do investimento

[147] Tanto o letrozol quanto o exemestano e o tamoxifeno funcionam como moduladores seletivos de estrogênio ou inibidores de aromatase. De uso oral, esses medicamentos bloqueiam os receptores de estrogênios em alguns tecidos como o mamário, provocando a diminuição da disponibilidade biológica do hormônio. Em virtude disso, alguns dos efeitos colaterais podem estar associados aos sintomas mais comuns da menopausa entre as mulheres, como ondas de calor, fadiga e dores articulares.

[148] Segundo Preciado (2008, p. 187, tradução nossa), "a sinceridade sintética dos músculos dos fisiculturistas nos ensinam mais sobre os modos atuais de produção capitalista que todos os anuários industriais da União Europeia, com seus índices de aumento e decréscimo na taxa de desemprego".

adicional na preparação, acabou tendo que abandonar o esporte por causa das dificuldades em continuar frequentando o clube e da falta de apoio financeiro.

Esse fato, segundo ela, motivou o aparecimento de "ataques de pânico" e, em consequência, algumas idas ao psiquiatra. Além dos remédios, ele ofereceu à Larissa outra forma de "cura". Disse que deveria procurar uma atividade física que a fizesse se sentir bem. Lembrando-se da primeira experiência com a musculação, começou a frequentar a academia de maneira mais assídua. Lá, viu pela primeira vez na vida uma mulher musculosa. Foi um instante de revelação. Larissa disse que a achou linda e que, a partir de então, quis ser igual a ela. Como pude perceber depois, esse tipo de narrativa era muito comum entre mulheres fisiculturistas, ao relembrarem o momento em que decidiram entrar no esporte.

No caso delas, a visão de uma mulher forte vinha acompanhada por uma espécie de epifania, provocada pela constatação da existência concreta de um outro corpo possível. Diferentemente dos homens, que, desde crianças, tinham à disposição um conjunto de imagens e narrativas que vinculavam músculos e força à masculinidade, as mulheres eram submetidas, apesar de algumas exceções, a arquivos que estabeleciam a ligação artificial entre feminilidade e atributos como fragilidade, passividade e delicadeza. Isso podia ser observado não só na proliferação de produtos culturais – desde novelas e desenhos infantis até filmes – que relegavam às mulheres o papel de espectadoras ou objeto de disputa entre homens, reforçando uma narrativa social já existente, mas também no apagamento de sua história de resistência contra a opressão de gênero.

Figura 7 - The Great Sandwina

Fonte: Bain News Service ([192-?]).

No fisiculturismo, como não poderia deixar de ser, esse cenário se repete. Nos textos que buscam narrar o início do esporte, o nome do norte-americano Eugen Sandow aparece em destaque, tendo sido um verdadeiro *superstar* do culto ao físico na virada do século (SCHWARZENEGGER; DOBBINS, 1998). Despertando a curiosidade das pessoas com a imagem de seu corpo – em uma delas se mostrava quase nu, tendo o sexo coberto apenas por uma folha de figo, como se fosse um Adão moderno – ou em demonstrações de força, Sandow conseguia ganhar milhares de dólares por semana, havendo criado uma indústria de produtos baseados no físico privilegiado. Enquanto isso, pouco se fala que, na mesma época, a austríaca Katie Brumbach[149] maravilhava plateias nos circos e espetáculos de variedade, com seus mais de 1,80 m de altura e 95 kg de peso.

Com a ida de Brumbach aos Estados Unidos, os dois maiores nomes dos esportes de força à época se encontraram, tendo participado de uma disputa na qual deveriam erguer um peso de mais de 130 kg acima da cabeça. Para surpresa de todos, a mulher conseguiu completar o desafio, enquanto Sandow somente pôde erguer a barra até a altura do peito. Em virtude da vitória sobre Sandow e inspirada pelo sobrenome do adversário derrotado, Brumbach resolver dar-se o nome artístico de The Great Sandwina [A Grande Sandwina], tornando-se uma celebridade, muito embora poucas imagens dessa época tenham sido preservadas.

Não por acaso, sua potência física também se fazia sentir na força dos posicionamentos políticos, tendo sido uma ardorosa defensora do direito do voto entre as mulheres, o que acabou lhe rendendo outro apelido: "Sandwina, a sufragista". Segundo Patricia Vertinsky, coautora do livro *Venus with Biceps: A Pictoral History of Muscular Women [Vênus* com bíceps: uma história pictórica das mulheres musculosas] (2010), o preconceito social contra a imagem de mulheres musculosas tem uma longa história, uma vez que tensionam os limites da identidade de gênero, perturbando a associação dos homens à força e das mulheres à fraqueza, a qual serviria para sustentar papéis de gênero e relações de poder.

---

[149] As fontes de acesso à história de mulheres musculosas ainda são escassas. As informações que trago sobre Sandwina foram tiradas de um artigo escrito pela artista, escritora e *performer* Tessa Hulls para o *site* Atlas Obscura (Cf. HULLS, 2017). Outras fontes utilizadas foram o livro *Venus with Biceps* (2010), de David L. Chapman e Patricia Vertinsky, além das informações disponíveis sobre ela na enciclopédia eletrônica Wikipédia. (Cf. KATIE SANDWINA, 2019).

Voltando à história de Larissa, alguns anos depois, em virtude de o interesse pelo esporte continuar crescendo, foi apresentada, pelo irmão, a um colega de faculdade chamado Laffite, que preparava fisiculturistas. Foi a partir desse encontro que, segundo me contou ainda no dia 21, passou a treinar "de verdade". Até hoje, se recorda do primeiro e talvez mais importante conselho dado pelo treinador: "Treine como um homem". E foi o que Larissa fez e continua fazendo, mais de 20 anos depois.

Em nosso terceiro encontro, no dia 25 de outubro, na Universo Gym, falou sobre como suas escolhas a levaram a ser uma pessoa completamente diferente do que a mãe havia planejado, tornando a relação das duas difícil. Esta queria que a filha fosse uma mulher "superfeminina" e que buscasse um casamento com um homem que pudesse lhe garantir segurança financeira. Larissa respondia-lhe dizendo que isso jamais faria, pois seria admitir não ter competência para conquistar as coisas por mérito próprio. Esse tipo de comportamento e também o fato de praticar esportes e andar com "todo tipo de gente", como Larissa mesma afirmou, fez com que, por muito tempo, a mãe achasse que fosse "sapatão". Ao ver que a filha ia paulatinamente se afastando dos padrões estéticos vinculados à feminilidade, a mãe começou a ser ainda mais dura nas críticas, reclamando constantemente que estava ficando "forte demais". Também era comum a atleta receber mensagens de WhatsApp do irmão, com matérias sobre pessoas que morreram ou tiveram a saúde prejudicada pelo uso contínuo de anabolizantes.

Por uma questão pessoal, o vínculo profissional de Larissa com o primeiro técnico não pôde continuar, o que a fez seguir treinando sob a orientação do então marido. Segundo me confidenciou em conversa no dia 23 de setembro de 2017, na ocasião eles firmaram o pacto de transformar Larissa em uma fisiculturista de sucesso, tendo ela tomado o cuidado de mostrar ao companheiro, por meio de revistas, o corpo que sonhava alcançar. A atleta queria deixar muito nítido o que estava disposta a fazer, de modo a que não houvesse surpresas quando começasse a passar pelas primeiras transformações, tanto em virtude dos treinamentos quanto do uso de suplementos e anabolizantes. Ainda assim, o casamento acabou não resistindo ao processo de mutação corporal da atleta. O marido pediu a separação, alegando "não haver casado com um homem".

Larissa me disse que, apesar de ter mobiliado toda a casa com o dinheiro ganho como vendedora de carros, profissão na qual dizia ser muito boa, decidiu não levar nada consigo, para não deixar o ex-marido "na mão". Por essa atitude foi severamente criticada pela mãe e pelos familiares. Em conversa no dia 25 de outubro de 2017, na Universo Gym, disse que as pessoas não admitiam que alguém pudesse ter uma boa relação com um "ex", como se, com o término, devessem se tornar, necessariamente, inimigos. Apesar de o casamento não ter dado mais certo, a ponto de dormirem por meses em quartos separados, falou que hoje em dia são amigos, tendo ele demonstrado muita solidariedade por ocasião da morte do pai de Larissa. Esse evento foi bastante doído para ela, pois, ao contrário da mãe, aquele sempre fora muito carinhoso, apoiando-a em suas decisões.

Quando os compradores de carros rarearam, Larissa largou o emprego e também o curso de publicidade, o qual escolhera em virtude da atração pela fotografia, para começar a estudar educação física na UniFIC (Faculdades Integradas do Ceará), algo que tinha mais a ver com o interesse pelo fisiculturismo. Da época como vendedora, no dia 23 de setembro, contou duas histórias interessantes.

A primeira dava conta da confusão que alguns dos clientes faziam quando ligava para eles. Por sempre ter tido a voz grossa, mesmo antes dos anabolizantes, nesses momentos costumava ser confundida com um homem. Sendo assim, a conquista dos músculos acabou representando, para ela, o instante em que, de alguma forma, o corpo acabou combinando com a voz. A outra história surgiu por ocasião de uma conversa que estávamos travando sobre coisas que a "tiravam do sério". Comentou que poucas situações a deixavam irritada, sendo uma delas quando as pessoas lhe faziam "cumprimentos grosseiros", como "tapas", por exemplo. Dizia receber, de vez em quando, algumas "ombradas" de Lucas, como forma de "brincadeira", mas que nem disso gostava. Em seguida passou a falar de um episódio ocorrido com uma companheira de trabalho, a qual sempre a recebia com um forte tapa no ombro, apesar dos contínuos pedidos para que deixasse de fazer aquilo. Como a colega não a escutou, um dia, ao repetir o gesto para atingi-la, Larissa a empurrou com tanta força que a mulher acabou indo parar "do outro lado do vestiário", atônita com sua força, razão pela qual não tornou a repetir o "cumprimento". Outra prova da potência de seu corpo era o fato de, em muitas ocasiões, realizar o mesmo treino do marido – o qual pesa mais de 100 kg –, chegando a levantar 400 kg em um exercício para as pernas, conforme me revelou em 18 de junho de 2019.

Assim, tanto por sua imagem quanto por sua força, o que o tratamento agressivo em relação à Larissa parecia revelar, na verdade, era sua inclusão em parte do repertório de sociabilidade masculina, que acabava sendo reproduzido contra ela como forma de punição por ser uma mulher que havia "passado dos limites".

Esse tipo de acontecimento não era algo incomum na vida da atleta. Em nosso primeiro encontro, ao perguntar-lhe se era muito abordada na rua[150], disse que sim e que, além disso, as pessoas não ficavam satisfeitas apenas em olhar, indo questionar-lhe, muitas vezes e de maneira ofensiva, seu gênero: "Tu é homem ou mulher?". Esse tipo de interpelação lançada contra ela, a mesma que comumente era dirigida a pessoas trans, marcava sua localização em um território fronteiriço, entre masculinidade e feminilidade, ainda que, no caso dela, isso se desse de maneira "acidental", já que, como a maioria das fisiculturistas, reivindicava a posse de atributos femininos.

A resposta de Larissa aos inconvenientes interlocutores contraria essa gramática que produz oposições e violências (sejam elas físicas ou simbólicas) contra qualquer performatividade de gênero não conformada ao par "masculino/feminino". Às vezes, para "frescar", falava que era uma "travesti recém-operada", ou seja, uma na qual os efeitos da testosterona, hormônio vinculado à masculinidade, ainda não haviam desaparecido por completo, o que justificaria a voz grossa e os músculos, elementos que contextualizariam a "tirada". Em outras palavras, à dualidade lançada contra ela – homem ou mulher –, Larissa apresenta outra possibilidade, "travesti". Dizia que, nessas situações, o marido costumava ficar muito enraivecido; afinal de contas, tal afronta à feminilidade de Larissa representava, ao mesmo tempo, um desafio à masculinidade de Lucas.

Alguns anos depois da primeira separação, Larissa conheceu o atual marido, em 2016, durante o Arnold Classic, uma das competições de fisiculturismo mais importantes do mundo, ocorrido na cidade do Rio

---

150 Segundo Angelita Jaeger (2009, p. 18), a imagem de uma mulher musculosa era um "acontecimento" no sentido foucaultiano, a capturar o indivíduo, "paralisando-o e produzindo certa estupefação, mistura de atração, curiosidade e rejeição".

de Janeiro. Com o relacionamento, Lucas passou a morar em Fortaleza, tornando-se, posteriormente, treinador da esposa. No dia 6 de outubro, em outro de nossos encontros na Universo Gym, ela falou que apenas seis anos antes do referido torneio, Lucas estava em situação de rua em São Paulo, na região conhecida como Cracolândia, tendo sido usuário de crack. Medindo 1,66 m, ele chegou a pesar, nessa época, apenas 46 kg.

Em virtude de os patrocínios serem coisa rara no fisiculturismo, depois de haver deixado a profissão de vendedora, Larissa passou a trabalhar como *personal trainer,* mesma ocupação de Lucas, possuindo, além disso, uma pequena empresa de marmita, empreendimento que a obrigava a acordar todos os dias às 5h para atender os pedidos. Enquanto isso, em meio à rotina de treinos e trabalho, seguia com o curso de educação física, que frequentava no turno da noite. No dia 23 de setembro de 2017, na CB Fitness, enquanto Larissa me contava da mudança na trajetória profissional, fiz o comentário de que deveria ser muito favorável, em termos de trabalho, ter um corpo como o seu. Afinal de contas, o caminho mais rápido para se ganhar músculos só poderia ser indicado por quem os tinha de sobra. Para minha surpresa, disse que não era bem assim. Quando estava em *off*, termo usado como abreviação de *off-season*, ou seja, "fora de temporada", demarcando o período anterior à realização do corte de peso para as competições, facilmente chegava aos 80 kg, medindo apenas 1,58 m de altura. As mulheres, então, a evitavam por não desejarem ficar musculosas como ela, e os homens não queriam ser treinados por uma mulher mais forte do que eles. Para confirmar a veracidade do relato, no dia 25 de outubro de 2017, na Universo Gym, Larissa me falou da ocasião em que uma aluna lhe contou ter sido questionada pelas amigas sobre a "coragem" de treinar com ela. Para Lucas, ao contrário, quanto maior e mais musculoso estivesse, mais fácil era conseguir clientes.

Todo esse trabalho visava garantir o sustento do casal, já que, no fisiculturismo, os ganhos financeiros eram bastante restritos, em contraste com a grande quantidade de gastos necessária para realizar a preparação correta. Só para se ter uma ideia, havia meses em que Larissa chegava a dispender 2 mil reais apenas com alimentação e suplementos, recebendo adicionalmente a ajuda de Lucas, que lhe repassava alguns dos medicamentos que ganhava dos patrocinadores. Estes, especialmente para as mulheres, eram raros, e as premiações dos campeonatos, escassas e quase nunca em dinheiro. No dia 6 de outubro de 2017, Larissa me contou que seu único patrocínio era o de uma academia no bairro onde morava, Cidade 2000, onde podia treinar de graça[151].

Por causa dos altos custos dos medicamentos e da suplementação – ao se tornar profissional, Larissa precisou investir ainda mais, tendo que consumir, além disso, uma maior quantidade de *bizus*[152] –, muitos(as) atletas, segundo afirmou na mesma conversa, acabavam se prostituindo como forma de sobreviver no esporte. Ainda de acordo com Larissa, vários homens tinham fetiche por mulheres musculosas, querendo vivenciar com elas fantasias sadomasoquistas nas quais eram espancados. Disse que vivia recebendo propostas desse tipo, como da vez em que um rapaz lhe perguntou, em uma rede social, se ela não gostaria de "lutar com ele"[153]. Conta que recusou o pedido, assim como todos os outros que já lhe chegaram, por acreditar que a prostituição dentro do fisiculturismo terminava por "manchar" o esporte, prejudicando competidores e competidoras sérios(as). Para que isso não acontecesse, a prática acabava se dando por "debaixo dos panos", só chegando aos ouvidos de quem estava verdadeiramente inserido(a) nas redes de sociabilidade do fisiculturismo.

Na ocasião, Larissa criticou uma atleta considerada por ela "mediana", a qual fazia "programas" no Brasil para conseguir um dinheiro a mais e que depois viajou aos Estados Unidos, a fim de viver exclusivamente da prostituição. Falou também de outra competidora que "só faltava mostrar o útero" nas redes sociais, não sendo uma "pessoa séria", em virtude, além

---

151 Essas informações haviam sido fornecidas no início de nosso contato, dois anos antes. Atualmente, a situação profissional de Larissa melhorou consideravelmente, após um período turbulento, no qual, segundo ela, chegou a "perder tudo". Essa "reviravolta" será narrada no "Terceiro Movimento" do livro.

152 Termo usado por Larissa para se referir aos anabolizantes.

153 Segundo Kristeva (1982, p. I, tradução nossa), quando "sou assolado pela abjeção, a trama distorcida dos afetos e pensamentos que eu chamo por esse nome não tem, propriamente falando, um objeto definível. O abjeto não é um objeto diante de mim, que eu nomeio ou imagino. Nem é um *ob-jest*, uma alteridade incessantemente fugindo em uma busca sistemática de desejo. O que é abjeto não é meu correlato, o qual, me fornecendo alguém ou algo mais como apoio, me permitiria ser mais ou menos desapegado e autônomo. O abjeto tem apenas uma qualidade do objeto – a de opor-se a mim. Se o objeto, no entanto, por meio de sua oposição, me instala na textura frágil de um desejo de significado, que, de fato, me torna incessantemente e infinitamente homólogo a ele, o que é abjeto, ao contrário, o objeto descartado, é radicalmente excluído e me atrai para o lugar onde o significado entra em colapso. Um certo 'ego' que se fundiu com seu mestre, um superego, afastou-o categoricamente. Fica fora, além do conjunto, e não parece concordar com as regras do jogo. E, no entanto, deste local de banimento, o abjeto não deixa de desafiar seu mestre".

das fotos "provocantes" postadas no Instagram, do "barraco" que armou em uma competição, apesar de ter sido por uma causa justa: a maior valorização das atletas femininas.

Curioso é perceber que as críticas que Larissa faz às imagens desta última têm mais a ver com uma questão de intencionalidade, pois o que parece estar em jogo não é tanto o fato de a fisiculturista mostrar o corpo, mas a maneira como o faz. Larissa mesmo, em seu Instagram, possui uma série de fotos em que aparece apenas de biquíni. Diferentemente do alvo das críticas, no entanto, não há *close-ups* em seios, bunda ou genitália, sendo os enquadramentos quase sempre de corpo inteiro, nos quais reproduz algumas das poses utilizadas nas competições. O intuito com as imagens não era "vender sexo", mas, ao contrário, mostrar sua competência como atleta, pela exibição dos músculos.

Para as competições, estes eram produzidos em duas etapas: uma chamada *bulking* [crescimento] e a outra *cutting* [corte]. A primeira, realizada durante o período *off-season,* correspondia à época em que a fisiculturista direcionava alimentação, suplementação e treinamentos para o ganho de volume muscular, sem tanta preocupação ainda com definição. Não que houvesse um relaxamento quanto à dieta, a qual devia ser seguida à risca, pois, se a atleta exagerasse no consumo de calorias, passaria a "engordar" demais, fazendo com o que o trabalho posterior de perda de peso (*cutting*) se tornasse muito mais custoso. O que acontecia é que, pela própria natureza do processo, Larissa devia ingerir mais calorias, à parte os anabolizantes e a suplementação, a fim de garantir a energia necessária para "treinar pesado" e levantar altas cargas, porque isso era o que garantia a hipertrofia muscular. Aqui, portanto, os treinamentos com pesos eram mais intensos do que os exercícios aeróbicos, proporção que ia se invertendo à medida que se dava a transição do *bulking* para o *cutting*.

Em virtude de, nesse momento, a alimentação ser rica em carboidratos complexos (batata-doce, batata-inglesa, farinha de mandioca, arroz integral), proteínas e gorduras monoinsaturadas (ácido graxo que desempenha uma série de funções importantes para o organismo), o consumo de anabolizantes era feito em menor quantidade, sendo a dosagem aumentada apenas aos poucos. Como estava bem nutrida e com o gasto calórico ainda baixo, devido à necessidade de ganho de peso, o corpo de Larissa podia prescindir de altos níveis de ingestão da substância.

Desde o início de nosso contato, a atleta sempre falou dos anabolizantes abertamente, o que, confesso, me deixou um tanto surpreso, uma vez que esperava dela a tentativa de se referir ao fisiculturismo como uma prática "saudável", baseada apenas em alimentação e suplementação adequadas. Larissa, no entanto, sempre se mostrou lúcida quanto às consequências que as substâncias podiam trazer ao corpo, especialmente quando usadas de forma indiscriminada. Ao falar sobre isso no dia 21 de setembro de 2017, apontou para o maxilar, o qual se tornou mais anguloso, desde que começou a tomar a substância. Apesar dessa e de outras consequências, reconhecia que a ingestão de anabolizantes era condição indispensável para que pudesse ser competitiva no esporte que amava.

Disse também que, diferentemente do que as pessoas pensavam, os fisiculturistas tinham que ser pessoas inteligentes, já que precisavam entender de nutrição, fisiologia, anatomia, educação física, além de possuir um entendimento amplo do metabolismo corporal humano. Em virtude disso, Larissa fazia questão de afirmar que usava os anabolizantes de maneira responsável e com acompanhamento médico.

A importância dos cuidados da atleta se devia aos potenciais riscos concernentes à prática para a saúde de seus/suas praticantes. Um exemplo disso me foi dado por Larissa em conversa realizada no dia 18 de junho de 2019 na Smart Fit. Na ocasião, me contou que, entre o final de 2018 e o início de 2019, ou seja, no começo da preparação para o campeonato Norte-Nordeste de fisiculturismo, momento em que estava em *off*, começou a tomar os *bizus* fornecidos por um novo patrocinador, ficando doente "direto". Disse ter pegado um da Medpharma, outro da Bratva e mais um de uma empresa de São Paulo, enviado por um amigo de Lucas, cujo nome não se recordava. Como queria competir em março, havia dado início à preparação em janeiro, a qual não pôde prosseguir em virtude de estar constantemente se sentindo mal. Ao consultar uma médica que já a acompanhava, Larissa verificou que seu estradiol[154] "estava lá embaixo", menos de 20, número, segundo ela, inferior ao de uma mulher na menopausa. O desequilíbrio desse hormônio, de acordo com a atleta, aumentava consideravelmente o risco de trombose, infarto e acidente vascular

[154] Hormônio sexual e esteroide responsável pela regulação do ciclo estral (mudanças fisiológicas induzidas pelos hormônios reprodutivos na maioria dos mamíferos) e menstrual, sendo indispensável para o desenvolvimento e a manutenção dos tecidos reprodutivos em pessoas que possuem útero e ovários (ESTRADIOL, 2018).

cerebral (AVC), motivo pelo qual afirmou ter ficado com a saúde em risco durante o tempo em que consumiu as novas substâncias, as quais reputou como "falsificadas". Disse também que experimentou uma série de sintomas como fraqueza, depressão, falta de ânimo e má circulação, tendo chegado a ficar com o "pé preto", ao realizar uma viagem de ônibus um pouco mais longa.

Ainda de acordo com Larissa, em mulheres que não faziam musculação ou consumiam testosterona, o nível do hormônio no organismo ficava na faixa de 75 ng/dl de sangue. Enquanto isso, mesmo com os anabolizantes, a testosterona estava em apenas 120, número considerado muito baixo para ela. Segundo sua médica, mulheres que treinavam com pesos naturalmente conseguiam elevar o hormônio para uma taxa de 200 a 300 ng/dl de sangue. Em seu caso, portanto, considerando os treinamentos e a ingestão dos *bizus*, os níveis deveriam alcançar os 500, número equivalente às taxas apresentadas por homens cisgênero, as quais variavam de 500 a 800, de maneira geral. Para corrigir o problema, teve que se submeter a um tratamento com HCG[155], a fim de regularizar os níveis de estradiol, o qual durou um total de sete semanas, bem como suspender todo o consumo da substância anterior. Além disso, foi receitado à Larissa "naldrodextrona" – segundo ela, sua função era "limpar" os receptores químicos do organismo –, bem como ômega 3, vitamina C, ácido alfalipoico[156], coenzima Q10, magnésio, além de outras substâncias que Larissa continuava tomando até hoje.

Somados aos fatores econômicos já citados, era por situações como essas que Larissa afirmava ser a prática do fisiculturismo difícil para mulheres, uma vez que havia muitas questões hormonais envolvidas, além de mudanças provisórias e outras permanentes no corpo das atletas, as quais poderiam ser maiores ou menores dependendo da substância e da dosagem. Enquanto ingeria testosterona, por exemplo, Larissa sofria de amenorreia, isto é, perda da capacidade de menstruar, apesar de continuar

[155] "A gonadotrofina coriônica humana (HCG) é uma glicoproteína hormonal produzida pelas células trofoblásticas sinciciais nos líquidos maternos" (GONADOTROFINA, 2019).

[156] "O ácido lipoico é (...) responsável por estimular a biossíntese de uma enzima do nosso organismo que exerce uma marcada ação neutralizadora dos radicais livres, a glutationa peroxidase. Esta enzima neutraliza um dos radicais livres mais agressivos para a pele, o radical peróxido, transformando-o em água. Pensa-se que o ácido lipoico tem também um papel importante no metabolismo do organismo, mais particularmente na produção de energia" (ÁCIDO, 2017).

sentindo algum dos efeitos da tensão pré- menstrual (TPM). Sua irritabilidade também aumentava, sendo esse, inclusive, um dos indícios que marcavam a efetividade do anabolizante. Em que pese isso, dizia se esforçar para controlar as consequências indesejáveis dos *bizus*, pois "cada um tem seus problemas para lidar".

No dia 6 de outubro, tentando conseguir mais alguma informação sobre o tema sem que a conversa adquirisse um tom inquisitorial, dividi com Larissa um pouco de minha história. Como já deixei evidente em outro momento, frequento academias desde os 18 anos, travando contato, logo de início, com a cultura do consumo de substâncias melhoradoras de *performance* pelos(as) praticantes de musculação, e tendo feito inclusive uso de algumas delas, especialmente aminoácidos e creatina. Contei à Larissa então da vez em que ajudara o instrutor de uma academia de bairro a aplicar o que, até a conversa com a atleta, julgara ser um anabolizante veterinário. Ele tirou de um pequeno estojo preto uma seringa vagabunda, daquelas que deixam marcas no braço. As nódoas de sangue ressecado na agulha denunciavam a ação do tempo e a frequência da utilização. Com ela, o homem puxou de um frasquinho opaco um líquido ferruginoso. Em seguida amarrou uma borracha ao redor do braço – minha função era mantê-la tensionada durante a aplicação – e enfiou a agulha cega na veia que pulsava alta, puxando primeiro o próprio sangue, para que voltasse ao corpo já misturado ao líquido.

Depois desse ritual, o instrutor descia as escadas em direção aos pesos com os gestos frenéticos e as pupilas dilatadas. Dizia que, às vezes, isso o deixava sem dormir à noite, embora injetasse de manhã, e que sofria de episódios de "febre muscular", os quais correspondiam aos sintomas corporais decorrentes de um esforço que excedia a capacidade física. Trincava os dentes com tanta força que, no dia seguinte, reclamava de dores nas gengivas e, quando não conseguia a droga, ficava pelos cantos da academia, meio cabisbaixo e sem ânimo para nada.

Meu relato à Larissa fazia um certo julgamento moral da atitude do instrutor. Como ela me dissera que tomava esteroides vindos de uma farmácia de manipulação, acreditei que, de alguma maneira, ao criticar a prática "errada" de outra pessoa, de um "doido" que tomava anabolizantes para animais, eu estaria legitimando a sua, "consciente". Com isso, acabei, na verdade, cometendo um deslize.

Imediatamente, tive minha fala corrigida por Larissa, a qual afirmou não só que não se opunha à utilização de anabolizantes para cavalos, como também que os sintomas narrados por mim – pupilas dilatadas, febre e agitação – nada tinham a ver com a testosterona sintética. Afirmou que os anabolizantes até podiam dar um pouco de insônia, mas que isso se devia ao aumento da agressividade que a substância causava no(a) usuário(a). Falou também que era comum que as pessoas fizessem uso de boldenona, anabolizante para cavalos, sem maiores consequências.

Na Universo Gym, por exemplo, havia, na parede da cantina, um pequeno quadro com o anúncio de um frasco da substância por "apenas" 85 reais. A vantagem dos anabolizantes veterinários era que, além de serem mais baratos que os de consumo humano, dispensavam a necessidade de prescrição médica. Dessa forma, a "defesa" de Larissa tinha a ver com a perspectiva de democratização do acesso ao fisiculturismo àqueles(as) que não tinham condições de bancar os custos da preparação, realidade muito comum no esporte, praticado em larga medida, em Fortaleza, por pessoas consideradas de "baixa renda".

No dia 18 de junho de 2019, na Smart Fit, Larissa me contou que ingeria boldenona no período de *bulking,* em razão de lhe conferir muita força, possibilitando o levantamento de altas cargas, além de promover a lubrificação das articulações e diminuir os riscos de lesão. Após o encontro, por curiosidade, "joguei" o nome "boldenona" na Internet, e as primeiras páginas que apareceram falavam sobre indicações para praticantes de fisiculturismo. Por ser pouco androgênica[157], costumava ser muito empregada por mulheres, podendo ser adquirida facilmente em *sites* como Submarino, Mercado Livre e Americanas.com.

Havia distinções importantes entre diferentes tipos de anabolizantes. Segundo me informou em 18 de junho de 2019, existia a testosterona propriamente dita e seus derivados. A primeira, "pura" (cipionato, propionato e enantato), devia ser administrada em doses baixas para mulheres, em virtude dos efeitos altamente "virilizantes" (por recomendação médica, a atleta consumia apenas 50 mg semanais de propionato para evitar transformações muito drásticas no corpo); as outras (boldenona, trembolona, estanozolol, oxandrolona, primobolan, masteron)

[157] Adjetivo que se refere aos caracteres tradicionalmente considerados como masculinos.

tinham efeitos um pouco mais atenuados do que os daquela. Em 2018, a cada dois dias, Larissa tomava 0,5 ml de primobolan e 0,5 ml de trembolona, mais 20 mg de oxandrolona, de oito em oito horas. O regime de ingestão das substâncias era ditado por suas meias-vidas, ou seja, pelo período que levavam para serem metabolizadas no organismo.

Depois de me informar sobre anabolizantes veterinários e tentando ir ao encontro de minha opinião de que havia, sim, pessoas que usavam inconsequentemente certas substâncias, Larissa afirmou que, muito provavelmente, o que o instrutor da história relatada por mim utilizara havia sido um produto para "ressuscitar cachorros" conhecido como clenbuterol, o qual, segundo a atleta, era um "estimulante dez vezes mais potente que a cocaína". Normalmente, era aplicado via intramuscular, mas havia pessoas, como o instrutor, que decidiam injetá-lo direto na veia, a fim de potencializar os efeitos. Ela me disse, por último, que essa prática não era incomum e que muitos *bodybuilders* usavam a substância como estimulante pré-treino, pois permitia que o(a) usuário(a) aumentasse bastante a capacidade de levantar pesos, ao preço de uma sobrecarga no sistema cardiovascular.

Ainda sobre os *bizus,* no dia 25 de outubro de 2017, na Universo Gym, ao conversarmos a respeito do corpo dos(as) competidores(as) atualmente, Larissa revelou que era comum, entre eles(elas), o uso de outro hormônio associado à testosterona, conhecido como GH (*growth hormone* [hormônio do crescimento]). A primeira vez que ouvi falar dessa substância fora em uma entrevista com um fisiculturista aposentado (JOE ROGAN, 2017), o qual criticava um traço comum entre os atletas atuais, principalmente homens, denominado por ele de "bubble gut" [barriga redonda], termo que procurava denunciar o abdômen estendido dos competidores. Larissa, a qual não usava a substância, me explicou que isso se devia ao fato de esse hormônio estimular o crescimento de todos os tecidos "moles" do corpo, incluindo, além dos músculos, também as vísceras, provocando alterações irreversíveis, com potencial de comprometer a função fisiológica de órgãos tão importantes quanto coração e fígado, por exemplo.

Continuando a conversa a respeito das substâncias que ajudavam na fabricação muscular, em encontro no dia 6 de outubro de 2017, Larissa me informou que um suplemento muito comum em sua dieta era o

Whey Protein, o qual podia ser facilmente adquirido nas lojas de "produtos naturais", sendo bastante consumido pelos(as) frequentadores(as) de academias de musculação. Era criativa nas maneiras de preparo, consumindo-o, muitas vezes, como se fosse um "mingau", feito com claras de ovos, aveia e adoçante.

A parte mais difícil e demandante da preparação, no entanto, vinha em seguida ao *bulking*, meses antes de Larissa subir ao palco, durante o período conhecido como *cutting*, no qual a atleta chegava a perder 17 kg de gordura e água, a fim de eliminar, tanto quanto possível, os intermediários entre os músculos e os olhos dos jurados e do público.

Quanto mais se aproximava o dia da competição, mais a "muscularidade" ia se fazendo visível, na medida em que perdia em volume e ganhava em definição. Em virtude disso, ainda no dia 6, contou que, quando estava em *off*, ou seja, mais pesada, as pessoas tendiam a se impressionar ainda mais com seu físico. Segundo ela, quando a família de Lucas veio visitá-los pela primeira vez em Fortaleza, tanto a mãe quanto o filho deste acharam-na excessivamente musculosa, a ponto de ofuscar o marido.

Figura 8 – *Bulking* (nove meses antes do campeonato)

Fonte: ARAÚJO, L., 2018.

Figura 9 – *Cutting* (dois meses antes do campeonato)

Fonte: ARAÚJO, L., 2019a.

Para passar de um estágio a outro, empreendia uma mudança radical na alimentação e na suplementação, bem como nos treinos. Estes passavam a incluir uma grande quantidade de exercícios aeróbicos, a fim de aumentar o gasto energético e consequentemente diminuir o índice de gordura corporal. Isso era atingido pela redução dos pesos nos exercícios de musculação, pois a fase de ganho de volume muscular – alcançada pelo levantamento de altas cargas com baixas repetições – havia sido superada, dando lugar ao processo de definição, atingida pela maior quantidade de repetições com menos quilos.

Para secar, Larissa chegava a realizar, por dia, até três treinos aeróbicos de aproximadamente uma hora cada, sendo o primeiro deles efetuado em jejum. Conhecido pela sigla AEJ (aeróbico em jejum), este, segundo me contou em conversa no dia 18 de junho de 2019 na Smart Fit, era uma das maneiras mais eficientes de perder peso. O segundo *cardio* era praticado antes do treino com pesos; e o último ocorria posterimente à musculação.

Logo depois do *cardio*, concluía a rotina matinal com um exercício que apenas recentemente havia entrado no rol de práticas corporais. Por meio do *vacuum* [vácuo], a atleta buscava "sugar" a barriga, com o objetivo de afinar a linha de cintura, considerada larga por ela.

Por ter, segundo me revelou em conversa por WhatsApp no dia 27 de junho de 2019, uma "deficiência" nos membros inferiores, os quais demoravam a alcançar o nível de definição que apresentava em outras partes do corpo, como ombros e costas, músculos que considerava seu "ponto forte", priorizava as pernas. Na segunda-feira, treinava glúteos e quadríceps. Na terça e na quarta, ombros e costas, respectivamente. Na quinta-feira, novamente os glúteos, acrescido de bíceps e tríceps, ou mesmo bíceps femural (posterior da coxa), caso a musculatura da perna estivesse "descansada". Na sexta, peito. No sábado, posterior e glúteo; e, no domingo, por fim, ombros.

Por meio desse diálogo, Larissa corroborou uma informação dada a mim em 23 de setembro de 2017, ao reafirmar que não possuía dia fixo de descanso, preferindo "dar ao corpo o que ele precisava". Isso queria dizer que as folgas eram ditadas pelo nível de fadiga apresentado pelos músculos, os quais eram poupados, até como forma de preservá-los, nos dias em que estava muito fadigada. Mas descanso, para atleta, não implicava repouso absoluto, pois, mesmo quando não treinava com pesos, realizava o *cardio*, a fim de manter o nível de gordura corporal baixo.

A relação de Larissa com os treinos dizia muito do saber que possuía do próprio corpo, considerado por ela, conforme disse anteriormente, matéria em constante transformação, característica ressaltada pelo emprego frequente da palavra "mutante" como legenda em fotos no Instagram. A plasticidade do corpo da atleta pintou-se em cores fortes, por ocasião de nosso segundo encontro, no dia 23 de setembro de 2017, na academia CB Fitness, quando pude acompanhar um dos treinamentos preparatórios para o Sobral Open.

Nesse dia, Larissa começou me explicando que faria um treino leve, já que há cerca de um mês estava na fase de corte de peso. O trabalho seria focado especificamente nos ombros, em especial no que pude identificar como sendo os músculos redondo menor e infraespinhal. Para uma pessoa leiga como eu, seus ombros pareciam fortes e volumosos, apesar de ela achar que ainda faltava algo. Em sua visão, os deltoides e os músculos dos ombros deveriam apresentar um volume parecido, de modo a não haver nenhum sulco entre eles, já que, quanto mais "redondos" fossem, mais bem avaliada seria. Depois que deixasse tudo como uma "bola só", o próximo passo seria "rasgar" a musculatura, deixando as fibras aparentes. A construção dessa potência muscular se fundamentava no referencial estético do que seria um "corpo perfeito".

Tal preocupação com o elemento estético era algo que suscitava a crítica dos praticantes de outras modalidades, como pude perceber ao longo do trabalho, para os quais o fisiculturismo não era um esporte. Ao trazer essa questão para Larissa no dia 25 de outubro de 2017, falou que se considerava uma atleta, em razão de viver uma rotina diária baseada em treinos, repouso e alimentação regrada. No entanto, ao destacar elementos do fisiculturismo que extrapolavam os limites dos esportes tradicionais, Larissa falou o seguinte: "No dia da competição, o fisiculturismo não é um esporte, e sim um concurso de beleza, tá entendendo? Quando eu tô ali no palco, eu me sinto como uma artista entretendo as pessoas que tão ali pra me ver".

Dias depois, ao assistir ao documentário *Generation Iron* [Geração ferro] (2015), recomendado por Larissa, me deparei com a afirmação, feita por um dos fisiculturistas retratados, de uma identidade que, pela cena descrita acima, parecia se adequar também à atleta: artista físico(a). Essa expressão relevava uma dimensão importante do esporte, em virtude de os(as) praticantes criarem com o corpo, produzindo atributos físicos muito específicos, cuja conquista mobilizava todas as dimensões da vida.

A preparação era tão intensa e absorvente que era comum os(as) fisiculturistas chorarem durante o aeróbico. Por ser um momento mais isolado – no treinamento com pesos, havia sempre alguém por perto, fosse dando instruções ou incentivos – era durante o *cardio* que os(as) atletas pensavam na vida e nos sacrifícios pessoais para alcançar os objetivos; que sentiam os efeitos da privação de comida e o cansaço; e que visualizavam o dia da competição e a consagração de todo o esforço com o tão almejado título. Larissa dizia que era nesse momento que as lágrimas escorriam pelo rosto, tendo acontecido incontáveis vezes com ela.

As implicações das exigências dos treinamentos puderam ser presenciadas em diferentes situações durante o período em que mantivemos contato. A descrição da imagem do ombro sonhado por Larissa surgiu num dia em que aparentava bem-estar. Em outros momentos, no entanto, em virtude da intensidade dos exercícios e, principalmente, da restrição calórica, encontrei-a extremamente cansada.

Durante conversa no dia 6 de outubro de 2017, na academia Universo Gym, comentou que estava voltando a treinar depois de quase uma semana. Por estar com a imunidade baixa e o corpo enfraquecido pelo esforço excessivo e pela dieta rigorosa, acabou pegando uma gripe muito forte que lhe entupiu o nariz, tornando o sono difícil. Para melhorar a respiração, teve que levantar o travesseiro e, com isso, acabou dando um "jeito" no pescoço – a atleta possui lesões nas vértebras C3 e C4, localizadas exatamente nessa região –, tendo a dor "irradiado" pelo ombro, fazendo com que mal conseguisse erguer os braços. Disse que evitava tomar medicamentos para aliviar os sintomas, em razão de muitos deles conterem corticoides – hormônios esteroides com ação anti-inflamatória –, os quais facilitavam a retenção de líquido.

Em nova conversa no dia 25 de outubro de 2017, na mesma academia, encontrei Larissa novamente doente. Por causa de uma tosse contínua que a deixara rouca, tinha passado quatro dias quase sem dormir, precisando recorrer a medicação antialérgica, pois as noites insones estavam começando a afetar os treinos. Com a dieta restrita, necessitava dormir bem para que tivesse condições físicas de dar seguimento às atividades. Como, nesse dia, treinaria pernas – exercícios dos quais não gostava tanto, justamente por serem os fisicamente mais demandantes –, o marido e treinador "autorizou" que comesse 100 g a mais de carboidratos. Na ocasião, contudo, nem isso conseguiu levantar o ânimo. Visivelmente abatida, as únicas palavras que repetia para si mesma durante o treino eram: "Eu tô muito cansada, muito cansada".

Apesar disso, estava musculosa como nunca. Mesmo enfrentando o processo de *cutting,* aparentava estar mais forte, pois a gordura do corpo desaparecia a olhos vistos. A mudança corporal, bastante evidente desde que iniciáramos nossas interações, refletia-se também no rosto mais anguloso e vincado, o que acentuava o aspecto geral de cansaço. Percebendo isso e talvez para disfarçar, tinha vindo treinar com o cabelo preso, maquiada e usando as roupas do novo patrocinador, a marca de suplementos e produtos esportivos Black Skull.

À época em que realizava a preparação para o Sobral Open, a dieta de Larissa, no período de *cutting*, se resumia a frango ou carne de gado, claras de ovos, chuchu, cenoura e aveia, esta última apenas pela manhã. Ainda nesse período, comia seis claras de ovos (toda a alimentação era rigorosamente medida para que nada fosse consumido além do necessário). Durante o resto do dia, se alimentava de carne ou frango com chuchu. A razão de comer carne era evidentemente por causa da proteína, mas não entendia o porquê da inclusão daquela verdura. Ao indagar-lhe sobre isso no dia 23 de setembro de 2017, Larissa falou que o vegetal a ajudava a ter uma sensação maior de saciedade, além de fornecer-lhe fibras e água, elementos essenciais para que não ficasse constipada e com dificuldades de defecar. No mesmo dia, um pouco antes de encerrarmos a conversa, puxou da bolsa uma caixinha verde com o que seria a refeição pós-treino: um punhado de carne com chuchu, que deve ter comido em menos de um minuto.

Como disse um fisiculturista amigo de Jeska no dia 12 de fevereiro de 2019, na Hércules Gym, é no período de *cutting* que o "bicho pega", sendo o momento em que a vontade de as pessoas seguirem ou não no esporte é de fato testada, em virtude da intensidade das restrições. Quando em preparação para um campeonato, o(a) atleta não podia sair, beber ou fumar, muito menos comer o que quisesse. Segundo diversas falas que ouvi ao longo da pesquisa, era comum que tivessem que aprender a conviver com uma sensação constante de fome, pois uma refeição fora de hora podia colocar tudo a perder.

Não me esqueço de uma história que Larissa contou nas primeiras conversas. Uma atleta estava em vias de entrar no palco para competir e resolveu comer uma única castanha, por estar se sentindo muito fraca. O corpo dela, já tão debilitado pela dieta, absorveu o alimento com tanta intensidade que, imediatamente, a pele desidratada ganhou um pouco de espessura, "borrando"[158] os cortes dos músculos. Para compensar essa "falta", precisou fazer uma série de exercícios a fim de reverter o processo. O esforço, no entanto, foi em vão, pois o estrago já havia sido feito. Uma simples castanha pôs a perder o trabalho de meses de preparação.

Em virtude disso, o elemento psicológico era fundamental no esporte, porque o(a) atleta precisava desenvolver estratégias para contornar

[158] Categoria nativa usada para expressar a perda de definição muscular, isto é, a diminuição da visibilidade do músculo.

impulsos em nome de um objetivo maior. Larissa, por exemplo, havia criado, ao longo dos anos, a capacidade de "comer com os olhos" ou "com o nariz".

Por ocasião do terceiro encontro, no dia 6 de outubro de 2017, enquanto conversávamos na cantina da Universo Gym, o dono do estabelecimento veio entregar a tapioca que eu havia pedido, e Larissa comentou: "Amigo, tá muito bonita essa tapioca". Em seguida, ela tirou da mochila um punhado de carne moída com cenoura, o qual devorou rapidamente, como se estivesse tentando se livrar de uma obrigação.

Outro episódio, ocorrido no dia 25 de outubro de 2017, ilustra bem o que estou tentando dizer. Enquanto se exercitava na bicicleta ergométrica, afirmou que, para contornar a vontade de comer, utilizava um aplicativo de comida no celular. Embora nunca pedisse as centenas de pratos à disposição com apenas alguns cliques, a atleta passava incontáveis minutos olhando para a tela do aparelho apenas imaginando o sabor das comidas.

Disse também que outra estratégia era cozinhar para o marido. Nesse momento, mostrou no telefone a imagem de um bolo de tapioca que fez para Lucas, ao mesmo tempo em que comentava que este mal o havia experimentado. Para ela, cozinhar passava a ser uma necessidade, pois o cheiro dos alimentos ajudava a aplacar um pouco o desejo de sair da dieta. Comentara comigo outras vezes que esse era um dos maiores sacrifícios que fazia, uma vez que se considerava uma pessoa muito gulosa, se deixassem "comeria quatro pães, uma fatia de bolo e mais alguma coisa" só no café da manhã. Ou então tomaria "dois litros de vitamina de banana com leite, tranquilamente". A preferência era por alimentos como bolos, pães, "vitaminas", sorvetes, sucos e doces, e não tanto por "comida de panela", já que isso a lembrava dos sacrifícios que precisava fazer.

As quebras na dieta, quando aconteciam, se davam em momentos muito específicos. Como, naquele momento, encarava um longo período de preparação, uma vez que participaria de três competições em apenas cinco meses – uma delas sendo o Arnold Classic 2018, a mais importantes do ano –, estava se programando para fugir da dieta depois do Sobral Open e ainda mais duas vezes, uma no Natal e outra na noite de Ano-Novo.

Em 18 de junho de 2019, durante a preparação para o Muscle Contest, onde buscaria o Pro Card[159], me contou, enquanto caminhávamos na esteira, ter feito alguns ajustes no *cutting* e na dieta que a fizeram ter a melhor preparação da vida. Diferentemente do *cutting* à época do Sobral Open, passou a adotar uma manobra alimentar chamada de "roleta de carboidrato", técnica que fez o corpo "responder de uma forma muito rápida". Funcionava da seguinte forma: em um dia, ingeria uma quantidade alta de carboidrato (para seus padrões) em quatro refeições (nas duas últimas consumia apenas proteínas), contendo 120 g de ovos ou carne (peixe, gado ou porco) e 100 g de batata, arroz ou macaxeira (esta última tinha sua preferência); no dia seguinte, reduzia os carboidratos para 80 g, mantendo a mesma quantidade de proteínas; no terceiro dia, baixava a quantidade ainda mais, para 50 g; e no quarto dia, finalmente, se abstinha de consumir qualquer fonte de carboidrato. Após isso, o ciclo se reiniciava.

Com a nova técnica, afirmou ter conseguido "secar" sem "passar tanta fome", embora a vontade de comer tivesse que continuar sendo mantida sob controle. Falava que, na dieta anterior, chegava à competição muito pequenininha e "mirrada", mas que agora estava "grande", sem prejuízo da definição muscular. Além disso, a força e a energia estavam preservadas, mesmo com o baixo consumo de calorias.

A dieta possuía, portanto, uma marcada dimensão agentiva na produção da corporalidade de Larissa, na medida em que – tanto quanto os exercícios, os anabolizantes e os suplementos alimentares – ajudava a que atingisse o regime de visibilidade ideal da "muscularidade". Os nutrientes, as calorias, os carboidratos, as proteínas, as gorduras, a água: tudo era ostensivamente quantificado, cumprindo uma função determinada para que alcançasse não um organismo saudável e equilibrado, e sim para que seu corpo se transformasse em uma verdadeira escultura, cujas linhas e formas eram talhadas na própria carne[160]. Em outras palavras, a dieta poderia

---

[159] Pro Card é uma terminologia utilizada para indicar os atletas que fizeram a transição de "amadores" para "profissionais".

[160] Em contraposição à ontologia sartreana, que considerava o Ser como pura positividade e o Nada como pura negatividade, fazendo com que o primeiro termo dessa relação de radical oposição fosse carreado pelo segundo – uma vez que o mundo se fenomenizaria apenas com a condição de que o sujeito se esvaziasse de todo conteúdo subjetivo, tornando-se consciência negativa –, Merleau-Ponty propõe uma ontologia em que o Nada não é mais contraditório ao Ser, possuindo com ele uma "cumplicidade ontológica que os entrelaça por meio de uma *estrutura*" (SANTOS, 2017, p. 122). Ainda segundo Santos (2017, p. 124), essa noção de estrutura (*Gestalt*) deveria ser

ser entendida, em seu caso, como um complexo de relações capazes de instituir diferentes regimes: temporais (o dia era dividido de acordo com os horários estabelecidos para a ingestão dos alimentos, dos suplementos e dos anabolizantes), sensórios (precisava se valer de outros sentidos, além do paladar, para conseguir suportar a privação de comida) e afetivos (dividia as comidas entre as que comia por prazer – doces, bolos e salgados – daquelas que tinham "gosto de obrigação", por serem necessárias à conquista do corpo sonhado).

Nesse sentido, a força, a empolgação para treinar, a consistência e a qualidade dos músculos e, consequentemente, os títulos, o sonho de uma carreira de sucesso, os ganhos financeiros e a possibilidade de viver do trabalho só eram possíveis de se alcançar no momento em que os nutrientes prescritos na quantidade correta agissem com o corpo, "liberando", assim, todo o potencial que, sem eles, restaria em estado de latência. O que afirmei pode ser percebido nas palavras da atleta, quando perguntada, no dia 18 de junho de 2019, sobre o que costumava almoçar:

> O *bodybuilder*, ele não tem almoço, ele tem refeição, porque o corpo não entende pra você o que é almoço, o que é janta. O seu corpo só entende o que é carboidrato, proteína e gordura, entendeu? O corpo só entende isso. Então, tipo, às vezes, quando o pessoal... Vai chegar uma fase lá na frente que eu não vou ter mais a clara de ovo com esse mingau, vai ter que ter o peixe. Café da manhã: peixe. Acordar e comer peixe, entendeu? Quando zerar carboidrato e tal, vou ter que comer peixe, mas o corpo não entende, só entende que é proteína, então tem que fazer, entendeu? E pronto. Mas o corpo se acostuma com tudo, o corpo é... É muito bonito a forma como o corpo entende a sua

compreendida como o "próprio tecido do mundo", a qual, no pensamento do filósofo francês, é pensada como carne. Nas palavras de Merleau-Ponty (2009, p. 136), a "carne não é matéria, não é espírito, não é substância. Seria preciso, para designá-la, o velho termo 'elemento', no sentido em que era empregado para falar da água, do ar, da terra e do fogo, isto é, no sentido de uma *coisa geral*, meio caminho entre o indivíduo espaço-temporal e a ideia, espécie de princípio encarnado que importa um estilo de ser em todos os lugares onde se encontra uma parcela sua. Neste sentido, a carne é um 'elemento' do Ser. Não fato ou soma de fatos e, no entanto, aderência ao lugar e ao agora". De acordo com Santos (2017, p. 124), portanto, a carne seria "uma espécie de princípio que constitui as coisas e o mundo. Ela está em tudo, mas não se reduz a um determinado ente em particular. Para Merleau-Ponty, é preciso compreender a carne 'não a partir de substâncias, corpo e espírito, pois seria então a união dos contraditórios, mas dizíamos, como elemento, emblema concreto de uma maneira de ser geral'. Assim, a carne se configura como nervura do Ser, um estofo de sustentação da condição de possibilidade das coisas, ou como falamos anteriormente, é *gestalt*, porquanto 'permite a abertura para que o corpo e as coisas sejam visíveis na mesma medida em que são tangíveis e videntes'".

> alimentação, entendeu? E ele vai respondendo a cada estímulo que você dá, é sensacional. Tu é doido, é massa demais.

Os suplementos operavam de acordo com essa mesma lógica. Para acelerar o processo de *cutting*, por exemplo, alguns deles eram consumidos logo pela manhã, antes do aeróbico em jejum. Previamente a subir na bicicleta ergométrica, Larissa tomava 420 mg de cafeína, ioimbina[161], além de ostarine e cardarine, dois dos diversos tipos de moléculas de um composto conhecido como SARMs (Selective Androgen Receptor Modulators [moduladores seletivos de receptores de androgênio])[162], o qual tem sido muito usado por atletas de fisiculturismo atualmente. Segundo Larissa, a substância lhe fora receitada por sua nutróloga, a qual era muito ligada às novidades que surgiam no universo dos ergogênicos[163] e dos suplementos alimentares.

De acordo com a atleta, os SARMs eram "maravilhosos", pois traziam a vantagem dos anabolizantes (força e ganho muscular), ou seja, os "efeitos androgênicos", a despeito de não serem hormonais. Ainda no dia 18 de junho, Larissa afirmou tomar, por mês, dois frascos de cada molécula (cardarine e ostarine), as quais lhe eram fornecidas por um dos patrocinadores, a Powersarms (se fosse adquirir por conta própria, cada frasco lhe custaria aproximadamente 250 reais). Em suas palavras:

> O cardarine, ele vai te secar, você vai perder gordura; e o ostarine, ele mantém a sua força. Por exemplo, eu tava treinando zero carbo, domingo, perna com o Lucas, com um peso do caralho, eu nunca vi isso. Mas é uma força e uma recuperação tão rápida de músculo que você

161 "A ioimbina é um fármaco antagonista seletivo dos receptores alfa-2 adrenérgicos. É utilizado como estimulante sexual, na impotência masculina, apesar da falta de comprovações científicas. Melhora o fluxo sanguíneo da região sexual dos homens. A ioimbina produz uma gama de efeitos colaterais de ordem psíquica e alterações da pressão arterial. Quimicamente, é um alcaloide. Pode ser encontrada na planta de espécie *Pausinystalia johimbe*, conhecida em português como pau-de-cabinda. Também ocorre de forma natural na espécie *Rauwolfia serpentina*, juntamente com outros alcaloides ativos. A ioimbina tem sido utilizada como suplemente dietético de venda direta sob a forma de extrato herbal e também como um medicamento sob prescrição médica na sua forma pura, para o tratamento de disfunção sexual" (IOIMBINA, 2019).

162 Essas substâncias são consideradas como uma classe de receptores de androgênio ligantes capazes de promover a atividade anabólica nos músculos esqueléticos, com algum grau de seletividade tecidual, sendo ministrada via oral, com redução de sobrecarga sobre o fígado (BHASIN; JASUJA, 2009).

163 Substâncias que melhoram o desempenho físico e mental, entre as quais podem ser incluídas os anabolizantes (PERRONI, 2016).

> fica impressionada! Eu tenho certeza que é o ostarine e o cardarine. Não é nem o esteroide, são eles!

Para Larissa, portanto, eram as novas substâncias que tinham tornado o processo de *cutting* um pouco menos custoso, em virtude dos efeitos melhoradores que traziam para o organismo, especialmente quanto às duas principais necessidades durante essa fase: perda de gordura e aprofundamento da definição muscular.

Larissa disse ainda que, passado o Muscle Constest, em agosto, quando estivesse novamente em *off*, pretendia fazer alguns testes, ao substituir integralmente os anabolizantes pelos SARMs, visando uma redução dos consideráveis efeitos colaterais que o consumo de testosterona trazia.

Seguindo a linha temporal de preparação para as competições, é possível afirmar que, dentro da fase do *cutting*, há ainda uma outra, tão importante quanto as demais: a desidratação. Sobre ela, no entanto, há um detalhe relevante, pois corresponde à etapa mais perigosa de toda a produção corporal de Larissa.

Como todo esporte, o fisiculturismo apresenta alguns riscos que não devem ser desconsiderados. No dia 25 de outubro de 2017, ela comentou comigo sobre a misteriosa morte de um famoso fisiculturista, cuja causa era especulada no já referido documentário *Generation Iron 2*. Por curiosidade, após o filme, tentei obter mais informações sobre o falecimento dele, a fim de investigar se havia alguma relação entre o evento e a prática do esporte. No entanto, não obtive nenhuma resposta conclusiva. Uma das matérias consultadas trazia a informação também da morte de outros quatro atletas (EX-MULHER, 2017). Um deles falecera ao quebrar o pescoço tentando executar uma acrobacia. Uma mulher teve a causa da morte atribuída ao consumo excessivo de proteínas, o que provocou uma falha renal grave. Quanto ao óbito dos dois últimos, as informações não eram decisivas.

Porém, apesar da possibilidade de acidentes e dos já mencionados efeitos colaterais provocados pelo consumo abusivo da testosterona sintética, o maior risco enfrentado pelos(as) atletas se dava mesmo durante a desidratação. Previamente à pesquisa, eu já sabia que, dias antes das competições, os(as) praticantes davam início à perda de líquido corporal, para que a pele se tornasse tão fina quanto possível. Do que não desconfiava, era da brutalidade do processo.

Em 23 de setembro de 2017, Larissa contou que, para produzir a visibilidade muscular, passava os dois dias anteriores à competição sem ingerir qualquer tipo de líquido, nem mesmo água. A fim de amenizar os efeitos metabólicos que a privação causava, fazia uso de um repositor de potássio. Enquanto conversávamos, reafirmou ser esse o momento mais perigoso de toda a preparação, já que "é no processo de desidratação que muitos atletas passam mal ou até morrem". A principal razão disso era a falta de conhecimento, pois o organismo é um sistema bastante complexo e exige cuidado na manipulação.

O que acontecia era que muitos atletas, por não conseguirem passar tanto tempo sem beber água, tomavam um diurético específico, indicado para pacientes que sofriam de hipertensão arterial. Na composição, tal remédio possuía potássio. Pessoas pouco instruídas na prática, muitas vezes, desconheciam a informação e associavam o medicamento ao repositor mineral, o que podia levar a consequências extremas, como infarto ou até mesmo a morte. Nas palavras dela, nesses casos, "o coração corria o risco de explodir".

A desidratação era tão intensa que havia casos, quando subiam ao palco, de competidores(as) cujos músculos tremiam em espasmos incontroláveis por não haver mais energia no corpo para a realização das contrações necessárias à exibição do *shape*. Apesar da involuntariedade da resposta orgânica, nessas ocasiões os(as) atletas tinham a pontuação descontada, pelo prejuízo causado à harmonia da apresentação. Alguns atletas mal conseguiam ficar de pé minutos antes de subir ao palco.

No dia 28 de agosto de 2018, Larissa me contou um episódio que mostrava bem o impacto que o procedimento podia causar no corpo. A atleta vinha de uma sequência de dificuldades pessoais, que serão relatadas no "Terceiro Movimento", e estava incerta se competiria ou não no Norte-Nordeste, realizado na cidade de Natal (RN). Embora não tendo conseguido se preparar adequadamente, optou pela participação no torneio, levando adiante o processo completo de desidratação, por se tratar de uma competição de grande porte, com atletas de alto nível.

Uma semana antes, como de praxe, iniciou a desidratação, a qual se dava da seguinte forma: segunda, terça, quarta e quinta, ingeria até dez litros de água por dia. Na sexta-feira, passava a tomar dois litros de água normal, além de dois litros de água destilada, com o objetivo de começar a perder líquido, já que o composto possuía função diurética. No sábado, bebia mais quatro litros de água destilada. No domingo, dia da competição, se abstinha de beber qualquer coisa. Com a técnica, o objetivo era super-hidratar o organismo, para, em seguida, forçar a perda de líquido, já que, dessa forma, garantia-se que a água ficasse retida nos órgãos mais importantes, sendo eliminada, majoritariamente, da pele.

Quando subiu no palco de acrílico, tornando ainda mais intensos os efeitos daquele dia quente em Natal, executou as poses como sempre, enquanto contraía, de maneira contundente, a musculatura, a fim de revelar o desenho das fibras, bem como o volume e a densidade dos músculos. Como afirmei, este último é um critério importante na avaliação dos jurados, os quais conseguiam diferenciar, pela visão, um músculo volumoso, mas sem consistência, de outro mais compacto e fibrado.

O calor excessivo, somado às tensões físicas e emocionais vivenciadas, fizeram com que "passasse muito mal" após a competição. Larissa apresentou sintomas de taquicardia e precisou de atendimento médico, embora, com o esforço empreendido, tenha conquistado o segundo lugar. Como a desidratação tinha o potencial de ocasionar desequilíbrio celular, por interferir no equilíbrio mineral do corpo, a atleta experimentou um aumento da pressão arterial, o que a fez ter a sensação de que "fosse morrer". Ao acompanhar de perto, como "fotógrafo", uma competição da qual participou, lembro de ter achado os(as) os(as) atletas, ao mesmo tempo, musculosos e frágeis (os sulcos nos rostos, formados pela severa perda de água, passavam a impressão de sofrimento e privação).

Para encerrar este tópico, apresento um quadro sumarizando todas as substâncias ingeridas por Larissa no processo de produção corporal, bem como a funcionalidade de cada uma delas.

Quadro 3 – Produtos consumidos por Larissa

Nome do produto	Função	Periodicidade da ingestão	Quantidade ingerida	Categorização (suplemento, medicamento, anabolizante)
Ômega 3[164]	Ácido graxo poli- insaturado capaz de prevenir doenças cardiovasculares	Diária	3 cápsulas	Suplemento
Vitamina C[165]	Vitamina antioxidante que participa de uma série de reações metabólicas no organismo	Diária	1 cápsula	Suplemento
Ácido alfalipoico[166]	Ácido graxo de cadeia curta, atuando dentro das mitocôndrias e melhorando a disponibilidade energética do organismo	Diária	1 cápsula	Suplemento
Cranberry	Auxilia na prevenção de câncer e doenças do trato urinário e do coração	Diária	1 cápsula	Suplemento
Coenzima Q10[167]	Vitamina encontrada no corpo humano, possuindo efeito anti--inflamatório e antioxidante	Diária	1 cápsula	Suplemento
Picolinato de cromo[168]	Redutor de apetite	Diária	1 cápsula	Suplemento
Silimarina[169]	Princípio ativo de uma planta medicinal chamada cardo-mariano, atuando como protetor hepático	Diária	1 cápsula	Suplemento

164 OMEGA-3, 2019.

165 ABREU, [2019].

166 ROUVIER, [2019].

167 CRUZ, [2019].

168 DEMÔRO, [2012].

169 SILIMARINA, 2020.

Vitamina A[170]	Vitamina importante para a renovação celular	Diária	1 cápsula	Suplemento
Vitamina E[171]	Tem função antioxidante e propriedades anti-inflamatórias	Diária	1 cápsula	Suplemento
Cafeína	Estimulante	Diária	420 mg	Suplemento
Ácido gama-aminobutírico (GABA)	Neurotransmissor que auxilia a regular a atividade cerebral, atuando na tonificação dos músculos e contribuindo para a perda de peso	Diária	1 cápsula	Suplemento
Whey Protein	Suplemento proteico	Diária	40 g	Suplemento
Letrozol, Exemestano, Tamoxifeno	Bloqueadores de estrogênio	Não informada	Não informada	Medicamento
Dilatex	Promove o aumento da força e melhora o fluxo sanguíneo	Não informada	Não informada	Medicamento
Ioimbina[172]	Favorece a redução de peso e a queima de gordura localizada	Diária	Não informada	Medicamento
Boldenona	Promove o crescimento muscular e o aumento da força	Não informada	Não informada	Anabolizante
Propionato[173]	Esteroide anabolizante com poder andrógeno	Semanal	50 mg	Anabolizante
Cardarine	Auxilia na perda de gordura e na manutenção da força	Diária	1 cápsula	Anabolizante (não hormonal)
Ostarine	Auxilia na recuperação muscular	Diária	1 cápsula	Anabolizante (não hormonal)

170 VITAMINA A, 2013.

171 ZANIN, [2019]a.

172 NETO, [2020].

173 PROPIONATO, 2017.

3.2 Beatriz (Bia) Mesquita

Ao ver as primeiras fotografias de Bia nas competições de Crossfit, levantando pesos consideravelmente grandes, correndo de um lado para o outro e comemorando ao final de cada prova, fiquei impressionado com a potência de seu corpo e com sua entrega. Na ocasião, ainda estava longe de me engajar na metodologia que acabei empregando na pesquisa, mas recordo a empolgação que senti pela possibilidade de trabalharmos juntos.

Nosso primeiro encontro ocorreu às 10 horas do dia 20 de outubro de 2017, uma sexta- feira, no Porão Crossfit. Ao chegar lá, vi Bia conversando com outras duas mulheres antes de a aula seguinte começar. Era uma das *headcoaches* (treinador/a principal) do *box* (um dos maiores e mais conhecidos da cidade), o que significava ser corresponsável pela elaboração de programas de treino para cerca de 250 praticantes. Três anos depois, vim a saber, por informação compartilhada pela atleta no Instagram, que, além dela, outras duas mulheres ocupavam a mesma posição em Fortaleza.

Ao me ver caminhando da recepção, Bia se levantou e me cumprimentou com um aperto de mão firme. Senti a força da "pegada" e a aspereza da pele acostumada ao contato cotidiano com os materiais rígidos e ásperos dos treinos. A seguir, nos sentamos na mesa de um bar/lanchonete que funcionava dentro do *box* e passamos a conversar longamente.

De início, uma das primeiras coisas que me chamou a atenção no lugar foi a diferença para as academias convencionais. A quantidade de luz natural que entrava no ambiente dava a sensação de se estar ao ar livre. A isso se somava um pé direito bastante alto, tendo uns quatro metros ou mais, por onde o vento podia circular com certa liberdade, com a ajuda de potentes ventiladores.

O espaço para os treinos também era amplo e todo o material das práticas – anilhas, *slam balls*[174], pneus, barras de ferro, *kettlebells* – ficava posicionado nas bordas do galpão, criando um enorme vazio no centro, cujo tamanho parecia ainda maior pela ausência de qualquer divisão em ambientes, como acontecia frequentemente nas academias. O piso era recoberto por grossas placas de borracha preta, que tinham por finalidade protegê-lo do impacto dos pesos, os quais eram largados despreocupadamente

[174] Bolas com pesos internos que servem para serem arremessadas pelos(as) praticantes de Crossfit.

pelos(as) praticantes ao final de cada exercício (ao longo do tempo, descobri que esse era um hábito particular aos/às crossfiteiros/as, fazendo com que todo treino fosse embalado pelo tilintar frenético dos metais).

Figura 10 – *Muscle-up*

Fonte: Mesquita (4 abr. 2019).

Das vigas metálicas que sustentavam o telhado de zinco, caíam cordas pelas quais os praticantes subiam, a fim de exercitar a parte superior do corpo; e também argolas, empregadas para trabalhar alguns elementos ginásticos presentes na modalidade. Havia também estruturas metálicas tubulares próximas à parede para executar exercícios como *pull-up*[175], *butterfly*[176], *muscle-up*[177], *toe to bar*[178] e outros tantos possíveis. Outra particularidade do esporte que vim a descobrir com o tempo era a presença de uma enorme quantidade de termos em inglês, já que se tratava de uma marca de treinamento funcional criada nos Estados Unidos e que operava no sistema de franquias.

No horário em que cheguei não havia música. Em geral, era colocada apenas quando aconteciam os treinos, mas em um volume não tão alto

[175] Exercício no qual, apenas com os músculos da parte superior do corpo, a praticante eleva o queixo acima de uma barra fixa.

[176] Variação mais complexa de um exercício conhecido como "barra fixa pronada", no qual a praticante eleva o queixo acima de uma barra fixa com a ajuda do movimento das pernas e do tronco.

[177] Exercício de alto nível de exigência atlética que combina uma puxada na barra fixa com um "mergulho".

[178] Exercício no qual, suspensa em uma barra fixa, a praticante eleva as pernas até encostar a ponta dos pés na barra.

quanto nas academias de ginástica. Estas costumavam ser lugares fechados, impressão que se acentuava pela grande quantidade de aparelhos e de frequentadores(as), cuja circulação se fazia especialmente intensa antes das oito da manhã e depois das cinco da tarde, horários que antecediam ou se seguiam aos turnos regulares de trabalho. Muitas eram divididas em espaços menores (havia o local da ginástica, dos exercícios aeróbicos, dos pesos livres, do maquinário para o trabalho muscular e assim por diante), sendo algumas delas, principalmente as de mensalidade mais elevada, "climatizadas". A diferença na organização dos espaços parecia consequência da oposição entre as lógicas somáticas de cada uma das modalidades. Era possível, dessa forma, estabelecer uma relação entre a segmentação espacial das academias e o trabalho corporal dos(as) praticantes, que se dava de maneira estratificada e localizada. Havia, por exemplo, dias específicos para "malhar" peitoral, costas, braços e pernas, os quais eram isolados para possibilitar o maior estresse possível nas fibras, pois, em último caso, era isso o que permitia o crescimento muscular máximo. Exercícios que trabalhassem conjuntamente os músculos responsáveis pela produção de movimento eram pouco aplicados no fisiculturismo, pois tais valências físicas não contribuíam para a construção da corporalidade exibida pelos(as) atletas nas competições.

Ao contrário, em cada treino, o Crossfit se propunha a trabalhar o corpo de maneira integral, sem dividi-lo em estratos. Nesse sentido, o objetivo da modalidade era o desenvolvimento e o trabalho em vários planos (sagital, frontal e transversal), privilegiando as cadeias musculares responsáveis pela geração de movimento (músculos do abdômen, dorsais e glúteos), com a intenção de produzir uma corporalidade ágil, atlética e com boa capacidade cardiorrespiratória. A veracidade da informação era confirmada por Bia. Sempre que era perguntada por alguma mulher receosa de ficar "forte demais", qual grupo muscular determinado exercício trabalhava, respondia apenas, "Todos". Sobre esse aspecto do Crossfit, em conversa realizada no dia 16 de março de 2018, Bia falou o seguinte:

> Mas, assim, como o Crossfit é muito geral, ao mesmo tempo que ela tá trabalhando a perna, ela tá trabalhando o braço. Não tem aquela coisa dividida, entendeu? Então, elas não ficam tão preocupadas assim de 'tar fazendo braço ou perna, porque ela tá fazendo um exercício

> que tá usando as duas coisas, entendeu? Algumas ainda assim, de vez em quando, perguntam: "Esse movimento trabalha o quê?". E eu: "Tudo". E pronto. Mas é muito difícil justamente por isso: porque o mesmo movimento que pode parecer de braço, ele vai usar o *core*, vai usar a perna, ela vai cansar, então ela vai 'tar mais preocupada com o *cardio* do que com o peso.

Em minha experiência com o treinamento funcional e o Crossfit, pude perceber que, em quase todos os exercícios, a integralidade dos músculos era engajada na produção de movimento, muitos deles explosivos, exigindo velocidade e força, motivo pelo qual se tratavam de atividades físicas tão demandantes.

Todo esse esforço resultava na produção de uma "muscularidade" não tão pronunciada quanto a de uma fisiculturista, mas que, por outro lado, era capaz de performar uma série de valências que compreendiam desde elementos ginásticos e aeróbicos até exercícios com altas cargas, como o *snatch*, *clean & jerk* e levantamento-terra (*deadlift*). Em virtude disso, desde que começara no esporte, o corpo de Bia passara por uma grande transformação.

Figura 11 – Antes do Crossfit

Fonte: Mesquita (15 mar. 2015).

Figura 12 – Depois do Crossfit

Fonte: Mesquita (10 set. 2017).

Apesar da estatura baixa – media por volta de 1,54 m –, sua compleição física, como pude observar no período em que estabelecemos contato, era bastante atlética. Possuía os braços musculosos e torneados, assim como os trapézios, as costas e os músculos das pernas. Além da imagem de força passada pela corporalidade de Bia, em nosso primeiro encontro percebi uma despreocupação em parecer "feminina", não só pela maneira como se portava – voz grave, braços ligeiramente abertos ao caminhar, passos firmes –, mas também por trazer o cabelo curto e o rosto sem qualquer maquiagem. Diversas tatuagens lhe cobriam a pele, as quais foram se multiplicando durante o tempo de nossos encontros. Bia era "riscada" em praticamente todos os lugares: pescoço, mãos, braços, pernas, barriga, costas e ombros.

Ainda que fosse jovem – em 2017 tinha 28 anos –, seus cabelos começavam a adquirir um tom ligeiramente grisalho, embora não parecesse se importar muito com isso, disposição impensável para a maioria das mulheres. Pesquisando seu Instagram, descobri que a crossfiteira chegara a descolorir o cabelo no passado, mas mantendo um corte considerado masculino, estilo *undercut,* isto é, cortado à máquina nas laterais, com maior volume na parte de cima.

Segundo me revelou em nosso primeiro encontro, sua história na modalidade começara em 2014, algum tempo depois de ter concluído o curso de educação física na Universidade Federal do Ceará. Em que pese a formação superior, antes de se habilitar como instrutora precisou se submeter a um curso com a duração de dois dias e que envolvia, além de aulas, testes práticos e teóricos relativos ao esporte. Tudo isso mediante o pagamento de uma quantia relevante (cerca de 4 mil reais à época). As avaliações eram efetuadas pela própria marca, e o(a) instrutor(a) interessado(a) em iniciar carreira no Crossfit necessitava obter no mínimo o certificado Level 1 (Nível 1), considerado o mais básico. Atualmente, Bia está no segundo nível, considerado intermediário, sendo o terceiro a última graduação possível para treinadores e treinadoras.

Apesar de o engajamento de Bia com o Crossfit ter se estabelecido de certa forma "tarde" – em geral, os(as) atletas iniciam na infância o esporte no qual terminam por competir –, afirmou que a prática de atividades físicas era uma constante na vida. Durante os cinco anos de faculdade, jogou pelo time de futsal como zagueira, pois, conforme disse em 9 de março de 2018, "gostava de dar porrada" nas adversárias (por constituir uma das últimas linhas de defesa contra o ataque dos oponentes, a posição de zagueiro/a era considerada mais agressiva e física do que todas as outras no futebol). Bia também praticou handebol, outro esporte em que existe bastante contato físico, bem como musculação e judô, onde chegou a conseguir a graduação laranja, correspondente ao nível intermediário. Foi praticando artes marciais, aliás, que teve a lesão mais séria até hoje, rompendo os ligamentos do joelho ao tentar fazer uma derrubada.

Mesmo com todo esse histórico, antes de começar o Crossfit, Bia se considerava "acima do peso". No entanto, com a intensidade dos treinos e os ajustes na dieta, começou a "entrar em forma", chegando ao corpo que tem hoje. Apesar disso, antes do novo esporte e das competições, mesmo nunca tendo adotado uma *performance* de gênero convencional – em razão, entre outros fatores, de sua identidade sexual como lésbica –, nunca pensara em possuir um corpo forte. Foram as competições as responsáveis, segundo ela, para que a construção corporal assumisse essa direção, o que a permitiu ampliar o repertório de movimentos, incorporando exercícios que, alguns anos antes, pareciam impossíveis. Também lhe deram a chance de ultrapassar limites pessoais, desafiando-se em tarefas e provas que a exigiam ao máximo. Outra razão, ainda que secundária, para Bia ter se lançado à tarefa de modificar o corpo parecia ter a ver com a possibilidade do ganho profissional aberto pela participação em torneios, uma vez que os(as) instrutores(as) reconhecidos(as) como bons atletas acabavam atraindo um maior número de alunos.

A relação com as competições apresentava, no entanto, certa ambiguidade. Dizia não se considerar atleta, pela ausência de "tesão" em competir, embora se exigisse ainda mais quando via alunos(as) atingirem marcas parecidas com as suas. Mas do que afirmava gostar mesmo era colocar o corpo à prova nos treinamentos, servindo os torneios como motivação para que não se afastasse da rotina de treinos e alimentação.

Apesar de haver competições "quase todo final de semana" em Fortaleza, escolhia em torno de quatro torneios no ano e se preparava apenas para eles, deixando os outros, mais locais, de lado. Com quase seis anos de carreira, preferia focar em competições mais desafiadoras e com melhor nível, como o Torneio Crossfit Brasil (TCB), por exemplo, um dos principais campeonatos do país.

Pelo movimentado calendário de provas, algumas delas muito próximas entre si, meu enfoque em nosso contato, diferentemente do que ocorreu com as fisiculturistas, não foi nos ciclos de preparação para campeonatos específicos, mas nos treinamentos regulares de Bia, os quais seguiam de maneira mais ou menos linear. Tal opção dizia respeito à diferença nas lógicas de cada modalidade, uma vez que o Crossfit não exigia dos competidores perda de peso ou restrição calórica para a participação nos torneios, razão pela qual a preparação possuía menos variações do que pude observar nos casos de Larissa e Jeska, as quais passavam por diferentes fases, com particularidades e demandas próprias, para a construção do físico.

Realidade comum à maioria dos(das) atletas, Bia mantinha na vida uma rígida disciplina de treinos e alimentação, com poucos momentos de lazer e "quebra" de regras. Todos os dias acordava às cinco horas da manhã, a fim de chegar ao Porão Crossfit às cinco e meia para a primeira aula, trabalhando e/ou treinando até o começo da noite.

O nome Porão, aliás, designando o cômodo da casa entre o chão e o assoalho do pavimento térreo, parecia se adequar bastante ao espaço de treinamento, na medida em que era tratado como um lugar "à parte", possuidor de uma temporalidade e de uma sociabilidade próprias. Ali, entre as paredes do *box*, o que estava em jogo para os(as) praticantes era a produção de uma espécie de "isolamento", ou seja, de um território seguro para produções corporais e subjetivas que não encontravam "espaço" fora dali. Se o mundo, com obstáculos e dificuldades, estava o tempo todo fazendo as pessoas "desistirem", era no Crossfit que conseguiam ultrapassar limites pessoais, adquirindo resiliência e capacidade de superação. Se às mulheres era ensinado que deviam permanecer magras, limpas e perfumadas, no Crossfit podiam se libertar das amarras sociais e construir outra corporalidade. Ali eram valorizados os músculos, os calos nas mãos, o suor derramado e o cabelo bagunçado na tentativa de execução das difíceis tarefas da modalidade. E também as caretas, os gritos, os palavrões automotivacionais e outros tantos comportamentos considerados pouco "femininos".

Obviamente, isso é o que aparecia na superfície. Refletindo um pouco mais sobre os valores compartilhados pelas "comunidades crossfiteiras" com as quais tive contato, pessoalmente ou por Instagram, percebi que boa parte deles circulava amplamente pela sociedade, ligando-se a uma ética empresarial/neoliberal. Por ela, propunha-se uma forma de gestão da vida menos pautada na busca pelo prazer, no sentido foucaultiano, e mais no planejamento consciencioso de metas e objetivos; bem como numa certa aversão ao "ficar/estar parado(a)", justificável apenas quando era "produtivo". Em outras palavras, tratava-se de buscar a "melhor versão de si", formulação tão comum aos discursos vinculados à psicologia organizacional e ao *coaching*[179]. Não à toa eram frequentes os "depoimentos" de praticantes falando sobre a vida antes e depois de se engajarem na modalidade, cuja adesão acarretava uma verdadeira transformação física e subjetiva. Em boa medida, esta última era efeito dos vínculos de sociabilidade constituídos ao redor do Crossfit e do "vício" na adrenalina do treino, motivando a busca por mais repetições, maiores cargas, melhor desempenho nos elementos técnicos do esporte, intensificados pelo convívio e pelas trocas com os parceiros e parceiras crossfiteiros(as)[180].

Em minha primeira ida ao *box,* enquanto estávamos conversando, um instrutor se aproximou e puxou uma cadeira. Aos poucos foi se incluindo na interação, desviando o foco inicial do diálogo para se concentrar no Crossfit enquanto prática física/modalidade esportiva. Contou-me orgulhoso que

[179] "forma de desenvolvimento na qual alguém denominado *coach* ("treinador", em inglês), ajuda um aprendiz ou cliente a adquirir um objetivo pessoal ou profissional específico através de treinamento e orientação" (COACHING, 2019).

[180] Certa vez, Bia falou nos *stories* do Instagram que, mesmo no domingo, havia praticantes que lhe mandavam mensagem cedo da manhã perguntando que horas o *box* abriria, tamanha era a vontade de treinar.

no Porão havia 250 alunos(as) e que tanto ele quanto Bia sabiam o nome de cada um(a). Alguns dias permanecia até as 22h, apesar de o turno se encerrar às 18h30, tamanho era o prazer de interagir com as pessoas. De acordo com ele, para além da prática física, esse "espírito de comunidade" era uma das coisas mais transformadoras no Crossfit. Para comprovar isso, falou de um aluno que começou a frequentar o local apenas para deixar a esposa e que, pelas contínuas "provocações", acabou aderindo à prática. A empolgação se mostrou tão grande que, depois de 17 anos sem cortar o cabelo, resolveu mudar o visual, além de ter conseguido perder 20 kg. O instrutor seguiu dizendo que o homem, durante a festa de aniversário dele e estando já bêbado, agradeceu-lhe por "haver mudado sua vida".

Ainda sobre o dia a dia de Bia, para conseguir acordar tão cedo, precisava dormir por volta das nove da noite, horário em que muitas pessoas estavam no mundo, partilhando da companhia dos amigos(as) nos bares e ruas. Apesar disso, dizia que a rotina não interferia muito nas relações pessoais, pois sempre fora bastante regrada, "do dia". Nos finais de semana, gostava de se divertir, como qualquer pessoa. No entanto, em conversa no dia 31 de outubro de 2017, ao compartilhar comigo uma versão mais precisa dos hábitos, acabou revelando que o único dia de descanso era o domingo (quando não havia competições) e que costumava usar o tempo livre para treinar, já que não gostava de "ficar parada".

A respeito da construção do corpo da atleta, da lógica que a fundamentava e das questões de gênero suscitadas, uma vez que o esporte possibilitava às mulheres uma "muscularidade" avantajada, acho interessante trazer algumas reflexões a que pude chegar em meu contato com outras atletas, como H. e Cris Sousa, as quais, apesar de não fazerem parte de meu *corpus,* participaram ou participam do círculo de relações de Bia.

No dia 10 de maio de 2018, ao acompanhar um treino de H. – certa vez Bia me dissera que a amiga era seguramente uma das quatro mulheres mais fortes do Ceará –, me chamou a atenção, ao fotografá-la durante alguns *pull-ups,* as semelhanças entre ela e a personagem Sarah Connor, da série de filmes de ficção científica *O exterminador do futuro*. No segundo longa- metragem da franquia havia uma cena específica em que a personagem aparecia fazendo, com uma leve variação, o mesmo exercício.

Na primeira parte da história, um robô T-800, interpretado por Arnold Schwarzenegger, é enviado ao passado para matar Sarah, mãe de

John Connor, herói da resistência na guerra distópica dos humanos contra as máquinas. Ali, Sarah é salva por Kyle Reese, agente da resistência que se oferece para viajar ao passado, a fim de evitar a morte da mulher. Da relação dos dois nasce John, e Kyle acaba morrendo. Na continuação, a narrativa se repete, e as máquinas enviam outro robô, ainda mais avançado, para eliminar agora Sarah e John. A resistência então responde mandando o mesmo T-800 que atacara a mulher anos atrás, mas reprogramado para proteger o filho dela.

Diferente do primeiro filme, entretanto, ela já não é mais a mulher indefesa e frágil que precisava da ajuda de um homem para se defender. Sarah aparece agora como uma pessoa capaz de correr, lutar e atirar. Consegue, inclusive, escapar sozinha de um hospício onde fora internada após várias tentativas de avisar às autoridades dos perigos que a humanidade corria. Na imagem, aparece presa em uma cela, preparando o corpo para a guerra que se aproxima. A câmera passeia pelos braços musculosos, enquanto as veias saltadas dão a ver o esforço real empregado pelo corpo na realização do exercício. Nesse momento, uma equipe de médicos a observa como se fosse um animal selvagem e perigoso, diante do qual seria recomendável manter uma distância segura. Essa imagem é reforçada pelos fios de cabelo, de um castanho avermelhado, caídos na testa molhada de suor (a associação entre mulheres e loucura não é algo novo na história da psiquiatria, e o filme faz uma crítica velada a isso).

Figura 13 – *Pull-up* (H.)

Fonte: O autor (2018).

Figura 14 – *Pull-up* (Sarah Connor)

Fonte: Terminator (2018).

Minha intenção com essa aproximação não é dizer que H. era uma espécie de Sarah Connor, mesmo porque, se em algumas dimensões elas se pareciam – minha interlocutora foi uma mulher forte que se permitiu vivenciar experiências normalmente negadas a seu gênero, como levantar pesos, ter músculos, andar de moto –, em outras eram absolutamente diferentes. Partindo da noção de que imagens são materialidades pensantes, o que desejo com isso é lançar possibilidades de conexão entre ela e mulheres que buscam construir um corpo forte (musculoso). O que me interessa mais especificamente é pensar gramáticas corporais que, estruturando-se com os significantes "força" e "músculos", acabem por extravasar e exceder os padrões socialmente atribuídos às mulheres, apresentando-se, no limite, como desafio a própria ideia de humanidade.

Tanto Sarah quanto H. exercitam os músculos dos braços e das costas, performando a atividade com certa facilidade. Quando aproximadas, o que a cena e a fotografia suscitam é a noção de que o desenvolvimento das valências físicas de seus corpos passa pelo redesenho dos músculos e dos movimentos que são capazes de executar. Além das configurações somáticas buscadas, o que separa homens e mulheres em uma academia de ginástica ou em um *box* de Crossfit é o que o corpo de cada um pode realizar. Dessa forma, quando uma mulher consegue fazer um exercício que, normalmente, é "destinado" aos homens, há a imediata quebra de um conjunto de relações de gênero que as "brincadeiras" dirigidas à "infratora", como acontecera tantas vezes à Bia, Larissa, Jeska e H., tratam de "corrigir", restabelecendo a fronteira imaginária entre "masculino" e "feminino".

Essas imagens, contudo, ampliam o rol de movimentos possíveis aos corpos femininos, problematizando a relação *corpo-barra de ferro-levantamento-homem* ao oferecerem em seu lugar uma outra, *corpo-barra de ferro-levantamento-mulher.* Contiguamente e, como consequência disso, o corpo delas também assume uma forma que não faz parte da configuração somática que se esperaria de uma mulher segundo os padrões de gênero.

Outro elemento importante e que tinha a ver com a lógica do Crossfit mencionada acima dizia respeito ao local onde os corpos eram fabricados. Na cena, Sarah se exercitava em um espaço fechado, uma cela, vestindo camiseta justa, calças largas e brancas, uniforme partilhado pelos outros internos do hospital psiquiátrico. Tomando por base o estereótipo social heteronormativo, na imagem em questão havia apenas dois elementos que indicavam ao(à) espectador(a) tratar-se de uma "mulher": os cabelos grandes e o volume dos seios debaixo da camiseta. O restante do cenário se organizava de maneira a eliminar a "diferença" de gênero. Apesar disso, a atitude "agressiva" de Sarah, ou seja, os desvios frente à somatopolítica heterossexual, confirmava o diagnóstico médico a respeito da "doença mental": trata-se de uma paciente "psicótica" que tinha "uma arquitetura mental interessante".

No cenário de treinamento de H., contrariando o discurso de que no Crossfit não havia distinção entre "homens" e "mulheres", esta se anunciava desde elementos mais visíveis, como, por exemplo, a separação dos banheiros entre "masculino" e "feminino", até outros menos óbvios. Na parede do primeiro estavam escritas as palavras *The Heroes* [Os Heróis] e, logo abaixo, os nomes de alguns exercícios associados a "heróis de guerra" americanos[181]. Enquanto isso, a parede externa do segundo exibia as palavras *The Girls*, isto é, "As Garotas", dando a entender que os homens

[181] O Crossfit possui uma série de WODs (Workout of the Day) que são nomeados em homenagem a militares, bombeiros e policiais, o que denota certa subjetividade marcial/militar, como pude perceber em meu contato com alguns *boxes* na cidade (em Fortaleza, há inclusive um deles chamado Caserna, termo para se referir ao alojamento onde ficam os soldados, e, em algumas postagens no Instagram, Cris Sousa aludia a seus alunos(as) como soldados). Curiosamente, há treinos que também recebem o nome de mulheres, como o "Fran", por exemplo. Segundo Glassman, criador do Crossfit, o WOD tem esse nome "feminino" porque "qualquer exercício que deixe alguém deitado no chão, olhando para o céu, perguntando-se o que diabos aconteceu merece levar o nome de uma garota" [any workout that

que conseguiam realizar os WODs transformavam-se imediatamente em heróis, ao passo que as mulheres, bem, elas continuavam sendo garotas, mesmo que completassem os exercícios. Além disso, logo na entrada, havia um quadro branco onde as(os) praticantes anotavam seus nomes e recordes pessoais. Fora H., que possuía algumas das melhores marcas do *box,* as mais relevantes pertenciam, em sua maioria, aos homens.

Tendo em conta os dois cenários, impossível não relacionar a palavra "cela", onde a personagem cinematográfica construía o corpo, com a "caixa" (*box*), na qual H. treinava para as competições. A associação entre as duas espacialidades fazia ainda mais sentido ao ouvir H. falando sobre o dia a dia. Não diferente das outras interlocutoras, a vida dela era feita de poucos trânsitos pela cidade. A atleta dividia o escasso tempo entre estudar (fazia graduação em educação física), cuidar das filhas, trabalhar como instrutora de musculação e treinar, sem que houvesse muitas oportunidades para fugir da rotina. Dessa forma, se os deslocamentos se reduziam a um espaço restrito e segmentado, seu tempo obedecia a uma lógica complementar, ligado muito mais à disciplina das obrigações do que a um "deixar-se estar" descompromissado.

H. e Bia submetiam-se aos rigores do treinamento físico no Crossfit, entre outras coisas, pelo desejo de aumentar o repertório do corpo, tornando-o mais ágil, forte, rápido e resistente, o que acabava provocando, como consequência, a subversão, nem sempre desejada, de certas prescrições somáticas de gênero. Mas enquanto Larissa e Bia pareciam contornar, sem tantos problemas, as interpelações sociais a respeito da corporalidade "masculinizada", estas eram recebidas com certo pesar por Jeska e como algo verdadeiramente angustiante no caso de H.

Logo em meu primeiro encontro com Bia, falei do andamento da pesquisa e do contato com Larissa, a fim de ouvir seu ponto de vista sobre o fisiculturismo, especificamente tomado em relação ao Crossfit. Minha intenção era compreender o que uma mulher ligada a valores feministas – Bia possuía inclusive o símbolo tatuado na pele – tinha a dizer sobre uma prática corporal criticada até mesmo por praticantes de outros esportes, como a pesquisadora e *powerlifter* Marilia Coutinho, que, no documentário *Meu negócio é a força*, disponível no YouTube (MEU NEGÓCIO,

leaves you flat on your back, staring up at the sky, wondering what the hell happened, deserves a girl's name] (ORIGINS, 2017).

2012), fazia duras reprimendas à modalidade, por considerar que ela não só desperdiçava o enorme potencial transgressor dos papéis de gênero, mas também, em larga medida, atuava para reforçá-los. Ao contrário de Marilia, no entanto, Bia preferiu ressaltar os aspectos positivos do esporte, ao elogiar a dedicação e seriedade dos(das) atletas, em especial quanto à dieta necessária para a construção da "muscularidade", algo que, para ela, seria impensável.

Apesar de haver frequentado academias de ginástica durante um tempo, disse que não era um ambiente por onde gostasse de circular, em virtude da maneira como as mulheres e o corpo feminino eram percebidos e tratados[182]. Segundo a atleta, enquanto as mulheres iam "malhar" bastante maquiadas e arrumadas, "morrendo" de medo de "sujar as mãos" e de ficar "fortes demais", no Crossfit havia maior amplitude para a expressão de outras feminilidades, na medida em que, lá, as críticas se dirigiam, ao contrário, àquelas que não queriam "meter a mão na massa".

Pude presenciar isso de perto na primeira vez que acompanhei um treino de Bia, no dia 31 de outubro de 2017. Como era instrutora, estes aconteciam entre as aulas que supervisionava no Porão e se davam, em geral, de maneira solitária, pela dificuldade de encaixar seus horários com o de outras atletas. Ao chegar ao *box* encontrei-a vestida com as mesmas roupas que usava nas competições: um short muito curto e frouxo e uma camiseta fina, com um *top* por baixo. Era comum que ao longo dos exercícios tirasse a camiseta para aplacar o calor e deixar a pele "respirar", exatamente como os homens faziam. Enquanto eu preparava a câmera fotográfica, foi me explicando que o treino naquele dia seria mais focado na força e no levantamento de grandes cargas.

No meio daquele enorme galpão vazio, me dei conta de que não havia um só espelho, algo improvável nas academias de ginástica, onde a dimensão do olhar era algo sempre presente, tanto na observação do movimento corporal durante uma série, garantindo que o exercício estava sendo feito de maneira correta, quanto depois dela, na feliz contemplação

[182] Ao conversar com a karateca Marcela Moura, a qual, além de minha professora, é multicampeã estadual, campeã brasileira e vice-campeã mundial de karatê, sobre o machismo presente nas academias de ginástica, ela me contou sobre uma ocasião em que solicitara a um instrutor uma série de exercícios que a ajudassem na execução dos golpes e movimentos da arte marcial em que é faixa-preta desde os 16 anos. No entanto, embora ressaltasse por diversas vezes o objetivo com a musculação, tudo que ela conseguiu ouvir do profissional foi que não se preocupasse, pois ele a deixaria com a bunda "durinha".

do *pump* provocado pelas contrações musculares, logo exibido em fotos que iam parar no Instagram. Um indício dessa diferença podia ser encontrado, mais uma vez, na lógica que distinguia cada uma das modalidades, sendo uma mais destinada à aparência (musculação/fisiculturismo) e a outra ao desempenho atlético (Crossfit), muito embora os ganhos estéticos, em um primeiro momento, fossem o principal fator motivador, segundo Bia, da procura das mulheres pela prática. Sobre isso, em uma postagem no Instagram, ela escreveu algo muito elucidativo:

> ***ACEITAÇÃO***
>
> Passamos a nossa vida toda sendo comparadas, com as primas, vizinhas, as coleguinhas de "escolas".. comparamos nossos corpos, nossas conquistas, nosso relacionamentos. Vivemos num mundo de egos em que "SER MELHOR" sempre vem acompanhado de um sujeito "quem", e quase nunca esse sujeito é nós mesmos, e a consequência é uma insatisfação inacabável! No Crossfit, a "comparação" é sempre com o dia anterior, com a última vez que você fez aquele benchmark, com seu próprio tempo ou suas cargas do passado. Aprendemos que ser melhor UM POUCO MAIS A CADA DIA, nos leva a lugares e conquistas que nem sonhamos. HOJE MELHOR QUE ONTEM, EU MELHOR QUE EU MESMA! Aprendemos a ACEITAR o lugar em que estamos e a ter paciência que o lugar que almejamos só depende de nossos esforços para SER MELHOR EM COMPARAÇÃO AO NOSSO PASSADO (MESQUITA, 17 mar. 2020b).

Em outra postagem, dessa vez no perfil "Grita, mulher!"[183], falava mais diretamente sobre a ausência de função do espelho no Crossfit:

> Você já se olhou no espelho hoje? No Crossfit o espelho simplesmente não tem função, e na sua vida? Como vc lida com o espelho? Que tal passar 1 semana sem se olhar no espelho? Sem se criticar? Sem achar defeitos em vc mesma! Vamos juntas? (MESQUITA, 24 mar. 2020c).

As duas postagens enfatizavam o que seriam alguns dos principais elementos do Crossfit, ligados muito menos à aparência do que aos

[183] Nas palavras de Bia, essa página tem o propósito de ser um "espaço de fala para todas as mulheres INCRÍVEIS que ganharam voz e força com a prática libertadora da atividade física! Conto com a ajuda de vocês! Vamos gritar pra todo mundo que mulher joga bola, levanta peso, surfa, luta, faz Crossfit e mais O QUE ELA QUISER!!" (MESQUITA, 12 mar. 2020a).

resultados e à *performance* atlética das mulheres. Além disso, Bia criticava um aspecto que parecia ser muito presente na sociabilidade feminina, a comparação entre mulheres com base na presença ou ausência de certas características que as tornariam mais ou menos atraentes. Em um mundo que, muitas vezes, as julga pela imagem, ser desejável, segundo as prescrições heteronormativas, acabava funcionando como um parâmetro por meio do qual seu próprio valor como pessoa era estabelecido.

Figura 15 – Levantamento-terra

Fonte: O autor (2017); localização: Porão Crossfit.

Ao vê-la montando os pesos, comentei da lesão no ombro quando da tentativa de aumentar minhas marcas no supino. Após me explicar brevemente a organização corporal adequada para o levantamento de uma carga alta nesse exercício, passou a discorrer sobre a diferença entre o Crossfit e outras práticas físicas ou modalidades esportivas. Basicamente, esta podia ser sintetizada pela presença, naquele esporte, do Workout of the Day (WOD), ou seja, uma série de exercícios de alta intensidade em um curto período, para cuja realização todos os anteriores serviam de preparação.

Em um dos exercícios preliminares, executaria o levantamento-terra com a carga de 110 kg. Segundo ela, esse era um peso "muito baixo" em relação às marcas que detinha em outros levantamentos, denunciando uma deficiência dos músculos posteriores da coxa que precisava ser "corrigida". Depois de quase uma hora, ao encerrar a preparação para o WOD, passou a sair do espaço de treinamento várias vezes para retornar após algum tempo, ofegante. Sem saber do que se tratava me pus a observar com atenção a razão dos "desaparecimentos", já que naquele momento, pela intensidade e dinamicidade do exercício, seria impossível fazer-lhe qualquer pergunta. Cheguei a imaginar que estivesse resolvendo algo na recepção, algum problema burocrático que exigisse a atenção como *headcoach* do *box*. Só ao final descobri que os sumiços, na verdade, faziam parte do WOD, que naquele dia obedecia à seguinte sequência: durante 15 minutos, sem parar, tinha que fazer dez repetições do levantamento-terra com uma carga de 90 kg, mais 30 abdominais e, correndo, ainda dar uma volta inteira ao redor do quarteirão. Impressionado com seu condicionamento, comentei algo a respeito da dificuldade do treino que acabara de executar. No entanto, com seu jeito "marrento", Bia comentou que não havia sido "nada de mais" e que o WOD sequer tinha sido "pesado".

Outro dado da potência do corpo da atleta surgiu no dia 18 de agosto de 2018, quando colhia informações a seu respeito no Instagram. Por meio deste, ficara sabendo de uma competição de levantamento de peso olímpico (LPO) que Bia tinha ganhado, tanto em sua categoria, até 55 kg, como na geral (incluindo outras mais pesadas). Apesar de compor a rotina de exercícios do Crossfit, o LPO é, em si mesmo, um esporte, praticado no mundo inteiro e parte dos Jogos Olímpicos. A diferença entre os atletas de LPO e os de Crossfit estava em que os primeiros competiam em apenas dois levantamentos (*snatch* e *clean & jerk*), privilegiando maior apuro técnico, com maiores cargas e menos repetições, enquanto os últimos estavam mais preocupados com o volume e a rapidez dos movimentos, não sendo as cargas tão altas de modo geral. Como consequência disso, havia também uma diferença flagrante na corporalidade produzida em cada uma das modalidades.

Atletas de levantamento eram mais pesados, alguns aparentando até estar "fora de forma", em virtude de precisarem mover uma grande quantidade de carga. No LPO, assim, valia a regra de que, quanto maior fosse o peso corporal do(a) atleta, maior a quantidade de peso levantada. Havia inclusive um termo para descrever a barriga avantajada presente em muitos, a conhecida *power belly* ("barriga da força")[184]. Para os crossfiteiros(as), por outro lado, um corpo assim seria absolutamente prejudicial à *performance,* já

[184] Um atleta de alto desempenho na modalidade, como o brasileiro Fernando Reis, bicampeão pan-americano, chega a consumir 11 mil calorias diárias, quase cinco vezes mais do que o recomendado para uma pessoa comum, a fim de alcançar o corpo ideal para o esporte.

que a prática abrangia elementos cardiorrespiratórios e calistênicos (exercícios com apenas o peso corporal do/a praticante).

Ainda que não tivesse a corporalidade "ideal" para competir no LPO, Bia costumava participar de torneios da modalidade, alcançando bons resultados. Composto por dois exercícios obrigatórios, o *snatch* e o *clean & jerk*, a ganhadora do primeiro campeonato de *weightlifting* do Ceará, realizado na academia V8, em parceria com o Porão Crossfit, seria aquela que conseguisse levantar a maior quantidade de peso possível na somatória dos dois levantamentos. Em conversa no dia 31 de agosto de 2018, me disse que conseguira ganhar a competição, a qual possuía um nível "baixo", levantando 60 kg no *snatch* e 82 kg no *clean & jerk*, somando 142 kg ao todo, número que estava aquém de seu melhor desempenho, 153 kg. Só para se ter uma referência da competência física dela, apesar de estar longe de ser uma especialista no LPO, seu recorde estava apenas 50 kg abaixo do recorde olímpico na categoria que compreendia atletas com peso corporal até 49 kg.

Por coincidência, no mesmo dia em que conversáramos sobre o torneio de LPO, pude assistir a uma aula que parecia ser mais avançada, já que a turma era composta por atletas (jogadores de vôlei de praia) e por pessoas que praticavam a modalidade há mais tempo, e cujo "conteúdo" era voltado, basicamente, à execução de movimentos de levantamento de peso.

Sob o olhar atento da *headcoach*, o instrutor auxiliar do Porão passava os exercícios para os(as) alunos(as) enquanto corrigia eventuais falhas ou erros de execução. Os praticantes treinavam com bastante intensidade, indo até a exaustão. Como já disse, levar o corpo ao limite durante os treinos é um dos pilares do Crossfit, e, seguindo essa lógica, os praticantes davam "tudo de si". Para provar isso, alguns elementos performáticos eram incorporados ao longo da prática, especialmente pelos homens, com o fim de maximizar a impressão de que não estavam guardando nada. Alguns tiravam a camisa, outros se jogavam ao chão como se estivessem prestes a "passar mal", puxando o ar com força numa tentativa desesperada de recuperar o fôlego. Havia também aqueles que gritavam, como se assim pudessem jogar ainda mais adrenalina nos músculos, na busca desesperada por outra repetição, por mais um movimento.

Nos alto-falantes, os *hits* musicais do momento tocavam num volume relativamente alto, e, de vez em quando, era possível ouvir os incentivos do instrutor rugindo: "Bora, bora, bora". Os pesos batiam contra o chão emborrachado ao final de cada série, fazendo estrondos que lembravam pequenas explosões. A "desculpa" para essa maneira de lidar com as cargas era que, assim, ao não segurar o peso na descida, os praticantes economizavam energia, poupando os músculos da realização da fase excêntrica do movimento (descontração da musculatura), a qual demandava um grande aporte energético (quando estava em falta, aconteciam as doloridas e indesejadas cãibras).

Como pude observar nesse dia, os homens eram, sem dúvida, as figuras mais barulhentas do lugar, parecendo querer demonstrar, a todo instante, suas masculinidades. Todo esse "show" me fazia acreditar que se tratava de uma tentativa de demarcar o espaço, mesmo repleto de mulheres, como sendo "deles". Tal atitude acabava sendo reforçada pelo próprio espírito de competitividade fomentado no Crossfit, não só nos torneios, mas também em cada treinamento (como afirmei, era comum que cada praticante, ao final do treino, se dirigisse ao quadro branco para registrar as marcas pessoais, estabelecendo, por consequência, certa hierarquia baseada no desempenho atlético).

Por se tratar de uma aula de LPO, aproveitei para observar e tentar entender a mecânica dos levantamentos que faziam parte da rotina de exercícios de Bia. Apesar de a atleta dizer que o LPO não era seu forte, já que, nas competições, costumava se sair melhor na execução dos elementos ginásticos, gostava bastante de treinar o *snatch* e o *clean & jerk*, tendo sua técnica elogiada por outros crossfiteiros(as) e entusiastas do esporte.

Naquele dia, enquanto observava o desenrolar do treinamento, eu refletia sobre as palavras de Marilia Coutinho[185], quando afirmava haver uma verdadeira beleza em um levantamento bem executado, pois, para que isso acontecesse, era necessária uma integração quase perfeita entre o

[185] Por meio de um conjunto de técnicas, praticadas mediante a preparação de uma corporalidade capaz de executá- las, torna-se possível a consecução de uma cadeia de movimentos que tem como resultado o levantamento de uma carga muito superior ao peso corporal do(a) levantador(a). E, quanto maior é a integração ou, melhor, a intra-atividade entre a materialidade do corpo do(a) atleta e a barra de ferro – um momento descrito por Marilia Coutinho como "estático" no vídeo *Esporte é arte? Uma reflexão sobre powerlifting como arte, por Marilia Coutinho* (ESPORTE, 2013) –, maior a potência gerada e maior a quantidade de carga levantada. Assim, por meio da técnica e da produção de um corpo suficientemente forte, alcança-se a superação de um limite biológico. Isso implica que, a cada levantamento, o(a) levantador(a) se lança, mesmo que em poucos segundos, para além dos limites estreitos da humanidade.

corpo do(a) levantador(a) – elástico, mole e quente – com a dureza fria e pesada da barra de ferro e das anilhas. Essa consideração servira de tópico de uma conversa que tive com Bia, semanas antes, sobre a possibilidade de associar a beleza não só a esportes considerados esteticamente agradáveis pelo grande público, como ginástica artística e patinação no gelo, só para citar dois exemplos, mas também a outros mais vinculados a força, agressividade e potência.

A despeito dos preconceitos de gênero, tais atributos eram elementos indissociáveis do repertório corporal dela, como se deu a ver por meio de um pequeno acontecimento durante o treino de Crossfit do qual eu resolvera participar, no dia 18 de setembro de 2018.

Terminado o aquecimento comandado pelo instrutor auxiliar, ficamos diante de Bia para ouvir atentamente as instruções. Ao nos passar a primeira atividade preparatória para o WOD, o *power snatch* com anilha, a atleta e headcoach cometeu um "ato falho", que, apesar de "pequeno", dizia muito de sua disposição corporal e da segurança que possuía na capacidade física como mulher. Ao dar o comando para que fôssemos pegar os pesos, gritou: "Homens pegam anilhas de 15 kg, e mulheres de 20 kg"[186]; quando na verdade "queria" dizer o contrário.

A headcoach não percebeu o ato falho de imediato e só foi se dar conta ao ser alertada pelo instrutor auxiliar, fazendo com que se corrigisse logo em seguida. Na hora, todos rimos da pequena confusão.

Esse detalhe aparentemente "menor" dá a ver um ponto fundamental da pesquisa: a possibilidade de um corpo capaz de dissolver certa "verdade de gênero" produzida pelo discurso heteronormativo. Com sua corporalidade, expressa pelas especificidades, diferenças e distanciamentos em relação ao "padrão", a atleta causava fraturas na política somática que buscava circunscrever a materialidade de sua carne ao receituário circulante em nossa paisagem sociocultural. A "infração" que pessoas como ela cometiam contra esse conjunto velado de disposições vinha, em geral, acompanhada de uma série de sanções que podiam ir desde interpelações "inocentes" a respeito da verdade de seu sexo até o "estupro corretivo" ou a morte nos casos mais graves. Como afirma Preciado (2008, p. 171,

[186] No Crossfit, apesar de, ao que parece, ser dada às mulheres a possibilidade de expansão dos repertórios corporais e configurações somáticas, ainda persistiam alguns signos cuja função era apontar para a existência de uma ontologia da diferença sexual, como pesos diferentes (tanto anilhas quanto barras de ferro) para homens e mulheres.

tradução nossa) criticando o lugar destinado pelo discurso heternormativo a corpos como o de Bia, quando "um corpo abandona as práticas em que a sociedade onde vive o autorizam como masculino ou feminino, desliza progressivamente até a patologia"[187].

Essa realidade de violência adquire mais peso na cena política contemporânea, em que o racismo, a homofobia, a intolerância religiosa, o ódio de classe e o autoritarismo ganham não só voz, mas também ato. Em meio a esse conjunto de forças, o corpo de Bia, seus músculos e sua potência, representam, simbolicamente, uma ameaça, ainda que localizada, contra hierarquias sociais fundamentadas na "verdade" da diferença sexual. Em outras palavras, o que quero dizer é que, nesse cenário, um corpo como o dela – pelo desafio aos discursos e às tecnologias que, no limite, não só criam o gênero mas concedem a ele, retroativamente, um estatuto ontológico e por enunciar, com seu desejo, sexo e carne, a possibilidade de outro "sistema semiótico encarnado" (PRECIADO, 2008, p. 197) – corre o risco de eliminação, a qual tanto pode vir de fora, cometida por alguém em um ato de violência bárbara, quanto pelo próprio sujeito submetido incessantemente a opressões que buscam extrair dele(a) sua "força orgásmica"[188], sua potência de vida.

A resistência desses corpos se pronuncia, muitas vezes, não por meio da elaboração de um discurso explícito contra o regime (patriarcal, farmacopornográfico, racista, capitalista) que tenta submetê-los pela mercantilização da própria força vital, ou, no limite, como demonstrou Achile Mbembe (2003), pela transformação do Estado em uma máquina necropolítica de eliminação da diferença. Corpos trans, negros, indígenas, gays, femininos, pobres, todos eles, em sua história, precisaram desenvolver um

[187] No original: "Cuando un cuerpo abandona las prácticas que la sociedad en la que vive le autoriza como masculino o femenino, se desliza progresivamente hacia la patologia".

[188] Para Preciado (2008, p. 38, tradução nossa), essa noção trata "da potência (atual ou virtual) de excitação (total) de um corpo. Essa potência é uma capacidade indeterminada, não tem gênero, não é feminina nem masculina, nem humana nem animal, nem animada nem inanimada, não se dirige primariamente ao feminino nem ao masculino, não conhece a diferença entre heterossexualidade e homossexualidade, não diferencia entre o objeto e o sujeito, não sabe tampouco a diferença entre ser excitado, excitar ou 'excitar-se com'. Não privilegia um órgão sobre outro; o pênis não possui mais força orgásmica do que a vagina, o olho ou o dedo do pé. A força orgásmica é a soma da potencialidade de excitação inerente a cada molécula viva. A força orgásmica não busca resolução imediata, mas aspira a se estender no espaço e no tempo, a tudo e a todos, em todo lugar e em todo o momento. É a força que transforma o mundo em 'prazer com'. A força orgásmica reúne, ao mesmo tempo, todas as forças somáticas e psíquicas, põe em jogo todos os recursos bioquímicos e todas as estruturas da alma".

repertório que lhes permitisse criar alternativas a um tipo de assujeitamento capaz de despossuí-los. São resistências nas "dobras" do "sistema", no "entre", nas pequenas rebeldias do dia a dia, como a de, sendo mulher, sustentar um corpo musculoso.

Isso não quer dizer que toda mulher forte reflete criticamente sobre as relações de opressão na qual está inserida, uma vez que as diferentes articulações entre gênero, classe e raça, como mostra Angela Davis (2016), produzem complexas políticas de aliança e de antagonismo.

Pude perceber isso à época das eleições presidenciais de 2018. Eu seguia então o perfil, no Instagram, de uma fisiculturista bastante conhecida em Fortaleza, a qual passou a fazer campanha aberta para o candidato ligado à extrema-direita, reconhecidamente misógino e racista. Apesar de ser uma mulher musculosa e de se valer, por diversas vezes, das redes sociais para criticar visões que procuravam normatizar os corpos das mulheres, ao mesmo tempo se alinhava a um projeto ideológico que representava, na prática, um ataque a uma série de avanços conquistados pelas minorias sociais nos últimos anos. Dessa maneira, a fisiculturista alternava entre uma postura liberal em relação às modificações que promovia no corpo, inclusive por meio do uso de anabolizantes, e a defesa da manutenção dos privilégios por uma parcela da população brasileira.

Bia, de outro lado, pela condição de mulher e de LGBT, identidade que assumia sem subterfúgios nas redes sociais, adotava uma postura progressista, pois sabia que, para ela e para muitas que compartilhavam de sua identidade de gênero e orientação sexual, mais do que uma questão de acesso a garantias civis, o que parecia estar em jogo, verdadeiramente, era o direito de permanecer viva. Em razão disso, durante as semanas que antecederam as eleições, a atleta fez uso do Instagram para rejeitar a mesma candidatura de extrema-direita apoiada pela fisiculturista, chegando a dizer que se morresse seu sangue estaria nas mãos de todos e todas que a apoiaram.

Para a crossfiteira, a consciência da força física (sabia ser capaz de levantar mais peso do que muitos homens, como ficou demonstrado no "ato falho") era algo que parecia lhe conferir meios de lidar com o medo e a sensação de impotência frente a discursos e afetos políticos que rejeitavam, pelo uso da violência (simbólica e/ou real), seu modo de vida. Não à toa Mestra Janja contou-nos, durante a roda de conversa da qual tive a sorte de participar, que foi o medo da repressão política no período da ditadura que a fez entrar para a capoeira, reativando com a incorporação da dança guerreira um repertório de resistência ancestral. Seu corpo negro, alvo de tantas violências históricas, precisava encontrar um lugar de expressividade, de construção de outras conexões materiais com o mundo, a fim de que pudesse ter forças para seguir.

Em outra postagem do "Grita, mulher!", perfil que reunia relatos de mulheres que tiveram a vida transformada pelo Crossfit, Bia dizia o seguinte[189]:

> SUADA..SUJA..MUSCULOSA..
>
> É bem comum escutar das alunas novas "não quero fazer nada com muito peso pra não ficar com os braços grandes" (como se fosse muito fácil!). A dicotomia enraizada na sociedade permeia o esporte e a atividade física desde que começamos a andar. Ainda na ed. fisica escolar meninas jogam carimba (as que fazem Ed fisica ne!!), homens futebol. Menina faz dança e menino luta. Mulher não pode se sujar, mulher não pode suar, assanhar, tem que se "portar como uma mocinha". Crescemos escutando que homem é forte e mulher é magra. Homem pega peso, mulher faz aerobico. E isso se transferiu para o Crossfit. Com boxes mostrando antes/depois de emagrecimentos e os games mostrando pessoas musculosas, é nítido que a maioria chega ao box buscando a estética, Homem quer ficar forte, mulher quer emagrecer. Homem só quer fazer lpo, mulher só quer o cardio!!! Mas ai, BUM, chegou a aula!! E em sua essência, no Crossfit TODOS são iguais. Homem, mulher, velho, gordo, baixo.. não interessa, todos vão fazer O MESMO TREINO, dentro das suas devidas adaptações INDIVIDUAIS (e não por sexo)! Os 2 vão correr e vão levantar peso! os 2 vão aprender, vão sorrir, vão confraternizar. Dentro da parte preta ninguem vai te perguntar qual seu percentual de gordura, ou quanto você tem de braço. Pro professor não interessa se você quer fazer cardio ou força, mas sim quantas reps bem feitas vc faz por minuto, se você atinge o estímulo DO TREINO, se você se alimente bem! Não interessa pra ninguém se o movimento é pro bumbum ou pras costas, mas quão eficiente e eficaz é sua execução! E nesse ambiente onde a busca por SER MELHOR é constante...TODOS aprendem que sempre são capazes de ir mais além, que está presente e dar o seu máximo é o que te faz ser SAUDÁVEL, que seu corpo é um templo e vc deve se exercitar porque SE AMA. E nesse ambiente vale mais o QUANTO VC SE DEDICA, do que quanto vc levanta ou qual celular vc tem ou

[189] MESQUITA, [2020].

> o tamanho da sua bunda. No crossfit, vc mulher, vai aprender a dar muito mais valor ao o que o seu corpo é CAPAZ DE FAZER, do ao que ele precisa ser!!

Quanto à pressão social sobre o corpo da mulher, as palavras de H. iam ao encontro das de Bia. Diferente da amiga, no entanto, não conseguia deixar de se afetar profundamente por essa realidade. No dia 2 de fevereiro de 2018, partilhou comigo a impressão que tinha a respeito do corpo feminino "ideal". Sempre sorridente, disse acreditar que os homens preferiam mulheres de coxas grossas e fortes, bunda e seios grandes, sem barriga e com os braços finos. Quanto ao referencial de beleza para outras mulheres, falou que a maioria buscava, na verdade, um corpo mais próximo do "natural", sem tantos músculos, e para exemplificar citou a atriz Juliana Paes. Segundo ela, esse era o corpo mais desejado pelas mulheres: jovem e firme, mas sem músculos aparentes. Nesse dia, afirmou que, se pudesse escolher, gostaria de ter um corpo parecido com o da artista ou com o da Mulher Maravilha, famosa personagem de história em quadrinhos, que, apesar de magra, possuía uma força sobre-humana.

Por gostar de se sentir feminina, achava que os treinos a deixavam "forte demais". Os braços volumosos, por exemplo, quando estava andando de moto e com o capacete cobrindo o rosto, faziam com que fosse confundida com um homem. Havia também certa pressão em casa, já que, no começo da trajetória no esporte, o marido ficava incomodado com o crescimento dos músculos. Além disso, a forma física levantava uma série de desconfianças nas pessoas. Em virtude de não estarem acostumadas com a imagem de uma mulher forte, acusavam-na frequentemente de fazer uso de testosterona, e, mesmo quando estava treinando em seu *box*, lugar de conforto e segurança, as "brincadeiras" lhe questionando o gênero eram comuns. Contou que, certo dia, um dos instrutores resolveu dividir a turma entre homens e mulheres e que, ao se dirigir ao grupo feminino, foi interrompida por ele, pois estaria indo para o lugar "errado".

Em razão de estar constantemente manipulando pesos e barras de ferro, as mãos de H. haviam se tornado grossas, ásperas e cheias de calos, o que também a incomodava. Na ocasião, enquanto conversávamos sentados em grandes caixotes de madeira utilizados para treinar pulos, ela pegou minhas mãos, colocou-as em cima das suas e disse: "Olha como são essas mãos. Isso não é mão de mulher". Mãos calejadas seriam "coisa de homem" – assim como o rosto sem maquiagem, o suor porejando da pele, as roupas de ginástica que não expressavam características "femininas".

Em um gesto que julguei revelar certa confiança em mim, H. confessou sentir muita vergonha do corpo, a ponto de não conseguir ficar de biquíni na praia, com receio de que os músculos chamassem atenção demais. No entanto, apesar do sentimento de inadequação provocado pela "muscularidade" construída em incontáveis horas de treino, era muito orgulhosa do que eles podiam fazer. No começo de nossa conversa, me contou haver um exercício tão difícil (*muscle-up*) que apenas 15% das pessoas no *box* conseguiam fazê-lo. H. estava entre elas, sendo, além disso, a única mulher. Ter músculos representava para ela, portanto, um verdadeiro dilema. Dizia adorar treinar, tinha orgulho da potência física que o esporte lhe trazia, mas, ao mesmo tempo, sua imagem era recebida com angústia, pois ser atleta de Crossfit lhe afastava, cada vez mais, do corpo feminino "natural". Ao lhe perguntar o que queria dizer com isso, a atleta respondeu que "um corpo natural era um corpo sobre o qual não incidia um trabalho". Em seguida, apontando para o instrutor que, àquela hora, aproveitava o intervalo antes da próxima turma para comer, falou sobre a diferença entre alguém como ele, que treinava todos os dias, e outro que não fazia isso, como o rapaz franzino que, naquele momento, limpava a área de treino com um rodo. Embora vivenciasse essas contradições com certa angústia, H. afirmou que, entre ser aceita pelas pessoas e continuar no esporte que tanto amava, preferia deixar a vaidade de lado, escolhendo a segunda opção.

Mesmo antes de conhecê-la, as pessoas com quem passei a ter contato no círculo do Crossfit me falavam de sua força. Era capaz de levantar 100 kg no *clean & jerk*, número que poucos crossfiteiros, no Estado do Ceará, homens ou mulheres, eram capazes de alcançar. No dia 10 de maio de 2018, depois de mais ou menos uns 40 minutos de observação da aula de Crossfit da qual H. participava, percebi que estavam começando a se preparar para a fase do WOD. Após o encerramento, quando os(as) praticantes se dirigiram ao quadro branco para o registro dos recordes pessoais, vi que ela ficara em "primeiro lugar", seguida por um dos homens que faziam parte da turma. Eles pareciam tão acostumados com as marcas da atleta que sua liderança foi recebida com aparente naturalidade.

Para levar a cabo uma rotina tão intensa de exercícios, aliada ao calendário repleto de competições, as atletas de Crossfit necessitavam não apenas "quebrar" as fibras musculares para alcançar o fortalecimento do corpo, mas também as construir com a maior eficiência e rapidez possível. Para tanto, assim como as fisiculturistas, dependiam de uma dieta específica para o tipo de esforço ao qual submetiam o corpo, além do consumo de suplementos alimentares.

Essa necessidade foi ratificada por H. em uma de nossas conversas, ao afirmar que muitos(as) atletas recorriam a farmácias de manipulação de medicamentos para obter os suplementos de que precisavam. Ela, inclusive, era patrocinada por uma dessas empresas, de quem recebia as substâncias em troca da divulgação da marca nas redes sociais.

Confirmando as impressões da amiga, Bia afirmava que para produzir um corpo forte – algo necessário "se você quisesse seguir o padrão de competição" –, era preciso recorrer ao acompanhamento de uma nutricionista, a qual preparava um regime alimentar e de suplementação para a maximização do desempenho atlético. Ao entrar no Crossfit, não lhe passava pela cabeça competir, estando até "gordinha" à época dos primeiros passos no esporte. No entanto, ao recorrer ao apoio profissional, começou a melhorar a alimentação e, aos poucos, viu uma significativa melhora na *performance*. De acordo com ela, talvez essa tivesse sido a grande mudança que efetuou na vida, já que antes comia "qualquer coisa". Em conversa no dia 9 de março de 2018, afirmou que a partir dessa mudança se deu conta de que,

> se eu baixar um pouquinho meu peso, se eu cuidar um pouquinho mais do meu corpo, eu posso melhorar minha *performance*, então eu vou cuidar um pouquinho mais e vou melhorando... Então, conforme eu fui melhorando mais, isso foi assim... eu vi que podia chegar a um patamar que eu não imaginava antes, se cuidasse daquilo ali. Então o processo foi inverso. Eu não fui competir pra começar a me cuidar. Eu comecei a me cuidar e vi que tava indo bem, muito próximo da galera que tava competindo, entendeu?

Ainda sobre a importância da dieta e da suplementação alimentar, na mesma ocasião afirmou:

> Cara, do que eu mais me utilizo é dessa parte de manipulação mesmo, porque só com alimentação, pra você que tem o objetivo de ser atleta, acaba não dando conta de fato. Principalmente porque eu preciso ter uma recuperação muito boa. Tenho que treinar todo dia numa intensidade alta. Preciso de uma recuperação. E alimentação, ela não vai te dar isso. Não tem como, nem que eu comesse o mundo todo, não tem como. Tem coisas que você precisa externo. Então... eu tenho que voltar pra essa *vibe*. Hoje em dia eu tô baldeada, mas, quando eu tava competindo, era isso. O máximo que eu cheguei a fazer foi farmácia de manipulação.

O que fica perceptível é que, também no Crossfit, a dieta possuía agência na produção dos corpos das atletas, operando um papel importante no conjunto de relações e reorganizações materiais entre as moléculas "naturais" de Bia e os minerais e nutrientes manipulados farmacologicamente. Era o regime nutricional que lhe permitia construir um corpo forte, capaz de um bom desempenho atlético nos treinos e nos campeonatos, sendo essa sua verdadeira função, já que não tinha interesse de "ficar se olhando no espelho para saber se estava forte ou magra". A importância da dieta era tão grande em seu modo de vida que bastava "dar uma baldeada na alimentação" para que a *performance* começasse a cair, como acontecera no final de 2017, ao encerrar a temporada de competições.

Por meio da dieta, Bia também era capaz de manipular a forma e a imagem do corpo. Quando, no dia 31 de agosto de 2018, tornamos a nos ver, depois de um hiato de alguns meses, encontrei-a mais forte. Disse que era impressão minha, pois o que acontecera, na verdade, foi que havia "secado" – ou seja, perdido gordura corporal – motivo pelo qual os músculos estavam mais aparentes. A transformação era fruto de uma nova dieta, que possibilitou a perda de 5 kg. A razão disso era estética, pois pretendia apresentar uma figura mais magra, mas sem perder a capacidade muscular anterior.

Nesse mesmo dia, reforçou que era o máximo que se dispunha a fazer na carreira como atleta amadora de Crossfit. Caso quisesse se profissionalizar, precisaria de um investimento grande em viagens, inclusive internacionais; compra de materiais; montagem de uma equipe que lhe desse o suporte adequado; e, além de tudo, tomar testosterona, algo que dizia não querer fazer.

Antes de Bia tocar no assunto, Lívia já havia me alertado para o uso velado de anabolizantes entre os praticantes de Crossfit. Por ser uma marca/atividade que vinha ganhando popularidade de forma veloz, a associação com anabolizantes – considerada, de modo geral, um tabu – poderia trazer prejuízos consideráveis (a quase indissociabilidade entre práticas de hormonização e o fisiculturismo parecia contribuir para a marginalidade do esporte, em que pese o crescimento experimentado nos últimos anos).

Alan Silva (2014) traz uma interessante reflexão sobre como a compreensão do uso da testosterona muda de acordo com a classe social dos(as) usuários(as). Entre aqueles(as) de maior poder aquisitivo, havia uma racionalidade biomédica acerca dos possíveis efeitos, fazendo com que o uso fosse ressignificado ou mesmo coexistisse junto a certas concepções de saúde. Dessa forma, em muitos casos, o popular "tomar bomba" era evitado, em troca de um termo mais "técnico" e "aceitável", a "reposição hormonal". Assim, podiam ingerir testosterona sintética de forma livre, já que estavam chancelados pelo saber médico. Em virtude desse aval, os hormônios eram até mais procurados e consumidos pelos frequentadores de academia com maior poder aquisitivo, em comparação com os(as) praticantes comuns.

Alguns outros dados reforçavam a disseminação da hormonização no Crossfit, especialmente no caso de pessoas que competiam no esporte, fosse como amador(a) ou profissional. No dia 2 de fevereiro de 2018, em visita ao *box* de H., ao "puxar assunto" com um dos instrutores do espaço, na tentativa de entender melhor como os anabolizantes eram vistos dentro do esporte, comecei falando sobre a presença disseminada da substância no fisiculturismo. Não sem demonstrar certo desconforto, meu interlocutor respondeu que sabia da realidade. Apesar disso, fez questão de dizer que a prática não encontrava tantos adeptos no Crossfit, embora soubesse de pessoas que a adotavam. Em seguida, tentando não abusar de minha sorte, perguntei-lhe se saberia dizer se H. fazia uso de esteroides. Em resposta, disse que ela não costumava comentar sobre isso, mas falou de uma ocasião, à época da "Batalha dos Boxes" (competição que aconteceu no final de 2017 e que foi ganha pela equipe formada por ela e Bia), em que, "acusada" em tom de "brincadeira", respondeu que "não fazia mal usar só um pouquinho". Em outra oportunidade, H. havia me dito ter usado o hormônio durante o período em que competiu como fisiculturista, abandonando a prática junto com a transição para o Crossfit.

Em um diálogo, também de "bastidores", com o instrutor do estúdio de treinamento funcional com quem tive aulas durante um mês e que também era competidor de Crossfit, fiquei sabendo de uma brincadeira recorrente entre os(as) crossfiteiros(as) sobre a ingestão de anabolizantes pelos(as) competidores(as) de um importante *box* em Fortaleza. Toda vez que alguém se destacava muito em algum torneio ou aparecia "de repente" com um *shape* muito forte e musculoso se dizia que ele ou ela havia "bebido da água" do referido espaço de treinamento, o qual contava com atletas de nível internacional.

Durante o contato com outra atleta de renome na modalidade, Cris Sousa, obtive informações semelhantes. Sua história era particularmente interessante porque, antes de entrar para o Crossfit, havia sido professora de ginástica em uma academia, o que lhe conferia uma corporalidade "feminina". Contudo, ao migrar para o Crossfit, percebeu que precisaria ganhar muita massa muscular para se tornar competitiva, adotando para isso a "reposição hormonal".

Diante das evidências da hormonização entre praticantes de Crossfit, a reflexão que busco encaminhar não diz respeito à "denúncia" de práticas "perigosas" à saúde dos(as) atletas, moralismo comumente empregado para rebaixar seus méritos esportivos. Pensando com Preciado (2008), o que afirmo é que, no caso das mulheres, a testosterona – hormônio que não é privilégio masculino, já que também é produzido "naturalmente" em corpos "femininos", podendo inclusive ter níveis aumentados sem ingestão exógena, por meio da alimentação, suplementação e treinamento com pesos – marca uma fratura, um corte na ontologia escópica (PRECIADO, 2008, p. 85) que busca produzir a "verdade" do gênero, pela identificação da presença ou ausência de certas características físicas, indicadoras do pertencimento ao grupo dos "homens" ou das "mulheres". Afastando-me dessa noção, afirmo não se tratar o gênero de um conceito, de uma ideologia ou de uma *performance*, sendo mais bem compreendido como uma ecologia política (PRECIADO, 2008), pois:

> A certeza de ser homem ou mulher é uma ficção somatopolítica produzida por um conjunto de tecnologias de domesticação do corpo,

> por um conjunto de técnicas farmacológicas e audiovisuais que fixam e delimitam nossas potencialidade somáticas funcionando como filtros que produzem distorções permanentes da realidade que nos rodeia. O gênero funciona como um programa operativo através do qual se produzem percepções sensoriais que tomam a forma de afetos, desejos, ações, crenças, identidades. Um dos resultados característicos dessa tecnologia de gênero é a produção de um saber interior sobre si mesmo, de um sentido do eu sexual que aparece como uma realidade emocional evidente à consciência: "sou homem", "sou mulher", "sou heterossexual", "sou homossexual" são algumas das formulações que condensam saberes específicos sobre si mesmo, atuando como núcleos biopolíticos e simbólicos duros, em torno dos quais é possível aglutinar todo um conjunto de práticas e discursos. A testosterona corresponde, junto com a ocitocina, a serotonina, a codeína, a cortisona, o estrógeno, o omeprazol etc., ao conjunto das moléculas disponíveis hoje para fabricar a subjetividade e seus afetos (PRECIADO, 2008, p. 89, tradução nossa)[190].

Nesse sentido, as moléculas sintéticas, sejam elas provenientes de fármacos ou de anabolizantes, ajudavam não só a modificar o funcionamento do organismo, sendo capazes, em última instância, de produzir tecnicamente o próprio gênero. Nesse processo, criavam também a possibilidade de outros modos de subjetivação. Em texto publicado no dia 29 de março de 2020 no perfil "Grita, mulher!", Bia faz uma nova reflexão sobre gênero e esporte intitulada "Porque mulheres FORTES incomoda?", no qual fala o seguinte:

> Vivemos em uma sociedade onde o centro da família, do mundo e até da vida das mulheres, é o homem! Com discurso hipócrita de CUIDAR, nós mulheres somos criadas para sermos frágeis, não termos opnião e esperar que o pai ou marido resolva tudo por nós, porque "mulher tem que cuidar da casa, marido e dos filhos!" Fomos

---

[190] No original: "El género funciona como un programa operativo a traves del cual se producen percepciones sensoriales que toman la forma de afectos, deseos, acciones, creencias, identidades. Uno de los resultados característicos de esta tecnologia de género es la producción de un saber interior sobre si mismo, de un sentido del yo sexual que aparece como una realidad emocional evidente a la conciencia: 'soy hombre', 'soy mujer', 'soy heterosexual', 'soy homosexual' son algunas de las formulaciones que condensan saberes específicos sobre uno mismo, actuando como núcleos biopolíticos y simbólicos duros en torno a los cuales es posible aglutinar todo un conjunto de prácticas y discursos. La testosterona corresponde, junto com la oxitocina, la serotonina, la codeína, la cortisona, el estrógeno, el Omeoprazol, etc., al conjunto de moléculas disponibles hoy para fabricar la subjetividad y sus afectos".

> ensinadas que para desempenharmos o nosso PAPEL de mulher e esposa deveríamos "cuidar" do nosso corpo, da nossa aparência, deveríamos mostrar "beleza" e delicadeza para atrair o macho alfa que irá exercer seu papel de homem e ser nosso provedor. Fomos ensinadas a enxergar nosso corpo como uma vitrine pro outro, "cuidar" do nosso corpo para que ele seja OBJETO de desejo alheio, fomos ensinadas que deveríamos ser submissas e bonitas por que se não "não vai arrumar um bom marido". E quando não conseguimos nos encaixar nos "pré requisitos" somos apontadas e culpadas. Nosso corpo desde cedo passa a ser espaço de culpa, que levam a eternas frustrações por está sempre tentando AGRADAR O OUTRO. E AI... BUM... Vem o Crossfit e convida as mulheres a SE TORNAREM FORTES, convida as mulheres a SEREM o que quiserem, e talvez apareça músculos e TA TUDO CERTO porque é só consequência da sua evolução, o que importa é o quanto de peso a mais ela conseguiu levantar, o quanto ela ficou mais FORTE, disposta, e feliz! O Crossfit ensina as mulheres que o peso que ela ESCOLHE colocar na barra deve ser o que ela PODE SUPORTAR, e que tem dias que você não tá disposta a bater PR e TA TUDO CERTO, não é demérito, não existe culpa ou julgamento se você quiser tirar essa carga de você. Se você algum dia se sentir frágil TA TUDO CERTO! Te ensina que você não precisa levantar mais ou menos, ser isso ou aquilo para agradar o coach ou para ser melhor do que a colega. A aula te imerge de tal forma que a única chance de evolução É ESTAR 100% PRESENTE DENTRO DE VOCÊ MESMA, e SE CONHECER, e para isso é preciso TER CORAGEM de buscar a dor na intensidade, ter coragem de encontrar a SUA FORÇA nos pesos, ter coragem de brigar com você mesma no final do wod, ter coragem DE ASSUMIR SER QUEM VOCÊ É! (MESQUITA, 29 mar. 2020d).

Em sua visão, havia uma pressão social para que as mulheres exercessem um papel específico, ocupando uma posição de fragilidade e dependência frente ao Outro (masculino), o que as levava, por consequência, a buscar modificações corporais lastreadas na necessidade de se fazer objeto do desejo alheio. Ainda segundo a atleta, muitas mulheres chegavam ao Crossfit constrangidas por essa visão de mundo, a qual era posta em suspensão no momento em que começavam a se engajar na tarefa de levantar pesos, construir músculos e produzir um corpo que as autorizasse a desejar por si mesmas, em uma experiência de autonomia que parecia se constituir como uma espécie de terapêutica corporal.

Assim, a formação de um corpo feminino forte – alcançada por meio do treiamento e, muitas vezes, também pelo recurso a substâncias que alteravam o funcionamento "normal" das moléculas orgânicas, modificando funções metabólicas, endócrinas e celulares – dava-se através de uma malha intra-ativa cujo resultado era a obtenção de uma "muscularidade" incomum para mulheres.

A testosterona contribuía sobremaneira para esse processo, ao aprofundar as zonas de indeterminação entre o que seria um corpo "masculino" e um corpo "feminino", tornando falha a "ontologia escópica" que operava como critério revelador da diferença sexual. Sua utilização por algumas de minhas interlocutoras, no entanto, parecia não se apartar de possíveis capturas normativas. Pelo que pude perceber em campo, o hormônio não parecia ter um efeito, por si só, suficiente para produzir resistências críticas ou outras formulações antagônicas ao regime heteronormativo e sua gestão biotecnopolítica dos corpos. Ao contrário, mesmo diante de experiências radicais de mutação corporal feminina, baseadas no uso contínuo de anabolizantes, a heteronormatividade continuava condicionando os corpos de algumas de minhas interlocutoras, o que se podia ver pela formulação de uma série de mecanismos de "compensação".

Desse modo, a cada "infecção" da diferença sexual levada adiante pelo treino com pesos e pelo hormônio "masculino", correspondia um "antídoto" específico. Para "equilibrar" o crescimento muscular dos peitorais, havia as próteses de silicone. Para contornar a presença de pelos faciais e a modificação da textura da pele, havia a depilação e a maquiagem – cujo papel era atenuar o aparecimento de características "masculinas" e, ao mesmo tempo, ressaltar as "femininas". O "remédio" para as pernas musculosas eram os saltos extremamente altos. E, para disfarçar as mãos grossas e calosas, grandes unhas postiças.

Minha percepção, finalmente, era a de que a "muscularidade" das atletas que acompanhei poderia ser mais bem entendida como uma espécie de efeito colateral da gestão social dos corpos, aberto pelas novas possibilidades técnicas de mutação corporal em circulação dentro do regime farmacopornográfico.

Se Preciado (2008) parecia magnificar o efeito político da testosterona em biomulheres, a ponto de dizer que, embora houvesse outras vias de ascensão ao poder, o uso massivo do hormônio seria "o mais rápido, o que geraria maior confusão social, um modo de dinamitar para sempre a hegemonia natural dos braços peludos" (PRECIADO, 2008, p. 154), minha experiência acompanhando o dia a dia das atletas, como afirmei, não apontou necessariamente para a elaboração, em todas elas, de uma postura consciente e deliberada de enfrentamento à hegemonia social masculina. O que pude perceber com as mutações corporais, na verdade, foi a abertura de um campo de possibilidades que era vivenciado de maneira particular em cada um dos experimentos de corpo, nos quais podiam ser incluídas as competições.

Eram, nesse sentido, parte fundamental de suas vivências e funcionavam como um verdadeiro "território de intensidades", amplificando muitas das discussões que empreendi até aqui. Notabilizavam-se, ainda, por serem momentos em que as atletas levavam ao "limite" não apenas o corpo, mas também a própria "ontologia" da diferença sexual.

Particularmente em relação ao Crossfit, a presença de uma cultura fortemente competitiva suscitava a preocupação constante com resultados. Mais de uma vez, Bia me disse que havia gente que participava de torneios quase todo final de semana, pela "adrenalina" que proporcionavam. Desse modo, se "relaxasse", havia o perigo de ser superada pelos(as) alunos(as), o que, na sua visão, arranharia, de certa forma, a imagem como atleta bem-sucedida. Sobre isso, em conversa no dia 9 de março de 2018, fez o seguinte comentário:

> E eu, quando tô treinando aqui, eu, por exemplo, sou a *headcoach*, sou quem faz o treino etc. Quando comecei a ver os meus alunos chegando próximo, aí o ego aperta. Aí você fica: "Não, pera aí que tem alguma coisa errada, vamo aqui dar uma volta". É porque teoricamente você tem que ser exemplo, né?

Dar o "exemplo" era, portanto, uma das coisas que a faziam querer competir, o que se relacionava tanto com uma "necessidade profissional", como afirmei, quanto com o "ego", em vista de manter o *status* como uma atleta reconhecida e admirada por alunos e alunas. Ainda sobre as competições, no mesmo dia me contou sobre a experiência de ter se dedicado completamente a elas durante o ano anterior (2017). Ao final desse período, a intenção era avaliar como estava, para só então resolver se continuaria ou não a rotina de atleta. Quando voltamos a nos encontrar, o ano de experiência com as competições já havia se encerrado, em virtude de Bia ter atingido seu limite.

> No final do ano passado eu dei uma saturada mesmo. Porque, tipo assim, você gasta muito dinheiro. Se você for um atleta intermediário, você tem que gastar muito dinheiro porque você não tem patrocínio pra te dar tudo – a não ser que você seja um atleta de ponta. Você gasta muito dinheiro; você gasta muito tempo. Eu não ganho dinheiro com isso; eu ganho dinheiro dando aula. Eu dou aula das quatro e meia da manhã às nove da noite. Chegou no final do ano eu tava esgotada. Aí eu tive que fazer uma escolha. Ou faço uma coisa ou faço outra. Ou dou aula bem ou sou atleta bem. Não dá pra fazer as duas coisas ao mesmo tempo. Eu prefiro dar aula, que é como eu ganho dinheiro. Eu, como atleta, não vou ganhar porra nenhuma com isso.

No entanto, ao longo de 2018 não só não havia abandonado as disputas como passara a ter outra relação com elas. Em julho daquele ano, tendo já ganhado alguns campeonatos de menor expressão, participara das superseletivas do Torneio Crossfit Brasil (TCB), tendo sido a mais bem colocada do Ceará. Em um *post*[191] no Instagram refletindo sobre a conquista, exaltou o incentivo que o técnico lhe dera para que parasse de se contentar com resultados medianos e que buscasse se engajar e se dedicar a conquistas maiores.

Essa relação tão complexa, intensa e contraditória com as competições serviu como uma das inspirações para que resolvesse testar, por meio delas, minhas próprias capacidades. Sentir no corpo a adrenalina dos treinos; vivenciar a química corporal disparada pelo comando sinalizando o momento em que os músculos deveriam entrar em ação, como se tivessem inteligência própria; o frio na barriga pela expectativa de desempenhar bem os movimentos que poderiam me levar ao pódio; a alegria quase infantil de receber a medalha no peito como símbolo de todo esforço e sacrifício realizados: tudo isso me permitiu experimentar um saber constituído pelo engajamento de meu corpo nos torneios e em alguns dos processos de produção corporal das atletas[192].

---

[191] MESQUITA, [2018].

[192] Segundo Preciado (2008, p. 252, tradução nossa), toda "filosofia é forçosamente uma arte de autovivisecção, quando não de dissecação de outro ou do outro. Uma prática de corte de si, de incisão da própria subjetividade".

Uma das coisas mais marcantes na aula que fiz com Bia foi sentir a "adrenalina" de que tanto falavam os(as) praticantes de Crossfit. Parte das reflexões enquanto me exercitava era a de que a excitação provocada pelos movimentos, ainda mais diante da expectativa do WOD ao final, parecia ter relação com a ideia de limite, ou melhor, com a superação dele. Do lado de fora da academia ou do *box* de *Crossfit*, lidamos o tempo inteiro com os "frustrantes" impedimentos produzidos pela relação com o Outro. É o que, na psicanálise, chamamos de castração, processo fundamental não apenas para a formação do sujeito, mas também para a possibilidade do convívio social. Existe, portanto, uma série de barreiras internas a qualquer espaço de sociabilidade, que nos impede de fazer tudo o que queremos, pelo confronto com regras mais ou menos implícitas. "Limite" tem a ver, portanto, com a ideia de alteridade.

Mas o esporte de modo geral, o que pode ser comprovado pelas inúmeras histórias de superação presentes nas biografias de atletas de sucesso, alimenta uma espécie de fantasia, na qual o sujeito está em confronto "apenas" consigo mesmo, constrangido pelos limites do próprio corpo. Se isso, por um lado, é capaz de levá-lo a um patamar além do ordinariamente humano, por outro coloca-o diante de um "custo" proporcional ao obstáculo ultrapassado, representado pelos riscos à "saúde" e pelas lesões acumuladas ao longo dos anos. Ao entrar em contato com algumas experiências corporais como a de Marilia Coutinho, por exemplo, que possuía uma extensa lista de graves machucados, pude perceber que, para uma atleta de alto desempenho, importava menos o funcionamento equilibrado do organismo e mais a tentativa de alcançar um estado de excelência no esporte, o qual, muitas vezes, cumpria uma função quase existencial.

Era como se, diante da ausência de qualquer sentido anterior à realidade, tudo o que restasse fosse levantar pesos (e da maneira correta, para poder continuar fazendo isso a maior quantidade de tempo possível). Como dizia Jon Pall Sigmarson, halterofilista admirado por Marília: "There is no reason of being alive if you can't deadlift" [Não há razão para continuar vivo se você não pode fazer um levantamento-terra]. Esse atleta morreu justamente durante o exercício, em virtude de uma ruptura da artéria aorta, resultando em um ataque cardíaco fulminante. Antes disso, Jon Pall já havia procurado tratamento para a cardiopatia congênita da qual era portador, agravada pelos anabolizantes e pela natureza do esporte. Como um herói trágico, mesmo diante da proibição médica de que continuasse no *powerlifting*, resolveu assumir o risco de morrer e seguir fazendo o que amava.

Como já disse aqui, não é incomum, ao conversar com as pessoas sobre a pesquisa, escutar julgamentos sobre o estilo de vida de minhas interlocutoras, em virtude dos processos aos quais se submetem na construção da força e da "muscularidade". No entanto, os críticos parecem esquecer que não há desejo que não envolva um custo (corporal). As longas horas que passo em frente ao computador causam um sem-número de dores nas articulações, músculos e tendões, além de aumentarem sobremaneira o risco de problemas circulatórios e cardíacos, causando, a longo prazo, uma série de danos ao corpo que fazem empalidecer todas as lesões que experimentei até aqui. Dessa forma, fazer da cadeira (COUTINHO, 2014) uma extensão de mim, reduzindo meu repertório corporal[193] pela intra-ação com uma materialidade cuja função é permitir que eu trabalhe longas horas sem lembrar que sou um corpo, passou a representar, ao longo da pesquisa, um custo impossível de ser ignorado, ainda que isso possa passar despercebido para a maioria das pessoas ("libertar" a mente do corpo, aliás, parece continuar sendo um dos grandes sonhos de nossa civilização[194]).

Dentro dessa perspectiva, a experiência das atletas, com todas as contradições que lhe são inerentes, aponta para a possibilidade de pensar o corpo não apenas como biomáquina explorada e descartada pelas novas modalidades de trabalho, mas também como potência.

Além disso, treinar com Bia me fez perceber a existência – em sua vida e na de outras atletas – de uma lógica espacial e subjetiva operando a

[193] Uma boa metáfora sobre o uso da cadeira como ferramenta de disciplinamento dos corpos é o desenho *Wall-E* (2008), produzido pelos estúdios Pixar. No futuro, tendo confiado o gerenciamento da existência aos computadores, as pessoas abandonam todos os aspectos da vida cotidiana que envolvem um trabalho corporal, ficando confinadas a cadeiras, por não precisarem mais levantar para nada. Tanto "conforto" lhes cobrou um preço que sequer sabiam pagar: a humanidade passou a ser dominada pelas máquinas, as quais atendiam todos os desejos das pessoas com a intenção de ocultar as relações de poder existentes.

[194] Esse "sonho", no entanto, parece reservado apenas a um seleto grupo de privilegiados(as), com acesso a empregos relativamente estáveis, boa alimentação e bens de consumo. Para a grande maioria dos trabalhadores e trabalhadoras do século XXI, como aponta Preciado (2008, p. 2017, tradução nossa), o regime operante é aquele que os transforma em tecnomáquinas sexuais, ou seja, "corpos vivos aos quais se nega acesso ao espaço político, privados de discurso público e direito de insubordinação, despojados do direito à sindicalização, folga, seguro médico e seguro-desemprego. Aqui não há competição entre a máquina e o trabalhador, mas o contrário: o trabalho se transforma em biomáquina sexual".

partir do eixo "dentro/fora". O que afirmo com isso é que no espaço de "dentro", ou seja, nos locais onde se dão treinos e competições, os limites se colocam de maneira "objetiva", a partir do cumprimento de protocolos de exercícios, alimentação/suplementação e repouso, organizados de acordo com uma disciplina bastante rigorosa, servindo como uma espécie de contraponto ao "fora", às contingências da vida, seu caos e imprevisibilidade intrínsecos, os quais resultam na impossibilidade de controle sobre a realidade (especialmente no Crossfit, é comum entre o/as praticantes se referirem a seus *boxes* como "casa").

Aparentemente, era o sentimento de superação dos limites individuais o grande operador de gozo no modo de vida escolhido pelas interlocutoras, fazendo da adrenalina experimentada por meio do esporte uma "droga" tão "viciante". Em outras palavras, a tentativa de a cada treino fazerem um pouco mais do que no dia anterior e a "suspensão" das balizas estabelecidas pelo Outro – vindas de "fora" e ligadas às obrigações da "vida comum" – eram o que tornava possível a entrega à experiência de ser "apenas" um corpo. Nas palavras de Bia (MESQUITA, 30 mar. 2020e), em postagem do dia 30 de março de 2020:

> No CROSSFIT entendemos que SER FORTE é uma consequência da descoberta de tudo que somos capazes, coisas que jamais imaginaríamos conseguir estão ali ao nosso alcance todos os dias. Entendemos que corpo, mente e espírito são um só!

3.3 Jeska Barros

(Academia ordinária, de bairro. O emaranhado de fios ligando os postes de luz magros fazia com que o nome Hércules Gym se destacasse com dificuldade. Dentro, o calor era infernal, e o suor brotava de todas as superfícies, vivas ou mortas. Dois andares cobertos por um telhado de zinco, próximo à temperatura de derretimento. Os poucos ventiladores de parede giravam preguiçosamente. A sensação de abafamento só não era completa por causa dos ventos de setembro, amenizando a quentura. Próximas, três esteiras funcionavam aos engasgos, dando a impressão de que poderiam pifar a qualquer momento. A ferrugem e os anos de uso começavam a comer a estrutura de algumas máquinas. Elas rangiam como os velhos ao moverem as articulações. Nos fundos da sala de

musculação, troféus e medalhas de campeonatos de fisiculturismo enfeitavam prateleiras empoeiradas. À esquerda, uma escada de alvenaria dava acesso ao andar de cima, onde aconteciam as aulas de artes marciais e de ginástica.)

Jeska — O Bodybuilder tem uma diferença da Women's, que é feminina. A Women's tem uma diferença da categoria Figure, que é a minha. E a Figure tem uma diferença da Wellness, que é uma categoria mais feminina. E a Bikini, que também é outra categoria bem feminina.

Eu — A Figure tá entre a Wellness e a Women's Physique, né?

Jeska — Isso.

Eu — Ela tá bem no meio.

Jeska — Ela tá bem no meio. Ela é uma transição da Wellness pra Women's Physique. Ela fica no balanceio. E é muito assim... É uma categoria muito bonita, porque assim... ela não é nem tão masculina, mas também não é tão feminina. Ela fica no meio-termo. Ela usa o bom dos dois lados: a musculatura bem definida, bem à mostra, com a feminilidade da Wellness.

Eu — Mas é uma questão da apresentação ou do corpo?

Jeska — Da apresentação e dos acessórios, porque a *figure*, ela usa sandália igual a *wellness*, salto; ela usa mais acessórios; a maquiagem é mais bonita; mas ela, em comparação à *women's physique*, o biquíni é igual, né? E ela é mais feminina, porque a *women's*, ela é descalço; é uma categoria mais forte, mais grosseira, mas também não deixa de ter seu *glamour*, né? Não deixa de ser bonita também, mas ela tem muito mais músculos, é muito mais masculino, mais forte do que a *figure*.

Eu — Mas em termos de preparação as duas são tão difíceis quanto; não tem muita diferença...

Jeska — São bem iguais; não tem diferença. A preparação de uma *figure* é igual à de uma *women's physique*. A restrição alimentar, a quantidade de aeróbico. A diferença só é que a quantidade de peso é mais e a quantidade de ergogênico, que usa bem mais, porque tem que construir bem mais músculo.

Essa foi parte de uma longa conversa que tivemos na academia Hércules Gym no dia 12 de fevereiro de 2019. Entre outras coisas, Jeska me contou as principais diferenças entre a Figure e as outras classes existentes no fisiculturismo, incluindo a Women's Physique, de Larissa. Segundo informações do *site* da IFBB Brasil, a categoria dela, também conhecida como Body Fitness, foi implementada pela federação em 2002 para

> dar chance a um vasto grupo de mulheres que desejavam competir por possuir um físico bem torneado e atlético, mas que não desejavam realizar as apresentações do round coreográfico da categoria Fitness Coreográfico. Esta categoria caiu rapidamente no gosto das atletas do sexo feminino e o número de participantes aumenta a cada ano, no entanto, ainda é discutido como criar-lhes a possibilidade de mostrar sua figura em movimento. Nessa categoria, os árbitros devem avaliar a aparência atlética geral do físico, *tendo em conta a figura, o tônus muscular desenvolvido simetricamente, forma feminina e uma baixa quantidade de gordura corporal, assim como o cabelo, a beleza facial e o estilo individual de apresentação fazem toda a diferença, incluindo confiança pessoal, equilíbrio e graça.* Essa categoria é amplamente aberta para todas as mulheres que gostam de treinar com pesos e levar um estilo de vida saudável (IFBB BRASIL, 2019, grifo nosso).

Dessa maneira, para serem competitivas, as *figures* deveriam conquistar um corpo musculoso e, tão importante quanto, preservar certos caracteres "femininos", como cabelos longos, em geral "pranchados", pintados e cuidadosamente penteados (algumas atletas traziam até adornos "delicados" na cabeça); uma maquiagem que desse ao rosto, marcado pelo sofrimento de toda a preparação, um leve rubor, além de uma base que ajudasse a harmonizar a coloração com a do resto do corpo, que, a essa altura, exibia uma tonalidade alaranjada, em decorrência do Pro Tan[195]; um batom que elevasse a voluptuosidade dos lábios, ressecados pela privação de líquidos; unhas postiças tão grandes que tornavam difícil até a tarefa mais simples, como pegar um copo d'água; lápis que "abrissem" os olhos cansados e cílios que os deixassem sensuais, mesmo suplicantes.

De fato, como pude presenciar, quando subiam ao palco, a imagem do corpo das atletas tinha a capacidade de capturar o olhar dos jurados, quase sempre homens, e do público, normalmente barulhento e reativo. E ouvia-se de tudo: assovios, palmas, gritos, palavras lançadas às competidoras, muitas vezes chamadas de "gostosas", além de comentários sobre sua aparência. E, quanto mais as atletas seguissem um padrão corporal

[195] Marca de *spray* para pintura corporal dos(as) atletas.

associado ao desejo masculino, o que acontecia especialmente nas categorias menos musculosas, mais os homens se agitavam. Comentários depreciativos também eram bastante comuns entre homens e mulheres, embora, no último caso, fossem mais raros. O motivo era quase sempre o mesmo: a existência de algum "desvio" relativo ao padrão de feminilidade idealizado por atletas e simpatizantes do esporte.

Outra regra implícita, não exibida em nenhum registro divulgado pelos organizadores dos torneios, fossem eles grandes ou pequenos, mas que não passava despercebida pelas competidoras, era a necessidade de que possuíssem seios fartos. Como afirmei no tópico anterior, a obediência a essa determinação também se dera no caso de Larissa, que colocou próteses de silicone anos antes de estabelecermos o primeiro contato. Por ter uma carreira bem mais recente que a de Larissa, uma espécie de "mentora", Jeska só foi "resolver" o "problema" recentemente, em 2018. Com a cirurgia ficou quase um ano afastada das competições e dos treinamentos. Para garantir que não precisasse repetir o procedimento tão cedo, quis botar 500 ml em cada seio, ficando um tanto decepcionada por seu médico ter resolvido adotar uma abordagem conservadora e só concordar com 450 ml. Após essa "turbinada", os planos eram conseguir ir bem nas competições e, quem sabe, percorrer o mesmo caminho da amiga: conseguir o Pro Card e virar uma profissional de sucesso no esporte.

Tendo acompanhado alguns torneios de fisiculturismo, às vezes parecia a mim que, quando subiam ao palco para competir, os músculos das mulheres eram apenas um "detalhe" na avaliação dos jurados e do público, tamanha a lista de predicados que precisavam exibir. Minha suspeita era a de que todo o controle sobre a configuração somática das atletas, que encontrava antecedentes no regime farmacopornográfico (no caso das fisiculturistas, isso se dava de forma ainda mais marcada pelo "peso" da maquiagem e pela intensidade e grandiosidade dos acessórios, remetendo, por vezes, a uma estética *drag*[196]), buscava ofuscar uma verdade desconcer-

[196] "Normalmente, *drag queens* não são essencialmente consideradas transgêneros; para alguns autores, essa prática pode ser mesmo entendida como uma categoria de trabalho teatral (Baker, 1994; Jesus, 2012; Chidiac & Oltramari, 2004). Por outro lado, Caproni Neto (2016) argumenta que desassociar *drag queens* do contexto do dinamismo de gênero pode apenas parcialmente abarcar a realidade da situação. Essa divergência acontece porque *drag queens*, apesar de manifestar uma feminilidade exagerada nas performances, com frequência mantêm alguns elementos do gênero masculino na vida diária (Chidiac & Oltramari, 2004)" (OLIVEIRA *et al.*, 2018, p. 6, tradução nossa).

tante: a de que o gênero é fruto de uma produção microprotética, pela qual o poder atua por meio de

> uma molécula que vem a formar parte de nosso sistema imunológico, do silicone que toma a forma de seios, de um neurotransmissor que modifica nossa forma de perceber e atuar, de um hormônio e sua ação sistêmica sobre a fome, o sonho, a excitação sexual, a agressividade ou a decodificação social de nossa feminilidade e masculinidade (PRECIADO, 2008, p. 67, tradução nossa).

Ao elogiar sua categoria por apresentar "o bom dos dois lados", Jeska sinalizava, da mesma forma, a dimensão performativa do gênero, isto é, que a diferença entre masculinidade e feminilidade não era um dado "natural", mas produto de um recorte específico, consequência, por sua vez, de um emaranhado de agências culturais, biológicas, materiais e discursivas. Como *figure*, portanto, podia, ao um só tempo, possuir músculos bem desenvolvidos e usar os mesmos acessórios presentes nas categorias mais "femininas".

Em razão da relação precoce com o esporte, seu corpo possuía uma qualidade definida por ela como "maturidade muscular". Em outras palavras, apesar de a entrada no fisiculturismo ter se dado de certa forma tarde, quando tinha 32 anos, conforme me revelou em diálogo realizado no dia 18 de setembro de 2018, seu atleticismo lhe conferiu a habilidade de conquistar, em pouco tempo, uma musculatura competitiva, com vascularização, densidade e volume. Por causa disso, em 2015, após alguns meses de treinamento, já conseguira participar da primeira competição.

O início na modalidade ocorreu de maneira inesperada. Um dia, enquanto malhava em uma academia de ginástica com certa tradição na preparação de fisiculturistas – a essa altura da vida, Jeska trabalhava como atendente de *telemarketing* e era mãe de um garoto de dez anos – foi abordada por um instrutor que vira nela o potencial de competidora. A condição para receber o apoio técnico é que Jeska se tornasse "sua" atleta[197].

[197] No fisiculturismo, como em outros esportes, certos(as) treinadores(as) desenvolviam uma atitude "possessiva" com os(as) atletas, ultrapassando, muitas vezes, o que se esperaria de uma relação estritamente profissional. Isso parecia se dar em virtude de a competência e a habilidade daqueles(as) se apresentarem nos corpos dos(as) competidores(as) a quem orientavam. Os bons resultados dos(as) atletas nos campeonatos representavam, assim, a possibilidade de sucesso profissional

Disse-me que, apesar de já vir se exercitando com afinco antes mesmo do convite, passando a prestar mais atenção, por motivos estéticos, na atividade física e na alimentação, nunca lhe passara pela cabeça a ideia de se tornar fisiculturista. À época, sequer tinha informações suficientes sobre a modalidade que, ainda hoje, apesar do rápido crescimento do mercado *fitness* e da indústria de fármacos e suplementos esportivos, tem caráter marginal. Apesar disso, aquela possibilidade a pôs pensativa, reascendendo um fogo que se encontrava adormecido.

Desde a adolescência, praticara esportes de maneira assídua, chegando a fazer parte das seleções de *handball* e vôlei do colégio onde estudava, momento em que vislumbrou a possibilidade de seguir carreira como atleta. Disse que a falta de incentivo dos familiares pesou muito a favor do afastamento do esporte, situação que se complicou ainda mais com o nascimento do primeiro e único filho, quando tinha apenas 22 anos.

No entanto, uma nova oportunidade batia à porta, e ela decidiu levar a questão ao marido. Ao conversar com Alyssandro, que então trabalhava como contador, teve de lidar com uma reação difícil. De início, o homem se colocou em frontal oposição a que a esposa ficasse "se exibindo de biquíni por aí", sujeita aos olhares e ao assédio masculino. O estigma que havia contra as fisiculturistas, de que se tratavam de "mulheres fáceis" e que não se "davam o respeito", também pesou contra a escolha de Jeska. Para seguir em frente, precisou realizar um árduo trabalho de convencimento de Alyssandro, o qual só acabou cedendo ao assistir pela primeira vez, por sugestão da esposa, a uma competição.

Antes de dar o empurrão que faltava à Jeska, lhe impôs a seguinte condição: embora não entendesse nada da modalidade, só a "deixaria" competir se aceitasse ser treinada por ele. A *figure* acabou acatando o pedido, e, ainda em 2015, os dois ficaram sabendo de um curso de poses que seria realizado na Hércules Gym, durante o Carnaval. O interesse fez com que renunciassem aos festejos a fim de se inteirarem sobre um dos elementos mais importantes do esporte, cujo domínio era essencial para

e reconhecimento também para os(as) treinadores(as), fazendo com que o destino deles estivesse, inevitavelmente, ligado. Umas das consequências disso, nos casos mais graves, era a tentativa de gestão de todos os aspectos da vida dos(as) competidores(as), saindo do campo puramente profissional e adentrando outras dimensões da vida, como a afetiva, por exemplo. Mais especificamente em relação ao fisiculturismo, a intensidade da relação "treinador-atleta" era tão grande que chegava a ser bastante comum casos de mulheres treinadas pelos maridos. Curiosamente, o inverso, atletas homens orientados pelas esposas, até onde pude perceber, era bem menos usual.

uma carreira vitoriosa. O resultado dos primeiros esforços não demorou a aparecer: Jeska estreou com vitória em uma competição amadora, representando a Hércules Gym.

Por acreditar ter a "bunda grande" e as "pernas grossas", disse-me que a ideia inicial era se tornar uma *wellness*. Porém, após a avaliação da estrutura física por pessoas mais entendidas, logo desistiu. Segundo lhe contaram, possuía o tronco muito desenvolvido para a categoria, o que sempre lhe traria problemas na construção do *shape* para os campeonatos. Por essa razão decidiu competir na Figure.

Mas nem a mudança de planos foi capaz de resolver, plenamente, os problemas previstos. Por ser corpulenta e pelo fato de a musculatura ter atingido uma boa "maturidade", o tronco e os bíceps de Jeska acabavam se desenvolvendo demais com os treinamentos, ultrapassando os limites estabelecidos. Durante o período em que pude acompanhá-la, ao longo da preparação para o Norte-Nordeste de fisiculturismo (RN) e para o Mr. Olympia (SP), ambos em 2019, foi ventilada a possibilidade de que subisse de categoria. Esse parece ter sido, inclusive, um dos motivos do desentendimento entre ela e Alyssandro na competição que aconteceu em São Paulo.

Embora, em outras circunstâncias, a iniciativa pudesse ser considerada invasiva, Lucas e especialmente Larissa, por serem amigos do casal e possuírem muita experiência no esporte, conseguiam expor sua opinião a respeito do caso sem tantos problemas. Achavam que Jeska estava "forçando a barra" para permanecer em uma categoria que não era mais a sua e que isso a impedia de alcançar todo seu potencial. Como *figure*, tinha de fazer um corte de peso brutal, acarretando baixa imunidade e lesões musculares, cujas consequências eram amenizadas pelo recurso aos anabolizantes, os quais a ajudavam a suportar a extensa carga de treinos.

A saúde de Jeska parecia alarmar Larissa, que trazia o assunto à tona sempre que o nome da amiga surgia entre nós. Essa dinâmica acabou adquirindo importância na pesquisa, uma vez que não pude estabelecer com Jeska relação de confiança suficiente para que me revelasse os acontecimentos por trás da preparação. Por vezes, sentia que tinha tanto acesso à vida dela quanto os seguidores no Instagram, em virtude de suas falas contemplarem quase sempre os aspectos mais positivos da vida como atleta. Em razão disso, as aberturas que consegui estabelecer em seu discurso se deveram a informações fornecidas por outras pessoas, além da observação das interações com Alyssandro, com o casal Larissa e Lucas e com outros(as) competidores(as) durante o Mr. Olympia.

Especialmente em seu caso, a escassez dos encontros – a agenda de Jeska era muito corrida, e raramente tinha possibilidade de atender meus pedidos para que conversássemos – acarretou a necessidade de dar mais atenção aos vestígios, rastros e pistas infinitesimais capazes de "captar uma realidade mais profunda" (GINZBURG, 1999, p. 150).

Por exemplo, fiquei sabendo de uma das enfermidades da *figure* por acaso, quando lhe perguntei por WhatsApp o dia em que subiria ao palco para competir no Muscle Contest 2019, realizado no mês de agosto em São Paulo, evento para o qual eu já comprara passagem, na intenção de vê-la competir. Por mensagem, disse-me que havia desistido de ir porque ficara impossibilitada de continuar a preparação.

Outra vez, não pôde comparecer a um encontro marcado comigo, porque deslocara a articulação de um dos ombros. Na ocasião, realizava a fase de corte de peso (*cutting*) e, segundo as próprias palavras, estava "muito magra e cansada". Em decorrência disso, ao tentar colocar uma barra de ferro, montada com anilhas, nas costas de uma aluna – assim como Larissa, Jeska também trabalhava como *personal trainer* – a musculatura dos ombros acabou cedendo. Dessa forma, todo o peso caiu sobre uma das clavículas, a qual tampouco foi capaz de dar conta do esforço, saindo do lugar momentaneamente. O pequeno acidente resultou em inflamação e inchaço no local, o que acabou a deixando afastada dos treinos por um tempo.

A explicação sobre o que a impedira de me encontrar era a segunda "versão" do mesmo evento, dita a mim presencialmente, quando enfim pudemos remarcar a conversa. A primeira me foi comunicada por WhatsApp, quando, tendo passado 30 minutos do horário acordado, mandei-lhe mensagem perguntando se algo havia acontecido. Jeska respondera que não poderia comparecer, pois machucara o ombro ao realizar um exercício para as costas (remada unilateral no banco) com uma carga maior do que devia.

Era possível que as duas situações tivessem ocorrido no mesmo dia e que Jeska culpasse ambas pela lesão. Minha hipótese, no entanto, era que, ao escrever a mensagem, ainda preservava o "espírito" positivo, na tentativa de realizar uma espécie de "edição" da rotina, revelando a mim apenas os melhores momentos. Conforme dizia a primeira mensagem, tinha se machucado não porque estava muito "magra e cansada", mas porque tentara levantar um peso além das possibilidades, dando a ver a busca pela ultrapassagem dos próprios limites. Ao me encontrar dias depois, talvez esquecida da primeira versão, acabou deixando a "verdade" escapar e, com ela, o "real" motivo do machucado.

Minha intenção em trazer esse acontecimento, aparentemente irrelevante, não é garantir a manutenção do lugar privilegiado do pesquisador(a) como enunciador(a) da verdade, isto é, como aquele(a) que detém a "palavra final" sobre os sentidos em jogo no campo. Mais do que estabelecer um juízo sobre qual das versões seria, de fato, a "correta", o que me interessa é mostrar o quão complexa é a trama material-discursiva nas quais se encontram enredados os corpos de minhas interlocutoras. Dessa forma, se me aproximo do método morelliano[198], partilhando da convicção de que devemos dar atenção aos indícios, por menores que sejam, na lida com enquadramentos complexos, dele me afasto por estar menos interessado em seguir um conjunto de pistas na tentativa de definir um sentido unívoco e mais em abrir, como o xamã ou o psicanalista, as possibilidades do discurso, a fim de permitir que os circuitos do desejo (meu e de minhas interlocutoras) sejam acionados.

Por tudo isso, arrisco dizer que o rigor na preparação de qualquer fisiculturista era ainda maior no caso de Jeska, que preferia se submeter a um corte de peso severo, chegando inclusive a "catabolizar"[199], a competir entre as *women's physique* – categoria que a impossibilitaria acessar certos signos associados a feminilidade, como salto alto e uma "muscularidade" mais "contida".

Com o olhar técnico e analítico, Larissa insistia na necessidade da mudança. Na percepção dela, um dos indícios mais flagrantes era o volume muscular alcançado pelos braços de Jeska durante a fase de *bulking*, demasiadamente "grossos" para uma *figure*. A despeito da constante atenção à negociação entre "masculinidade" e "feminilidade" na fabricação corporal de Jeska, outros dois eventos corroboravam o "diagnóstico" da *physique*.

---

[198] Ver *Mitos, emblemas, sinais: morfologia e história* (1999), de Carlo Ginzburg.

[199] Quebra das fibras musculares para produção de energia pelo organismo, após outras fontes energéticas, como carboidratos e gorduras, terem sido esgotadas.

No dia 12 de fevereiro de 2019, seguindo as "rotas de dor" indicadas em nossas interações e em minhas experimentações corporais, conversamos longamente sobre a relação entre lesões e limites corporais. Ao lhe perguntar se gostava de pegar "pesado" (dependendo do tipo de treino, essa não era uma condição *sine qua non* para a construção de músculos grandes, sendo mais determinantes o número de repetições e a velocidade dos movimentos), Jeska respondeu que dependia da quantidade de carboidratos que tivesse ingerido no dia. Quando não estava bem alimentada, o risco de lesões aumentava muito com a subida das cargas, fazendo com que os machucados, como o que teve no ombro, se repetissem com frequência.

Segundo ela, esse havia sido um dos piores acidentes da carreira, superado, no entanto, por um outro, ocorrido três anos atrás.

Durante a preparação para uma das primeiras competições, teve uma ruptura parcial no tendão do bíceps esquerdo. Os torneios em sequência e as desidratações repetidas provocaram uma fragilização geral dos tecidos, que, sem a lubrificação adequada, se tornaram suscetíveis a lesões. Em um treino normal de braços, o corpo, ainda carecendo da recuperação necessária, foi submetido a um esforço maior do que podia, e a ruptura veio como um sinal tardio de que havia exagerado. Na ocasião, interrompeu o treinamento imediatamente, ainda sem desconfiar da gravidade do machucado. Durante a realização do exame médico, ficou sabendo que, embora não houvesse indicação cirúrgica, precisaria passar seis meses afastada, tempo necessário para que o tecido se recuperasse plenamente.

Situações como essas eram especialmente graves no caso de atletas amadores(as), que sobreviviam no esporte a partir de pequenas ajudas de patrocinadores locais. A impossibilidade de competir, nesses casos, ocasionava muitas vezes a interrupção da parceria, tornando os gastos com a recuperação e a preparação ainda mais sentidos.

Mais à frente, na mesma conversa, Jeska me revelou outra situação em que o corpo acusara o "golpe". Na fase de *cutting*, a um mês do campeonato Norte-Nordeste, realizado em 16 de março de 2019, seguia à risca os protocolos de dieta elaborados pelo nutricionista, a fim de garantir o corte de peso e a redução do volume corporal, quando, em exame de rotina, teve o percentual de gordura avaliado. Segundo ela, o *cutting* vinha sendo tão "bem-feito" que até as taxas lipídicas viscerais haviam baixado, algo que nunca ocorrera antes. Isso, entretanto, provocou um efeito perigoso, pois o baixíssimo percentual de tecido adiposo no corpo resultou em um desequilíbrio hormonal generalizado.

A espécie de empenho demonstrado por Jeska na busca pelo "corpo perfeito" remetia à crueza e à carnalidade de uma *performance* proposta por Cassils, a qual, em muitos aspectos, inclusive físicos, se aproximava do esforço envolvido na prática corporal da atleta.

Figura 16 - *Hard Times* (2010)

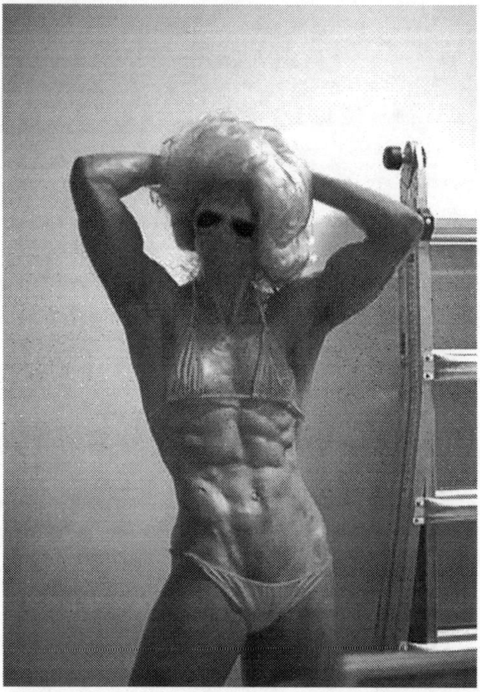

Fonte: Cassils (2010).

Segundo texto disponível no portfólio visual do artista (CASSILS, 2010), *Hard Times* [Tempos duros, no sentido de "difíceis"] (2010) era sobre

> a produção e o esforço consequente de sustentar uma imagem superficial. Todos os aspectos da produção estão presentes: iluminação,

efeitos especiais, coreografia, som e um corpo altamente treinado e bem cuidado. A *performance* emula o olhar congelado de um *still*. O efeito não é teatral, mas cinemático. O público tem a experiência de estar em um *set*, testemunhando uma tomada. Cassils leva adiante essa exploração pela utilização de andaimes, equipamentos especiais de iluminação, equipe e um maquiador de efeitos especiais. A imagem central é a de Tirésias, o profeta cego de Tebas, famoso por ter se transformado em mulher. Esse poder profético era ligado à mitologia por essa travessia de gênero – e desacreditado pelas pessoas. Cassils performa *Hard Times* cega, usando uma máscara protética que faz parecer terem os olhos sido removidos das órbitas. Ele usa uma peruca loura fixada por laquê e o bronzeamento profundo de uma fisiculturista. Vestido com uma tanga coral, se balança pouco mais de dois metros acima do solo em uma placa de madeira escorregadia, sustentada pelo andaime. Por seis minutos, performa uma rotina de fisiculturismo em câmera lenta. Cassils manipula o corpo nas poses com uma lentidão muito controlada, deliberada e metódica, emprestada da dança butô[200]. Segurar essas contrações musculares profundas por períodos extensos causa uma sobrecarga no sistema nervoso central – todos os músculos convulsionam e tremem sem controle. Cultural e politicamente, estamos em um estado de apodrecimento de dentro para fora. *Hard Times* responde a uma cultura de consumo e negação com a imagem de um corpo que crepita e que se contorce no esforço de manter a superfície bem cuidada (CASSILS, 2010, tradução nossa)[201].

[200] "Seguindo a estética das artes que tinham como proposta a subversão das convenções, caracteristicamente assumidas pelas vanguardas, o Butô busca uma forma de expressão que não seja necessariamente coreografada, nem presa a movimentos estereotipados que remetam a uma técnica específica. O Butô se preocupa em expressar a individualidade do butoka, sem máscaras e véus de alegoria; expressar o que o ser humano tem de verdade em sua alma, em seu espírito, mesmo que desvende o que pode haver de mais sórdido, solitário e sombrio no interior do dançarino. E, para que isso seja expresso, não é possível que a expressividade fique presa a convenções que mascaram a verdade da alma humana. O que deve ser feito, segundo a filosofia Butô, é libertar-se das formas do corpo e do pensamento" (BUTOH, 2020).

[201] No original: "This solo physical performance is about the production and effort that goes into upholding a superficial image. All aspects of production are present: lighting, special effects, choreography, sound, and highly trained and manicured body. The performance animates the frozen look of a film still. The effect is not theatrical, but cinematic. The audience has the experience of being on set, witnessing a "take". Cassils enhances this exploration by using scaffolding, special lighting equipment, crew, and a special effects make up artist. The central image is that of Tiresias, the blind prophet of Thebes famous for being transformed into a woman. This prophetic power is linked in mythology to his gender crossing — and was distrusted by people. Cassils performs *Hard Times* blind, wearing prosthetic mask that makes their eyes appear to have been removed from their sockets. They wear a frosted blond wig and the deep tan of a bodybuilding lady. Clad in a coral body thong, they teeter seven feet in the air on plank of slippery wood upheld by construction scaffolding. For six minutes they perform a body building routine in slow motion. Cassils manipulates their body into the poses with a very controlled, methodical and deliberate slowness borrowed from buto dance. Holding such deep muscular contractions for extended periods causes

Com a *performance*, Cassils se vale da gramática e da forma corporal das fisiculturistas para produzir um choque nos discursos que buscam engendrar políticas somáticas de gênero e estabelecer, no limite, um dizer sobre quais corpos deveriam ou não ser objeto de desejo - efeito que pesa ainda mais sobre aqueles e aquelas que se afastam dos padrões de normalidade. Dessa posição instituinte, a somatopolítica heteronormativa deflagra demandas subjetivas e sociais que suscitam a fabricação de corpos jovens, ortopedicamente generificados, musculosos (na medida certa), detentores de uma aparência geral de cuidado e limpeza, e ausentes de qualquer "ruído" capaz de lançar interrogação sobre sua imagem. Esse processo de normalização[202], como a *performance* de Cassils dá a ver, se insere dentro de uma dinâmica de gozo[203] e sofrimento.

Percebendo o fisiculturismo como uma espécie de nó enredando fios de intensidade, Cassils realiza não uma crítica à prática em si – afinal de contas, entre as muitas ocupações e habilidades está a de *bodybuilder* (FRIZZELL, 2013) –, mas a alguns dos complexos elementos – alguns visíveis, outros nem tanto – que compõem o emaranhado de relações presentificadas no esporte. Desse modo, em uma primeira camada, é possível entender os tremores e as contorções do corpo do artista, esforçando-se ao máximo para suportar a aparência de cuidado, como a encarnação de uma norma que o apresenta como potência, mas que, em verdade, o faz padecer, ao torná-lo objeto de um gozo alheio. Nesse sentido, *Hard Times* se vale da extrapolação de um conjunto de signos que marcam a prática do fisiculturismo – uma "muscularidade" extravagante e performatividades

---

an overload of the central nervous system – all their limbs convulse and shake uncontrollably. Culturally and politically, we are in a state of rotting from the inside out. Hard Times responds to the culture of consumption and denial with an image of a body that sputters and twitches with exertion to maintain its manicured surface".

202 Segundo Foucault (2009, p. 75), a "normalização disciplinar consiste em primeiro colocar um modelo, um modelo ótimo que é construído em função de certo resultado, e a operação de normalização disciplinar consiste em procurar tornar as pessoas, os gestos, os atos, conformes a esse modelo, sendo normal precisamente quem é capaz de se conformar a essa norma e o anormal quem não é capaz. Em outros termos, o que é fundamental e primeiro na normalização disciplinar não é o normal e anormal, é a norma. Dito de outro modo, há um caráter primitivamente prescritivo da norma, e é em relação a essa norma estabelecida que a determinação e a identificação do normal e do anormal se tornam possíveis".

203 "Lacan estabelece então uma distinção essencial entre o prazer e o gozo, residindo este na tentativa permanente de ultrapassar os limites do princípio do prazer. Esse movimento, ligado à busca da coisa perdida que falta no lugar do Outro, é causa de sofrimento; mas tal sofrimento nunca erradica por completo a busca do gozo" (ROUDINESCO; PLON, 1998, p. 300).

que, em certos casos, reforçam políticas de gênero instituídas – na intenção de falar para além dessas fronteiras, dando conta de um processo generalizado que marca a experiência corporal na pós-modernidade. Nesse sentido, de acordo com Preciado (2008, p. 45, tradução nossa), o "corpo pós-moderno se torna ao mesmo tempo coletivamente desejável e real graças a sua gestão farmacológica e a sua produção audiovisual"[204].

Mas há uma segunda dimensão que também é ativada no trabalho do artista. A máscara protética que recobre o rosto durante toda a *performance* o impede de enxergar as coisas à volta, transformando-o em mero objeto de observação. Mas não só. Ela aciona um arquivo que vincula a obra de Cassils ao famoso personagem mitológico Tirésias, o adivinho que ganhou poderes de clarividência após se tornar cego e que, antes disso, viveu sete anos como mulher.

Essa relação, estabelecida explicitamente pelo artista no texto de apresentação da obra, parece apontar para a existência de uma sabedoria advinda de experiências vividas na carne, disparando, pela abertura de novos campos de sentido agenciados por sua intra-ação com o mundo, outros possíveis aos processos de captura que tentam reduzir o corpo a um conjunto ordenado de signos.

Colocando de outra forma, ao contrário de uma "denúncia" dos "perigosos" efeitos do fisiculturismo para o corpo dos(as) praticantes ou das injunções sociais que fariam dele uma espécie de joguete das políticas somáticas em atuação, o que o trabalho de Cassils parece revelar, de fato, é a realidade do corpo como território de violenta disputa; do gênero como efeito político fantasmático de "processos técnicos de normalização" (PRECIADO, 2008, p. 110, tradução nossa) e de sua travessia como possibilidade de ataque à "estética da diferença sexual" (PRECIADO, 2008, p. 61, tradução nossa). A melhor leitura de seu trabalho, portanto, não é como peça de propaganda moralista contra o "risco" de práticas de corpo "radicais", mas como arma tecnobiológica, sexual, terrorista, monstruosa, a favor do desmantelamento das ficções de sexo/gênero. O trecho abaixo, relatando a experiência de Preciado (2008) com a testosterona em gel, constitui uma mesma constelação de sentidos com a *performance* de Cassils. Vejamos:

[204] No original: "El cuerpo posmoderno se vuelve al mismo tiempo colectivamente deseable y real gracias a su gestión farmacológica y a su promoción audiovisual".

> É certo que, para um corpo acostumado a regular seu metabolismo hormonal em torno da produção de estrogênio, o aumento intencional de testosterona no sangue é uma reprogramação endocrinológica. A totalidade das funções do corpo se vê afetada por uma pequena modificação hormonal: a vontade de comer e de foder, a regulação do fluxo sanguíneo e a assimilação dos minerais, o ritmo biológico do sono, a capacidade de esforço físico, o tônus muscular, o metabolismo, o sentido do olfato e do paladar. Em definitivo, toda a fisiologia química do organismo. Mas, apesar de nenhuma dessas modificações poder se qualificar como masculina, de todos os efeitos psíquicos e corporais causados pela autointoxicação à base de testosterona em gel, o sentimento de transgressão dos limites do gênero que me foi imposto socialmente é, sem dúvida, o mais intenso (PRECIADO, 2008, p. 110, tradução nossa)[205].

No caso de Larissa e de Jeska, pela quantidade de testosterona ingerida, a "reprogramação endócrina" referida por Preciado (2008) acontece em um nível ainda mais profundo, a ponto de produzir alterações morfológicas visíveis no corpo das duas, provocadas pela intensidade da intra-ação entre suas moléculas e as da testosterona sintética, consumida em grande quantidade para possibilitar a construção dos músculos.

Além dos efeitos engendrados pelas tecnologias somáticas mobilizadas na fabricação dos músculos, a história das atletas se ligava pelo papel representado por Larissa como uma das maiores incentivadoras de Jeska. Sobre isso, em 11 de setembro de 2018, a *figure* revelou que, mesmo tendo apenas ouvido falar da *physique*, procurou estabelecer contato na intenção de receber ajuda, o que resultou em um convite, já tarde da noite, a que comparecesse à academia onde Larissa treinava, na Cidade 2000.

Por ocasião de evento organizado pelo laboratório de pesquisa do qual faço parte[206], quando as atletas partilharam seu processo de fabricação corporal, fiquei sabendo que Larissa, de propósito, fizera aquele aceno

[205] No original: "Es cierto que para un cuerpo acostumbrado a regular su metabolismo hormonal en torno a la producción de estrógeno, el aumento intencional de testosterona en sangre es una reprogramación endocrinológica. La totalidad de las funciones del cuerpo se ven afectadas por una pequena modificación hormonal: las ganas de comer y de foliar, la regulación del riego sanguíneo y la asimilación de los minerales, el ritmo biológico del sueño, la capacidad de esfuerzo físico, el tono muscular, el metabolismo, el sentido del olfato y del gusto. En definitiva, toda la fisiología química del organismo. Pero a pesar de que ninguna de essas modificaciones pueda calificarse como masculina, de todo los efectos psíquicos e corporales causados por la autointoxicación a base de testosterona en gel, el sentimiento de transgresión de los limites del género que me ha sido impuesto socialmente es, sin duda, el más intenso".

[206] Laboratório das Artes e das Juventudes (LAJUS).

inesperado ao casal – Jeska e Alyssandro tiveram que cruzar a cidade depois das dez – como uma forma de testá-los: queria saber o quão sérios e interessados estavam em seguir carreira no esporte. Tendo passado na "prova", receberam instruções da fisiculturista sem que cobrasse nada por isso. Esse acontecimento marcou o início da relação entre os casais, a qual veio se estreitando desde então, como pude perceber durante o Mr. Olympia 2019. Jeska, aliás, costuma expressar muita gratidão por Larissa, fazendo questão de dizer que esta lhe dera "muita força" para que realizasse seu desejo. Além do apoio subjetivo, descobri que o suporte da *physique* ia desde conselhos, passando por instruções técnicas, até o empréstimo de materiais.

Como afirmei, todo o apoio recebido, aliado à capacidade física de Jeska, fizeram com que as conquistas chegassem cedo. Ainda como amadora, ficou entre as seis mais bem colocadas no Arnold Classic South America em 2017, torneio que reuniu alguns dos maiores nomes do esporte no mundo. Também como amadora, no mesmo ano, classificou-se entre as três melhores no Natal Top Team (NTT), tradicional campeonato de fisiculturismo da região Nordeste, e esteve entre as cinco mais bem posicionadas no campeonato brasileiro de 2016.

Figura 17 – *Print* de *stories* de Jeska

Fonte: Barros (23 abr. 2019a).

Diante de tantos bons resultados, Jeska afirmou, em 11 de setembro de 2018, que seu objetivo para o futuro era alcançar o Pro Card, ranqueamento que lhe daria a possibilidade de competir entre as profissionais. Na prática, isso significava o aumento do reconhecimento como atleta, situação por si só benéfica, pois elevava as chances de patrocínio, e também o começo do recebimento de premiações em dinheiro, além da participação em competições fora do país, especialmente nos Estados Unidos, onde o mercado para o fisiculturismo é bem mais desenvolvido que no resto do mundo.

Para que tal acontecesse, Jeska teria que se sagrar campeã em algum dos torneios amadores internacionais vinculados à IFBB, concorrendo com atletas de diversos Estados do Brasil e também de outros países. A dificuldade conferia à conquista um caráter quase onírico e, por vezes, ao tocar no assunto, seus olhos se perdiam no horizonte, presos à contemplação do futuro. Em outros momentos, mantinham-se friamente concentrados, como se, pela mira de uma arma, perscrutassem um alvo fixo, enquanto se detinha na execução das pequenas tarefas cotidianas que, pouco a pouco, iam lhe garantindo as habilidades e os atributos físicos necessários para que se tornasse a "melhor de todas".

Enquanto competia como amadora, não recebia nenhum valor em dinheiro pelos resultados, contando apenas com patrocínios que vinham na forma de produtos (suplementos alimentares, materiais esportivos) e de serviços – estéticos (drenagem linfática e limpeza de pele, por exemplo) e de recuperação física (ventosaterapia[207], fisioterapia) – em troca da divulgação, nas redes sociais, do trabalho dos respectivos profissionais. Esse tipo de acordo, por exemplo, garantiu à Jeska a possibilidade de colocar próteses de silicone por um preço bem abaixo do praticado no mercado, tendo efetuado parte do pagamento por meio da publicidade, no Instagram, do cirurgião plástico que lhe operou. Não fosse esse "jogo de cintura", dificilmente conseguiria continuar treinando e participando de competições, pois todas as despesas com preparação, alimentação e viagens ficariam por sua conta.

[207] "tipo de tratamento natural no qual são usadas ventosas para melhorar a circulação sanguínea em um local do corpo. Para isso, as ventosas criam um efeito de vácuo, que suga a pele, resultando em um aumento do diâmetro dos vasos no exato local. Como resultado, existe uma maior oxigenação desses tecidos, permitindo a liberação das toxinas no sangue e do músculo com mais facilidade" (PINHEIRO, 2020).

Para conseguir as permutas era fundamental que Jeska tivesse muitos "seguidores"[208] em sua rede de compartilhamento de imagens. Quanto maior fosse o "público", maiores também seriam as chances de as marcas apostarem em uma parceria com ela ou com o serviço de assessoria que criara com o marido, a AJ Team, especializada em consultorias técnicas para fisiculturistas e para pessoas que buscavam melhorar o físico de maneira geral. De modo a conseguir isso, Jeska era bastante assídua nas postagens no Instagram, usando os *stories* como principal ferramenta de divulgação do trabalho. Por meio de vídeos de curta duração, a atleta documentava a rotina de treinos, os quais começavam às cinco da manhã, com o aeróbico em jejum, indo, muitas vezes, até tarde da noite, quando encerrava o "diário" visual em alguma das academias frequentadas.

Como no caso de Larissa, o processo de fabricação corporal de Jeska envolvia uma série de etapas seguidas à risca, pavimentando o caminho para que se tornasse uma atleta de alto nível. Impressão também compartilhada pela grande maioria dos fisiculturistas, segundo me confidenciou em 11 de setembro de 2018, o pior não era a desgastante rotina de exercícios físicos – havia dias em que a atleta chegava a realizar até seis horas de *cardio* –, mas a dieta e as restrições alimentares, que constituíam um dos elementos centrais da prática corporal.

Até finalmente subir ao palco e à medida que a competição se aproximava, Jeska evitava o sal nos alimentos. Mesmo dentro dos limites recomendados para uma pessoa comum, o composto mineral provocava certa retenção de líquido, um dos principais vilões desse esporte, uma vez que dificultava a desidratação da pele, fazendo com que a musculatura ficasse *borrada*[209] e impedindo a visibilidade dos músculos. Quanto à ingestão de macronutrientes (carboidratos, gorduras e proteínas), Jeska seguia, em linhas gerais, protocolos semelhantes aos de Larissa. A comida era aproveitada, dessa forma, em horários específicos e em quantidades medidas, a fim de que não ingerisse nem mais nem menos nutrientes do que precisava para a construção da proporção adequada de músculos.

Para facilitar o consumo dos alimentos, era comum o que chamava de "manobras" alimentares. Estas tinham a intenção de garantir as calorias

[208] Jeska possuía cerca de 15,8 mil seguidores em fevereiro de 2020.

[209] Categoria nativa que diz do processo de perda de visibilidade da musculatura pela presença de água e gordura entre os músculos e a camada mais externa da pele.

necessárias, mesmo naqueles dias em que parecia impossível permanecer ingerindo, estoicamente, comidas feitas com um preparo mínimo. Uma delas envolvia, por exemplo, refeições liquidificadas. Jeska me contou que, às vezes, os competidores estavam tão exauridos dos treinamentos e da dieta, que o trabalho de mastigar uma grande porção de peito de frango – uma carne naturalmente "magra", seca e que facilmente se tornava "borrachuda" – apenas escaldado em água, virava um trabalho homérico. A comida na forma líquida, acrescida de verduras, legumes e mais alguma fonte de carboidrato, tinha uma dupla vantagem: o consumo rápido e a digestão eficaz. O sabor ficava em último plano, pois o que de fato importava era o acesso aos nutrientes de que o corpo precisava para continuar crescendo.

A informação foi revelada a mim no dia 30 de janeiro de 2019, em conversa na academia Hércules, após eu ter comentado com Jeska sobre uma reportagem, em vídeo, a que assistira no canal da revista norte-americana *Vice*[210] no YouTube. A matéria, intitulada "The Diet of a Champion Female Bodybuilder" [A dieta de uma *bodybuilder* campeã], revelava o cotidiano das "últimas" *bodybuilders*, após a extinção da categoria de quase todos os campeonatos de fisiculturismo. Uma delas, ao mostrar suas "manobras" alimentares, capturara instantaneamente minha atenção: cotidianamente, fora o consumo de *shakes* de proteína, fazia cinco refeições diárias de um preparado contendo 130 g de frango, 130 g de arroz e 50 g de repolho. Batia tudo com água e vários ovos (ao total 150 por semana) e, mesmo a comida tendo gosto de "uma sopa de frango que deu errado", como descreveu, bebia o líquido de uma vez, sem ao menos alterar a expressão do rosto. Para a atleta, os alimentos eram apenas um "combustível" e, quanto mais "limpos", "fáceis de digerir" e "nutritivos" fossem, melhor. Seguindo a rotina aparentemente entediante, mas eficaz, e juntamente ao uso de esteroides e ao treinamento com pesos, conseguira sair de 36 para 89 kg em apenas alguns anos.

Ao observar aquela espécie de "sopa" perfeitamente liquidificada, fria, espessa e coberta por uma camada de espuma branca, em virtude das bolhas de ar surgidas pela rotação das lâminas do eletrodoméstico, tive um arrepio no corpo, tamanho o "nojo" que senti ao ver a bebida sendo engolida em grandes goles. E foi com uma expressão correspondente a essa impressão que falei à Jeska da reportagem e da maneira, em minha

[210] THE DIET OF A CHAMPION, 2015.

visão "absurda", como a fisiculturista realizava a dieta. Com um sorriso um tanto constrangido, disse que às vezes se valia da mesma técnica quando estava exausta demais para mastigar.

A reação que tive a um elemento aparentemente tão cotidiano na prática dos fisiculturistas denunciava uma certa falta de compreensão do que realmente importava para aquelas mulheres. Mais do que a manutenção de um equilíbrio dinâmico entre "masculinidade" e "feminilidade" – as "invasões" aos territórios sígnicos correspondentes ao que seria "próprio" aos "homens" eram "compensadas" pela produção somática de características "inerentes" à "mulher" –, o que se revelava era a reconfiguração dos limites do gênero e, em última instância, do que as tornava "humanas".

À corporalidade (e à ontologia correspondente) nascida do fluxo de intensidades (emaranhados biotecnológicos) descritos até aqui poderia, portanto, dar o nome de "ciborgue" (HARAWAY, 2000). Esse novo "ser" se ligava ao arquivo mobilizado, no século XVII, pela racionalidade científica ocidental, em sua tentativa de estabelecer parâmetros e limites seguros a respeito de nossa "humanidade" (GIL, 2006). Radicalizando a experiência aberta pelas figuras que constituíam o imaginário do "monstro", o ciborgue, no entanto, alargava ainda mais as possibilidades do cruzamento de fronteiras e era o resultado da combinação do orgânico e do inorgânico, do "frio"/"seco" (plástico, silicone, silício, borracha) com o "quente"/"-molhado" (sangue, suor, saliva, sêmen, muco, fluido vaginal), do "mole" (pele, músculos, gordura) com o "duro" (metal), das correntes sinápticas cerebrais com os pulsos elétricos dos modernos computadores e aparelhos celulares, expandindo as circunscrições de nossos corpos e mentes pela conexão com artefatos tecnológicos e conexões digitais[211].

Assim como Larissa, o corpo de Jeska era fabricado por um conjunto de processos que alteravam a morfologia da carne e as próprias moléculas de seu organismo, as quais intra-agiam com uma gama de hormônios sintéticos e suplementos alimentares específicos (creatina, cafeína, taurina, Whey Protein, minerais, aminoácidos) para fazer do corpo uma máquina

[211] "Na obra *Telematic Embrace: Visionary Theories of Art, Technology, and Consciousness*, citada por Santaella, Roy Ascott cria os conceitos *wet* (molhado), *dry* (seco) e *moist* (úmido), para analisar os efeitos da interação homem-máquina no substrato orgânico/inorgânico. Em suma, ele propõe que do silício (*dry*) das placas dos microprocessadores, a nanotecnologia e os sistemas técnicos auto-organizados – ou autopoéticos, para usar a nomenclatura de Maturana ao se referir aos seres vivos como entes sistêmicos – irão se tornar cada vez mais úmidos (*moist*), à medida que entrarem em contato com a organicidade molhada (*wet*) do corpo humano" (ARAÚJO, 2016, p. 77).

de alto rendimento[212], cuja ação era mantida não mais por alimentos, senão por um combustível isento de impurezas e de qualquer outro elemento ou partícula que não contribuía para a consecução do objetivo último: o ganho de músculos. No limite, a própria subjetividade de Jeska e das outras fisiculturistas era alterada por sua prática somática. O que nós, pessoas "comuns", enxergávamos como "sacrifício", "exagero" ou "risco" era compreendido por elas como a realização de uma necessidade objetiva, visando à conquista de uma finalidade maior. Nesse sentido, a ingestão de um alimento considerado desagradável por mim era vivida por elas como uma condição, ou melhor, uma etapa sem a qual não poderiam atingir a corporalidade que buscavam tão incansavelmente.

Não é que a dimensão do prazer estivesse completamente afastada de suas vidas. Na realidade, o que acontecia é que o que entendemos por "prazeres da carne" (drogas sintéticas, festas, cigarro, bebidas alcoólicas, sexo, *junkie food*) se apresentava a elas de outra maneira, pois o que importava, mais uma vez, era incorporação de um conjunto de procedimentos capazes de dotar sua carne de uma armadura tecno-orgânica (músculos), exibida em situações particulares (competições), através de uma sequência de movimentos (junto a outros tantos processos descritos anteriormente) responsáveis por conferir à "muscularidade" um regime de visibilidade máxima. Em outras palavras, tratava-se, pelo menos em certa medida, do "prazer da confusão de fronteiras" (HARAWAY, 2000, p. 37).

---

212 Maturana e Varela (1998) oferecem alguns pontos de apoio à reflexão sobre os limites da conexão entre humanos e máquinas. No livro *De máquinas y seres vivos: autopoiesis: la organización de lo vivo*, com o objetivo de sintetizar a dinâmica constitutiva dos organismos, Maturana propõe o conceito de autopoiese para indicar uma característica marcante neles: a capacidade de regular e operar todos os aspectos de seu viver. Além disso, o conceito se alia a outro projeto, cujo principal interesse é a investigação da capacidade interpretativa dos seres vivos e que concebe as pessoas não apenas como "descobridores", mas como agentes da constituição do mundo. Outra implicação do pensamento de Maturana, desenvolvida por Varela, é a compreensão de que "os sistemas vivos constituem uma classe de máquinas, autopoéticas, contando com uma organização mecanicista, de onde se originam suas propriedades. Em suma, as máquinas autopoiéticas seriam mecanismos cujas relações de produção que os definem são constantemente regeneradas pelos componentes que os produzem (MATURANA & VARELA, 1998) (...) Desse modo, à diferença de máquinas dinâmicas como os automóveis, por exemplo, incapazes de engendrar os processos de produção dos componentes que as especificam como unidades, já que tais componentes são produzidos por outros processos que não constituem sua definição de organização, as máquinas autopoiéticas subordinam suas transformações à conservação de sua própria organização, mantendo sua identidade, independentemente da interação com um observador. Suas operações estabelecem seus próprios limites no processo de autopoiese, não possuindo nem entradas, nem saídas (MATURANA & VARELA, 1998)" (ARAÚJO, 2016, p. 78).

Ainda nas palavras de Haraway (2000, p. 36), um ciborgue seria, portanto, "um organismo cibernético, um híbrido de máquina e organismo, uma criatura de realidade social e também uma criatura de ficção. Realidade social significa relações sociais vividas, significa nossa construção política mais importante, significa uma construção capaz de mudar o mundo". Outra consequência explícita da radicalidade ciborgue, surgida da urdidura de uma carne regenerada, mutante, é a evidenciação da natureza técnica do gênero (PRECIADO, 2008), pois:

> O sexo-ciborgue restabelece, em alguma medida, a admirável complexidade replicativa das samambaias e dos invertebrados – esses magníficos seres orgânicos que podem ser vistos como uma profilaxia contra o heterossexismo. O processo dos ciborgues está desvinculado do processo de reprodução orgânico (HARAWAY, 2000, p. 36).

Fruto proibido de incorporações monstruosas, demoníacas, espectrais, moleculares, vegetais, perigosas, animais, o ciborgue destroça as tentativas totalizantes de um humanismo que se fez à base de recortes violentos e de processos de segregação que conferiram a um tipo muito específico de corporalidade (ocidental, masculina, branca e heterossexual) o estatuto de humano, "aquele ser que é o autor de um cosmo chamado história" (HARAWAY, 2000, p. 49), legando aos corpos colocados fora desse enquadramento o signo da anormalidade, da aberração, do que deveria ser explorado ou, em último caso, eliminado[213]. Como uma de suas consequências imprevistas, é ao desmanche do universalismo humanista que os corpos ciborgues se dirigem. As palavras da artista trans Castiel Vitorino Brasileiro (2019) mostram o caminho e desvelam o segredo. Escutemos:

> E digo e repito: não quero ser Humana! Sou água mole, pedra dura, planta que cura e perfura. Eu sou travesti macumbeira e se fui na farmácia comprar hormônio é porque meu corpo é e vive na encruzilhada. Preâmbulo nas estradas que possibilitam minha sobrevivência e se precisar eu mudo de caminho na velocidade da luz vermelha! Sou bixa turmalina e meu feitiço é de aglutinar e redestribuir. Arreda homem que aí vem eu: corpo de arruda, cabelo de ametista, mãos de fogueira azul. Perfume que cura e maltrata. Sou uma ancestral do futuro (2019, p. 9).

[213] Ver *Necropolitics* (2003), de Achille Mbembe.

Como se pôde ler no texto de Castiel, os ciborgues estão "continuamente reescrevendo o texto de seus corpos e sociedades" (HARAWAY, 2000, p. 90), embora, por se tratar de uma "realidade social e corporal vivida" (HARAWAY, 2000, p. 46), constituam identidades sempre parciais e sujeitas a contradições. E no caso de Jeska elas se deram a ver em diversos momentos. Em conversa no dia 11 de setembro de 2018, tentando saber um pouco mais de sua opinião a respeito das performatividades de gênero existentes no fisiculturismo, aproveitei a menção à possibilidade de subir de categoria para perguntar o que achava das mulheres que se posicionavam de forma crítica à extinção do *bodybuilding* feminino, sob a alegação de que as atletas estariam adquirindo um padrão corporal muito próximo ao dos homens.

Não tanto para minha surpresa, em virtude de certas posições assumidas em contatos prévios, Jeska disse não concordar muito com mulheres que insistiam em ultrapassar os novos limites impostos pelos órgãos de regulamentação do esporte. Embora se pusesse contrária ao discurso heteronormativo e suas essencializações sobre o "feminino" ao dizer que gostava de possuir um corpo cheio de músculos – não só nas pernas (membros cujo desenvolvimento muscular era, em geral, "permitido" às mulheres), mas também nos braços, peitos, ombros e costas –, achava que até o padrão *women's* a mulher ainda poderia "colocar um vestido e ficar legal". Passando disso, no entanto, acreditava não ser interessante ou adequado, por afetar sobremaneira a "feminilidade".

Diferentemente de Larissa, a qual acreditava não haver "limites" para as mulheres, Jeska parecia ter uma ideia bem delineada de como um corpo "feminino" deveria ser e até onde poderia ir. Aqui aparece uma questão interessante. Se, de um lado, em relação à sociedade em geral, a prática da *figure* desafiava certos dispositivos de controle somáticos, de outro parecia bem-adaptada aos disciplinamentos que alargavam a performatividade do gênero "feminino", porém só até certo ponto, além do qual eram constituídos novos espaços de marginalidade e inadequação[214] (hoje em dia mui-

[214] Ao criticar os limites de um feminismo fundamentado em uma noção estável da categoria "mulher", Butler (1999) afirma que a expansão de espaços de inclusão baseados em uma política identitária produz, como consequência direta, zonas de exclusão, povoada por todos os corpos "incapazes" de subscrever aos predicados demarcadores de posições de poder. Dessa forma, para garantir a admissão de sujeitos historicamente alijados desses postos (mulheres e homossexuais, por exemplo), cria-se um Outro, destinado, agora, a portar em si a marca da diferença. Não à toa o feminismo liberal tem conseguido, cada vez mais, ocupar espaços decisórios e de circulação de

tas das mulheres que costumavam competir como *bodybuilders* tiveram que "escolher" entre duas "opções": ou se adaptar aos novos padrões ou ficar impedidas de seguir a carreira).

Enodado em uma complexa malha discursiva e sendo ele mesmo um "mundo de matérias em fluxo" (INGOLD, 2012, p. 36), o corpo de Jeska poderia ser compreendido a partir de uma dupla perspectiva[215], cada uma revelando "tanto dominações quanto possibilidades que seriam inimagináveis a partir de outro ponto de vista" (HARAWAY, 2000, p. 46). Acompanhando a intuição de Haraway (2000) até as últimas consequências, é possível afirmar que o conceito foucaultiano de "biopolítica"[216] não passaria "de uma débil premonição da política-ciborgue" (HARAWAY, 2000, p. 37), com suas injunções e potências próprias. Desse modo, pensar com a corporalidade da atleta significa levar em consideração os poderes

riquezas, em que pese o aprofundamento da precarização e da violência, simbólica e real, contra os corpos das mulheres negras e trans.

215 Concordando com a consideração de Barad (2007) de que pensar em termos "reflexivos" ainda é se manter preso a um representacionalismo residual, penso que a noção de "dupla perspectiva" não dá conta das intra-ações em jogo na fabricação da "muscularidade" das fisiculturistas. Nesse sentido, deslocando a percepção de Haraway e forçando seus limites por uma metodologia difrativa, seria possível dizer que essas duas dimensões – "dominações" e "possibilidades inimagináveis" – não podem ser propriamente isoladas, na medida em que são produzidas por sua interferência, isto é, pelos padrões diferenciais que as constituem em suas intra-ações. Não se trata, desse modo, de afirmar que os condicionamentos e as possibilidades estejam dados antes da fabricação dos corpos de minhas interlocutoras, sendo constituídos à medida mesmo que ocorre sua formação como resultado da produção de padrões diferenciais de materialidade. Se escolhi continuar com a terminologia proposta por Haraway, no entanto, foi por considerá-la didática.

216 Reverberando a crítica de Haraway (2000), Barad (2007) afirma que Foucault propõe uma reflexão incompleta da historicidade do corpo. Em suas palavras: "Por toda ênfase de Foucault na anatomia política do poder disciplinar, ele falha em oferecer uma consideração da historicidade do corpo no qual sua própria materialidade exerça um papel ativo no funcionamento do poder. Essa reinscrição implícita da passividade da matéria é uma marca da permanência de elementos do representacionalismo que assombram seu pensamento profundamente pós-representacionalista. Porém, essa não é sua única limitação. Como Haraway (1997) corretamente aponta, a noção de Foucault do campo biopolítico é seriamente ultrapassada e incapaz de levar em consideração as novas práticas tecnocientíficas que continuamente retrabalham os limites entre 'humano' e 'não humano'" (BARAD, 2007, p. 65, tradução nossa). Já Preciado (2008) aponta no pensamento de Haraway a emergência da noção de tecnobiopoder. Não se trata agora apenas do poder "sobre a vida, do poder de gestionar e maximizar a vida, como queria Foucault, mas de poder e controle sobre um todo tecnovivo conectado" (PRECIADO, 2008, p. 40, tradução nossa). Mais à frente, o filósofo espanhol continua: "Foucault parece passar ao largo de um conjunto de transformações profundas das tecnologias de produção da subjetividade que se sucedem a partir da Segunda Guerra Mundial e que nos obrigam a conceitualizar um terceiro regime de subjetivação, um terceiro sistema de saber-poder, nem soberano nem disciplinar, nem pré-moderno, nem moderno, um regime que leve em consideração o impacto das novas tecnologias do corpo na construção da subjetividade" (PRECIADO, 2008, p. 66, 2008, tradução nossa).

disciplinares em ação no fisiculturismo, os quais aparecem mais vivamente quando seu caminhar equilibrista ameaça lançá-la na encruzilhada "homem/mulher", e refletir sobre os agenciamentos produzidos pela materialidade do corpo em intra-ação com as práticas tecnocientíficas que o constituem.

Refletindo com a ficção ciborguiana de Haraway (2000), parece ser plausível dizer que a experiência corporal das atletas, mais do que marcar um trânsito entre gêneros, dentro de uma lógica "compensatória" em que eventuais avanços em direção a um "lado" corresponderiam a recuos em direção ao "outro", aponta para a possibilidade de um corpo que, nascido do emaranhado agencial de uma multiplicidade de materialidades em fluxo, seja todo ele ultrapassagem.

Tanto em Larissa quanto em Jeska, portanto, pensar em termos de "masculinidade" e "feminilidade" se torna insuficiente, pois os cruzamentos entre um campo e outro, como afirmei, representam apenas a dinâmica mais aparente em jogo. Por trás disso, há outra mais importante, que dá conta do potencial latente na corporalidade delas. Percebidas como entidades tecnovivas e multiconectadas capazes de incorporar tecnologia (PRECIADO, 2008) e tendo em perspectiva os processos mobilizados em sua produção, é possível afirmar, como um dos vieses da dupla perspectiva apontada acima, que suas materialidades ameaçam dualidades fundamentais à experiência da modernidade[217].

Em vista de tudo isso, não consigo deixar de lembrar de um maravilhoso "ato falho"[218] cometido por uma amiga, anos atrás. Enquanto conversávamos distraidamente sobre minha pesquisa, em vez de ela dizer "masculinidade", usou o termo "musculinidade". Recebi-o com um misto de surpresa e confusão, por não saber direito que caminhos esse significante poderia abrir ou a que conceitos poderia se imbricar. No entanto, desde então, passou a rondar meu trabalho como um fantasma, tal qual a

---

[217] Segundo Preciado (2008, p. 61, tradução nossa), a "partir do século XVIII, a epistemologia visual que rege a sexo-política moderna, se seguirmos a análise de Laqueur, depende de um «sistema de oposições» e já não de semelhanças. Desenha-se assim uma nova anatomia sexual na qual o sexo feminino não é uma inversão ou uma interiorização do sexo masculino, mas um sexo inteiramente diferente, cujas formas e funções respondem a uma lógica própria".

[218] O ato falho, como o próprio nome dá a entender, é um "acidente" na linguagem, por meio do qual alguém diz o que não "queria" dizer, a princípio. Dessa forma, ele poderia ser entendido como equivalente a um sintoma "na medida em que é um compromisso entre a intenção consciente do sujeito e seu desejo inconsciente" (ROUDINESCO; PLON, 1998, p. 40).

primeira aparição do Diabo no romance *O mestre e Margarida*, de Bulgákov, e só aos poucos foi ganhando corpo e textura, vindo a compor a constelação de conceitos desenhada pela pesquisa.

Com a noção de "musculinidade" busco apontar um corpo, dentro de uma prática física muito específica, cujas coordenadas de gênero e, no limite, de sua própria humanidade, estão em permanente desorganização, pelo regime envolvido na produção muscular. O que afirmo aqui, ainda que talvez em diferentes intensidades, vale para homens e mulheres, pois a ingestão de testosterona sintética é capaz de provocar tanto a "masculinização" do corpo "feminino" quanto a "feminização" do corpo "masculino". Como Larissa apontou, ao falar sobre o uso de esteroides no fisiculturismo, é comum ocorrer entre os homens o processo de "aromatização", em que parte da testosterona excedente é transformada pelo organismo em estrogênio, levando ao crescimento de tecido mamário (ginecomastia), perda de apetite sexual, impotência, acne, retenção de líquido e alterações de humor.

Por mais que Larissa e Jeska se reconheçam como mulheres cis e não tenham a intenção de levar adiante o questionamento radical de Cassils a respeito dos limites da ficção de gênero e seu regime de programação somática, pensar o conceito de "musculinidade" nos termos que descrevi me permite realizar um deslocamento produtivo das implicações engendradas pela fabricação dos músculos de minhas interlocutoras. Mais do que um trabalho sobre gênero, nesse sentido, minha pesquisa se interessa em compreender os termos, condições e fronteiras envolvidos na invenção de um outro corpo possível. Capaz de gerar desdobramentos sequenciais de multiplicidades tal qual as células-tronco em seu devir pluripotente, ele é sinal e anúncio do que está porvir (ainda que como experiência não realizada[219]). Segundo Preciado (2008, p. 110, tradução nossa):

> Não se trata de passar de mulher a homem ou de homem a mulher, mas de infectar as bases moleculares de produção da diferença sexual. Posto que esses dois estados, homem e mulher, não existem senão

[219] Seguindo o interesse de pensar meu trabalho a partir da "dupla perspectiva" apontada por Haraway na política-ciborgue, é preciso reconhecer, conforme pude observar em campo, a existência de limites à afirmação de Preciado (2008, p. 151, tradução nossa) de que "a testosterona é dinamite para o regime heterossexual". Esse tópico será mais bem desenvolvido no terceiro movimento, "Colocando o corpo pra jogo".

como efeitos políticos fantasmáticos de processos de técnicos de normalização. Trata-se de intervir nesse processo de produção de forma consciente e intencional até conseguir formas viáveis de incorporação de gênero, de produzir uma nova plataforma sexual e afetiva, nem masculina, nem feminina, no sentido farmacopornográfico do termo, que permite a transformação da espécie[220].

Ainda sobre as etapas de produção do corpo de Jeska, é importante salientar que esta pouco falava sobre o uso dos anabolizantes, não entrando em detalhes quando eu pedia informações mais específicas. Com isso não quero dizer que negava a utilização deles, algo que seria impossível, devido aos efeitos secundários produzidos. Minha impressão, no entanto, era a de que se esquivava o quanto podia dessa questão "espinhosa".

Em conversa realizada em 12 de fevereiro de 2019 na Hércules Gym, a atleta falava longamente e sem constrangimento sobre a colocação das próteses mamárias, uma das cirurgias plásticas mais comuns entre mulheres[221], quando me dei conta de que parecia tentar "suavizar" algumas informações sobre os hormônios.

Para contornar os efeitos da operação que a deixou um ano parada, precisou corrigir dois problemas: a retenção de líquidos e a perda de densidade muscular. Nesse intervalo, os carboidratos da dieta foram aumentados, enquanto o nível de proteína permaneceu um pouco mais baixo. Tal processo era levado adiante juntamente com os anabolizantes. Na ocasião, contudo, em vez de se referir aos hormônios pela nomenclatura mais corriqueira, preferiu usar um termo até então desconhecido por mim, "ergogênico". Pesquisando posteriormente na Internet, encontrei uma matéria (PERRONI, 2016) que os definia como substâncias capazes de retardar a fadiga, reduzir a gordura corporal, fornecer energia ao cérebro e melhorar o fortalecimento muscular com o aumento de massa corporal. A reportagem trazia ainda uma lista de alimentos e/ou suplementos com tais

---

220 No original: "No se trata de pasar de mujer a hombre o de hombre a mujer, sino de infectar las bases moleculares de la producción de la diferencia sexual. Puesto que estos dos estados, hombre y mujer, no existen sino como efectos políticos fantasmáticos de procesos técnicos de normalización. Se trata de intervenir en este proceso de producción de forma consciente e intencional hasta lograr formas viables de incorporación de género, de producir una nueva plataforma sexual y afectiva, ni masculina ni femenina, en el sentido farmacopornográfico del término, que permita la transformación de la especie".

221 Segundo matéria do portal R7, o implante de silicone corresponde a quase 20% das cirurgias plásticas feitas no Brasil (IMPLANTE, 2019).

atributos, como café, água, bebidas eletrolíticas, suplementos energéticos (maltodextrina, d-ribose, dextrose, waxy maize, palatinose[222]), suplementos proteicos (Whey Protein, proteína de soja, proteína de arroz, proteína de ervilha) e aminoácidos (BCAA, leucina, glutamina, arginina, creatina). Curiosamente o texto não citava os hormônios androgênicos entre eles.

À parte o fornecimento de energia ao cérebro, no entanto, os efeitos dos anabolizantes eram os mesmos evidenciados na definição dos compostos ergogênicos, não parecendo tecnicamente errado, à primeira vista, o uso do termo para se referir à testosterona[223]. Além do mais, seu emprego funcionava como uma estratégia de assimilação mais ampla da prática de hormonização – efetuada, muitas vezes, sob a rubrica de "reposição hormonal" – entre fisiculturistas, frequentadores(as) de academias de ginástica e praticantes de Crossfit[224].

Em outra ocasião, quando abordei a questão dos hormônios de maneira mais direta, perguntando-lhe por WhatsApp quais ergogênicos e suplementos de fato usava, a resposta descreveu uma curva sinuosa. Ao invés de fazer referência a si, disse que, caso eu quisesse começar com os anabolizantes, poderia tomar propionato e durasteron, adotando a posologia de 0,5 ml durante as três primeiras semanas, ao final das quais a dosagem deveria ser aumentada para 1 ml.

A postura precavida que parecia adotar ante minha curiosidade não se sustentava quando a conversa tomava um curso mais longo e as perguntas iam se sobrepondo umas às outras. No dia 12 de fevereiro de 2019, por exemplo, partilhou comigo o protocolo referente ao uso da testosterona sintética, cuja lógica atendia às demandas dos treinamentos e ao estágio da preparação.

---

222 Todas as substâncias são formas de açúcar para o fornecimento rápido de energia ao corpo.

223 No artigo "Uso, mau uso e abuso dos ergogênicos numa classe pouco estudada: as pseudo--quase-atletas", a pesquisadora e atleta Marília Coutinho (2013) usa a terminologia "substâncias ergogênicas" como sinônimo de anabolizantes, o que indica que a escolha de Jeska para se referir à testosterona sintética não era tão incomum quanto eu achava.

224 No caso de Jeska, apesar de não possuir um alto poder aquisitivo, os patrocínios a permitiam acompanhamento médico e nutricional, por meio do qual tinha contato com certa racionalidade biomédica, que incluía acesso a protocolos mais seguros de uso dos anabolizantes e domínio de algumas terminologias que eram mobilizadas quando precisava falar de sua prática para quem não era do "meio", evitando reforçar estereótipos presentes no imaginário popular a respeito do fisiculturismo. Falar sobre anabolizantes, muitas vezes, acabava fazendo com que o debate ficasse quase que totalmente centrado nos hormônios, relegando outros aspectos tão ou mais importantes do esporte. Como ouvi certa vez de um amigo de Jeska, "fisiculturismo não é só bomba; isso é só a ponta do *iceberg*".

Na fase de *bulking*, os anabolizantes eram ministrados em menor quantidade, para não sobrecarregar o organismo. Com o tempo, os carboidratos iam sendo paulatinamente cortados, e os treinos, mudando de intensidade, com o acréscimo dos exercícios aeróbicos à medida que ia se aproximando o dia da competição. Já com o processo de *cutting* dava-se início à alimentação "hiperproteica", combinada à ingestão de nutrientes presentes em frutas e verduras. Aqui também ocorria a modificação dos anabolizantes, os quais passavam a ser consumidos em maior quantidade.

Segundo afirmei, o aumento da ingestão da testosterona no momento em que os treinos subiam de intensidade e a quantidade de calorias diminuía se devia à utilização dos esteroides como fonte de energia para permitir o prosseguimento da preparação, mesmo sem os macronutrientes fundamentais para o bom funcionamento do organismo da atleta. Dessa forma, diferente do que poderia parecer à primeira vista, quanto mais próximo dos campeonatos, mais o corpo da *figure* ganhava músculos e perdia força. No *cutting*, produzia-se algo semelhante a uma desnutrição e desidratação programados, a fim de criar o regime de visibilidade muscular requerido pelo esporte. Segundo Jeska, tudo isso era feito de maneira controlada e respeitando os esquemas definidos pelo saber prático que passava de atleta a atleta e pelo conhecimento médico acessado por meio de acompanhamentos regulares.

Ainda no dia 12, falou-me sobre a decisão de não ir ao Sobral Open no final de 2018 - a primeira competição após a cirurgia - por achar que não valeria a pena participar de um torneio "aberto", isto é, acessível a quem quisesse competir. Por isso, preferiu centrar toda a atenção no campeonato Norte-Nordeste, classificatório para o Muscle Contest. Apesar de adorar ser campeã, não tinha mais o objetivo de participar dos campeonatos que apareciam pela frente, preferindo investir tempo e dinheiro somente naqueles que poderiam lhe trazer algum retorno concreto, em termos de visibilidade e potenciais parcerias.

A respeito dos treinos para o Norte-Nordeste, falou que, por estar na fase de "corte", fazia cerca de três horas de atividade aeróbica por dia, além de mais uma hora de musculação, seguida de 30 minutos de *cardio*, totalizando quatro horas e meia de preparação diária, com direito a apenas um dia de descanso semanal, podendo cair ou não nos finais de semana.

Nesse sentido, pensando nas fases em que poderia, de modo geral, ser dividida a preparação de um(a) fisiculturista – *bulking, cutting* e desidratação – parecia que o esporte tinha tanto a ver com a "construção" (de músculos) quando com a "destruição" (de gordura e água). Para fabricar o corpo, essas mulheres geravam um desequilíbrio programado, de modo a que todas as demais funções do organismo ficassem subordinadas a fabricação de músculos grandes, densos e vascularizados, no que parecia ser o processo de criação de uma escultura, cuja forma era "moldada" pelo emaranhado de relações presentes na construção da "muscularidade". Esse processo se dava a ver de forma mais intensa quando subiam ao palco, desidratadas e pintadas, cada fibra mostrando desenhos complexos debaixo da pele finíssima ao menor movimentos das articulações.

O processo de criação da corporalidade de Jeska, desse modo, efetuava-se através da dilapidação de um corpo previamente forte, o qual, além de bem nutrido e suplementado, era potencializado pela ingestão de hormônios sintéticos capazes de provocar um ganho de força e massa muscular impossíveis de serem alcançados de outra forma. Ao final, quando se exibia nas competições, iluminado pelos refletores e cumprindo a rotina de poses requeridas, parecia insustentável, não só pelo alto preço cobrado pela conquista da "muscularidade", mas porque qualquer elemento fora de ordem poderia colocar a perder o delicado equilíbrio, conseguido a duras penas em meses de trabalho árduo.

Em outro de nossos encontros, em setembro de 2019, Jeska me falou da vez em que, por um descuido, comprometera toda a tarefa de desidratação realizada nos dias anteriores. Como à época do "incidente" já contava com 35 anos, escolhera competir tanto na categoria *overall* (aberta a todas as idades) como na *master* (reservada para pessoas a partir de 35). Após performar na categoria aberta e antes de retornar ao palco para disputar a *master*, tomou um breve gole de Gatorade (bebida isotônica para a reposição de sais minerais), passando a suar profusamente durante a execução das poses, prejudicadas pelo desmanche de parte da pintura corporal, o que lhe rendeu a perda de vários pontos e um fora lugar do pódio.

Durante a desidratação, a perda de sais minerais acabava provocando frequentes cãimbras, as quais não podiam ser contornadas, por exemplo, pela ingestão de banana – alimento rico em potássio (mineral importante para a contração muscular), mas bastante calórico –, sendo seu manejo realizado a partir dos medicamentos manipulados. O processo de perda de água avançava até o momento em que subia ao palco, acompanhado de um aumento dos diuréticos e da diminuição do consumo de líquidos. Em razão disso, o trabalho de prevenção de lesões era fundamental para que a atleta pudesse continuar evoluindo, o que a fazia recorrer com frequência a tratamentos de liberação miofacial e ventosaterapia. E quando, mesmo assim, estas aconteciam, encontrava maneiras de seguir, pois parar quase nunca era uma alternativa para um(a) atleta. No caso do acidente com o ombro, por exemplo, não deixou os exercícios de lado, apenas tomando o cuidado de resguardar a região afetada. Para auxiliar na recuperação, fez uso ainda das fitas kinesio[225], além de tomar medicação oral anti-inflamatória, que, em seu caso, não podia conter corticoide, substância que provocava, como efeito colateral, a retenção de líquido.

Mesmo se tratando de um processo com o qual estava bastante familiarizada, a desidratação não deixava de exigir uma atenção redobrada, por seu rigor e pelas consequências, já mencionadas, para o organismo. Dessa forma, Jeska deixava para a última semana o início do protocolo de perda de água. Segundo me revelou, funcionava da seguinte maneira. No primeiro dia, a fisiculturista chegava a beber 18 litros de água, número que ia caindo até ser zerado completamente nas 48 horas que antecediam o torneio (antes de subir ao palco, a única coisa permitida para aplacar os efeitos da desidratação era mascar um chiclete, já que estimulava a produção de saliva, aliviando um pouco a sensação de "secura" na boca e nos lábios). Ao fazer isso, a ideia era "inundar" o corpo com uma enorme quantidade de água para, em seguida, privá-lo paulatinamente da ingestão de líquidos.

Um dado particular às interações com Jeska é que nunca pude acompanhar de perto um treinamento seu, já que preferia que nos encontrássemos na Hércules Gym, local onde começara a carreira, mas que já não usava mais para treinar. De início, a impressão que tive foi que a *figure* preferia evitar que eu entrasse demais em sua vida, preservando uma margem de segurança pela qual pudesse controlar as informações as quais teria ou não acesso.

[225] Fitas aplicadas em músculos ou articulações a fim de inibir a dor, limitar ou facilitar algum movimento. Por ser elástica ela promove tração constante na pele com força para cima (diferente de uma bandagem comum) (GRANCHI; PEREIRA, 2017).

Isso corroborava, de certa maneira, a sensação decorrente da troca de mensagens no WhatsApp, a respeito do manejo dos anabolizantes. Como o fisiculturismo era um saber e uma prática conquistados no corpo, sendo seus "segredos" adquiridos ao longo de anos de árduo esforço - como dera a ver o "teste" de Larissa, os praticantes deveriam se mostrar "dignos" de recebê-los - era possível que meu interesse representasse o risco de que caíssem nas mãos de pessoas cujo compromisso com o esporte eram considerados nebulosos. O que justificava a postura de educada reserva adotada por Jeska diante de minhas perguntas.

Com relação a escolha do local dos encontros, uma postagem do dia 14 de fevereiro de 2019, no Instagram, adicionou uma nova dimensão a minhas especulações. Nela, Jeska aparecia realizando uma das poses de competição, na qual exibia a musculatura das costas, como parte de um ensaio fotográfico realizado por Zezinho Matos, fisiculturista e youtuber[226] famoso entre os(as) praticantes de Fortaleza, tanto pelo trabalho como atleta quanto pela divulgação que fazia do esporte. Na legenda da foto, Jeska escreveu a seguinte frase: "Respeite suas origens! Seja grato por aqueles que um dia estendeu a mão pra você. Onde tudo começou @aherculesgym…". Ou seja, ao divulgar seu trabalho e, com isso, aumentar as chances de patrocínios e parcerias, fez questão de fazê-lo no lugar onde "tudo havia começado", o que denotava o reconhecimento da importância da Hércules na carreira da *figure*.

Com isso, acabei me dando conta de que a preferência pela Hércules poderia indicar também uma valorização do trabalho que eu realizava com ela, o que, de certo modo, reforçava minha hipótese a respeito dos esforços por sempre me mostrar seu "melhor" lado. Devido a isso, o espaço foi adquirindo outro significado no correr da pesquisa. Ademais, por se tratar de uma academia de bairro, distanciava-se da estética presente em grandes redes como a Smart Fit, que tomavam conta da cidade com sua ambiência higienizada e embranquecida. Logo na frente havia um *banner* de lona onde estavam estampadas fotos de um famoso multicampeão de fisiculturismo, o norte-americano Phil Heath, assinalando o tipo de corporalidade que balizava a construção dos músculos naquele lugar. Na parte interna, chamava a atenção a pequena quantidade de

[226] Como são chamadas atualmente as pessoas que criam conteúdo para o YouTube.

esteiras e o aspecto gasto dos equipamentos, impressão acentuada pela ferrugem que começava a corroer a estrutura das máquinas. O mecanismo de funcionamento de algumas delas, aliás, era outro elemento a denotar que a Hércules Gym realmente tinha "história". Nas academias atuais, por exemplo, a totalidade do maquinário funcionava a partir de um sistema de articulações ou de polias e cabos de aço. À diferença de um sistema de catracas e correntes, como em uma bicicleta, presente em várias das máquinas na Hércules Gym, possibilitavam que o(a) usuário(a) executasse os exercícios de maneira mais fluida e com maior amplitude de movimento, diminuindo o risco de lesões.

O espaço não era muito grande, mas bastante aberto. À direita da recepção, algumas frases motivacionais pintadas na parede eram dignas de nota por destacar certo conjunto de atitudes valorizadas entre fisiculturistas e praticantes de musculação de maneira geral. Três delas diziam o seguinte: "O psicológico é a chave para crescer, se o corpo põe limite a mente quer crescer"; "Se for para desistir desista de ser fraco. Põe a regata no corpo e prove o contrário"; e, por último, "Fique forte".

A primeira frase tratava o corpo como um limite à expansão da mente, investindo nessa repisada dicotomia, com a prevalência do segundo termo. Segundo o que o escrito dava a perceber, era a expansão da mente o que possibilitava o crescimento dos músculos e não o contrário; como se, para conquistar um corpo forte, o(a) praticante devesse primeiro expandir os limites de pensamento, o qual, em última instância, era o responsável por estabelecer as condições de possibilidade do corpo. A segunda frase tinha um caráter mais motivacional, ao estimular o(a) praticante a provar não ser uma pessoa "fraca" pela insistência em continuar no caminho da construção de um corpo "forte". A terceira parecia dizer respeito a um chamado geral da cultura *fitness,* que associava músculos volumosos e definidos a valores como sucesso financeiro e saúde.

Os locais de treinamento que Jeska efetivamente frequentava com assiduidade eram, a exemplo de Larissa, a rede de academias Smart Fit, com instalações em diversos pontos da cidade; a academia Dumbbells, no bairro Quintino Cunha; além da própria casa, onde conduzia parte do treinamento aeróbico na bicicleta ergométrica, e da rua, em caminhadas matutinas com o propósito de perda de gordura corporal.

O resultado de tamanho esforço e dedicação era, por fim, a fabricação de um corpo musculoso e que não passava despercebido nos poucos lugares por onde circulava. Em conversa realizada no dia 11 de setembro de 2019, ao lhe perguntar como as pessoas, em geral, respondiam a imagem de seu corpo, disse que variava bastante, embora, boa parte das vezes, as impressões fossem "ruins". Afirmou não ser incomum lhe perguntarem se era uma "travesti", interpelação que, em virtude da preocupação em exibir características "femininas", era recebida com certo pesar. Ela também me revelou que, no começo, a sogra não a apoiava, tendo inclusive criticado o próprio filho por haver transformado a mulher em um "homem".

Nesse mesmo dia, afirmou ter acordado às quatro da manhã para atender um cliente, tendo procedido, após isso e antes de me encontrar, ao primeiro treinamento do dia. Essa fala demonstrava mais uma vez o tamanho do "sacrifício pessoal" empreendido, apesar das poucas recompensas materiais ou simbólicas recebidas – desafio comum à maioria das atletas com quem tive a chance de conviver.

No caso de Jeska, assim como no de Larissa, o fato de o companheiro partilhar o mesmo projeto de vida parecia ajudá-la a suportar as pressões exteriores pela normalização de seu corpo. Não à toa pude perceber ser habitual fisiculturistas mulheres se relacionarem com homens que, de alguma maneira, também viviam do esporte, uma vez que pareciam mais capazes ou dispostos a lidar com as necessidades diárias presentes na vida de uma atleta e com as consequências da produção de um corpo feminino musculoso e "testosteronado".

Para encerrar este tópico apresento algumas das substâncias utilizadas por Jeska em sua preparação.

Quadro 4 – Produtos consumidos por Jeska

Nome do produto	**Função**	**Periodicidade da ingestão**	**Quantidade ingerida**	**Categorização (suplemento, medicamento, anabolizante)**
Ômega 3	Ácido graxo polinsaturado capaz de prevenir doenças cardiovasculares	Diária	Não informada	Suplemento
Whey Protein	Mistura de proteínas extraídas do soro do leite	Diária	Não informada	Suplemento
Polivitamínico	Suplemento alimentar constituído por um complexo de vitaminas	Diária	Não informada	Suplemento
Magnésio[227]	Mineral capaz de auxiliar na regulação do funcionamento de nervos e músculos, bem como no controle do açúcar no sangue	Diária	Não informada	Suplemento
Coenzima Q 10	Vitamina encontrada no corpo humano, possuindo efeito anti-inflamatório e antioxidante	Diária	Não informada	Suplemento
Termogênico (cafeína 420 mg)	Auxilia na aceleração do metabolismo e "queima" de gordura	Diária	Não informada	Suplemento
Melatonina	Hormônio indutor do sono	Diária	1 cápsula de 3 mg	Suplemento

227 ZANIN, [20--?].

4. TERCEIRO MOVIMENTO: COLOCANDO O CORPO PRA JOGO

4.1 Sobral Open (2017)

Três meses separavam nosso encontro inicial e o Sobral Open, que aconteceu nos dias 26 e 27 de novembro de 2017. Tendo ganhado o torneio algumas vezes, o objetivo era repetir o feito – considerando a competência de Larissa como atleta e o baixo nível da concorrência, em sua maioria fisiculturistas em início de carreira, a vitória era quase uma obrigação –, além de usá-lo como preparação de luxo, visando à conquista do Pro Card no Arnold Class, principal evento do ano seguinte (2018)[228].

Quando a encontrei no dia 12 de novembro, ao final do treino de peitoral e ombros, conversamos sobre a viagem e sobre a possibilidade de eu ficar hospedado com a "equipe" em Sobral (além de Lucas e Larissa, também iriam conosco Excalibur – atleta treinado pelo companheiro da fisiculturista e que tentaria a sorte em sua primeira competição – bem como a companheira deste) para que, assim, pudesse ter acesso a todos os preparativos. Uma série de imprevistos, no entanto, tornaram impossível o arranjo inicialmente combinado – o primeiro de uma sequência de problemas que aconteceriam até o dia do evento e mesmo depois, como vim a descobrir nos meses seguintes.

[228] O Pro Card de Larissa, no entanto, veio apenas em 2019, ao se sagrar campeã no Muscle Contest, competição que reunia as melhores atletas amadoras da América Latina. Com a profissionalização, ela e Lucas, o qual conseguira seu Pro Card no ano anterior, tornaram-se o primeiro casal de fisiculturistas profissionais do Brasil, fato extensamente divulgado nas redes sociais, a fim de atrair patrocinadores e novos clientes para a empresa de assessoria atlética, empreendimento gerido por eles desde 2018.

O locador da casa onde nos hospedaríamos havia "dado pra trás" a respeito dos valores inicialmente acordados, e, com isso, fomos obrigados a nos separar, cada um se virando como podia. Lucas e Larissa, pela necessidade de que esta estivesse o mais descansada possível, acharam por bem alugar um quarto no Tulip Inn, um dos melhores hotéis da cidade. Tentando continuar perto do casal, considerei a possibilidade de me hospedar no mesmo lugar, mas acabei desistindo da ideia por uma questão financeira. Com isso, precisei ficar na casa de amigos, o que tornou meu acesso um pouco mais difícil, já que não era tão próximo do hotel.

Outra estratégia para me achegar à experiência dela e ter contato com os intensos sentimentos que cercavam a competição (nervosismo, ansiedade, expectativa, insegurança) foi a de ir a Sobral no mesmo ônibus do casal, pois assim teríamos quatro horas inteiras – tempo de duração médio da viagem – para conversar e interagir. Queria saber o que o corpo de Larissa – uma ouvinte sempre atenta às manifestações somáticas suas e dos outros, como vocês irão perceber – estava a lhe falar, tendo passado a maior parte das etapas da preparação.

Apesar de havermos combinado seguir viagem juntos, o acordo acabou inviabilizado em razão de Larissa e Lucas terem decidido mudar o horário da passagem sem aviso. Com isso, acabei indo no ônibus das nove da manhã, tendo o casal ficado com o das dez. Ao chegar em Itapajé, cidade onde os veículos saídos de Fortaleza com destino a Sobral costumavam parar para o almoço, desci para comer alguma coisa em um restaurante de beira de estrada. Depois de meia hora, ao retornar a meu assento para seguir viagem, dou de cara com os dois caminhando apressados em direção ao mesmo restaurante onde acabara de almoçar.

Lucas conduzia a esposa pela mão, caminhando ligeiramente à frente. Carregavam semblantes sérios, evidenciando certo ar de preocupação. Por estar na fase de ganho de massa muscular, Lucas estava volumoso e pesado, fazendo raro contraste com o corpo da esposa, naquela ocasião mais esguio em virtude da perda de peso, mas o qual não se deixava normalmente "ofuscar" pelo marido. Ele vestia uma calça de moletom preta colada às pernas e uma blusa branca que pouco escondia a musculatura. Ela, por sua vez, usava um jeans tão justo que o relevo dos quadríceps ameaçava rasgar o tecido. Junto com a calça, a camiseta preta e sem mangas aderia ao tronco como uma segunda pele. Os cabelos, de um preto denso e brilhoso, pareciam ter sido pintados recentemente e o alisamento havia deixado os fios tão retos quanto a disposição da fisiculturista em seguir seus objetivos. Na ponta dos dedos, as unhas de Larissa, pintadas em vermelho, lembravam grandes garras coloridas, capazes de rasgar a carne de qualquer vivente com a dureza de sua matéria, impulsionada pela força dos músculos. A maquiagem pesada para uma manhã sertaneja, clara e quente, não conseguia esconder o cansaço estampado no rosto.

De maneira apressada, Larissa revelou que os preparativos para a viagem, que incluíam uma depilação total e também bronzeamento[229], haviam sido uma "loucura", tendo-a deixado bastante desgastada. Tirou então os óculos escuros que cobriam boa parte do rosto para me mostrar o olho esquerdo bastante inchado. Três terçóis[230] haviam aparecido de um dia para o outro e, apesar da medicação utilizada para amenizar o problema, estavam lhe dando muito trabalho. "São sinal de que minha imunidade está baixa", disse, por causa da restrição alimentar que já se estendia por três meses ininterruptos. Durante todo esse tempo, as únicas comidas que se permitia pôr na boca eram uma mistura de ovos mexidos e cenoura.

Uma hora após a conversa, meu ônibus cruzava a ponte sobre o rio Acaraú, entrando em seguida no terminal rodoviário de Sobral. Envolto pelo calor asfixiante da cidade, tomei um mototáxi e segui para a casa dos amigos, ainda sem saber se tornaria a entrar em contato com Larissa. Pelo estado em que a havia encontrado, desconfiava não ser possível que voltássemos a nos ver ainda na sexta-feira, pois imaginava que aproveitaria todo o tempo disponível para ficar descansando. Ainda assim, mandei-lhe uma mensagem por WhatsApp perguntando o que pretendia fazer à noite. O silêncio me fez perceber que o melhor que poderia fazer era conter minha expectativa e me preparar para o dia seguinte, o qual prometia ser bastante longo.

Na manhã de sábado, por volta das oito horas, mandei uma nova mensagem para a atleta. Esta, porém, não foi respondida antes das dez e meia, momento em que Larissa acordara de uma longa noite de sono, mas ainda insuficiente para dar conta do cansaço. Nesse ponto, ao perceber

[229] Como mencionei outras vezes, o escurecimento da pele era um dos elementos fundamentais para garantir a visibilidade dos músculos dos(as) fisiculturistas.

[230] Protuberâncias vermelhas e dolorosas perto da extremidade da pálpebra que podiam ter o aspecto de um furúnculo ou de uma espinha.

que um dia inteiro havia se passado sem que conseguisse fazer praticamente nada, minha ansiedade começou a subir pelo teto. A escolha de ter ficado na casa dos amigos em vez de no hotel com Larissa e Lucas começava a cobrar seu preço de outras maneiras.

Esse fato, somado à percepção de que Larissa estava, como não poderia deixar de ser, ocupada demais com a volta aos palcos para me dar atenção, fez com que eu decidisse me concentrar em acompanhá-la nos trânsitos por Sobral durante o restante do dia. Como nossa comunicação estava truncada, passei a buscar informações sobre o evento por conta própria. Ao visitar a página no Facebook para a divulgação do torneio, no entanto, deparei-me com um novo obstáculo: a proibição da produção de imagens ou da circulação de pessoas pelos bastidores, a menos que fossem atletas, treinadores(as) ou imprensa. À plateia era permitido tirar fotos, mas somente das cadeiras colocadas em frente ao palco, a uma distância considerável dos(das) competidores(as), e desde que as imagens fossem feitas com celulares. As fotografias com câmera eram estritamente proibidas para quem não fosse credenciado(a) como fotógrafo(a).

Dessa forma, para garantir meu direito de circulação por todas as dependências do Palmeiras Country Clube – um dos clubes recreativos mais tradicionais de Sobral, o qual, além de eventuais competições esportivas, recebia regularmente atrações musicais, especialmente *shows* de forró – e satisfazer minha curiosidade *voyerista,* recorri mais uma vez a meu "disfarce" como fotógrafo e paguei os 100 reais que dariam o poder de usar a câmera como bem entendesse.

Ainda por WhatsApp, Larissa me comunicou que passaria a tarde inteira no salão de beleza arrumando o cabelo e fazendo a maquiagem. Passou-me o endereço do lugar e disse que pretendia chegar lá no mais tardar às duas e meia. Logo após havermos acertado nosso encontro, tratei de correr à Smart Fit, onde estava sendo realizado o cadastro da imprensa, para receber meu crachá de fotógrafo.

Algumas horas depois de resolver a burocracia do acesso às dependências do clube, tomei um táxi em direção ao Blond do Regim, salão onde ela passaria as últimas horas antes de subir ao palco fazendo a "preparação estética". Como já disse outras vezes, pela própria natureza do fisiculturismo, as competidoras, além de músculos bem desenvolvidos e proporcionais, deviam apresentar também uma figura "feminina", "harmônica" e "bem cuidada". Sem isso, os meses de dieta, sacrifício e treinos intensos poderiam ir "por água abaixo", já que a apresentação desses elementos compunha a pontuação das atletas. Portanto, apesar de se tratar de um momento "pontual", levando em conta a duração da preparação, era encarado com muita seriedade. Em outro campeonato que tive a chance de acompanhar dois anos depois, pude ter uma ideia ainda mais nítida da importância da "preparação estética", ao ver uma fisiculturista chorando nos bastidores porque a pintura facial não fora feita da maneira que julgava adequada[231].

O salão ficava localizado em um bairro de classe média, funcionando dentro de uma das muitas casas que davam cor e forma à paisagem dos quarteirões. Ao cruzar a porta de vidro, coberta por uma película preta cuja função era mitigar o calor vindo de fora, tão abrasivo que fazia o asfalto crepitar, descubro se tratar de um espaço destinado exclusivamente ao público "feminino", tendo como especialidade o alisamento e o tingimento de cabelos na tonalidade loira, uma das mais pedidas pelas mulheres financeiramente bem-sucedidas de Sobral. Na parte central do salão, onde ficavam as cadeiras, espelhos e todos os outros aparatos para manicure e cuidados do cabelo, contei oito pessoas.

Com uma toalha ao redor do pescoço, pés descalços, *shorts* curtos e uma camiseta preta colada ao corpo, Larissa estava sentada perto da porta que dava acesso ao lado de dentro da residência. Sorrindo e gesticulando muito, duas características marcantes da personalidade, interagia com todas as pessoas, sem exceção. A um canto, a dona do salão acompanhava com olhos atentos os dois cabeleireiros responsáveis pela realização dos cortes e da tintura, enquanto cuidava das necessidades das clientes. Duas delas, cobertas do pescoço aos pés por uma espécie de avental, eram atendidas em frente ao espelho, ao passo que as demais aguardavam pacientemente. Uma das mulheres havia encarado as quatro horas de estrada entre Fortaleza e Sobral só para ter a chance de fazer o cabelo no Blond do Regim. O objetivo era retornar à capital cearense ainda a tempo de ir a um casamento.

Ao entrar lá, senti em minha pele, tão real quanto o ar frio despejado com esforço pelos aparelhos de ar-condicionado, o estranhamento causado por minha presença. Apesar disso, as pessoas preferiram não direcionar

[231] Esse episódio será contato em detalhes no tópico seguinte.

a mim perguntas que pudessem aplacar a curiosidade, que voava de um lado a outro como um pássaro inquieto. Elas só viriam algum tempo depois. Sou recebido por Larissa com um sorriso acolhedor e logo procuro um lugar mais escondido para sentar, alimentando a esperança de que minha presença fosse esquecida com o tempo, em meio as trocas e conversas entre as mulheres. A impressão era que havia entrado em um espaço de intimidade e cumplicidade feminina.

Por ser um salão especializado em deixar as sobralenses loiras – toda a comunicação visual do espaço, aliás, fazia uma associação explícita entre ser bonita e ter a pele branca, os cabelos claros e o corpo magro –, não era de surpreender que Larissa fosse a única mulher de cabelos escuros e a pele "parda", palavra que usava para definir sua cor. Além disso, já havendo realizado o procedimento de bronzeamento e pintura corporal, naquele momento a fisiculturista trazia a pele ainda mais pigmentada.

Mas essas não eram nem de longe as únicas diferenças entre elas. Em meio a corpos femininos cuja configuração somática parecia se adequar à política de gênero heteronormativa, a "muscularidade" de Larissa – seu impacto se fazia profundamente sentido em pessoas que jamais tinham estado perto de uma mulher tão forte – chamava ainda mais a atenção. Pelo que pude perceber, seu distanciamento de um corpo feminino "padrão" – marcado por uma corporalidade testosteronada e também pela cor da pele, fato que não deve ser menosprezado em um país racista como o Brasil – criava outra espacialidade para a atleta, fazendo com que, apesar dos esforços para se integrar à interação com as demais, acabasse ficando "de fora". Isso foi notado por mim logo de início, embora eu tenha feito o trabalho consciente de não tirar conclusões precipitadas.

A aparente intimidade na qual se dava o diálogo entre elas me fez considerar a possibilidade de que pudessem ser da mesma família – hipótese reforçada pelas semelhanças físicas – ou então que havia uma relação de convívio anterior que justificasse a afinidade de ideias e assuntos. Porém, no decorrer da conversa, percebi não só que nenhum dos palpites anteriores correspondia à verdade, mas que o que mais as aproximava era a identidade produzida pela ocupação de um mesmo lugar social: eram brancas, empresárias ou profissionais liberais, casadas e heterossexuais. Arrisco dizer que Larissa, além de não ignorar isso, tentava usar a "diferença" a seu favor, já que tanto ela quanto Lucas estavam habituados a frequentar espaços de pessoas com alto poder aquisitivo, na intenção de conseguir clientes para o empreendimento de assessoria esportiva, além de oportunidades de parceria com marcas e patrocínios. Em conversa no dia 28 de agosto de 2018, quase um ano depois do evento em Sobral, ao perguntar a Larissa o que a fazia preferir malhar na Smart Fit Cocó, local de nosso encontro na ocasião e um dos bairros mais procurados pela elite econômica fortalezense, ela me revelou que, apesar de ser distante de casa, treinar lá cumpria a função estratégica de lhe colocar em contato com potenciais clientes.

Dessa forma, valendo-se de carisma e das habilidades comunicativas buriladas durante o período em que trabalhou como vendedora de carros, aos poucos conseguiu furar o "isolamento". Jogando com a curiosidade provocada pelo corpo musculoso, foi encontrando brechas para falar da disciplina evolvida na construção do físico, além de mencionar um sem-número de vezes que competiria dali a pouco. Mas não foi antes de entrar nos assuntos "dieta" e "musculação" que conseguiu realmente atrair a atenção das exigentes interlocutoras. Em virtude de a preocupação com a forma física ser uma constante em parte das mulheres, havia um interesse genuíno das clientes em saber mais sobre o tema, especialmente quando a pessoa que discorria sobre ele parecia conhecer tão profundamente, e seu corpo dava mostras disso, seus segredos. A partir daí e por um longo tempo – a essa altura minha presença parecia já ter sido "esquecida" –, as mulheres passaram a interagir segundo esse mote, fazendo com que surgissem várias informações interessantes.

Larissa iniciou dizendo que havia passado os últimos três meses à base de ovo e cenoura, informação que causou sincera surpresa nas ouvintes, mas que, pelo desgaste e pela proximidade da competição, Lucas lhe permitira aumentar a ingestão do legume, além de beber água à vontade. Normalmente, esse seria um período de zero consumo de líquidos e de eliminação de toda a água residual na pele. No entanto, por não se tratar de uma competição de alto nível – por sinal, a fisiculturista se mostrara bastante chateada por acreditar, de acordo com a sondagem que fizera no dia da pesagem, ser a única competidora de sua categoria –, podia relaxar um pouco quanto ao processo de desidratação.

No que se referia à dieta, falou que esperava ansiosamente pelos momentos posteriores aos torneios, pois era quando estava liberada para comer o que quisesse, privilégio que, naquela ocasião, se estenderia até o domingo, mas não mais do que isso. Como o torneio seguinte estava perto, teria que se eximir das comidas e bebidas de final de ano e continuar focada na dieta, a fim de que não precisasse realizar um corte de peso grande, realidade inevitável se decidisse "afrouxar" a alimentação. Falou também de como a lesão que tinha na cervical estava lhe incomodando nos últimos dias, tendo tornado a viagem de ônibus a Sobral ainda mais cansativa.

À medida que os cabelos das primeiras clientes iam ficando prontos, Larissa lhes dirigia alguns elogios. Elas, porém, demonstravam não se importar muito com os comentários, se limitando a dizer apenas "obrigado". Parecendo ignorar o pouco entusiasmo das interlocutoras, a atleta continuava falando sobre as coisas que mais lhe interessavam. Em seguida, reclamou de que havia poucas mulheres em sua categoria no Ceará, o que, segundo Larissa, indicaria a existência de muito preconceito a pessoas como ela no Nordeste – comentário que, assim me pareceu, serviu como uma crítica velada ao pouco cabimento que lhe davam no salão. Daí a conversa enveredou para uma série de dicas e considerações gerais sobre a cultura *fitness*[232].

Uma das clientes, a que compareceria à festa de casamento mais tarde, achou por bem aproveitar a oportunidade e pediu conselhos a Larissa para melhorar as dores que sentia nos joelhos. Apesar de jovem, sofria de condromalácia bilateral tipo 4 (nível mais avançado de uma lesão na cartilagem) e queria saber se ainda assim poderia fazer musculação. A atleta então passou a falar do próprio histórico de contusões e machucados, acrescentando

[232] "Essa cultura faz parte do que Ortega (op. cit.) denomina cultura somática, um fenômeno descrito como um tipo específico de ascese contemporânea. A bioascese constitui-se pela ânsia dos cuidados corporais, um aumento de controle e atenção sobre o corpo. Procedimentos médicos e higiênicos, cuidados com alimentação, biotecnologia, *fitness*, entre outros, são alguns dos mecanismos cuja lógica necessita ser subjetivada e tornada ação. O resultado seria a criação de sujeitos capazes de autocontrole, de sentirem-se culpados por *descuidos* (grifo do autor) na alimentação, na atividade física, na ingestão de medicamentos, entre outros hábitos. Tal qual a eugenia, a cultura *fitness* revela um fascínio sobre os belos corpos e, ao elegê-los como símbolos da saúde – expressão máxima do autocontrole, da disciplina e do empenho –, posiciona à margem aqueles que não são tão belos, não tão magros e não tão jovens. Para além do radical *fit* a cultura *fitness* guarda semelhança com a eugenia ao ordenar e classificar os corpos, ao eleger determinadas formas e execrar tantas outras. *Fitness* indica ação, disposição, disciplina e proatividade, elementos que, nos dias de hoje, representam corpos magros, jovens, bem torneados, saudáveis e belos. Reconhecer esses adjetivos como hierarquicamente superiores, ou como foco de desejo que move corpos, significa identificar como negativos a indolência, o descuido e a invigilância" (Silva, 2012, p. 216).

que a musculação era uma atividade segura para o corpo e que só teria a ganhar com a prática. Outra das clientes, dona de uma academia de ginástica na cidade, confirmou as informações de Larissa e falou que esse era um problema enfrentado por várias mulheres que frequentavam o local de treinamento, as quais nem por isso deixavam de se exercitar.

Com a cabeça fervilhando pela proximidade da reestreia, Larissa voltou a direcionar o assunto para o esporte, comentando ser comum, dentro do universo onde circulava, muitas pessoas não terem a paciência e a disciplina para transformar o corpo da maneira correta, recorrendo ao uso de substâncias perigosas, a fim de conseguir o tão difícil e, por isso, tão desejado aumento de massa muscular. Havia casos, por exemplo, em que praticantes de musculação, homens e mulheres, aplicavam no corpo *synthol*[233] ou óleo de cozinha para que parecessem grandes, apesar da alta probabilidade de provocar infecções, gangrenas, necroses e, em último caso, até perda da função do membro ou amputação. As duas substâncias eram introduzidas no músculo com a ajuda de uma agulha de grosso calibre, causando uma inflamação severa do tecido muscular e, portanto, um aumento artificial de volume.

Diferente de Jeska, que preferia focar apenas na parte "positiva" do esporte, Larissa não se abstinha de "abrir o jogo" sobre os aspectos "negativos", parecendo demonstrar certo orgulho de saber navegar bem as águas turvas e por vezes tormentosas do fisiculturismo, em sua jornada de mutação corporal. A radicalidade de histórias como a que acabara de contar, revelação crua sobre até onde algumas pessoas estavam dispostas a ir em busca do "corpo ideal", causava um misto de curiosidade, assombro e repulsa nas pessoas que tinham contato com realidades como aquelas pela primeira vez. Havia de fato gente disposta a perder um braço, uma perna ou até mesmo morrer apenas para parecer mais forte? Essa pergunta fazia todo o sentido. Mas havia uma outra, anterior, que parecia situar melhor os elementos em jogo nessa espécie de gozo da carne. Seria possível mobilizar processos de mutação corporal sem que se ultrapassassem os limites do corpo, do gênero e até mesmo da própria humanidade?

Por volta das quatro horas, ainda pacientemente esperando por sua vez de ser atendida, Larissa puxa da bolsa uma pequena caixa contendo a

[233] Um composto formado por óleo, lidocaína e álcool, o qual é injetado diretamente no músculo, a fim de produzir uma inflamação local e o aumento de volume do tecido.

refeição da tarde: um punhado de ovos mexidos com cenoura. A fisiculturista devora a comida sem demonstrar prazer. Uma das mulheres – à distância eu notava os olhares pousando disfarçadamente sobre o corpo de Larissa – elogiou a barriga da atleta, a qual, naquele momento, estava "chapada", ou seja, sem o arredondamento natural provocado pelo acúmulo de gordura localizada, e musculosa, apresentando o famoso "tanquinho"[234]. Parecendo acostumada a elogios como esse, Larissa sorriu, agradeceu e emendou dizendo que um dos responsáveis por seu físico era a dieta e que perder peso não era assim tão difícil. Segundo ela, o marido e treinador era capaz de passar uma alimentação que lhe permitia "comer chocolate e ainda assim emagrecer". As mulheres receberam a notícia com alvoroço, entre a esperança e a incredulidade, pois, afinal, parecia daquelas coisas boas demais para serem verdade. A atleta reforçou a veracidade das palavras, mencionando outros resultados que atestavam a competência dele. As clientes então disseram querer experimentar a dieta para ver se funcionaria com elas, ao que respondeu: "Dá super certo!". A fisiculturista sugeriu que trocassem contatos telefônicos e que, dentro em breve, se quisessem, receberiam a programação alimentar para emagrecimento proposta pelo marido.

De certa forma contrariando o que havia acabado de dizer, Larissa falou da dificuldade que era seguir a rotina de treinos e dieta, a qual só era amenizada por causa do amor pelo esporte, sentimento constantemente demonstrado no Instagram. Ao final de cada imagem documentando os treinos ou a evolução física, gostava de colocar, como legenda, a expressão "#poramor". Ao contrário dela, porém, havia muitas mulheres que competiam quase "obrigadas", convencidas pelos maridos ou namorados a participar de competições para lhes ajudar a construir uma reputação como treinadores, atraindo assim mais clientes e oportunidades de negócios. Confirmando essa informação, durante o tempo que durou a pesquisa, notei ser frequente casais formados por treinadores e atletas.

As mulheres eram, sem dúvida, as que mais sofriam, por praticarem um esporte tão desgastante e laborioso. Além do preconceito e machismo enfrentados, havia a necessidade da completa reprogramação do sistema endócrino. Não que os homens não precisassem recorrer a processo semelhante, pois, afinal de contas, o consumo dos anabolizantes fazia com

---

234 Expressão popular para os músculos abdominais desenvolvidos e bem trabalhados.

que no corpo deles passasse a circular uma quantidade de testosterona até cinco vezes maior do que o "normal". Destaco que a diferença fundamental, na verdade, era que o esporte lhes possibilitava a exacerbação de todos os elementos que, dentro de uma cultura machista, consideravam-se desejáveis nos corpos masculinos: músculos grandes, agressividade, pelos crescendo em todo lugar, uma fome que nunca passava, suor saindo por todos os poros, um metabolismo acelerado e um desejo sexual insaciável. Na mulher, no entanto, a presença das mesmas características causava profundos arranhões na política somática heteronormativa, suscitando a criação de uma série de dispositivos (silicone, unhas postiças, salto alto etc.) para conter os tensionamentos causados por um corpo feminino testosteronado. Como Larissa me dissera em outra oportunidade, se um treinador conseguisse transformar o corpo de uma mulher – tarefa que se tornava desafiadora em virtude das especificidades do corpo "feminino" –, seria capaz de fazer o que quisesse caso treinasse um homem.

Antes da menção a Lucas, um dos cabeleireiros resolveu quebrar o silêncio a respeito de minha presença, comentando que eu era um homem muito paciente, pois já estava ali há um tempão apenas esperando por Larissa. Aproveitando a deixa e não conseguindo mais conter a dúvida que devia ocupar a imaginação de todas, uma das mulheres perguntou se eu e a fisiculturista estávamos "juntos", no sentido amoroso da palavra. Foi quando ela enfim lhes contou que, na verdade, eu acompanhava sua preparação para o torneio por causa de uma pesquisa da faculdade. Desconfio que ninguém entendera de fato qual meu propósito em passar quatro horas esperando Larissa terminar de se aprontar e confesso que, àquela altura, tampouco saberia dizer. Essa informação, porém, parece ter sido suficiente para que a razão de minha presença não voltasse a ser problematizada.

Às 17h30, meia hora antes do horário determinado para a categoria Women's Physique subir ao palco, Larissa aparentava calma. Apesar de cansada, seu bom humor continuava se espalhando pelo salão como um gato gordo e felpudo, sem pedir licença. À medida que o sol desaparecia e a luz mortiça das lâmpadas tubulares se deitava palidamente sobre os objetos, o efeito da pintura corporal, ajudado por um óleo que conferia brilho e viço à pele, começava a aparecer. O jogo de luz e sombra causado pelos feixes de fótons fluindo verticalmente de cima para baixo tornava ainda mais visíveis os músculos, cuja contração, ao mais leve movimento, ia revelando as fibras e o desenho da anatomia, adiantando assim o espetáculo que se daria a ver dali a pouco no Palmeiras Clube. Aos risos, dizia que toda essa energia que emanava do corpo se devia ao fato de ter nascido sob o signo de áries, elemento de fogo, impetuoso e guerreiro.

A abertura em relação à própria intimidade criava espaço para que as interlocutoras também revelassem particulares sobre suas vidas. A dona da academia a que me referi mais cedo, por exemplo, no momento em que a conversa voltou a ter como tema "dicas de beleza", acabou comentando sobre o uso que fazia de um dispositivo que lhe havia transformado o corpo para melhor. Ele se chamava "*chip da beleza*", e fora implantado debaixo da pele, onde passaria um ano liberando hormônios no organismo, como se fosse uma espécie de glândula *high-tech*. Essa informação deixou a todas entre curiosas e perplexas.

Ao pesquisar sobre isso, encontrei uma matéria jornalística intitulada "Conhecido como '*chip* da beleza', implante hormonal divide médicos" que dava mais detalhes sobre funcionamento e efeitos (PAINS, 2017). Na verdade, não se tratava, como eu pensara inicialmente, de um complexo circuito eletrônico miniaturizado, mas de um tubo de silicone tão pequeno quanto um palito de fósforo, implantado logo acima das nádegas da usuária interessada nos efeitos, podendo ser sentido ao toque. Para a aplicação era necessária uma anestesia local, podendo ser retirado mesmo antes do final do período de um ano, caso houvesse algum efeito colateral indesejado. A reportagem trazia ainda outro tipo de implante composto por "cristais de hormônio" que iam se dissolvendo aos poucos durante um período de seis meses. Diferentemente do similar em silicone, a vantagem era que não precisava de anestesia para a aplicação.

Inicialmente desenvolvido como método contraceptivo, a técnica passou a ser utilizada também para eliminar cólicas e TPM, além de diminuir a celulite, melhorar a pele e o cabelo, estimular a perda de gordura, o ganho de massa muscular e o aumento da disposição. Ainda segundo o *site,* embora o formato e o modo de uso dos implantes de silicone e dos cristais fossem diferentes, ambos carregavam em si o mesmo rol de substâncias, fazendo com que produzissem efeitos similares. Cada implante podia conter um tipo específico de hormônio ou uma combinação de vários deles, além de possuírem dosagens diferentes, a depender da paciente e dos efeitos que buscava alcançar. Entre os hormônios mais comuns, todos eles permitidos pela Agência Nacional de Vigilância Sanitária (Anvisa), estavam a progesterona, o estradiol, a testosterona, o nomegestrol e a gestrinona (GESTRINONA, 2020). De todos, este último era o mais empregado por causar diminuição da celulite, aumento da libido e da massa muscular. Tais efeitos se davam em razão de ser um esteroide sintético com propriedades androgênicas, antiestrogênicas, antiprogestogênicas e antigonadotrópicas.

A recomendação de tal procedimento pela Anvisa se dava apenas em questões de saúde – como no caso de Jeska, que recorreu ao "*chip* da beleza" para tratar os sangramentos decorrentes de um mioma –, mas, apesar disso, era largamente empregado pelos "benefícios" estéticos que trazia para as usuárias. Os efeitos colaterais, no entanto, não podiam ser ignorados, por causarem modificações corporais semelhantes às das fisiculturistas que usavam testosterona. Entre eles estavam acne, seborreia, retenção de líquidos, crescimento do clitóris, ganho de peso, hirsutismo[235], alopecia[236], diminuição do volume das mamas, mudança da voz e outros efeitos androgênicos. Outras reações relatadas foram alterações da libido, cefaleia, irritabilidade e alterações gastrointestinais.

A dona da academia – uma mulher jovem, bonita, casada e mãe de duas crianças – chegou a mencionar alguns desses efeitos. No entanto, considerava que os benefícios superavam em muito o risco de aparecerem transformações indesejáveis no corpo. Quando soube que várias atrizes da Globo faziam uso da tecnologia, se sentiu ainda mais segura e certa de que deveria fazer o procedimento. Para tanto, recorreu ao único profissional em todo o Estado do Ceará que trabalhava com a técnica, um médico chamado "Dr. Guanabara". No *site*[237] por meio do qual divulgava seu trabalho, se apresentava dizendo ser especialista em emagrecimento, *performance* esportiva e longevidade saudável. Além de Fortaleza, seus outros locais de

---

235 "disfunção que afeta mais as mulheres, especialmente em idade fértil ou após a menopausa. Sua principal manifestação é o crescimento excessivo de pelos terminais em áreas do corpo feminino segundo os padrões típicos dos homens. Por exemplo: na área da barba, acima do lábio superior, ao redor dos mamilos, na região do tórax, do baixo abdômen, das nádegas, na parte interna das coxas" (BRUNA, [20--?]).

236 "doença caracterizada pela rápida e repentina perda de cabelos do couro cabeludo ou de qualquer outra região do corpo. Nesta doença, o cabelo cai em grandes quantidades em determinadas áreas, proporcionando a visualização do couro cabeludo ou da pele que era antes era coberta por cabelos ou pelos corporais" (VIANA, [2019]).

237 Disponível em: http://drandreguanabara.com.br/. Acesso: 10 dez. 2017.

atuação eram São Paulo e ainda Miami, nos Estados Unidos. Pela foto que acompanhava o texto, pude ver que se tratava de um homem entre 30 e 40 anos, cujas roupas e aparência poderiam fazê-lo ser facilmente confundido com um empresário – em vez do tradicional jaleco branco, o médico apresentava terno bem alinhado e cabelo arrumado com gel. Havia também fotos com algumas das celebridades locais que contavam com os serviços dele. Para ter acesso a profissional tão "exclusivo", a sobralense precisou gastar aproximadamente 6 mil reais com o procedimento. De acordo com ela, o cálculo do valor era feito da seguinte maneira: a cada dez quilos de peso corporal, a paciente interessada no "*chip* da beleza" teria que desembolsar mil reais para a aplicação.

A possibilidade tanto de eliminação das celulites e da gordura localizada – dois conhecidos "vilões" na produção de um corpo feminino "padrão" – quanto de aumento da massa muscular e da libido, em que pese a lista dos possíveis efeitos colaterais, deixou as clientes do salão animadas. Apesar de não serem atletas e se "enquadrarem" na corporalidade designada às biomulheres, todas, sem exceção, se mostraram tentadas a testar o dispositivo e, no limite, a reprogramar o sistema endócrino, o qual, caso levassem à frente a intenção, passaria a receber uma microdosagem diária de esteroides sintéticos que lhes conferiria atributos tradicionalmente associados aos homens. Seguindo a mesma lógica de produção dos corpos das fisiculturistas e do sistema de "contrapesos" que os impediam de aniquilar a ontologia da diferença sexual, atribuindo a cada "avanço" um "recuo", a composição dos *chips* trazia, além de hormônios androgenizantes, outros cujos efeitos eram exatamente o oposto, ou seja, o de reforçar os caracteres somáticos femininos.

Com o "*chip* da beleza", o regime farmacopornográfico parecia haver encontrado o dispositivo adequado para a criação do corpo feminino "perfeito". A gônada *high-tech* implantada subcutaneamente conferiria uma equilibrada dosagem de hormônios "masculinos" e "femininos", de modo a produzir um controle, endócrino e prostético, dos caracteres secundários advindos da testosterona, os quais seriam modulados de tal forma que as usuárias não apresentassem uma "muscularidade" desenvolvida, mas um leve aumento da massa muscular. Não experimentassem um engrossamento da pele, mas rejuvenescimento, além da redução da celulite e da gordura corporal. Não o crescimento do clitóris e a produção de orgasmos mais rápidos e potentes, o que o aproximaria perigosamente de um pênis, mas "apenas" um aumento da libido.

Nesse sentido, como uma evolução técnica da política somática adotada a partir dos anos 50 do século passado, em que o emprego extensivo das pílulas anticoncepcionais, segundo Preciado (2008), cumpria a função de "panóptico comestível", marcando a passagem dos dispositivos de "ortopedia social" para os da "microprostética sexopolítica" (PRECIADO, 2008, p. 135), visando à fabricação de mulheres "hiperestrogenadas", o que se pode perceber hoje é que a testosterona também passou a fazer parte dos elementos configuradores dos corpos "femininos". Esse processo é designado pelo filósofo espanhol como "travestilidade somatopolítica" ou "*biodrag*" (PRECIADO, 2008, p. 137), por não se tratar apenas de uma máscara ou de uma performatividade discursiva, mas da própria "transformação da estrutura da vida" (PRECIADO, 2008, p. 137).

Dessa maneira, parece estar em curso um processo em larga escala, alcançando desde atrizes globais[238] até pequenas empresárias em uma cidade no sertão do Ceará, de distribuição de micropróteses de testosterona (combinada a outros tantos hormônios), não como instrumento de infecção das "bases moleculares de produção da diferença sexual" (PRECIADO, 2008, p. 110) ou enfrentamento ao heteropatriarcado, como havia desejado Paul Preciado (2008), mas como forma de dotar, tecnicamente, os corpos femininos de força orgásmica a ser capturada e explorada. Se com as pílulas anticoncepcionais a produção técnica das biomulheres – baseada na progesterona, no estrogênio e objetivando a construção de corpos passivos, dóceis e obedientes – pretendia ter como efeito a dessensibilização do desejo sexual e a diminuição da libido, dirigida quase integralmente aos cuidados domésticos e da família, agora tratava-se de modificar esse processo.

Para tanto, as novas modalidades de produção econômica e subjetiva, baseadas na exploração do gozo e da energia que animava e excitava os corpos (PRECIADO, 2008), parecem ter recorrido à testosterona – ao lado da cocaína, do prozac, do rivotril, da fluoxetina e de tantas outras drogas – para integrar todos e todas, seus desejos e subjetividades, às malhas discursivas e materiais do capital. Corpos agressivos, confiantes, musculosos, eternamente jovens, potentes, incansáveis, sempre prontos a "foder":

238 Expressão utilizada para fazer referências às atrizes que trabalham na Rede Globo de Comunicação.

ao mesmo tempo efeitos diretos da testosterona e atributos sem os quais seria impossível ser bem-sucedido(a) no competitivo mundo contemporâneo. Não é à toa, portanto, terem se tornado comuns – processo apontado por Alan Silva (2014) e observado por mim ao longo da pesquisa – a adoção, cada vez mais precoce, de "tratamentos" de reposição de testosterona pelos homens; e, no caso das mulheres, mesmo as não atletas, de dispositivos como o "*chip* da beleza".

Dessa maneira, tudo levava a crer que o "melhoramento" corporal feminino para fins estéticos e/ou esportivos, envolvendo o ganho de músculos e a perda de gordura corporal, muitas vezes apropriava-se da testosterona como "aliada", o que criava a necessidade de uma diferenciação entre atributos "masculinos" (alta densidade muscular, ausência de menstruação e pouco tecido adiposo) desejáveis em corpos "femininos" e outros (crescimento de pelos corporais, engrossamento da voz e aumento do clitóris) que deviam ser evitados.

Ao ouvir alguns dos possíveis efeitos secundários do *chip*, as similaridades entre a reprogramação molecular ativada pelo dispositivo estético e o uso da testosterona na construção muscular para o fisiculturismo não passou despercebido à Larissa. Apesar de desconhecer a tecnologia mencionada pela empresária, a vasta experiência no esporte fez com que identificasse ali a narração de uma vivência muito familiar, o que tratou de deixar evidente. No meio do burburinho criado pelo anúncio de uma novidade tão "incrível", a voz encorpada de Larissa se destacou afirmando: "Isso é a mesma coisa que eu faço. Esses efeitos são devido à testosterona". A princípio as mulheres pareceram ignorar a informação, mas Larissa continuou repetindo aquela verdade inconveniente: o que a empresária "feminina" fazia não era diferente das práticas da fisiculturista testosteronada. O que mudava, continuou, "era só a dosagem".

Se a questão era apenas de intensidade e não de natureza, o que tornava a experiência da empresária tão excitante, capaz de atiçar as fantasias daquelas mulheres, e ao mesmo tempo o corpo de Larissa algo a ser evitado, incompreendido, fruto de atração e repulsa? Se a ingestão da testosterona, ainda que em dosagens diferentes, fazia de ambas ciborgues, isto é, corpos bioquimicamente modificados, por que as demais clientes queriam ser como a empresária e não como Larissa? Parte da resposta parecia estar no fato de que a testosterona era encarnada diferentemente em seus corpos, produzindo inscrições somáticas e imagens distintas. Enquanto a empresária sobralense era uma mulher magra, tinha a voz fina, a pele sedosa e o corpo tonificado mas sem ser musculoso, a fisiculturista extrapolava o conjunto de atribuições que estabeleciam a "verdade" do sexo feminino.

Nesse sentido, se ambas buscavam a modificação bioquímica do organismo por meio da ingestão de hormônios androgênicos (entre outros), apenas Larissa exibia no corpo a intrusão do "masculino" no "feminino". O que me levava a pensar que, contemporaneamente, um corpo "feminino", para ser considerado desejável, devia ser constituído por uma certa porção de "masculinidade", contanto que esta permanecesse "invisível". A corporalidade feminina encontrada em mulheres como as *panicats*[239], por exemplo, cujas modificações eram alcançadas com a ajuda dos esteroides anabolizantes, gerando todo um sensacionalismo midiático a respeito da "cirurgia íntima" para diminuição do clitóris, a qual muitas acabaram se submetendo, parecia ter se transformado em "norma" no Brasil. Apesar disso, a diferença sexual continuava sendo um princípio a não ser ultrapassado.

No caso delas, assim como pude perceber quanto às fisiculturistas, a cada modificação capaz de ameaçar a verdade do gênero havia outras tantas que buscavam preservá-la. Uma vez que esse "equilíbrio" fosse mantido com sucesso, o desejo masculino podia ser livremente dirigido a tais corpos, sem que o regime heterossexual fosse colocado em xeque. Porém, quando a imagem de uma mulher se aproximava perigosamente da configuração somática de um homem, como era o caso de Larissa, tudo começava a ficar mais complexo, pois aí o desejo não podia mais se expressar abertamente, passando a fazer parte, em razão de seu recalque, de uma amálgama de afetos confusos, contraditórios e, por vezes, violentos.

Aparentemente, corpos como o de Larissa só encontravam aceitação nos circuitos onde eram produzidos e mostrados (academias de ginástica, feiras de suplementos alimentares, competições de fisiculturismo). No espaço público, contudo, costumavam ser alvo de repulsa e preconceito, embora no privado, longe dos holofotes, fossem desejados de maneira

[239] Nome das ajudantes de palco de um programa televisivo chamado *Pânico na TV*. Musculosas e aparecendo sempre de biquíni, o corpo delas era tomado como o novo "padrão" a ser buscado pelas mulheres, como se podia perceber pela multiplicação de suas imagens em revistas de "boa forma" e de comportamento (destinadas ao público feminino) e também de entretenimento adulto (voltada para os homens).

clandestina e fetichista. No salão, Larissa tornou a comentar sobre as propostas sexuais que recebia, por meio do Instagram, de homens que "tinham tesão em mulheres musculosas".

O desejo que esses pretendentes anônimos demonstravam se expressava tanto pela atração que sentiam diante da imagem e do toque de seus músculos, quanto pelo reconhecimento de que estes conferiam poder à Larissa, o que levava alguns a quererem inclusive "lutar" com ela. Segundo a atleta, esse tipo de proposta era algo bastante comum dentro do fisiculturismo, em razão dos altos gastos com a preparação e do baixo retorno financeiro.

A exposição dessa realidade ativou a curiosidade das clientes que passaram a ficar interessadas em saber quais eram os ganhos de Larissa. Afinal, que premiação levaria, caso ganhasse o Sobral Open? A resposta, contudo, pareceu causar ainda mais confusão nas interlocutoras. Ela afirmou que desconhecia o prêmio destinado ao(à) vencedor(a) e que tampouco se importava com isso, por já ter se acostumado a não receber nada pelo esforço. E, se era assim, se investia tanto de si para produzir uma corporalidade que lhe afastava do padrão de feminilidade, por que então continuava? Tudo que pôde afirmar, como fazia incansavelmente nas postagens no Instagram, é que seguia em razão do amor ao esporte.

Eram já por volta das seis horas, e o salão começava a ficar vazio. Com os cabelos louros e escovados, as clientes, sorrindo de orelha a orelha e parecendo muito satisfeitas com os novos visuais, se apressavam para curtir a noite quente de sábado. Enquanto isso, Larissa, que fora uma das últimas a serem atendidas, tendo passado à cadeira do cabeleireiro, recebia o mesmo penteado de outros campeonatos. No lado direito da cabeça, feixes dos longos fios pretos eram reunidos em tranças rentes ao couro cabeludo, de modo que não precisasse mexer no cabelo durante a execução das poses. O tempo em cima do palco era escasso; e qualquer excesso de movimentos, evitado.

Para a maquiagem, optara por um brilho labial; sombra em tons de prata e marrom; um iluminador para "quebrar" as linhas do rosto, diminuindo a angulação; uma base escura para harmonizá-lo com o corpo bronzeado; e um par de brincos de *strass*, de mais ou menos dez centímetros, combinado com pulseiras de mesmo material em ambos os braços.

Agora, terminado o cabelo, restava apenas vestir o biquíni. Para ajudar na sustentação dos seios, a parte de cima da peça (busto) possuía uma armação de metal interna. A parte de baixo (calcinha), por sua vez, era bastante "cavada" na frente, dando a ver parte da musculatura que ficava à volta da vulva. Um "fio dental", na parte de trás, possibilitava a apresentação de toda a musculatura que compunha os glúteos. Em harmonia com os demais acessórios, pedrarias furta-cores adornavam o biquíni na intenção de fazer com que, literalmente, brilhasse em cima do palco.

Figura 18 – Blond do Regim

Fonte: O autor (2017); localização: Blond do Regim (Sobral-CE).

No entanto, apesar de a preparação estética caminhar conforme o planejado, quando os ponteiros do relógio marcaram seis horas em ponto, a fisiculturista abandonou toda a tranquilidade que vinha se esforçando em demonstrar. Minuto a minuto, o nervosismo ia crescendo, e seu semblante assumia agora ares de gravidade, mesmo raiva. Combinara com Lucas que deveria aparecer no salão entre cinco e seis horas da tarde para levá-la ao Palmeiras Clube e, desde cedo, vinha tentando falar com ele para garantir que não se atrasasse. Apesar disso, o marido/treinador não atendia às ligações, tendo aparentemente sumido. Mesmo assim, procurou manter o controle, contando que Lucas não a fosse decepcionar.

Depois de muito insistir, quando enfim conseguiu que o marido atendesse, soube que não chegaria ao Blond do Regim a tempo. Segundo Lucas, algumas dificuldades quanto aos preparativos de Excalibur fizeram com que ainda estivessem ocupados. A esposa teria que compreender que, como treinador, por uma questão de dever profissional, não poderia abandoná-lo. Ao desligar o telefone, incrédula, passou alguns segundos em silêncio. A mandíbula se fechou em uma contração tão forte que era possível ver, em destaque, a musculatura responsável por seu movimento. Os lábios, crispados, funcionavam como uma segunda barreira, contendo a explosão que ameaça acontecer a qualquer momento. "Caralho, não acredito que o Lucas fez isso comigo", foi tudo quanto pôde dizer antes de perceber que teria de resolver as coisas por conta própria. O agravante é que estava completamente sem dinheiro, o qual ficara todo com o marido.

Não tendo mais a quem recorrer a fisiculturista pediu minha ajuda. Por sorte, eu tinha comigo o suficiente para chamar um táxi e também o contato de alguns motoristas que topariam fazer a corrida por um valor mais em conta. De meu telefone, passei a ligar para alguns taxistas até achar um que fosse viável para nós. Não havia mais tempo. A competição provavelmente já começara, e Larissa corria o risco de ficar de fora, pois sua categoria seria uma das primeiras a se apresentar. Durante os 15 minutos que o carro levou até nos encontrar e como eu era a única pessoa ali que havia acompanhado a preparação, acabei servindo de ouvidos para o desabafo em relação ao comportamento do companheiro.

Ela então me revelou a existência, ao longo da preparação, de uma série de falhas sobre as quais sequer havia comentado e que, antecedendo a ausência de Lucas, ajudavam a explicar, de alguma maneira, como aquilo tinha acontecido, logo quando mais precisava dele. Sendo experiente e tendo acompanhado de perto o trabalho com Excalibur, não "comprou" as explicações do marido. Sabia que ele deixara para fazer tudo de última hora. Tanto a depilação de Excalibur quanto a pintura corporal, as quais deveriam ter sido realizadas ainda em Fortaleza, como Larissa fizera, acabaram sendo adiadas até o limite, acontecendo apenas às portas da competição. Lucas a havia praticamente "abandonado" em um ponto crucial, e tudo isso para cuidar de outro atleta.

Às 18h15 ouço um barulho de motor se aproximando e, em seguida, dois toques na buzina sinalizando nossa hora de partir. Por cima do biquíni, o qual vestira alguns minutos antes no banheiro contíguo ao salão, Larissa usava um roupão preto cobrindo-lhe o corpo até os tornozelos. Assim, a um só tempo, evitaria sujar de tinta os objetos que entrassem em contato com a pele e borrar a pintura corporal, a qual ainda seria retocada mais algumas vezes, se tivesse tempo, até o momento da apresentação. Antes de ir embora, tratou de agradecer aos funcionários do Blond do Regim, dizendo ter sido o melhor cabelo e *make* (maquiagem) que fizera na vida. Em seguida foi buscar as coisas – uma bolsa grande para guardar materiais esportivos e outra menor, onde carregava alimentos, comprimidos e outras coisas de tamanho reduzido – e entrou no táxi sem dizer palavra, permanecendo em completo silêncio até chegarmos ao Palmeiras Clube.

Sem esperar que eu pagasse a corrida, Larissa foi andando na frente, a passos largos, a fim de se certificar de que não havia perdido a chance de competir. Com meu crachá de fotógrafo pendurado ao pescoço, fui seguindo a trilha deixada pelos pés dela até a entrada do clube. A fisiculturista me pediu, ao alcançá-la, que ficasse segurando seu telefone para o caso de Lucas ligar, uma vez que não havia bolsos no roupão. Já ciente do atraso do evento, que sequer havia começado, passara a esperar pela chegada do marido, para que assim pudesse lhe apoiar nos últimos instantes antes do torneio. No entanto, como Lucas continuava a não dar sinal de vida, a irritação da atleta só aumentava.

Tendo acesso integral às dependências do clube, passei a acompanhar a fisiculturista a todos os lugares que ia, como se fosse uma espécie de assistente. Uma hora pedia que eu fosse lhe comprar um refrigerante *diet* (o normal possuía açúcar e calorias demais); em outra perguntava se alguém telefonara ou mais diretamente se tinha visto Lucas andando por aí. Enquanto realizava todas essas tarefas, meus olhos passeavam pelo espaço e pelos corpos que nele circulavam – musculosos e seminus – como um cachorro que acabara de sair da coleira. Cansada de esperá-lo na entrada, como se isso pudesse incentivar o companheiro a vir a seu encontro mais rapidamente, resolveu ir até o camarim, onde as outras competidoras preparavam o corpo para entrar em ação.

Figura 19 – Camarim

Fonte: O autor (2017); localização: Palmeiras Country Clube.

Como se tratava de um clube que também fazia as vezes de casa de *shows*, havia uma boa estrutura para receber os(as) competidores(as), diferentemente do local onde ocorrera o evento no ano anterior. As paredes que davam suporte ao *backstage* (estrutura localizada atrás do palco onde se apresentariam os/as atletas), provavelmente seguindo a temática indicada pelo nome do clube, eram pintadas de um verde-esmeralda bastante vivo. Verdes também eram as mesas de plástico em cima das quais repousam algumas bandejas de frutas contendo bananas (o potássio presente na fruta ajudava a evitar as câimbras, comuns por causa da desidratação), fatias de melancia e de melão (a grande quantidade de água nelas presente ajudava na reposição de líquidos e sais minerais). Na mesa ao lado, cerca de seis caixas de pizza "esperavam" para serem comidas pelas atletas que tivessem encerrado a participação no torneio, como espécie de prêmio pelos longos meses de dieta. Apesar disso, a todo momento alguém aparecia para "roubar" um ou dois pedaços, saindo rapidamente para não ser "pego". Bem em frente à porta de entrada havia um espelho de "corpo inteiro" para que as atletas pudessem dar uma última olhada no *shape*, na maquiagem, nos acessórios e na pintura corporal. À direita ficava um pequeno banheiro encerrado por uma porta de plástico sanfonado.

Ainda profundamente incomodada pela ausência de Lucas, Larissa sequer havia olhado para a comida ou para o espelho, que, em pouco tempo, passaria a ser disputado "à tapa". Dando continuidade ao desabafo, voltou a falar que, em vários momentos durante a preparação, tinha ficado ao léu, porque ele parecia muito mais interessado em cuidar de seus atletas do que dela. Disse ainda que sua sorte é que os mais de 20 anos de experiência no fisiculturismo haviam lhe dado as ferramentas necessárias para que conseguisse se virar sozinha, sem precisar da ajuda de ninguém. No entanto, a falta de apoio do marido lhe afetava mais do que gostaria de admitir.

A ansiedade, a raiva e a decepção causadas pelo comportamento de Lucas, agravadas pela possibilidade de que ele sequer a visse competindo – o que traria consequências para a continuidade da preparação, em virtude de a avaliação posterior das poses e da "muscularidade" da atleta, vistas do palco pelo treinador, servirem como importantes guias para a evolução do físico – poderia resultar na produção de um efeito somático profundamente prejudicial. Segundo Larissa, o cortisol – hormônio secretado pelo organismo em condições de estresse emocional – que circulava no corpo por culpa dele fez com que as veias praticamente sumissem, diminuindo perigosamente o *pump* da musculatura. Sem a irrigação sanguínea adequada, seu corpo parecia haver murchado, impossibilitando que, mesmo diante da realização de contrações contundentes, pudessem ser reveladas a densidade e as estriações das fibras musculares.

Sabendo disso, a todo momento checava o estado do *pump* contraindo o antebraço direito, uma das regiões onde as veias eram mais aparentes e que, portanto, fornecia-lhe dados preciosos para a avaliação de seu estado. "Olha aí", disse, chamando minha atenção, "como as veias tão desaparecendo", constatação que a fazia se chatear ainda mais. Antes de apontar esse aspecto da realidade de seu corpo, eu não tinha percebido qualquer diferença entre o "antes" e "depois" da agência do cortisol nos músculos, fazendo com que, a seus olhos, perdessem "qualidade". Mas, a partir do recorte (agencial) proposto, ao fazer com que toda minha atenção e capacidade de percepção se voltassem para o calibre das veias, naquele instante, pude "ver" o que antes não era capaz de enxergar por conta própria.

A composição da realidade dos músculos era resultado de uma multiplicidade de agências cujo emaranhado tornava impossível o isolamento de cada uma das variáveis responsáveis pela fabricação da corporalidade de Larissa, na medida em que o efeito produzido sobre cada uma ativava outras tantas interferências nas demais. Como afirma Mol (2002, p. 121, tradução nossa), não "existem variáveis invariáveis. Existe interdependência e, onde dois ou três modos de ordenação, dois ou três modos de encenação de objetos específicos se encontram: existe interferência também. O que acontece com os objetos quando práticas interferem umas com as outras?"[240].

Dessa maneira, a dieta; os treinos; os pesos levantados; os equipamentos das academias de musculação que frequentava; os suplementos alimentares; os hormônios; o humor; a cama onde dormia; os líquidos que ingeria; a pintura que colocava no corpo; a luz que incidia sobre ele; a maneira como usava o biquíni; os acessórios que escolhia para a apresentação; as poses que exibia em cima do palco; a música que acompanhava a rotina; a maquiagem que "suavizava" as linhas do rosto; a maneira como o cabelo era penteado; a depilação; os vídeos a que assistia; as imagens que publicava no Instagram; o modo como as unhas postiças condicionavam a maneira como fechava as mãos; e mais outros tantos objetos e materialidades interferiam na produção de seu corpo, construindo uma espécie de "praxiografia"[241], por meio da qual interferia positivamente na malha de relações intra-ativas, a fim de produzir músculos cada vez melhores: mais vascularizados, mais estriados, mais volumosos e também mais definidos, sem que extrapolasse os limites corporais impostos pela categoria.

Baseada no arquivo que possuía a respeito das práticas existentes no fisiculturismo e no lento aprendizado que a levou a "ouvir" o corpo, se perguntava o que estava faltando para que as veias ficassem como gostaria. Como se estivesse doando sangue, tornou a abrir e fechar a mão para fazer saltar a veia, enquanto observava atentamente o fluido preencher, com dificuldade, o tecido elástico que o continha. Sem aviso, interrompeu a avaliação e, com os quadríceps poderosos, levantou-se bruscamente da cadeira, o que fez com que o objeto de plástico recuasse quase meio metro, caminhando em direção à bolsa menor, como se animada por um pensamento que cruzara a mente com a velocidade de um relâmpago.

Nas mãos, tinha agora duas pílulas de cafeína, que engoliu com a ajuda de um único gole, apressado e contínuo. Depois disso, tornou a se sentar, tentando recobrar a calma, à medida que aguardava a substância fazer

[240] No original: "There are no invariable variables. There is interdependence and, where two or three modes of ordering, two or three ways of enacting a specific object meet: there is interference, too. What becomes of objects when practices interfere with one another?"

[241] Segundo Mol (2002), "praxiografia" se trata de uma história das práticas, ou seja, a constituição de um arquivo de práticas por meio do qual "coisas" são feitas.

efeito. A dose que acabara de tomar equivalia ao dobro do consumo diário recomendado a uma pessoa adulta e, em organismo pouco acostumado, seria recebido como um coice diretamente no coração. Por muito menos, eu mesmo chegara a passar mal certa vez ao consumir uma quantidade de cafeína maior do que estava acostumado, na tentativa de inundar o corpo com a adrenalina necessária para produzir um choque no metabolismo.

Percebendo a situação de Larissa, me vi tentado a dizer algumas palavras para animá-la, e assim o teria feito não fosse minha inabilidade nesse quesito. Além disso, com receio de que algo dito por mim pudesse soar como uma crítica a Lucas, preferi me manter apenas ouvindo as reclamações de uma maneira interessada e compreensiva. Com o andar dos minutos, mais pessoas começaram a entrar no camarim. Primeiro foi um homem baixo e bastante comunicativo que trazia uma câmera profissional pendurada por uma alça ao pescoço e que falou com Larissa como se fossem velhos conhecidos. Como não costumava ter concorrência na documentação de eventos como aquele, regionais e de pequeno porte, pareceu surpreso em encontrar outro "fotógrafo" ali. Sem me cumprimentar, foi direto falar com Larissa, que, ao vê-lo, abriu um sorriso largo.

Com seu jeito despojado, o homem conseguiu distrair a atleta que, naquele momento, ainda esperava pelos efeitos da cafeína. Teceu calorosos elogios ao físico de Larissa e disse que não tinha a menor dúvida de que seria campeã. Apesar de, àquela altura, já haver confirmado as suspeitas do dia da pesagem, isto é, de que seria a única competindo em sua categoria, recebeu as palavras de reconhecimento com uma alegria genuína. Em que pese se tratar de um camarim feminino e de as competidoras circularem nele em trajes menores, me surpreendeu o fato de os homens entrarem e saírem dali sem qualquer cerimônia. Após o fotógrafo, um sujeito alto e muito forte, usando paletó largo e desalinhado, cruzou a porta. Careca e de cavanhaque, sua figura lembrava a de um lutador. As mãos grandes e musculosas me fizeram crer que, provavelmente, era um ex-fisiculturista que, depois de encerrar a carreira no esporte, acabou ocupando algum cargo administrativo na federação que chancelava o torneio.

Unindo-se à roda de conversa formada por Larissa e o fotógrafo, na qual não consegui me inserir, passou a conversar com ambos, dirigindo a atenção depois apenas a ela. Como se tratava da volta aos torneios de uma das atletas mais importantes do Estado, havia uma curiosidade grande, por parte das pessoas que construíam o fisiculturismo no Ceará, de saber como estava, o que se passara durante o período de afastamento e a qualidade do *shape* que apresentaria no Sobral Open. Larissa passou a lhe contar como fora a preparação para o retorno aos palcos, escolhendo omitir as dificuldades enfrentadas com o marido e treinador, as quais foram escalando para culminar no sumiço dele poucas horas antes da reestreia. O grandão escutava interessado, ao mesmo tempo em que emitia sinais corporais avisando que teria pouco tempo para ouvir o relato da atleta. Ainda havia muitas coisas a resolver, e sua atenção era demandada em outras áreas do *backstage*. Antes de ir embora, também elogiou o físico construído por Larissa e disse que esperava vê-la em outras competições.

Com a saída do grandão e do fotógrafo, a sala voltou a ficar vazia, mas não por muito tempo. Poucos minutos depois, uma mulher alta, de cabelos vermelhos e lisos, cujos fios alcançavam a cintura, chegou ao camarim como uma aparição. A pele extremamente branca tinha um aspecto leitoso, parecendo irresistivelmente macia ao toque. A sinuosidade de suas curvas fazia par com o carmim aveludado que lhe pintava os lábios, contrastado pelo preto que contornava os olhos, deixando-os perfurantes. Pretas eram também as botas que calçava e que, começando pelo salto, iam até o joelho, dando a impressão de que a dona delas era ainda mais alta. Usava um *short* de mesma cor, encimado por um *top* também preto. E por cima desse conjunto um tecido fino, quase espectral, servia como uma espécie de filtro, conferindo a pele por ele encoberta um tom noturno. Misto de Vênus de Botticelli e bruxa, a mulher também veio prestar homenagem a Larissa, conversando rapidamente com a atleta. Das palavras trocadas entre as duas descobri ser ela a *designer* de muitos dos biquínis usados pelas competidoras.

Enquanto essa cena se desenrolava, duas outras fisiculturistas haviam entrado no camarim, capturando o olhar de Larissa. Ao se despedir da interlocutora anterior, como uma boa anfitriã, cumprimentou as colegas de trabalho – ambas competiam em categorias abaixo da sua – e lhes dirigiu algumas palavras de apoio. A mais alta parou longamente na frente do espelho ao mesmo tempo em que executava uma série de poses. De longe, Larissa comentou que seu *shape* estava ótimo, tendo evoluído muito desde a última vez que a vira. A mulher agradeceu e, em seguida, disse que chegou a pensar em não competir porque a preparação tinha sido complicada. Mas, no fim das contas, achou por bem arriscar. Trazia uma maquiagem "pesada" se comparada à de Larissa, assemelhando-se muito à maneira como se pintavam as *drag queens*. Nos olhos uma sombra branca e brilhosa que subia até quase tocar as sobrancelhas. E, com a ajuda do lápis, da sombra colorida, do *prime*[242], dos cílios postiços e do *glitter,* reesculpira o rosto, de modo a deixá-lo menos anguloso, mais suave e "feminino".

A mais baixa possuía um físico aproximado ao "padrão", apresentando uma musculatura não tão desenvolvida na parte superior do corpo, tendo os braços relativamente finos, uma cintura marcada e o abdômen esguio. Embora, para os parâmetros da categoria de Larissa, seus quadríceps pudessem ser considerados pouco definidos e estriados, as pernas eram volumosas, e a pele apenas sugeria a geografia dos músculos debaixo dela. A bunda era firme, grande e arredondada, fiel representante da qualidade corporal que, culturalmente, dizia-se ser "preferência nacional do brasileiro". Tinha os cabelos pretos e escorridos, passando um pouco da cintura, e pelo *shape* dela eu sabia se tratar de uma wellness. Depois que a mais alta se afastou do espelho, aparentemente satisfeita com o que tinha visto, foi a vez de a baixinha ensaiar poses, perdida na própria imagem.

Figura 20 – Fisiculturistas

Fonte: O autor (2017); localização: Palmeiras Country Clube.

[242] Base de maquiagem usada para cobrir certas "imperfeições" do rosto.

Logo as duas passaram a conversar e, ao me verem com a câmera, quiseram que eu tirasse algumas fotos. Um pedido nada absurdo. Afinal, não era eu "imprensa", como dizia o crachá? No entanto, minha disposição corporal, algo que não percebera conscientemente até a ocorrência daquele pedido, assemelhava-se mais à de um espectador do que propriamente à de um fotógrafo, o que fazia da câmera que trazia a tiracolo um penduricalho e não um dispositivo efetivamente incorporado a meu aparelho perceptivo. Aquela frase dirigida a mim fez com que eu fosse chamado à cena, assim de repente, como quem é acordado de um sono profundo para responder a uma urgência concreta e inadiável.

Encorajado por ter encenado um dos papéis a que me atribuíra aquela noite – além de fotógrafo, era também pesquisador e "assistente pessoal" de Larissa –, resolvi sair um pouco do camarim e ir dar uma volta pelo clube, na tentativa de, ao me colocar em "cena", capturar outros acontecimentos. Tendo ativado meu tecno-olho, minha visada ficava protegida para se fixar onde quisesse, desde que o enquadramento conduzido por meu desejo se encerrasse com a captura de um instante feito imagem.

O erotismo do lugar era desconcertante. O coração batia rápido. Os pelos se eriçavam. Tumescência. Para onde eu olhava havia mulheres de "fio dental", corpos esculpidos besuntados em óleo e brilhando à luz das lâmpadas amarelas, cuja intensidade mal podia dissipar a escuridão da noite que corria veloz. O calor de Sobral fazia nosso corpo suar como se fôssemos parte de um mesmo organismo vivo, integrado por conexões invisíveis (mas nem por isso menos reais). O sistema de som passou a anunciar que a competição teria início em breve. Sentados em cadeiras de plástico branco, o público se ouriçava, e o burburinho de vozes pairava sobre nossa cabeça como uma névoa espessa. Contei alguns homens barrigudos, de *short jeans* e boné. Outros, atléticos e vestidos com roupas esportivas. As mulheres, em geral, pareciam mais arrumadas, embora em menor número. Não demoraria muito para que, enfim, eu pudesse ver o corpo de Larissa em ação.

Após essa breve incursão, retornei ao camarim. Larissa permanecia sentada, concentrada em corrigir os efeitos negativos produzidos nos músculos pela ausência do marido, o qual, aliás, ainda não havia chegado. Encontrei-a já um pouco mais calma, talvez conformada de que teria de passar por tudo sozinha. Apesar disso, a indignação frente à situação em que havia sido colocada não se dissipara. O resultado do relaxamento, potencializado pelas pílulas de cafeína, porém, começava a fazer efeito. Abrindo e fechando a mão, afirmou: "Tá vendo as veias voltando?". Surpreso pelo grau de sintonia que a atleta possuía com o corpo e pelo modo como se valia de uma série de técnicas corporais para deixá-lo como queria, pude perceber novamente a realidade que partilhava comigo. Larissa tinha mesmo razão.

Nesse momento, outra competidora entra no camarim e se põe à frente do espelho, averiguando qualquer ínfimo detalhe que um olhar leigo jamais seria capaz de perceber. Não devia ter mais de 1,65 m de altura. O cabelo era longo e preto. O corpo esculpido com a precisão de milímetros. Michelangelo não teria conseguido fazer um trabalho melhor. A bunda arredondada e firme. As coxas grossas e definidas. As panturrilhas musculosas e marcadas. A cintura era fina, e os braços, apesar de delgados, apresentavam relevos suaves mas densos. Os seios fartos assumiam um formato esférico com a contração dos músculos peitorais, sinal de que próteses de silicone também faziam parte daquele corpo. Seu *shape* era, de maneira geral, tão bem construído, de acordo com as prescrições somáticas de sua categoria, que, ao bater os olhos na atleta, muito embora não a conhecesse, Larissa cravou: "Ela vai ganhar".

A capacidade de leitura corporal da fisiculturista já havia me impressionado outras vezes. Cerca de um mês antes do Sobral Open, quando estávamos conversando na Universo Gym, à espera de que Lucas desse por encerrado o treino de Excalibur e passasse a orientá-la, ela me contou um episódio interessante evolvendo esse mesmo atleta. Tendo começado a competir apenas recentemente e sem haver praticado seriamente outros esportes antes, ele ainda dava os primeiros passos na incorporação da disciplina necessária para construir a musculatura. Assim, quando o rapaz chegou para treinar certo dia, Larissa observou que seu físico não parecia bem. A pele estava sem brilho e os músculos, sem tônus e pouco vascularizados. Chamando o marido de lado, perguntou: "Lucas, vê se o Excalibur comeu direito antes de vir treinar". Ela me disse que fez o questionamento com todo o cuidado do mundo, pois não tinha a intenção de desautorizar o companheiro. Por outro lado, pelas duas décadas de experiência, não se calaria frente a algo que poderia prejudicar um trabalho que vinha sendo bem realizado até ali. Por meio da interpelação, acabou descobrindo, não para sua surpresa, ter Excalibur dormido tarde na noite anterior e feito uma refeição a menos do que deveria antes de vir treinar. Estava tudo explicado.

Por volta das sete horas deixamos o camarim. Enquanto Larissa parou para conversar com duas atletas e um treinador, resolvi dar outra volta. Eles de sunga e elas de biquíni, homens e mulheres passavam de um lado a outro, exibindo o corpo quase por completo. E esse "quase" fazia toda a diferença entre o que seria considerado admissível ou frontalmente intolerável. Longe do cenário público (de sol, areia e mar) onde tais vestimentas (sumárias) eram culturalmente aceitáveis, os pequenos pedaços de tecido, suficientes apenas para cobrir o pênis, no caso dos competidores, e os seios e vulvas, no caso das atletas, causavam-me estranhamento. A noite, a escuridão e a volúpia dos corpos atléticos embarcava meus pensamentos numa viagem aos inferninhos e clubes noturnos, onde o sexo – tanto quanto o álcool, os cigarros, as bebidas energéticas e as carreiras de "pó" – era consumido com uma voracidade de lambuzar os beiços. Apesar disso, tratava-se "apenas" de uma competição esportiva; e, se a "maldade" estava nos olhos de quem via, então talvez eu é que estivesse me comportando como uma pessoa má.

O que, na imagem de uma genitália "masculina" ou "feminina", ofendia tanto? Será que o "cheiro de sexo" captado por minhas narinas era fruto dessa espécie de "alucinação da carne" provocada pela anatomia do corpo humano, desenhada e exposta de uma maneira tão radicalmente direta? Ou tratava-se apenas da lubricidade de um pesquisador incapaz de conter seus impulsos? O que fazer quando o desejo ameaça contaminar a "objetividade" científica? Entendendo a pesquisa como um "corpo a corpo", só havia uma resposta possível para mim: deixar-me afetar.

Dentro do clube, a quase nudez dos(as) atletas não era vista como "sexual" o suficiente para ser considerada ofensiva. Isso tanto era verdade que havia crianças circulando pelo ambiente, tão naturalmente como se estivéssemos em uma praia frequentada apenas por pessoas musculosas, usando roupas de banho "cavadas" e brilhantes. No entanto, havia certas cenas em que pude perceber uma liberalidade incomum em outros contextos.

Figura 21 – Passando óleo

Fonte: O autor (2017); localização: Palmeiras Country Clube.

Em frente a um grande portão metálico e vermelho que servia como saída de emergência, do lado oposto ao do grupo de Larissa, alguns atletas homens finalizavam a preparação para entrar em ação enquanto interagiam de modo pouco comum, levando em conta o contexto da sociabilidade masculina heteronormativa, comumente repleta de artifícios e "cortinas de fumaça", as quais pareciam impedir que os sujeitos que se constituíam em seu enquadramento percebessem o quão frágil era a integridade de suas identidades sexuais. Em uma flexibilização inesperada das "regras da masculinidade" – do meu ponto de vista, é claro, pois arrisco dizer que da perspectiva deles não havia qualquer contradição –, os homens passavam óleo uns nos outros, de modo a conferir brilho à pele e permitir uma maior visibilidade dos músculos em cima do palco.

Excetuando-se a região genital, não havia partes dos colegas de profissão que não fossem cobertas pelas mãos ágeis e firmes na tarefa de espalhar a substância de maneira homogênea. Esse tipo de contato seria impensável em outros cenários, pois normalmente o toque entre homens heterossexuais é evitado ou, quando acontecem, dão-se muitas vezes por meio de alguma mediação simbólica que os deixe tranquilos quanto à investigação dos próprios desejos.

Do meu lado esquerdo, a cena se repetia entre as competidoras, mas isso não chegava a surpreender porque, entre mulheres, o toque e o contato físico, em geral, não colocavam em "risco" sua orientação sexual, sendo a interação menos normatizada do que entre os homens[243]. Em uma cena, vi uma mulher em pé em uma cadeira, enquanto outras duas, também atletas, avaliavam a homogeneidade da pintura corporal da fisiculturista, corrigindo os pontos de falha com o acréscimo de mais tinta, a qual era espalhada com a mão. A diferença entre essas duas situações é que, ao passo que as mulheres se ajudavam em uma zona de passagem – e, portanto, à vista de todos –, os homens preferiam fazê-lo em um lugar mais reservado, protegidos de possíveis olhares acusadores.

Enquanto me entretinha em capturar essas cenas com a ajuda da câmera, pelos alto-falantes a produção do evento anunciou, enfim, o início das apresentações. Com isso, apressei-me a chegar à área destinada aos fotógrafos, entre os jurados e o público, a qual permitia uma visão privilegiada.

Figura 22 – Palco

Fonte: O autor (2017); localização: Palmeiras Country Clube.

---

243 No texto "Homoerotismo feminino e o Santo Ofício", presente no livro *História das mulheres no Brasil*, Ronaldo Vainfas (2004) mostra, com base nos encontros sexuais entre mulheres narrados pela Igreja Católica em processos contra a "sodomia", que o sexo lésbico não era alvo do mesmo tipo de rigor e impedimento que se viam nos casos de homoerotismo masculino. Acreditava-se que, entre as mulheres, a impossibilidade de penetração fálica impedia a consumação do ato sexual, tornando essa prática algo de certo modo tolerado, sendo inclusive comum a iniciação sexual feminina se dar com amigas próximas, parentes e até mesmo com escravas que serviam à casa-grande. A punição a esse tipo de prática se intensificava no mais das vezes apenas quando as acusadas de homoerotismo adotavam performances de gênero masculino. Num dos casos, Vainfas (2004) destaca uma mulher conhecida como "Isabel, a do veludo", a qual se valia de um instrumento aveludado para penetração e que chegou a ser "desterrada" junto à companheira.

Ao colocar os pés no local reservado à imprensa, reencontro o fotógrafo amigo de Larissa já posicionado e a postos. Adiantando-se à entrada dos(as) atletas, apontava a câmera para os quatro cantos do clube, realizando uma série de testes, a fim de fazer os ajustes necessários para deixar o instrumento no "ponto". Como se quisesse avaliar o nível da concorrência, começou a puxar assunto, lançando algumas perguntas técnicas sobre saturação de cor e captação de luz, as quais não soube responder. Quando percebeu que eu pouco entendia de fotografia, pareceu baixar a guarda em relação a mim e passou a me dar algumas dicas para lidar com um ambiente tão desafiador para um "fotógrafo" iniciante. Nesse instante, o "presidente da mesa", o mesmo grandão de minutos atrás, começou a chamar ao palco as atletas da primeira categoria a se apresentar.

Seguindo as indicações, cada uma executava as poses que davam a ver os grupos musculares indicados por ele. Os jurados, todos homens, assumiam uma postura séria – olhavam ora para as esportistas ora para um papel em que faziam anotações constantes –, o que conferia certa solenidade ao momento. Inicialmente, as mulheres subiam ao palco sozinhas para executar a rotina, para só depois o fazerem ao lado das concorrentes, momento que permitia aos jurados o estabelecimento de parâmetros de comparação mais precisos, ao confrontarem a "muscularidade" das fisiculturistas entre si.

Como me falara certa vez Jeska, não havia diferença entre as poses, sendo a individualidade atlética demonstrada pelo modo como a executavam – era importante que em cada uma delas as fisiculturistas conseguissem expandir a musculatura ao máximo, a fim de parecer ainda maiores do que eram, habilidade das grandes competidoras – e pela maneira como realizavam a transição de uma para outra. Numa boa apresentação, a fluidez e a beleza dos movimentos possuíam peso relevante na avaliação. Além disso, já mencionei outras vezes, requisitos como definição, simetria, volume muscular e simpatia das candidatas também eram levados em consideração na escolha das vencedoras. Como as primeiras a entrar foram as *biquíni*, categoria que primava por uma forma mais longilínea e sem tanto volume muscular, não houve a rotina coreográfica, exigência que só se dirigia às *physique*.

O palco onde se desenrolavam as apresentações era um espetáculo à parte. Os elementos cênicos pareciam fazer referência a um ideal de corpo belo e apolíneo, como se ali não se tratasse de pessoas, mas de estátuas perfeitamente esculpidas[244]. No entanto, iluminado por tons de roxo, vermelho e róseo, o efeito ia na direção oposta, e a ambientação se assemelhava mais à estética das boates gays do Centro de Fortaleza, consideradas, por uma ótica elitista, como "bregas" e de "mau gosto". Ou mesmo a dos *buffets* onde se festejavam as formaturas dos cursos acadêmicos mais frequentados pela elite econômica da cidade. Um pouco mais atrás, havia réplicas de colunas greco-romanas e entre elas uma espécie de escudo ou brasão trazendo a imagem dos contornos corporais de um homem e de uma mulher na mesma pose, com os bíceps contraídos, cada um no topo de uma coluna semelhante às que se materializavam na decoração. Em cima do palco, à direita, ficava a mesa com os troféus a serem entregues aos(às) primeiros(as) colocados(as). Os destinados às mulheres assumiam a forma de uma figura feminina musculosa segurando uma longa espada virada para baixo, enquanto os homens recebiam um gladiador forte e poderoso, exibindo a "muscularidade" digna de um herói de quadrinhos, com os braços levantados e os bíceps contraídos.

Diante dos olhares dos jurados e do público, que se manifestava apenas timidamente frente ao espetáculo dos corpos musculosos, diferentes categorias, entre homens e mulheres, iam passando pelo palco, em uma sequência que parecia não ter fim. Após as *biquíni*, foi a vez de os homens entrarem em ação. Cada candidato ao título escolhia uma música para acompanhar a *performance*, ajudando a criar o clima na execução das poses e das intensas contrações musculares destinadas a mostrar, em toda extensão e profundidade, as fibras construídas ao longo de meses de treinamento árduo. Um deles me chamou a atenção pela combinação dos elementos visuais e sonoros de que resolveu dispor.

Em geral, as músicas escolhidas pelo(as) competidores(as) tinham a intenção de "levantar" o público, potencializando o impacto dos movimentos dos(as) atletas, os(as) quais, muitas vezes, se valiam das "batidas" para "travar" a musculatura, como se o elemento percussivo servisse de comando para a realização da contração ou como se esta não passasse da materialização dos Beats Per Minute (BPMs) musicais. Por isso, o estilo preferido por aqueles corpos ciborgues era a música eletrônica, com suas batidas graves

[244] Uma possível explicação para essa ligação do fisiculturismo com a estética grega pode ser encontrada em Angelita Jaeger (2009). Ao reconstituir o histórico do fisiculturismo, ela destaca o papel de Monte Saldo como precursor da pedagogia da pose, ao publicar o livro *How to Pose*, inspirado na estatuária grega.

e frenéticas, ou o *pop*, se quisessem uma maior fluidez ou adicionar um elemento de sensualidade. Daí minha surpresa quando surgiu um homem obviamente forte, com os poucos fios de cabelo que lhe restavam tingidos de louro, a barba desenhada, usando uma microssunga rosa, e começou a exibir os músculos ao som de uma música de louvor[245], a qual, em que pese a mensagem motivacional e de superação, era arrastada e sonolenta.

Diferentemente das mulheres, que se esforçavam por fazer poses consideradas graciosas – havia uma delas, ausente da rotina masculina, por meio da qual, colocando-se de costas para os jurados, as atletas "empinavam" a bunda, de modo a que a musculatura dos glúteos pudesse ser avaliada –, os homens buscavam demonstrar intensidade, força e agressividade, como se constatava pela profusão de caretas, línguas de fora (considerado gesto de rebeldia desde os tempos do surgimento do *rock*), punhos cerrados, sobrancelhas franzidas e "caras de mau". Havia também aqueles que preferiam sorrir, e não se valer desse repertório.

Nesse sentido, os elementos que marcavam a diferença entre um ou uma atleta, apesar de não parecerem tão evidentes à primeira vista, eram extremamente importantes na análise. Por exemplo, havia uma pose praticamente idêntica para ambos os gêneros, na qual os(as) competidores(as) erguiam os braços e dobravam os cotovelos simultaneamente, a fim de exibir o volume e a simetria muscular dos bíceps. Um "pequeno detalhe", no entanto, divergia entre homens e mulheres: o gestual das mãos. Enquanto eles cerravam os punhos, em uma demonstração de força, solidez e impenetrabilidade, elas deixavam as mãos abertas, com os dedos separados e apontados para cima, dando a ver as unhas postiças, um dos signos mais associados à feminilidade, e, subterraneamente, abertura e penetrabilidade. Um punho cerrado (ativo) e uma mão aberta (passiva). Esse suposto "encaixe", carreado pela noção de uma diferença complementar, parecia se apresentar, aliás, como um dos principais fundamentos do binarismo de gênero, apesar das repetidas rachaduras nessa fantasia decorrentes das falhas na produção do engate "masculino-feminino", fato que levou Lacan (1985) a produzir a famosa afirmação de que a relação sexual era impossível.

Como eram muitos(as) os(as) competidores(as) e o tempo corria veloz, após a apresentação de cada categoria o(a) vencedor(a) era rapidamente

[245] Característico do neopentecostalismo norte-americano e brasileiro, é um gênero marcado por letras de louvor religioso a Cristo.

definido(a). Além do troféu – segundo Larissa, um dos mais bonitos que conhecia –, o(a) campeão(ã) levava para casa uma sacola com alguns produtos, como camisetas e suplementos alimentares. A premiação era entregue pela *designer* de biquínis, a qual, em seguida, colocava-se ao lado do(a) atleta para que eu e o outro fotógrafo pudéssemos registrar o momento. Enquanto ia disparando os *flashs,* duas impressões me ocorreram. A primeira tinha a ver com uma fala recorrente de Larissa a respeito de como o esporte não costumava dar nenhum retorno financeiro aos(às) praticantes, algo que ficara evidente no momento em que os(as) fotografava segurando as condecorações.

A outra impressão dizia respeito ao que parecia ser uma espécie de relação privilegiada que o fisiculturismo, enquanto esporte, tinha com a imagem, mais especificamente com a fotografia. Larissa havia me alertado para isso em nossas conversas antes do Sobral Open, já que as fotos que tirava do próprio corpo eram uma das técnicas utilizadas para o acompanhamento do físico, ajudando-a a mapear pontos fortes e onde precisava melhorar. Porém, vendo tantos competirem, percebi que a relação se estendia e mesmo se potencializava quando o corpo entrava em ação. Em cima do palco, os movimentos eram econômicos, servindo como transições rápidas em direção à execução da próxima pose. Os dois ou três segundos em que permaneciam parados, como se estivessem posando para uma lente, contraindo a musculatura por inteiro, num esforço tão grande que fazia o corpo tremer, pareciam, na verdade, ser o único momento em que a "muscularidade", dentro do regime de visibilidade construído ao longo da preparação, sublinhava-se na potência máxima.

Minutos antes de Larissa subir, a indicada por ela como provável campeã recebia alegremente das mãos da *designer* o troféu de primeiro lugar. Quando chegou sua vez – a essa altura Lucas havia aparecido, apesar de continuar com a atenção voltada em ajudar o outro –, tentei ser mais dinâmico quanto à produção das imagens, passando a mimetizar os movimentos de meu colega, que não parava quieto, usando integralmente a área destinada a nós e muitas vezes ultrapassando seus limites.

Para a rotina de dança, escolhera a música "Wild Thoughts" [Pensamentos selvagens], da cantora *pop* Rihanna, que dizia: "Eu não sei se você pode aguentar/Sei que você quer me ver nua, nua, nua/Eu quero ser sua gata, gata, gata/Girando e molhada como se saída de uma máquina [de lavar] Maytag" (WILD THOUGHTS, 2017, tradução nossa)[246]. Basicamente, o eu lírico da canção se colocava como uma mulher sexualmente livre e sem vergonha de mostrar seu desejo, o que ajudava a atleta a criar, na rotina de dança, um clima bem diferente do competidor que se apresentou com a música evangélica.

Posicionando-se de frente para o público, erguia os braços, ao mesmo tempo em que, girando o tronco lentamente, começava a mexer os quadris em compasso com o refrão que dizia "Selvagens, selvagens, selvagens/Pensamentos selvagens, selvagens, selvagens/Selvagens, selvagens, selvagens/Quando estou com você tudo o que tenho são pensamentos selvagens" (WILD THOUGHTS, 2017, tradução nossa)[247]. A seguir, com o corpo de lado, caminhou à esquerda dando pequenos sobrepassos, enquanto movia os braços esticados com uma fluidez imprevista. Então, virando-se, tornou a ficar de frente para a plateia, mas apenas de modo breve, a fim de se posicionar lateralmente para exibir outra parte do corpo, no cumprimento dos elementos coreográficos obrigatórios. Daí, começou a fazer algumas poses em sequência, pelas quais voltava a exibir a musculatura de frente para a audiência, revelando o abdômen "trincado", os quadríceps "cortados" e o relevo acidentado dos braços.

Figura 23 – A arte de posar (1)

Fonte: O autor (2017); localização: Palmeiras Country Clube.

[246] No original: "I don't know if you could take it/Know you wanna see me nakey, nakey, naked/I wanna be your baby, baby, baby/Spinning and it's just wet like it came from Maytag".

[247] No original: "Wild, wild, wild/Wild, wild, wild thoughts/Wild, wild, wild/When I'm with you all I get is wild thoughts".

Ao menor movimento, iluminado por holofotes situados na borda do palco, era possível ver toda a orquestração dos músculos trabalhando a favor dela. Enquanto se exibia, chamava o auditório para si, tentando fazer com que se conectasse a sua energia, produzindo um espetáculo em que os músculos eram a estrela principal. Ao final, conseguindo arrancar alguns aplausos – de modo geral, palmas estavam sendo distribuídas de maneira bem econômica –, agradeceu com um sorriso e se retirou para depois dar início à segunda etapa da apresentação.

O biquíni e os acessórios brilhavam intensamente no tablado, refletindo a luz que chegava até eles e fazendo um contraste marcante com a pele pigmentada, o que deixava a musculatura ainda mais vistosa. Ao assisti-la, a impressão que tinha era que tudo havia sido pensado e calculado nos mais ínfimos detalhes, de modo a acentuar o impacto causado pelos músculos em quem a via competir. Dando seguimento, deixou o corpo em uma posição "neutra" e relaxada, olhando diretamente para os jurados, como se dissesse: "Estou pronta para começar". Ao microfone, o presidente da mesa dizia o nome dos músculos a serem exibidos, e, seguindo os comandos, a atleta executava as poses com uma precisão cirúrgica.

Embora tivesse escolhido não fazer o processo de desidratação integralmente e viesse de uma preparação longa, que a deixara doente às vésperas do evento e à qual se somara todo o estresse em virtude do sumiço do marido/treinador, não demonstrava qualquer sofrimento ou sinal de cansaço ali. Da mesma maneira, apesar da baixa na imunidade, das noites mal dormidas e do cortisol que havia sumido com o *pump*, o corpo dela emanava uma aura de força e potência. Equipada com a armadura de músculos, parecia ser capaz de fazer qualquer coisa, alcançar o feito físico mais improvável, tão ou mais forte que qualquer heroína real ou mitológica.

Pondo-se mais uma vez de lado, começou por mostrar a parte direita do corpo, que se contraía por inteiro, expondo as fibras e os cortes existentes no reto abdominal e na musculatura oblíqua. Os ombros formavam uma "bola só", ao mesmo tempo arredondados, volumosos e fibrados, objetivo que, num de nossos primeiros encontros, me dissera querer alcançar com treinos específicos para a região. Virando-se de costas e abrindo as "asas" (latíssimos dorsais), passou a exibir a musculatura dos glúteos, das costas, bem como os trapézios. Esses músculos em conjunto, por seu volume, definição e densidade eram-lhe um dos pontos fortes, chamando muito a atenção pelo tamanho e pela qualidade de desenvolvimento. Daí, repetiu a mesma posição com que havia começado, exibindo dessa vez o lado direito, para depois se colocar de frente, enquanto erguia os braços contraindo os bíceps e abria a perna esquerda para mostrar toda a musculatura da parte interna da coxa (ilíaco, pectíneo, sartório e adutor longo). Ficando novamente de lado e unindo os dois braços por trás do tronco com as mãos, expunha os músculos do ombro (deltoides posterior, lateral e anterior), bem como os do tríceps, o glúteo máximo, medial e os quadríceps.

Em aproximadamente dez poses, pelo que pude contar, executadas em pouco menos de três minutos, esquadrinhava todo o corpo, destacando-o parte a parte através de transições rápidas entremeadas por uma imobilidade absoluta, estátua esculpida em carne humana. A complexidade da musculatura, cujos encaixes e composição desafiavam o olhar ao mesmo tempo que o encantavam, tornava impossível a tarefa de contemplá-la por inteiro, de uma vez só. Apesar de ser a única mulher naquela categoria, o que não permitia que seu *shape* pudesse ser comparado ao de outras, era impressionante finalmente ver a potente "muscularidade" da fisiculturista em ação e dentro das circunstâncias para as quais havia sido árdua e incansavelmente produzida. E o resultado de tanto esforço aparecia agora diante de mim: em todo o Sobral Open, seguramente não havia mulher tão forte quanto ela.

No final, na volta aos campeonatos, como havia planejado, Larissa foi anunciada como a grande vencedora da categoria Women's Physique, recebendo, das mãos da ruiva, a premiação que lhe cabia. Feito uma artista disposta a dar o melhor de si a despeito das circunstâncias, abriu um sorriso ao ter em mãos o troféu de primeiro lugar, mais um para a enorme coleção. A seguir, sem se desviar um milímetro do roteiro cujo desenrolar sabia de cor, posou para as fotos erguendo a pequena estatueta, tão parecida com ela, acima da cabeça.

Depois de encerrada a apresentação, continuei mais um tempo no posto de fotógrafo, agora não mais porque "precisava", uma vez que meu "dever" como pesquisador havia se "encerrado", mas pelo prazer visual que sentia ao observar os corpos musculosos que se sucediam, dando continuidade à competição. Com a chegada das categorias Biquíni e Wellness, nas quais as atletas construíam corporalidades seguindo as linhas de uma feminilidade "padrão", o desejo dos homens que assistiam ao campeonato passou a ser viscosamente secretado até se transformar em pequenas explosões sonoras. "GOSTOSA!", gritavam, seguindo-se a isso assovios, lábios contorcidos e sorrisos cúmplices.

Figura 24 – A arte de posar (2)

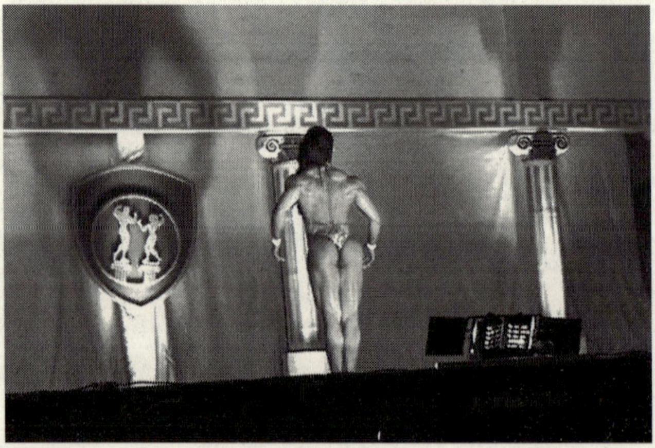

Fonte: O autor (2017); localização: Palmeiras Country Clube.

No momento em que as categorias masculinas foram chamadas de volta ao palco, decidi retornar ao camarim para tentar conversar com Larissa. Tudo que pude encontrar, no entanto, foram cadeiras, algumas mesas e restos de comida. A sala estava completamente vazia. Não a vi, tampouco as bolsas e o equipamento que levava consigo. Receando que pudesse ter ido embora, comecei a perguntar às pessoas que encontrava pelo caminho informações de seu paradeiro, mas sem sucesso.

Com a proximidade do final da competição, muitos(as) haviam deixado o clube, e já conformado que a tinha perdido decidi aproveitar o tempo que me restava para fazer ainda algumas últimas imagens das fisiculturistas que continuavam a se apresentar. Quando vou caminhando em direção à área reservada aos fotógrafos – meu "colega" continuava por lá –, avisto, na parte lateral do clube, a cerca de 30 metros de onde acontecia a competição, Larissa e Lucas discutindo, enquanto este ainda permanecia ao lado de Excalibur terminando os ajustes finais para a subida ao palco. Por isso achei por bem tomar distância do casal e esperar o desenlace da conversa sentado nas últimas cadeiras destinadas ao público, de onde eu tinha uma visão privilegiada da cena. Não havia dúvidas de que aproveitava a chance de finalmente dizer ao marido tudo que estava atravessado na garganta.

Alguns minutos depois e com cara de "pouquíssimos amigos", Larissa veio se sentar perto de mim, trazendo consigo uma quantidade enorme de objetos – além das bolsas, carregava o troféu e algumas sacolas que recebera como parte da premiação. Antes do Sobral Open, a fisiculturista me falara diversas vezes o quão ansiosa estava para quebrar a dieta, o que fez nascer em mim a expectativa de que, após a disputa, haveria um momento de confraternização descontraída entre nós. Sentados em algum rodízio ou churrascaria, poderia então ouvi-la falando abertamente sobre as impressões e os sentimentos a respeito de tudo o que ocorrera na caminhada até ali. Mas os acontecimentos da véspera trataram de reescrever o roteiro que eu havia criado, e as coisas acabaram se encaminhando de outro jeito.

Liberada, ainda que somente por aquela noite, da dieta de ovo e cenoura que a acompanhava há meses, a fisiculturista, ao ver um carrinho de açaí a poucos metros de onde estávamos, pediu que eu olhasse suas coisas e foi se servir de uma porção cheia, de mais ou menos 400 ml. A voracidade com que comia era tão grande que o sorvete não durou dois minutos nas mãos. Soltando gemidos característicos de quem saboreava uma comida muito gostosa, comentou que aquele tinha sido um dos melhores açaís que comera em toda a vida. Em razão disso, ao terminar, tratou de se servir de outra porção, tão grande quanto a primeira. Quando estava na metade, começou a se sentir enjoada pela rápida ingestão de açúcar, sensação que era intensificada pelo longo período em que se privara do consumo de carboidratos.

O desconforto estomacal vinha agora se somar à chateação que sentia pelo modo como as coisas haviam se encaminhado com Lucas. Ela permanecia calada e séria, bem diferente da mulher simpática e falante que eu conhecera e com quem vinha estabelecendo um contato mais próximo já há alguns meses. Sabendo que dificilmente teria outra chance naquela noite, tentei arrancar dela algumas impressões sobre o torneio. Com certo azedume na voz, disse que tinha achado o nível dos(as) competidores baixíssimo de modo geral e que o público, além disso, tinha se comportado de maneira extremamente apática, coisa que a deixara bastante desmotivada. Esse sentimento era reforçado pela ausência de concorrência, fazendo com que o tão aguardado retorno tivesse certo gosto amargo. Ciosa de sua imagem e da relação que cultivava com as pessoas que lhe acompanhavam nas redes sociais, antes de se entregar às emoções conflituosas que sentia, pediu-me que fizesse algumas imagens suas segurando o troféu de campeã. Junto à fotografia, como pude conferir em tempo real, escreveu que tudo havia acontecido conforme o planejado, o que não deixava de ser verdade, e que estava muito satisfeita e agradecida – inclusive a Lucas, a quem fez questão de citar nominalmente – pela conquista.

Eram já quase nove e meia quando decidi ir embora. Avisei que estava de saída, e ela me solicitou que lhe mandasse todas as fotos que havia tirado da apresentação. Ainda me pediu desculpas pelo "climão" provocado pelo comportamento de Lucas. Em seguida, tomei um mototáxi em direção à casa de meus amigos. Apesar da irritação e da vontade de também ir embora, a fisiculturista disse que permaneceria até o final do torneio, a fim de prestigiar o atleta treinado pelo marido.

No dia seguinte, ao acordar, olho o celular e vejo que, entre outras tantas mensagens, havia uma de Larissa enviada às três da manhã, perguntando se eu estava *on-line*. Ainda cansado pela noite mal dormida, tornei a fechar os olhos e, ao despertar de fato, respondi questionando se estava tudo bem e se havia acontecido alguma coisa. A atleta visualizou a mensagem poucos minutos depois, mas preferiu não se manifestar. Apesar de profundamente intrigado com a tentativa de contato durante a madrugada e ainda mais com o silêncio após minha resposta, decidi não tentar forçar um diálogo, imaginando que algo havia acontecido entre ela e Lucas na noite anterior e que agora preferia permanecer reservada.

Em nossas interações "virtuais" posteriores, quando enfim lhe enviei as imagens da apresentação, não voltamos a tocar no assunto. No entanto, minha curiosidade foi novamente aguçada, quando, ao navegar pelo Instagram de Larissa, descobri que todas as fotos dela com Lucas tinham sido apagadas, além de haver uma série de postagens apontando a separação do casal. Em resposta o agora "ex-marido" escrevera até um pedido de desculpas aberto a todas as pessoas que os acompanhavam, o que me fez pensar que pudesse ter "traído" Larissa com outra mulher. No entanto, alguns dias depois os dois voltaram a aparecer juntos em *stories* publicados na conta pessoal da fisiculturista, indicando uma reconciliação. Os desdobramentos do desentendimento entre Larissa e Lucas continuaram pelos meses seguintes, e não foi antes de quase um ano após o Sobral Open que pude ficar sabendo o que realmente acontecera.

Em 28 de agosto de 2018, na Smart Fit Cocó, quando retomei o contato com Larissa, a quem sempre recorria para "incendiar" meu desejo pela pesquisa e pelos trabalhos corporais desenvolvidos por meio dela, minha intenção já não era mais nem saber o que havia me escapado durante a viagem a Sobral, mas apenas dar seguimento a nossa colaboração, tendo me dado por satisfeito com as informações que obtivera mediante o Instagram. Ao que parecia, o casal havia brigado por uma desatenção pontual, a qual escalou para a separação que durou alguns dias e que foi encerrada pela reconciliação.

Nesse dia, no entanto, me dei conta novamente ser um erro qualquer tentativa de subestimar a realidade e também que as reviravoltas proporcionadas na vida de um pesquisador podiam superar, e muito, minha capacidade de imaginação. Com a ida a Sobral, o campo se revelou muito mais complexo e rico do que um simples exercício etnográfico, tendo funcionado como uma experiência metodológica definidora para os rumos que a pesquisa acabou tomando. Não só pude exercer diverso "papéis", mas também produzir diferentes recortes agenciais mediante a intra-ação com os fenômenos que se apresentavam a partir de três posições distintas. Assim, cada vez que passava de fotógrafo para pesquisador e para assistente de Larissa, em uma sequência dinâmica, o campo ia conformando outros arranjos e emaranhados com meu corpo, revelando efeitos diferenciais que, juntos, teciam novas teias de sentido.

Na verdade, o que tinha acontecido é que, poucos meses após o Sobral Open, eles haviam perdido tudo, absolutamente tudo, o que tinham porque Lucas voltara às drogas. Como ex-usuário de *crack*, chegou a viver em situação de rua em São Paulo, o ponto mais baixo de uma história de vida difícil. Abandonado pelo pai, um homem negro como ele, precisou trabalhar desde muito cedo na feira para ajudar a sustentar a mãe e os irmãos.

As recaídas não eram algo desconhecido, mas a fisiculturista afirmou que daquela vez o marido voltara a se "afundar" como nunca vira antes. Foi então que mencionou a mensagem enviada a mim na madrugada após o torneio. Havia sido um pedido de ajuda. Lucas, que "estava louco de pó" desde a chegada em Sobral, tinha retornado a Fortaleza com Excalibur para conseguir mais droga, tendo deixado Larissa novamente sozinha e sem ter como voltar para o hotel. Como era ele a pessoa encarregada dos deslocamentos do casal, precisou contar com a ajuda das pessoas para ir embora do clube. Chegando ao quarto, encontrou-o completamente revirado, como se um pequeno furacão tivesse passado por ali. Havia objetos quebrados no chão e roupas espalhadas por todo canto, indício de que o marido havia mexido em sua bagagem à procura de dinheiro. A "fissura" havia começado mais cedo naquele dia, intensificando-se à medida que eram frustradas as tentativas de encontrar o prazer que buscava desesperadamente. Mais cedo no Palmeiras Clube, já descontrolado, o marido começara a puxar briga com as pessoas sem motivo, ameaçando alguns com seus mais de 100 kg de músculos.

Profundamente decepcionada, Larissa não quis continuar o casamento, a ponto de sair de casa deixando tudo para trás, como havia feito quando da primeira separação. No entanto, com a cabeça um pouco mais fria, decidiu que, dessa vez, era ela quem iria ficar, já que havia comprado a maioria dos móveis e eletrodomésticos com seu dinheiro, além de a casa pertencer a sua família estendida. Com isso e sem ter para onde ir, Lucas acabou se mudando para o Centro, o que dificultou ainda mais as coisas para ele. Sem o suporte da companheira e tendo livre acesso às drogas, a recaída foi se dando de maneira vertiginosa.

Larissa disse que "segurou a onda" o quanto pôde, mas se viu obrigada a revelar aos patrocinadores o que estava acontecendo, pois Lucas começou a faltar a todos os eventos das marcas. Ele estava tão "fora de si" que chegou a gastar 1.400 reais com drogas em apenas duas noites. A situação foi escalando rapidamente a partir daí até o dia em que a fisiculturista começou a temer pela vida de Lucas. No quarto dia sem notícias e sabendo ser a única pessoa que poderia ajudá-lo – o fisiculturista havia se mudado para Fortaleza há pouco mais de três anos –, passou a tentar localizá-lo sozinha, primeiro no quarto que ele havia alugado e depois em todas as "bocas de fumo" existentes nas imediações, colocando "a própria vida em risco". Apenas em uma das vezes alguém se dispôs a ir com ela, tendo que "segurar o rojão" praticamente sozinha. Ainda tentou entrar em contato com a mãe dele na Bahia, mas, por se tratar de uma pessoa muito simples, criada no interior, a mulher sequer conseguia compreender a gravidade da situação em que o filho estava metido. Nesse momento, Larissa afirmou que não conseguia pensar em Lucas como marido, mas como uma pessoa que precisava ser "salva".

Depois de vários dias rodando pelo Centro da cidade perguntando por Lucas, Larissa recebeu informações de que algumas pessoas tinham visto um "bombado" sem camisa andando por aí. Seguindo essa pista, pôde enfim encontrá-lo, mas em estado deplorável: muito magro (para os padrões de Lucas) e sujo. Sem saber o que fazer, a fisiculturista o levou para casa, a fim de que pudesse comer e se limpar. Ao chegar ao banheiro, o homem começou a vomitar um líquido branco e espumoso, botando para fora a mistura de cocaína e outras drogas, ainda mais "pesadas", que consumira por dias a fio. Larissa tinha certeza de que, se tivesse consumido a mesma quantidade de cocaína pura, o corpo certamente não teria suportado.

Segundo me contou, esse foi um período extremamente difícil, porque, além das perdas financeiras e do final do casamento, havia perdido também o treinador, função que Lucas exercera com competência até o torneio em Sobral. Com um novo desafio se aproximando – dali a alguns meses Larissa participaria do Norte-Nordeste –, precisou buscar um treinador para ajudá-la com a preparação. A nova parceria, porém, não estava trazendo os resultados esperados, pois o físico não respondera bem às mudanças propostas. Além disso, a vasta experiência de Larissa a fazia perceber que o profissional apostava muito mais nas drogas melhoradoras da *performance* (anabolizantes) do que nos treinos e na dieta – apesar de aquelas fazerem parte da construção do físico, desempenhavam um papel apenas acessório na preparação. Com Lucas, a *physique* havia atingido a melhor forma da vida, porque ele conhecia seu corpo e sabia melhor do que ninguém os caminhos para a construção de sua "muscularidade". Esse fato terminou sendo determinante para que, após algumas semanas, rompesse a relação com o novo responsável e retomasse o contato com Lucas, embora "apenas" profissionalmente.

Uma coisa levou à outra, e os dois resolveram dar uma nova chance à união. Como na música de Johnny Cash ("Por que você é minha, eu ando na linha"[248]), Lucas pediu desculpas à Larissa e, organizando as melhores palavras que conseguira encontrar, prometeu que iria se emendar. Dando-lhe um novo voto de confiança, ela acabou retomando o casamento. A

[248] No original: "Because you're mine I walk the line".

esperança de que Lucas, enfim, tivesse encontrado o caminho da recuperação foi destruída por uma nova recaída. A atleta ficou arrasada. Com mais esse revés e sem condições emocionais de seguir, resolveu desistir da competição em Natal. Além disso, havia o temor de que, estando longe, o marido pudesse se afundar outra vez. Ao comunicar a intenção para um amigo, acabou sendo convencida a não renunciar no que já investira muito tempo e dinheiro. Caso resolvesse não ir, teria que lidar com um prejuízo financeiro ainda maior.

Assim, mesmo com a preparação atribulada e o coração apertado, seguiu sozinha para a capital potiguar, concluindo o restante dos treinos por lá. A ideia, inicialmente, era que tanto ela quanto Lucas participassem, não fosse uma nova recaída do marido, a terceira em sequência. Ao contrário das outras vezes, Larissa conseguiu "abafar" o caso, uma vez que estavam iniciando o processo de recuperação financeira de todos os prejuízos causados. A repetição das recaídas começou a levantar suspeitas de que algo nas substâncias consumidas estivesse potencializando a dificuldade em resistir aos impulsos de consumir cocaína e *crack*. Larissa passou a desconfiar de que as anfetaminas[249] receitadas pelo treinador de Lucas, as quais tinham o papel de acelerar o metabolismo e auxiliar o processo de perda de gordura corporal, estivessem tornando-o mais suscetível ao desejo de se drogar, pelo constante estado de excitação em que o deixavam, além de serem potencialmente viciantes. Com a eliminação do acelerador metabólico e de seus derivados, vinha se mantendo "limpo" e sem novos deslizes.

No meio de todo esse turbilhão, um "golpe" de sorte, tão inesperado quanto bem-vindo, representou para Larissa e Lucas a possibilidade de um novo começo. E veio pelo Instagram da atleta. À época do Sobral Open, Larissa possuía algo em torno de 12 mil "seguidores". Certo dia, começou a ser "seguida" por um fisiculturista, famoso nacionalmente, chamado Toguro (nome de um personagem de um desenho muito visto nos anos 1990, *Yu Hakusho*). Parte dessa fama se ligava à amplitude de seu canal de YouTube, o qual contava com quase 1 milhão de inscritos. Dias após "seguir" Larissa, Toguro manda uma mensagem elogiando o *shape* da atleta e perguntando se não queria encontrá-lo. Sabendo que essa poderia ser uma

[249] Além das anfetaminas, havia casos, de acordo com Lucas, de treinadores que receitavam cocaína – droga de efeito estimulante – para ajudar no processo de perda de gordura corporal dos atletas. Uma das muitas recaídas anteriores de Lucas havia acontecido justamente em razão dessa prática.

boa oportunidade, Larissa diz que sim e pergunta quando poderia ser, já imaginando que teria que se deslocar até São Paulo, terra natal dele. No entanto, é surpreendida com a resposta: "Agora, tô aqui em Fortaleza".

Com o encontro e a postagem de uma foto de Larissa com o fisiculturista, o Instagram da atleta começou a "bombar", a ponto de conseguir mais 6 mil novos seguidores(as) em apenas alguns dias. A repercussão positiva permitiu ao casal fechar novos patrocínios e abrir uma empresa de consultoria atlética, a qual, como disse, passou a representar a principal fonte de receita. Os novos patrocinadores pagaram os custos de Larissa para competir no Arnold Classic e lá conseguiu ser *top quatro*[250].

Já no final da conversa, quando estava prestes a entrar na academia para iniciar o treinamento, me revelou que agora Lucas estava mais calmo e tranquilo. E que isso se deveu a uma viagem que fizeram a Salvador em julho. Acrescentou que havia pensado no momento como uma maneira de ajudá-lo a encarar alguns demônios do passado e assim a enfrentar o processo de recuperação. Na viagem, o marido pôde se reconectar à infância e visitar os locais aonde costumava ir. Ela me relatou o quanto ele ficou emocionado ao visitar a feira na qual trabalhava quando criança e ao ser reconhecido pelos trabalhadores do lugar. Lucas também pôde reencontrar o pai que não via há 19 anos. A viagem encheu de alegria o coração da atleta, sinalizando que as coisas poderiam caminhar de forma mais tranquila entre os dois.

4.2 Chicks and Barbells (2018)

Em virtude da enorme quantidade de competições que se estendiam ao longo do ano, da ausência de um calendário unificado que me permitisse ter acesso às datas dos eventos e, principalmente, por meu contato com Bia estar ainda no início, vinha enfrentando dificuldades para documentar a crossfiteira em "ação" fora das situações de treino. Na maior parte das vezes e apesar de acompanhar suas redes sociais, só tinha notícia da participação dela posteriormente, por meio de postagens no Instagram em

[250] Para valorizar os resultados, os(as) atletas que não alcançavam o título costumavam se referir à sua colocação não pelo lugar conquistado, mas pela posição em relação aos demais. Assim, em vez de falar "quarto lugar", por exemplo, era comum preferirem dizer *top* quatro ou *top* três, se ficavam em terceiro.

que comemorava o resultado alcançado e fazia comentários gerais sobre a experiência de competir. Havia sido assim por ocasião do Campeonato Cearense de Levantamento de Peso Olímpico em 2018 e, no mesmo ano, de uma disputa menor de Crossfit realizada no estacionamento de um *shopping* da capital, ambos ganhos por ela.

Em agosto de 2018, ao falar sobre minhas dificuldades durante uma conversa informal com alguns praticantes do esporte, fui avisado da realização, dali a algumas semanas, de um torneio voltado exclusivamente para o público feminino chamado Chicks and Barbells [Garotas e Barras]. Idealizado no ano de 2014, desde então vinha ampliando o número de competidoras e as cidades por onde passava. Disputado em duplas, percorria vários municípios do país, sendo dividido em etapas. A dupla vencedora, portanto, seria aquela que tivesse acumulado o maior número de pontos, somadas todas as fases. Naquele ano, após ter passado por Rio de Janeiro (RJ), Brasília (DF), Esteio (RS), Florianópolis (SC) e Recife (PE), era chegada a vez de Fortaleza abrigá-lo[251].

Na mesma conversa, fiquei sabendo que, por coincidência, seria realizado no *box* de Bia, o que tornava sua participação praticamente uma certeza. Por serem as "donas da casa", as melhores atletas do Porão Crossfit tinham a "obrigação" de brigar pelo título contra todas as duplas que desafiassem a primazia do *box* e de suas atletas. A idiossincrasia da Chicks and Barbells – primeira competição de que tinha notícia até então voltada apenas para mulheres – aparecia como uma oportunidade única de observar o corpo de Bia e de várias outras crossfiteiras em ação, realizando provas e exercícios que exigiam força, explosão, agilidade, rapidez, resistência e "sangue no olho".

Cedo no dia seguinte mandei uma mensagem de WhatsApp à Bia, a fim de confirmar a notícia de que participaria. Para minha felicidade, respondeu com um "sim", e a partir de então tive praticamente dois meses de preparação para acompanhar *in loco* meu primeiro campeonato de Crossfit. Na verdade, o condicionamento de meu corpo começara muito antes disso, ainda no início da pesquisa, quando passei a treinar de acordo com algumas das exigências físicas requeridas de minhas interlocutoras.

[251] Apesar de abranger diferentes Estados do Brasil, contava com um número ainda relativamente baixo de atletas, se comparada a competições mistas como a Interbox Team Challenge, transcorrida em Fortaleza no ano de 2019, na qual os *boxes* do Nordeste competiam entre si.

Àquela altura, tendo praticado muitos esportes, assistido a diversos treinos de Crossfit, conversado com várias atletas da modalidade, além de ter competido algumas vezes e estando em preparação para uma disputa no final do ano (Campeonato Brasileiro de Karatê), havia podido sentir no corpo a pressão e a adrenalina presentes nos momentos decisivos de uma "final de campeonato"; o impacto que o levantamento de uma grande carga produzia em ossos, músculos, articulações, cartilagens e ligamentos; a saliva grossa e a sensação de "queimação" no pulmão causadas pela tentativa de levar o sistema cardiorrespiratório ao limite; a dor e a vergonha da derrota, assim como a alegria da vitória; os machucados e as lesões, a vontade de desistir e a motivação para continuar. Em suma, meu corpo passara a suportar as marcas de sua "reconfiguração", na medida em que foi constituindo, junto à corporalidade das interlocutoras, um emaranhado de relações, de afetações mútuas, cujas linhas de força foram organizando e modificando minha própria carne.

O torneio contaria com um total de 68 duplas, sendo 67 representando o Ceará e uma o Estado do Pará, contabilizando, ao todo, 136 atletas distribuídas em diversas categorias, de acordo com o nível técnico das participantes: Iniciantes 1, Scaled 1, Scaled Master 1, Amadora 1 e RX 1. A "Iniciantes" se destinava às que estavam dando os primeiros passos, a maioria tendo apenas alguns meses de prática e ainda pouca destreza e agilidade. A "Scaled 1" contava com atletas de nível intermediário, sendo um pouco mais experimentadas, mas ainda longe da capacidade atlética das mais avançadas. A categoria seguinte, "Scaled Master 1", era semelhante à anterior, com a diferença de que abrigava competidoras acima de 35 anos. A "Amadora 1", apesar do nome, contava com atletas de nível próximo ao das profissionais, já possuindo alguns anos de prática e um bom nível de preparação física. Por fim, a "RX 1" recebia esportistas de nível regional e até nacional, as quais contavam com uma estrutura de preparação adequada, que envolvia treino, recuperação, dieta e suplementação alimentar.

Esse escalonamento era possível de ser percebido na própria corporalidade das mulheres. Enquanto as iniciantes possuíam corpos esguios e com uma configuração somática mais próxima do "padrão", as RX 1, por outro lado, divergiam bastante da figura feminina considerada "desejável", pois seus corpos apresentavam músculos avantajados, com os troncos largos, ombros amplos e braços volumosos. Para ajudar na execução dos elementos de força, algumas possuíam um nível de gordura um pouco maior, fazendo com que a compleição físicia se assemelhasse muito à de uma fisiculturista em fase de *bulking* (ou ganho de peso).

Por ter acontecido em 6 de outubro de 2018, ou seja, um dia antes do primeiro turno das eleições presidenciais que, naquele ano, deu-se em um clima repleto de violência, medo, angústia e acirramento de ânimos, temia que o ambiente onde aconteceria o campeonato fosse "contaminado" pelos ares que dominavam a política nacional e local. Outro receio era que a competição ficasse um tanto esvaziada pelo fato de muitas pessoas votarem em cidades do interior e precisarem viajar às vésperas do pleito. Se isso de fato ocorresse, um dos principais elementos na composição de um cenário competitivo, a torcida, poderia não se fazer presente de uma maneira tão intensa quanto seria de se esperar.

Contrariando minhas previsões, no entanto, na manhã do evento, ao entrar no Porão Crossfit por volta das dez horas, fiquei impressionado com o número de atletas e com a quantidade de pessoas que tinha vindo prestigiá-las, dando provas de que a "comunidade" do Crossfit tinha um alto poder de mobilização[252]. Na plateia estavam homens, mulheres, idosos(as), crianças, adolescentes, muitos dos quais eram amigos(as), namorados(as) e familiares das atletas. A fim de não reproduzir no local o ambiente de cisão que se aprofundara no país com a campanha eleitoral, as pessoas aparentemente haviam tomado o cuidado de comparecer sem

[252] Pelo que pude perceber, parte do interesse pelo esporte tinha a ver com o desejo de vivenciar a experiência de ser atleta e participar de competições, ainda que amadoras. Em geral, para ser competitivo em alguma modalidade, era preciso que o(a) praticante iniciasse cedo, levando muitas vezes décadas até que os primeiros resultados expressivos começassem a acontecer, pois requeriam o desenvolvimento de habilidades corporais impossíveis de serem adquiridas após certa idade. Seria difícil, por exemplo, imaginar um jogador de futebol que tivesse começado a praticar o esporte com 20 anos e que, com 25, estivesse disputando torneios de nível nacional. O mesmo podia ser dito de outras modalidades como basquete, tênis, vôlei, judô, ginástica olímpica, por exemplo. No Crossfit, no entanto, era relativamente comum atletas que começaram "tarde" alcançarem resultados positivos, mesmo com relativamente pouco tempo de treino. Além disso, outro ganho relacionado ao aspecto competitivo tinha a ver com a criação de um espaço de sociabilidade em que os(as) praticantes podiam tanto reforçar imagens positivas de si mesmos(as) como também realizar mudanças de comportamento e atitude em relação ao mundo, ao próprio corpo e às pessoas de um modo geral. Esse componente subjetivo acabava gerando um engajamento grande dos(as) crossfiteiros(as), o que ajudava a explicar a razão de o convívio entre eles(elas) ser algo tão buscado e valorizado.

portar quaisquer elementos que pudessem identificar preferências políticas ou os candidatos de sua simpatia.

Mas havia também a possibilidade de que o aparente isolamento em relação aos conflitos sociais e políticos instaurados na sociedade brasileira se devesse ao próprio "recorte" racial e social dos(as) praticantes, produzido, no caso da Chicks, com a ajuda do próprio lugar onde se daria a competição, um *box* frequentado por pessoas de alto poder aquisitivo, localizado em um bairro de classe média alta (Aldeota) de Fortaleza. Não era de surpreender, portanto, que a maior parte dos(as) torcedores(as) fosse branco(a) e de classe social privilegiada. Por ser uma modalidade nova na cidade – os *boxes* ainda não estavam disseminados na periferia e era difícil encontrar um espaço de treinamento cobrando menos de 200 reais dos(as) praticantes – e que, além disso, demandava um alto investimento na aquisição de equipamentos e na formação profissional dos instrutores, o Crossfit ainda possuía um caráter pouco popular, em comparação, por exemplo, com o fisiculturismo[253].

Entre as competidoras, embora a maioria fosse branca, pude observar a existência de uma maior diversidade, com a presença de

[253] Ao longo da pesquisa, me deparei com algumas iniciativas, ainda que isoladas, que pareciam dar passos importantes na popularização do esporte, como a realizada pela atleta e instrutora Cris Sousa. Mulher negra, nascida e criada no bairro João XXIII, região periférica de Fortaleza, Cris trabalhou muitos anos em academias de ginástica em bairros de classe média alta até enfim conseguir montar seu próprio empreendimento, em sociedade com uma de suas alunas à época, a qual possuía os recursos para estruturar o negócio. A primeira unidade, localizada na Aldeota, em pouco tempo conseguiu angariar uma quantidade grande de praticantes, em virtude de oferecer atividades pouco costumeiras em academias de ginástica, como saraus culturais. Com isso a Central do Corpo começou a dar lucro, fazendo com que os sócios se apressassem por abrir uma outra sede, mesmo contra a vontade dela, já que era sócia minoritária. A partir daí as coisas começaram a fugir do controle, e Cris foi sendo afastada das decisões financeiras pelos demais acionistas. Pouco antes havia conhecido o Crossfit, tendo rapidamente se envolvido com a prática, começando a desenvolvê-la como um "braço" do trabalho realizado na Central do Corpo. A relação entre ela e os demais sócios chegou ao ponto de ruptura quando foi acusada por um deles, um homem branco, de haver ameaçado "matar sua mãe". Além disso, houve também a realização de um empréstimo milionário por parte dos acionistas, sem garantia de que a sociedade jurídica tivesse condições de pagar. Após o afastamento, Cris, que estava morando em um apartamento na Aldeota, decidiu retornar às "origens". Com o dinheiro que lhe restava, alugou uma casa e um galpão no bairro João XXIII, abrindo o primeiro *box* da região, o WOD XXIII. A quantidade de alunos(as) cresceu em um ritmo tão acelerado que Cris teve de buscar um espaço maior, já que muitos dos exercícios estavam sendo realizados de maneira improvisada na calçada. Prova suficiente de que a periferia também parecia querer praticar Crossfit.

mulheres negras, especialmente nas categorias mais avançadas. Eram também algumas das mais fortes e musculosas do evento.

Falar sobre diferentes recortes de classe e raça aqui faz sentido, na medida em que esses elementos são parte importante do emaranhado agencial que mobiliza os processos de fabricação somática das interlocutoras. Ao realizar uma etnografia comparativa entre duas academias de ginástica cariocas – uma localizada na Barra da Tijuca, bairro de classe média alta, e a outra na Cidade de Deus, comunidade pobre do Rio de Janeiro –, Alan Silva (2014) chega a uma conclusão parecida ao observar que as noções de "limites corporais" e de "saúde" variam de acordo com a diferença de classe – elemento que, em virtude da escravidão e do racismo estrutural ainda presente no Brasil, não pode ser entendido apartado do enquadramento de raça, uma vez que as pessoas negras são em geral mais pobres, menos escolarizadas e mais vitimizadas pela violência –, produzindo, por consequência, variações importantes nas percepções e nas práticas de produção corporal.

Para ilustrar isso, o autor cita a maneira como a dor era encarada nas duas academias, fenômeno que apontava para a influência da classe nos processos de subjetivação. Se na periferia a dor provocada pelos exercícios – não a indicativa do crescimento muscular, mas a causada por patologias ou lesões – era entendida como uma dimensão intrínseca à vida, sua presença sendo confrontada por uma terapêutica baseada na continuidade da atividade física, na academia tijucana os(as) praticantes procuravam minimizá-la ao máximo, assim como o risco de lesões, recorrendo ao saber médico para garantir a preservação da saúde. Nas palavras de Alan Silva (2014, p. 176):

> Ao sentirem um desconforto físico, os alunos pareciam ter necessidade de continuarem as práticas corporais de modo geral ou especificamente no local onde estavam sentindo as dores para curá-las. Já na academia de ginástica "G", de forma quase antagônica aos alunos de ginástica da academia "P", eles preferiam parar de se movimentar com o intuito de avaliarem o que "cientificamente" ou "biologicamente" era "adequado" fazer face a qualquer risco que estavam expostos na musculação.

A competição estava prevista para terminar às seis horas da noite, mas, pela quantidade de categorias e atletas, parecia uma previsão difícil de se realizar. As disputas se davam em rodadas, seguindo das iniciantes para as profissionais. Obedecendo à lógica corporal presente no Crossfit, as provas mediam a proficiência nas diversas valências físicas exigidas pelo esporte, como força, agilidade, coordenação, equilíbrio, velocidade, potência, precisão, flexibilidade, capacidade cardiorrespiratória, bem como resistência física e muscular. Nesse sentido, havia provas de levantamento (*snatch, clean & jerk*), exercícios evolvendo o próprio peso corporal (flexão de braço, *toe to bar*[254], *muscle-up*) e outros que testavam o "pulmão" (corridas, pulos sobre caixas, *burpee*[255]).

Uma das peculiaridades do torneio – por envolver uma grande diversidade de elementos físicos, as provas demandavam um alto consumo energético – é que, nas categorias mais avançadas, as duplas eram formadas segundo uma lógica em que as mais fortes e pesadas ficavam, de certa maneira, "responsáveis" pelos elementos de força e as mais leves pelos calistênicos (exercícios empregando o peso do próprio corpo) e ginásticos, os quais demandavam agilidade, velocidade e destreza[256]. Além disso, havia a possibilidade de que as atletas se revezassem na execução das atividades, caso uma delas se cansasse ou estivesse, por algum motivo, impossibilitada de continuar. Na maior parte das rodadas, cuja natureza seguia o modelo do WOD, havia uma quantidade determinada de repetições a fazer, e só depois de concluídas é que as crossfiteiras podiam ir para os exercícios seguintes, os quais, em conjunto, formavam uma "volta". Desse modo, a dupla que conseguisse fazer mais "voltas" ou *rounds* se tornava a vencedora da rodada.

---

254 Exercício que consiste em, suspendendo o corpo a partir de uma barra fixa, levantar as pernas até encostar nela os dedões dos pés.

255 "Exercício corporal completo de flexão com salto utilizado em treinamento de força e exercício aeróbico" (BURPEE, 2018).

256 Com isso, não quero dizer que havia uma divisão de tarefas no torneio, já que as atletas acabavam participando de todas as provas. O que afirmo, na verdade, é que, nas categorias mais competitivas, elas eram pareadas de acordo com a complementaridade de seus atributos físicos, já que era muito difícil que uma só pessoa possuísse o mesmo nível de desempenho em todos os exercícios.

Figura 25 – *Alternated pistol*

Fonte: O autor (2018); localização: Porão Crossfit.

Figura 26 – *Box Jump Over*

Fonte: O autor (2018); localização: Porão Crossfit.

Cada repetição era contada e julgada por árbitros(as) que se posicionavam ao lado das competidoras. Caso o exercício fosse considerado incompleto ou malfeito, atitude que nos *boxes* e academias de ginástica era conhecido como "roubar", a atleta deveria repetir o movimento até que atingisse os parâmetros técnicos estabelecidos. Em virtude disso, os(as) profissionais da arbitragem precisavam ter um conhecimento teórico e prático da modalidade, sendo muitos(as) deles(as) instrutores(as) e/ou competidores(as) de Crossfit. Ainda assim, divergências aconteciam entre a avaliação da arbitragem e a das atletas, momento em que podiam ocorrer discussões, trocas de insultos, acusações de incompetência e de favorecimento que se seguiam às marcações "polêmicas".

Para as atletas RX 1, como era o caso da dupla formada por Bia e Talita Almeida, os exercícios designados para a primeira rodada (WOD 1) foram: *toes to bar, alternated pistol*[257], *box jump over*[258]. No caso das outras categorias estes seguiam a mesma lógica, mas adaptados ao nível das competidoras. No primeiro WOD, a dupla vencedora era a que, em dez minutos, conseguisse dar o maior número de "voltas", realizando o máximo de repetições corretas no menor tempo possível, o que lhes conferia o direito de só então iniciar a "volta" seguinte. Como falei acima, o nível de desgaste era tão grande que as atletas podiam se revezar como bem quisessem na tentativa de manter um nível de intensidade máxima e abrir vantagem em relação às demais. Essa dinâmica conferia uma cadência frenética às disputas, pois em toda a extensão da área reservada às provas era possível ver mulheres correndo de um lado para o outro, suadas, ofegantes e apressadas. O corpo delas só parava quando estavam exaustas demais para continuar – momento em que a companheira de dupla vinha em seu "socorro" terminar a série – ou então quando a sirene sinalizava o final da prova. Era comum que, por puro esgotamento, muitas fossem ao chão enquanto tentavam puxar o ar com força, em intervalos curtos que faziam a barriga subir e descer rapidamente[259].

---

[257] Exercício que consiste em agachar em uma perna só.

[258] Exercício no qual as participantes pulam em cima de uma caixa de madeira.

[259] Como pude observar em inúmeras ocasiões, o que parecia importar no Crossfit, mais até do que a técnica dos(as) atletas, era o condicionamento físico, ou seja, sua capacidade de realizar um grande volume de movimentos a despeito da simplicidade ou complexidade. Um indício disso, observado em todas as minhas experiências com o Crossfit e que ficava ainda mais evidente nos torneios, era a lógica corporal subjacente à grande maioria das provas, as quais exigiam o maior número de repetições possível dentro de um intervalo específico de tempo. Desse modo, o que parecia estar em jogo, de fato, era chegar do ponto A ao ponto B, sem importar tanto como. Durante as provas mais simples, essa característica da modalidade ficava ainda mais sublinhada. No Interbox Team Challenge, por exemplo, havia uma delas em que os(as) competidores(as) tinham que arremessar uma bola de areia para cima a maior quantidade de vezes possível. Havia outro exercício em que suspensos(as) pelas mãos os(as) atletas precisavam apenas erguer as pernas para completar o movimento. Outro ainda recebia o nome de "13 to death", ou seja, "13 para a morte", em português. Diferentes do *snatch* e do *clean & jerk*, por exemplo, os quais demandavam anos de aperfeiçoamento, eles podiam ser aprendidos nas primeiras semanas de prática da modalidade. Quando fiz uma aula com Bia, mesmo tendo pouquíssima experiência com o Crossfit, integrei uma turma com praticantes de nível avançado, executando os mesmos exercícios que eles, com algumas adaptações relativas à carga. Por tudo isso me parece que o elemento mais desejado nesse esporte é o gastar-se, dar tudo

A dupla composta por Bia e Talita seguia a mesma racionalidade destacada por mim anteriormente, em que os pontos "fracos" de uma eram compensados pelos pontos "fortes" da outra. Assim, enquanto Bia, apesar de bastante atlética, era mais baixa e esguia, Talita se destacava pela altura – ela era pelo menos dez centímetros maior do que a parceira – e, principalmente, pela muscularidade, a qual, além de definida, especialmente nos ombros, costas e braços, era também volumosa. Era a única mulher negra entre as duplas do RX 1 que disputavam as primeiras posições. A diferença de corporalidade entre as duas criava uma dinâmica pela qual Bia se destacava nos elementos que envolviam capacidade cardiorrespiratória, resistência e velocidade, ao passo que Talita se sobressaía no LPO, sendo capaz de erguer altas cargas.

Para manter o público entretido, um locutor narrava a competição, anunciando resultados provisórios, as categorias posteriores a entrar na área das provas, além de exaltar o nome dos patrocinadores, tecer rápidos comentários, sempre elogiosos, ao desempenho das atletas e até mesmo "puxar" aplausos nos momentos mais "emocionantes". Em um deles, uma mulher de 64 anos tentava, ainda que com dificuldade, realizar um levantamento complexo, o *clean & jerk*, sob os olhares atentos da torcida e de um pequeno grupo particularmente empolgado, provavelmente formado por parentes e amigos(as). No momento crucial, por ser uma das únicas atletas em sua categoria, todo o público lhe voltou a atenção na expectativa de que pudesse completar o desafio. Servindo como um catalisador das emoções que rodeavam a crossfiteira, o locutor começou a instigar as pessoas a incentivá-la. Quando finalmente conseguiu erguer o peso acima da cabeça e teve o movimento validado pela arbitragem, o *box* "explodiu" em gritos e aplausos de comemoração.

Tamanha comoção parecia ter a ver com certa "tendência" humana de se solidarizar com aqueles(as) que se lançam à busca de superar limites – histórias com esse mote se repetiam à larga –, e com o fato de a atleta

de si nas provas, ir até o limite do condicionamento e, às vezes, até ultrapassá-lo. Nesse sentido, pude notar uma valorização da exaustão alcançada ao final das atividades e sua sinalização por uma performance em que corpos se deixavam cair suados e arfantes ao chão, muitas vezes já sem parte da roupa com que se vestiam no início dos treinos. Destacar a dimensão performática não significa que o cansaço e o esgotamento eram menos reais, como pude sentir na pele ao final do treino com Bia, mas apenas indicar que os gestos de cansaço, tanto quanto os exercícios presentes no esporte, ajudavam a criar o conjunto de movimentos e práticas presentes na fabricação de uma corporalidade "crossfiteira".

parecer incorporar, naquele instante, o próprio "espírito" do esporte, ou seja, a ideia de que por esforço e dedicação qualquer um poderia se alçar a lugares antes impensáveis. Esse ideário "meritocrático" permeava o ambiente do Crossfit com intensidade, o que também não deixava de ser verdade no caso das atividades esportivas como um todo, espraiando-se igualmente para outras dimensões da vida social a ponto de se consolidar como uma ética aplicável a uma multiplicidade de situações e contextos segundo as lições do "pensamento empresarial".

À direita da área competitiva, um homem alto e de cabelos grisalhos dançava desengonçadamente enquanto comandava a mesa de som, despejando, em volume altíssimo, batidas eletrônicas intensas e repetitivas ao estilo *trance psicodélico*[260], em uma diversão não compartilhada pelas outras pessoas. Não por coincidência, essa era uma das muitas subdivisões da música eletrônica que também animava as festas *rave*[261], onde corpos eletrificados e adrenalizados pelas "balas" (como eram popularmente conhecidas as anfetaminas) dançavam frenética e ininterruptamente por horas a fio. Por causa disso, não era tarefa fácil distinguir a "maçaroca" sonora que reverberava pelas paredes do *box,* fazendo com que tivesse que ficar me deslocando constantemente pelo espaço, a fim de me inteirar do que se passava nos "bastidores".

Sempre com a câmera a tiracolo e disparando cliques como por reflexo, em uma postura já bem diferente da que adotara por ocasião do Sobral Open, começara a acompanhar a competição no ponto médio da cerca metálica que separava o público das atletas, não sem antes me acotovelar em busca de forçar um espaço mínimo onde pudesse caber. De lá, podia ter uma visão ampla das competidoras e das provas. Mas, vez ou outra, resolvia dar uma circulada pelo *box* em uma tentativa consciente de produzir diferentes "espaços de sentido".

Em uma dessas incursões fui até a área próxima ao DJ – onde também ficavam localizadas as caixas de som, sendo, por isso, o ponto em que a música se tornava mais alta – e me surpreendi ao encontrar algumas

[260] "Trance psicadélico (pt) ou psicodélico (pt-BR) (referido ainda como *psy trance*) é uma forma de música eletrônica desenvolvida no fim dos anos 1980, a partir do Goa trance (da Índia). Este estilo tem uma batida rápida, entre 132 e 200 batidas por minuto (bpm), além da batida forte de kick, num compasso 4x4, que algumas vezes difere da batida do techno por ter um alcance de frequência um pouco mais alto além dos sons graves" (TRANCE, 2020).

[261] Festa de música eletrônica realizada em boates ou espaços abertos com a apresentação de DJ's.

atletas deitadas no chão, descansando antes da próxima bateria de exercícios. Se, para meus sentidos, permanecer tão próximo à fonte sonora causava um desconforto difícil de ignorar, as mulheres que ali estavam aparentavam relaxamento e descontração. Algumas colocavam pedaços de pano em cima dos olhos para bloquear a luz, como se estivessem cochilando. Outras conversavam com pessoas de confiança a respeito de como tinha sido o desempenho nas provas e sobre os erros cometidos. Havia também aquelas que puxavam da bolsa de ginástica pequenos lanches para serem consumidos rapidamente, com a intenção de manter o nível energético alto, uma vez que a competição se estenderia ainda por toda a tarde e as atletas não teriam chance de fazer uma refeição completa[262].

Figura 27 – Categoria Iniciante 1

Fonte: O autor (2018); localização: Porão Crossfit.

Em razão de a grade de separação formar um ângulo reto com a parede do *box*, onde, além disso, estava fixada uma série de estruturas metálicas utilizadas na realização de parte dos exercícios calistênicos (*racks*), ao me posicionar em um dos vértices eu acabava ficando bem próximo de algumas das atletas, a ponto de ver as expressões de dor e esforço, os músculos e tendões tensionados, o suor que escorria do rosto, axilas e

[262] Em competições maiores como o Interbox Team Challenge, o qual tive a chance de acompanhar de perto em 2019, havia uma área própria para a recuperação dos(as) atletas. Embora o serviço, chamado "anjos do WOD", não fosse coberto pelo evento, eles ofereciam massagens para liberação miofacial e redução da fadiga muscular.

cotovelos, criando pequenas poças escuras no piso de borracha. Uma das atletas, a qual competia na Scaled 1, executava uma variação do *toe to bar* – por ser um exercício avançado, era exigido em sua integralidade apenas das RX 1 – sob a inspeção escrupulosa da árbitra, que ia contando as repetições com uma precisão de relógio até alcançar o número 30 (pelos meus cálculos). Ao observá-la tão concentrada no exercício, que, por envolver todos os músculos do corpo, demandava um grande aporte energético, tive a impressão de que ela – qualquer que fosse seu nome, suas memórias e história de vida – já não estava mais "lá", corpo e mente emaranhados em um instante de presença cristalina, pelo qual o "dentro" (a subjetividade da atleta) se fazia "fora" (a tarefa concreta a ser realizada) e o "fora" se fazia "dentro".

Algum tempo depois, quando retornara a meu posto inicial – espremido ao pé da grade – e após todas as duplas do RX 1 concluírem as provas da primeira rodada, deu-se início a WOD 2, começando mais uma vez pelas atletas menos experientes. Dessa vez, as provas compreendiam exclusivamente elementos de força, em especial o LPO com o *snatch* e o *clean & jerk*. Particularmente, essa era a prova mais aguardada por mim, em virtude de a força ser, provavelmente, a valência física menos associada ao corpo feminino. No entanto, agora eu tinha a chance de acompanhar de perto, depois de haver deixado passar o Campeonato Cearense de LPO, mais de 100 mulheres engajadas na tarefa de contradizer, em alguma medida, as prescrições de gênero que associavam músculos e esportes de força a outros tantos privilégios exclusivamente masculinos. Isso, por si só, conferia ao momento uma intensidade particular, como pude perceber ao assistir às provas e ao conversar com duas atletas que se preparavam para competir, formando uma das muitas duplas que povoavam a categoria iniciante.

Eram estudantes de medicina e praticavam o Crossfit como uma maneira de exercitar o corpo. Não havia por parte delas, portanto, a intenção de se transformar em atletas de alto desempenho, sendo a preparação realizada apenas nas horas vagas, combinada com acompanhamento nutricional, alimentação balanceada e suplementação proteica, mas não mais do que isso. Seus corpos eram esguios e bem condicionados, porém estavam muito longe da corporalidade apresentada, por exemplo, por Bia e Talita, cuja musculatura projetava uma imposição física que não era encontrada nas atletas novatas. Apesar disso, uma delas, por mostrar um volume muscular um pouco mais avantajado do que seria esperado de uma mulher "normal", tinha de lidar, segundo me falou, com comentários críticos constantes feitos pelos familiares, que a estavam achando "forte demais". As mãos grossas e calejadas também faziam com que recebesse reprovações um tanto veladas de outras mulheres, e na canela a competidora exibia as marcas de um pequeno acidente de treino. Ao tentar pular um caixa durante um WOD, pelo impulso tomado ter sido insuficiente, acabou batendo a perna contra o objeto de madeira, produzindo como resultado um edema ósseo e um corte relativamente profundo, mas o qual estava já em vias de cicatrização.

O Chicks and Barbells era, portanto, sua primeira competição "séria", tanto pelo número de inscritas quanto por envolver a participação de atletas de outros Estados. Apesar de já praticar Crossfit há quase dois anos, o que, em tese, conferia-lhe a capacidade de disputar entre as intermediárias, a mais forte da dupla afirmou ter preferido se inscrever como iniciante. Comentou ainda ser comum que praticantes como ela, que escolhiam não disputar nas categorias mais avançadas mesmo tendo certa experiência no esporte, fossem provocadas(os) pelos(as) *coachs* e/ou parceiros(as) de treino, por meio de "brincadeiras" e "indiretas" questionando o comprometimento e a falta de espírito competitivo. Aparentemente, a ausência de engajamento com a evolução competitiva representava, de certa maneira, um desvio da ética presente no esporte, a qual pregava a necessidade de um desenvolvimento contínuo, que se dava a ver não só pelo fortalecimento do corpo, mas pela passagem, nos torneios, das categorias iniciantes para as avançadas. Quando perguntei por que relutava em efetuar a transição, disse não estar disposta a fazer o que era preciso para "subir de degrau": treinos em dois ou três horários por dia, além de uma mudança completa no regime alimentar.

O WOD 2, segundo me revelaram, também era o momento mais esperado por elas, tanto porque os levantamentos eram exercícios que gostavam de praticar como também pela dificuldade e pelo potencial risco físico que representavam, especialmente no caso das categorias mais avançadas, em que as cargas subiam bastante, chegando a alcançar os três dígitos. Um levantamento mal realizado – algo que eu sentira na pele – poderia resultar em lesões graves, indo de inflamações até rupturas de músculos e ligamentos. Encerrando nossa interação pelo reinício das provas, afirmaram ainda ser essa a rodada mais desafiadora, já que, como as outras atletas, tentariam igualar seu PR (*Personal Record* [Recorde Pessoal]), ou seja, atingir a melhor marca da vida para, com isso, ter alguma chance de aprimorar o desempenho.

Durante a segunda rodada, as competidoras teriam três minutos para realizar a melhor marca em cada um dos levantamentos, com direito a um intervalo de um minuto entre uma tentativa e outra, tempo em geral insuficiente para recuperar fôlegos e músculos. Em virtude disso, um levantamento fracassado raramente era seguido por outro bem-sucedido. Aqui a pontuação final era calculada pela somatória da carga máxima alcançada no *snatch* e no *clean & jerk*.

A dupla que havia conversado comigo mais cedo conseguiu se sair bem na prova de força, embora, como vim a saber após essa rodada, tenha falhado em alcançar suas melhores marcas. Para um levantamento exitoso, especialmente quando as cargas se aproximavam do limite suportado pelos(as) atletas, um conjunto complexo de fatores entrava em cena, dos mais até os menos visíveis. Estavam em jogo, portanto, a correção da técnica empregada; o suprimento da quantidade de energia adequada, dando aos músculos condições para que pudessem contrair as fibras "explosivamente" (por não se tratar de um exercício isométrico, quanto mais rápidos os movimentos, mais fácil era a execução); a realização de uma preparação que combinasse ciclos de sobrecarga muscular (*load*) e também de descarga (*deload*) semanas antes do levantamento, a fim de permitir ao(à) atleta apresentar-se descansado; boas noites de sono; boa alimentação, associada ao uso de suplementos; equilíbrio emocional; capacidade de adrenalizar o corpo em situações de estresse (embora impossíveis de serem quantificados, elementos como a música ambiente, a "energia" do público, a capacidade de automotivação e a "vontade de vencer" possuíam uma importância difícil de ignorar, o que pude perceber ao conversar com atletas de diferentes modalidades ao longo da pesquisa); e, entre outros tantos fatores que poderia continuar citando, também a capacidade de concentração e de atingir um estado de fluxo de consciência conhecido por muitos(as) competidores(as) como *flow*.

Por ele, a pessoa se colocava em um modo completamente imersivo, durante o qual os pensamentos permaneciam silenciados, passando o corpo a agir como se por "conta própria". Uma experiência tão intensa e particular que era capaz de modificar a percepção temporal do(a) atleta durante a atividade, fazendo com que muitas vezes tivesse dificuldade de recuperar a memória do que havia acontecido. Ao falar de um levantamento bem-sucedido, por exemplo, Marilia Coutinho dizia pouco se recordar da realização do exercício. Mas a sensação era que o corpo havia se integrado inteiramente à barra de ferro, formando um só sistema composto por músculos, ossos e metal. Ela define esse estado como uma espécie de transe em que o

> olhar muda, a pessoa parece surda e um pouco cega e isso dura até acabar o levantamento. Ela está num estado de FLOW. 'Flow' (fluxo) em inglês é o termo utilizado para o estado profundo de afunilamento de atenção, intenção e emoção no ato de execução de uma determinada tarefa. Embora não seja um fenômeno de conhecimento recente, Csikszentmihalyi cunhou o termo e elaborou o conceito. Para ele, "flow" é a "motivação completamente focada". Existe alguma relação entre flow e estados meditativos. Existe uma forte correlação entre flow e alta performance. Ter as condições psicológicas e de abilidade (*sic*) para entrar num estado de flow parecem determinar atos de performance extraordinária (COUTINHO, 2012a).

Apesar de estar muito longe de poder ser considerado um atleta de alto desempenho ou mesmo um atleta, no sentido forte da palavra, durante as competições de que tive a chance de participar houve momentos, embora breves, em que pude experimentar uma sensação de "afunilamento" perceptivo, de "esquecimento" de mim mesmo, tão concentrado estava na sequência de movimentos que deveria executar.

Durante o WOD 2, apenas olhando para os rostos das atletas ocupadas na tarefa de levantar pesos que, em alguns casos, chegavam a superar em 30% sua massa corporal, era impossível dizer se haviam alcançado ou não o tão desejado estado de "fluxo de consciência". No entanto, o que pude perceber nas feições graves e compenetradas era uma concentração diferente do que presenciara até ali. Se as provas anteriores eram compostas de exercícios rápidos e ininterruptos, numa corrida frenética para realizar o maior número de repetições em um espaço de poucos segundos, agora o ritmo era outro. Elas tinham tempo. Parar. Respirar. Encarar os pesos. Aproximar-se. Ajustar o corpo. Gritar. Fechar os olhos. Arregalá-los no instante em que, ativando todos os músculos, a barra era erguida até o ponto mais alto que os braços podiam alcançar.

A segunda rodada se desenrolava com grande atenção do público. Muitos(as) dos(as) que estavam ali provavelmente nunca tinham visto mulheres competindo em provas de levantamento de peso – eu era um deles –, e era com olhares e comentários de surpresa que a plateia assistia a barras e anilhas serem erguidas do chão, seguidamente. Como era de se esperar, as cargas movidas pelas iniciantes não eram tão altas quanto as das profissionais, mas algumas delas seguramente chegavam próximo de levantar seu peso corporal.

Figura 28 – *Clean & jerk*

Fonte: O autor (2018); localização: Porão Crossfit.

As atletas que se saíam melhor nas provas de força, portanto, eram aquelas que possuíam mais massa corporal, pois com a ajuda do próprio peso conseguiam produzir mais "momento" ou "torque" (grandeza física capaz de representar a quantidade de força aplicada a um eixo de rotação), o que tornava possível o aumento das anilhas acopladas ao sistema "barra-atleta". Houve uma da categoria Scaled 1 que me chamou particularmente a atenção. Usava uma *legging* preta, uma camiseta cinza colada ao corpo, *handgrips* (espécie de luva que ajudava na pegada da barra, ao proteger as mãos do contato direto com o metal) também pretas, além de sapatilhas próprias para o levantamento de peso, as quais possuíam uma espécie de salto que auxiliava no encaixe do quadril, essencial para deixar as costas retas e "travadas". Pela cor da pele, não poderia ser considerada branca, e, apesar de forte, dava para perceber que possuía um percentual de gordura relativamente alto para os padrões do que poderia ser julgado um corpo "atlético". O cabelo castanho escuro estava bagunçadamente preso por um "rabo de cavalo", e trazia as unhas curtas. O lábio inferior se pintava apenas com o rubor do sangue represado pelos dentes que nele se cravavam, denunciando o esforço empregado pelo corpo e a dificuldade da tarefa.

Àquela altura, próximo ao meio-dia, o *box* estava ainda mais cheio. O calor fazia suar profusamente mesmo quem estava parado, molhando camisas e escorrendo pela testa. Na área onde ocorriam as provas, próximo às competidoras, era possível distinguir as pequenas poças que, em virtude da alta temperatura, evaporavam tão rápido quanto haviam se formado. A alguns metros de onde estava posicionado, a levantadora surpreendia a todos na tentativa de atingir o recorde de peso até aquele momento: 80 kg no *clean & jerk*. Esse era um levantamento que envolvia duas fases. Na primeira, com a ajuda dos braços, a atleta trazia o peso até a frente dos ombros para depois tornar a "explodir" erguendo-o finalmente acima da cabeça, com um pequeno salto. Em virtude de sua lógica motora, ele possibilitava um levantamento com uma carga maior do que no *snatch*, por exemplo, que se dava em apenas um movimento.

Considerando o tempo destinado à execução do exercício, ela teria duas, talvez três chances para erguer o peso, não mais do que isso. Aquela carga muito provavelmente representava seu PR ou mesmo a tentativa de sua superação. Sabendo da dificuldade da tarefa que tinha à frente, a preparação seguia um ritual corporal que envolvia toques na barra, como se tentasse se antecipar ao contato com sua dureza e peso, e inspirações profundas intercaladas com idas à pequena bolsa contendo magnésio em pó, presa a um dos *racks*. Esse material tinha a função de aumentar a aderência das mãos à barra, ao promover a rápida absorção do suor, evitando a ocorrência de potenciais acidentes ou perda de desempenho atlético.

Quando finalmente tomou posição, por um breve instante seus olhos encararam o vazio e então se abaixou em um agachamento perfeito, agarrando a barra com as mãos, distantes entre si na largura dos ombros. Em seguida, puxou o peso do chão como se estivesse tomando impulso para saltar, o que fez com que os 80 kg se encaixassem velozmente sobre os ombros. Contando com o auxílio das pernas fortes, o primeiro desafio havia sido superado. Puxando o ar com a boca em curtos movimentos diafragmáticos, teria agora que erguer o peso acima da cabeça, com os cotovelos esticados e travados de modo que o levantamento pudesse ser considerado válido. Nesse momento, a maior exigência recaía sobre a parte superior do tronco, especialmente *core*, ombros, trapézios, tríceps, latíssimos dorsais e musculatura infraespinhal. Com uma nova explosão, tentou erguer o peso, mas seu abdômen não pôde suportar a tensão provocada pelos quilos recebidos nos braços esticados, fazendo com que a coluna arqueasse para frente e se desequilibrasse por completo. A barra veio ao chão fragorosamente, apesar de grande parte do impacto ter sido absorvido pelo piso emborrachado.

Faltando pouco para o encerramento do tempo a que tinha direito, a atleta, inspirando e expirando com profundidade, tentou recuperar a energia gasta na primeira tentativa, enquanto se movia de um lado para o outro. Rápida, colocou-se em posição para o segundo levantamento, ainda mais difícil que o primeiro, em virtude de o tempo de recuperação ter sido insuficiente, como pude perceber pela maneira como se postou, sem a mesma confiança de antes, diante da barra de ferro. Apesar disso, conseguiu novamente executar a primeira fase, embora sem a mesma velocidade, fazendo os 80 kg pousarem sobre os ombros. No entanto, a sequência do movimento, para a infelicidade dela, seguiu o mesmo roteiro da primeira investida. Mais uma vez o *core* não foi capaz de permanecer estável o bastante para que pudesse completar o desafio, fazendo com que tivesse de largar o peso de uma vez no chão, ao mesmo tempo em que saía de baixo da barra para não se machucar. A reação de descontentamento foi contida. Havia faltado pouco. Se seguisse com os treinos, não demoraria muito para que pudesse subir os 80 kg com sucesso.

Figura 29 – Fúria e palavrões

Fonte: O autor (2018); localização: Porão Crossfit.

Havia atletas que não apresentavam a mesma "calma" diante do fracasso em completar a prova. Outra das *scaled 1*, uma mulher alta, com o cabelo tingido de louro e usando maquiagem, ao falhar no mesmo *clean & jerk*, embora com uma carga bem menor, passou a distribuir palavrões e xingamentos a plenos pulmões: "Porra!!! Caralho!!!". Eles eram acompanhados pelas marcas de agressividade em seu rosto contraído e olhar duro, desafiando a má sorte que a impedira de concluir o movimento[263].

De maneira geral, a prova de força parecia despertar uma intensidade especial nas atletas. Antes de cada levantamento, muitas soltavam gritos na tentativa de despertar o próprio corpo, de modo que se pusesse a postos e preparado. As que conseguiam se sair bem, fosse no *snatch* ou no *clean & Jerk*, explodiam de alegria, correndo e saltando para a abraçar as respectivas duplas, em comemoração pelo feito alcançado.

[263] Como pude observar no Interbox Team Challenge, esse tipo de demonstração de agressividade parecia ser mais comum entre os homens. Quando não conseguiam realizar tantas repetições quanto gostariam, ficando para trás em relação aos adversários, costumavam gritar palavrões ou bater nos objetos mais próximos.

Figura 30 – Euforia

Fonte: O autor (2018); localização: Porão Crossfit.

Próximo das duas horas de prova, foi a vez de Bia entrar em ação, no fechamento da segunda rodada. Por competir em seu *box*, eu ouvia com frequência os gritos de "Vai, Bia!", dirigidos à atleta. Talvez em razão da natureza contida ou porque não quisesse se contaminar com a euforia da torcida, ela permanecia impassível, no corpo e nas feições, não demonstrando qualquer alteração significativa de ânimo, como se, tendo total controle da situação, estivesse guardando energia para usar no momento certo, com inteligência e organização.

Em razão do excelente preparo físico e da grande experiência em competições, diferentemente de outras que começavam a "acusar o golpe", demonstrando cansaço em decorrência da intensidade das provas, Bia parecia "fresca". Usando um *short* na cor rosa, com desenhos de cactos na estampa, e curto para não atrapalhar o movimento das pernas, o *look* da crossfiteira era completado por um top preto, encimado pela camiseta oficial da competição.

Um acessório marcante que dizia muito da personalidade e da identidade da *coach* era uma munhequeira (uma espécie de toalha usada ao redor do pulso para ajudar a limpar o suor do rosto) trazendo as cores da bandeira LGBTQIA+[264]. Criado em 1978 por Gilbert Baker, o estandarte

[264] Conjunto de letras que expressam diferentes orientações sexuais e performances de gênero. O "L" e "G" se referem a lésbicas e gays; o "B", a homens e mulheres bissexuais; o "T", a transexuais e travestis; o "Q", a *queers*, termo que abrange orientações não exclusivamente heterossexuais; o "I", às pessoas intersexuais, ou seja, aquelas cuja anatomia genital não pode ser classificada como tipicamente masculina nem feminina; o "+", finalmente, visa demarcar que tais letras não esgotam a multiplicidade da sexualidade humana, deixando aberto o horizonte para o surgimento de outras identidades (CISCATI, 2019).

era formado por oito faixas representando “vida”, “sexualidade”, “saúde”, “sol”, “natureza”, “arte”, “harmonia” e “espírito” (DIAS, 2019). Em virtude da popularização dos debates em torno do gênero, não só nos meios acadêmicos, mas também na cultura de maneira geral, esse símbolo era já reconhecido por muitas pessoas. E fazer questão de usá-lo, às vésperas de uma eleição em que muitos dos que estavam ali certamente votariam no candidato vinculado à extrema-direita, abertamente homofóbico, era uma maneira de Bia demarcar sua posição política em um momento crítico para o país, sem que precisasse sequer abrir a boca[265].

Figura 31 – Bandeira LGBTQI+

Fonte: O autor (2018); localização: Porão Crossfit.

Não bastasse isso, a própria imagem do corpo, os cabelos curtos, a maneira como se movimentava, com gestos amplos e pouco “delicados”,

[265] Apesar de o Crossfit parecer ter um pouco mais de abertura a diferentes formas de expressão de gênero, em comparação com outras modalidades esportivas, é possível dizer que seus ambientes reproduzem, em linhas gerais, prescrições heteronormativas. Ainda assim, é interessante perceber que há casos, como o de Bia, que demonstram a possibilidade da produção de pequenas “rachaduras” nesse discurso. Além das ocasiões em que isso se deu no Chicks and Barbells, houve outro instante que me chamou a atenção durante o Interbox Team Challenge. Em determinado momento, o DJ, o mesmo que havia “animado” o torneio realizado no Porão Crossfit, colocou para tocar uma música da cantora *drag* Pablo Vittar, artista famosa por seu ativismo e por ser uma figura simbólica do movimento LGBTQI+. Embora, entre os homens crossfiteiros, fosse difícil detectar desvios à masculinidade padrão, expressa pela combinação quase infalível de barba, músculos e tatuagens, ao ouvir a música um rapaz não se conteve e começou a dançar, ainda que discretamente.

os músculos que marcavam a pele, tudo isso apontava para outra maneira de performar o gênero, a qual poderia ser aproximada ao que Halberstam (1998) definia como "masculinidade feminina". Segundo o autor, pouco se havia escrito ou pensado sobre esse tema de modo geral, o que denunciava a manutenção da masculinidade como um privilégio masculino, reforçando o dado que apontei, a respeito das tentativas de apagamento do arquivo das resistências produzidas pelos corpos das mulheres e das diferentes formas de expressão da feminilidade.

Ao lançar, portanto, a pergunta "O que é masculinidade?", Halberstam (1998) aponta para a desnaturalização da ligação entre esta e os corpos masculinos, devendo ser considerada não uma manifestação "natural", mas um conjunto de práticas materiais e discursivas que excediam os limites do sexo biológico. Nesse sentido, o que se entendia por "masculinidade" sofria interferências engendradas por sua expressão tanto em corpos masculinos quanto femininos, levando Halberstam (1998, p. 3, tradução nossa) a afirmar que "os modelos e as formas da masculinidade moderna são mais bem demonstradas dentro da masculinidade feminina"[266].

Dessa forma, a "masculinidade feminina" era uma categoria hermenêutica explorada pelo autor como uma posição *queer*[267] de sujeito, capaz de confrontar modelos hegemônicos de gênero, e a partir da qual buscava mapear uma série de modelos alternativos de masculinidades (*tomboy*[268], *female husband*[269], *lesbian butch*[270]) que eram frequentemente recebidos pelas culturas normativas tanto hétero quanto homossexuais como "um sinal patológico de erro de identificação e desajuste, como a vontade de ser ou ter um poder fora de alcance" (HALBERSTAM, 1998, p. 9, tradução

[266] No original: "that the shapes and forms of modern masculinity are best showcased within female masculinity".

[267] A palavra queer faz referência a uma teoria que se opõe à afirmação de identidades fixas, incluindo designações de sexo estáveis (BUTLER, 2004).

[268] 'Tomboísmo' geralmente descreve um período de feminilidade masculina estendido na infância" (HALBERSTAM, 1998, p. 5, tradução nossa). Em outras palavras, o termo descreveria a característica de certas meninas que, quando crianças, partilham das mesmas brincadeiras e interesses dos meninos.

[269] Modo como eram nomeadas, no final do século XVIII e início do século XIX, as mulheres masculinas que desejavam outras mulheres (HALBERSTAM, 1998).

[270] Maneira como são nomeadas, dentro da subcultura lésbica, mulheres que possuem uma performatividade de gênero considerada masculina.

nossa)[271]. Particularmente no contexto da lesbianidade, como era o caso de Bia, a expressão da masculinidade em mulheres costumava ser interpretada como um efeito do patriarcado sobre suas subjetividades, o que as faria reproduzirem contra si mesmas comportamentos misóginos e machistas (HALBERSTAM, 1998).

Abrindo uma rachadura nesse estereótipo, Halberstam (1998) afirma que:

> Às vezes, a masculinidade feminina coincide com o excesso de supremacia masculina e às vezes codifica uma forma única de rebelião social; com frequência, a masculinidade feminina é o sinal de alteridade sexual, mas ocasionalmente marca uma variação heterossexual; às vezes a masculinidade feminina marca o lugar da patologia, e vez ou outra representa a alternativa saudável ao que podem ser consideradas as histriônicas feminilidades convencionais (HALBERSTAM, 1998, p. 9, tradução nossa)[272].

A experiência de ser uma mulher lésbica e, portanto, detentora de uma expressão de gênero condicionada desde o início por uma orientação sexual "desviante" é descrita com vísceras, sangue e ancestralidade mística pelo livro *Borderlands/La frontera* (1987), de Gloria Anzaldúa. Entremeando teoria e relato autobiográfico, a autora nos conta sua história de vida, marcada pelo encontro violento das diferentes culturas (indígena, norte-americana e mexicana) que constituem a fronteira entre Estados Unidos e México. Nesse trabalho, Anzaldúa realiza um duplo movimento: o do resgate das origens mestiças e das forças e elementos naturais que a compunham, cuja história foi quase inteiramente apagada pelas invasões europeias do século XVI e pelo genocídio de 25 milhões de indígenas; ao mesmo tempo em que resiste às tradições que buscam despossuí-la tanto por sua condição de mulher quanto por amar outras mulheres. Se o direito de "voltar para casa" (ANZALDÚA, 1987, p. 22), ou seja, de afirmar a si mesma, continua lhe sendo negado, então aí, Anzaldúa afirma: "eu tenho que ficar e reclamar

[271] No original: "a pathological sign of misidentification and maladjustment, as a longing to be and to have a power that is just out of reach".

[272] No original: "Sometimes female masculinity coincides with the excesses of male supremacy, and sometimes it codifies a unique form of social rebellion; often female masculinity is the sign of sexual alterity, but occasionally it marks heterosexual variation; sometimes female masculinity marks the place of pathology, and every now and then it represents the healthful alternative to what are considered the histrionics of conventional femininities".

meu espaço, produzindo uma nova cultura – *uma cultura mestiça* – com minha própria madeira, meus próprios tijolos e argamassa e minha própria arquitetura feminista" (ANZALDÚA, 1987, p. 22, tradução nossa)[273].

Ser lésbica, portanto, como orgulhosamente ostentado pelas cores que Bia carregava, era ainda outro ataque contra o regime heteronormativo, para além dos músculos e do que o corpo era capaz de realizar. Uma identidade forte o suficiente para fazer com que ela, a exemplo de Anzaldúa, decidisse "construir sua própria casa" dentro do Chicks and Barbells.

Por habitar essa condição de fronteira, conceito que tomo emprestado de Anzaldúa (1987), Bia possuía, portanto, entrada em dois mundos, masculino e feminino. Ainda segundo a autora

> Contrariamente a alguns princípios psiquiátricos, aqueles que misturam diferentes metades não estão sofrendo de uma condição de identidade sexual, ou ainda de uma confusão de gênero. O que estamos sofrendo é de uma dualidade absolutamente déspota que diz que somos capazes de ser um ou outro. Ela clama que a natureza humana é limitada e que não pode evoluir para algo melhor. Mas eu, assim como outras pessoas *queer*, somos dois em um só corpo, ao mesmo tempo masculino e feminino. Eu sou a incorporação do *hieros gamos*: a união interna de qualidades opostas (ANZALDÚA, 1987, p. 19, tradução nossa)[274].

Seguindo a intuição de Anzaldúa, outra forma de compreender a masculinidade feminina de Bia poderia ser como uma experiência de fronteira, seu corpo sendo território de atravessamentos complexos e contraditórios de diferentes *performances* de gênero. Nesse sentido, dado que as sociedades ocidentais exercem uma recusa ativa de sujeitos ambiguamente generificados (HALBERSTAM, 1998), havia, como consequência, uma série de dispositivos de normalização dessa ambivalência, os quais funcionavam como uma defesa contra o que Halberstam (1998, p. 25) definia como "pânico de gênero" (*gender panic*), isto é, um afeto selvagem,

[273] No original: "I will have to stand and claim my space, making a new culture – *una cultura mestiza* – with my own lumber, my own bricks and mortar and my own feminist architecture".

[274] No original: "Contrary to some psychiatric tenets, half and halfs are not suffering from a confusion of sexual identity, or even from a confusion of gender. What we are suffering from is an absolute despot duality that says we are able to be only one or the other. It claims that human nature is limited and cannot evolve into something better. But I, like other queer people, am two in one body, both male and female. I am the embodiment of the *hieros gamos*: the coming together of two opposites qualities within".

incontrolável e de resultados imprevisíveis que emergia diante da visão de um corpo inclassificável. Em outras palavras, a presença de corporalidades que feriam a "regra cardinal do gênero" (HALBERSTAM, 1998, p. 23), ou seja, a de que todas as pessoas deviam poder ser "lidas" com apenas uma olhada, gerava, como efeito, reiteradas tentativas de estabilização de práticas e discursos que, em constante trânsito, tornavam as demarcações de gênero fluidas e imprecisas.

No caso de Bia e de outras tantas mulheres lésbicas – segundo Halberstam (1998, p. 28), "a masculinidade feminina parece ser mais ameaçadora quando conjugada ao desejo lésbico"[275] –, as tentativas de enquadramento do gênero se faziam representar por um conjunto de significantes que possuíam o peso de uma interpelação "ofensiva e violenta", na tentativa de controlar o excesso de signos ativados por esses corpos[276]. "Sapatão", "mulher-macho", "caminhoneira" eram algumas das palavras lançadas a fim de produzir um recorte integrativo, dissolvendo a dualidade que se apresentava tanto em nas *performances* quanto na própria matéria do corpo delas[277]. Em relação à crossfiteira, a qual era comumente confundida com uma lutadora por não portar a "delicadeza" esperada de uma mulher tipicamente feminina, os músculos e sua potência serviam para aprofundar ainda mais a confusão provocada por seu corpo.

Pensando as academias de musculação e os *boxes* de Crossfit como "fábricas de gênero"[278] (HALBERSTAM, 1998, p. 24) – a exemplo da maneira

[275] No original: "female masculinity seems to be at its most threatening when coupled with lesbian desire".

[276] Uma das estratégias historicamente adotadas pelas minorias sociais para enfrentar esse tipo de produção discursiva era incorporar as palavras de ofensa dirigidas contra elas como uma identidade orgulhosamente assumida, no sentido de seu empoderamento.

[277] A sanha classificatória de corpos que insistiam em escapar ao binarismo muitas vezes não era suficiente para aplacar o "pânico de gênero" provocado por eles. Nessas situações, a violência acabava funcionando como último recurso, produzindo, com a eliminação física, a "solução" à ameaça que representam ao regime heteronormativo. Foi o que aconteceu, por exemplo, no caso de Dandara Kettley, travesti brutalmente espancada e assassinada a tiros no Estado do Ceará, em 2017 (LAVOR, 2018). Infelizmente, a morte de Dandara não se trata de um caso isolado, já que o Brasil é o país que lidera o *ranking* mundial de assassinato de travestis e transexuais (CUNHA, [201-]).

[278] No Crossfit, a divisão sexual fundamentada no binarismo de gênero opera de maneira mais velada do que nas academias de ginástica, uma vez que a prática esportiva rompe com alguns modelos tradicionais de produção corporal, ao propor os mesmos treinos para homens e mulheres. No entanto, há a persistência de algumas práticas que insistem em seguir uma lógica da divisão sexual, como, por exemplo, a existência de barras de ferro diferentes para mulheres e para homens. Além disso, pude notar, ao acompanhar treinamentos de Crossfit, que os comandos para as atividades

como Halberstam (1998) entendia os banheiros femininos como "santuários de uma feminilidade melhorada, o 'quarto da garotinha', para onde alguém vai a fim de retocar a maquiagem e ajeitar o cabelo"[279] (HALBERSTAM, 1998, p. 24) e o masculino como "a extensão da natureza pública da masculinidade"[280] (HALBERSTAM, 1998, p. 24) –, poderia dizer que, de maneira geral, a espacialidade da distribuição das máquinas e dos aparelhos de musculação, bem como as divisões dos exercícios para homens e mulheres, embora isso fosse menos evidente no Crossfit, encenavam uma verdadeira ortopedia de gênero, por meio da qual corpos masculinos e femininos eram produzidos, seguindo a receita enunciada pela ontologia da diferença sexual[281]. De acordo com esse discurso, seria a força "natural" dos homens e os maiores níveis biológicos de testosterona os responsáveis pelas especificidades dos treinos em relação às mulheres, as quais, em geral, não contariam com a capacidade física necessária para realizá- los.

Como operador conceitual amplo, "fronteira" (ANZALDÚA, 1998) guarda, ainda, uma relação de parentesco com o significante "musculinidade", proposto por mim como uma tentativa de nomear a experiência corporal de mulheres que, pela configuração somática musculosa, habitavam a fronteira entre o "masculino" e o "feminino". A musculinidade seria, assim, um regime somático singular produzido por um emaranhado agencial específico em que – pela mediação do treinamento com pesos, das dietas, das competições, das próteses corporais e hormonais – características tradicionalmente associadas aos homens se combinariam a outras tipicamente vinculadas às mulheres, produzindo como consequência corpos

e pesos utilizados se orientavam mais pelo gênero dos crossfiteiros(as) do que pela capacidade atlética de cada praticante.

279 No original: "sanctuary of enhanced femininity, a 'little girl's room' to which one retreats to powder one's nose or fixe one's hair".

280 No original: "as the extension of the public nature of masculinity".

281 Como afirmei, se em certas ocasiões o Crossfit parecia fugir ao binarismo de gênero, em outras se deixava capturar pelo discurso da diferença sexual. No Interbox Team Challenge, quando as equipes mistas, formadas por dois homens e duas mulheres, entravam em ação, cada atleta ficava responsável por um exercício específico. Assim, por exemplo, ao passo que parte dos competidores fazia butterflies (tipo de flexão na barra fixa), outros(as) executavam o *power snatch*. Enquanto isso, barras preparadas com anilhas esperavam pelos(as) competidores(as), sendo o espaço dividido em "raias" de acordo com o gênero do(a) atleta. Na "raia" destinada aos homens, as barras eram mais pesadas e possuíam a cor verde; na destinada às mulheres, eram mais leves e na cor rosa. Embora esse sistema servisse para evitar confusões na hora de os(as) crossfiteiros(as) se dirigirem a suas posições, a associação entre cores e gêneros não me parecia ingênua, em razão de o rosa ser culturalmente associado à feminilidade.

híbridos/mutantes/ciborgues, capazes de desmontar o regime escópico de classificação do gênero, ao qual se referia Halberstam (1998).

Voltando à competição, quando Bia finalmente se posicionou para realizar o *snatch* – o *clean & jerk* ficaria por conta de Talita –, estava se colocando diante do desafio de atingir uma marca que já não batia há um ano, período em que o peso corporal era consideravelmente maior. Conforme mencionei, Bia vinha fazendo uma readequação na dieta, o que, em tese, a deixava em desvantagem nas provas de levantamento. Além disso, a crossfiteira vinha da desgastante bateria de provas realizada na primeira rodada, fazendo com que os músculos já apresentassem certo desgaste, embora o semblante permanecesse tranquilo e o corpo aparentasse estar descansado. Por tudo isso, ao erguer os 70 kg (somando barra e anilhas) do chão em um só movimento explosivo, para o qual recrutou todas as fibras musculares, Bia vibrou efusivamente, como se tivesse acabado de marcar um gol em uma partida decisiva.

Figura 32 – *Snatch*

Fonte: O autor (2018); localização: Porão Crossfit.

Para quem não tinha familiaridade com o LPO, o *snatch* parecia exigir apenas força bruta. Previamente à pesquisa e antes de experimentar o esporte, eu mesmo não tinha noção dos elementos técnicos envolvidos num bom levantamento, algo que só pude adquirir com a observação dos treinos de Bia e H. e, principalmente, com minhas próprias tentativas. Dessa maneira, por causa de tal aprendizado de corpo, passei a me dar conta das particularidades do exercício, do que era necessário para erguer o peso do chão com a maior eficiência possível e da beleza criada pelo encadeamento perfeito de técnica, precisão e velocidade.

Para igualar a melhor marca em um ano, enquanto se agachava "quebrando o paralelo"[282], mantendo os quadris encaixados e as costas retas, Bia deixava as mãos a uma distância alguns centímetros superior à que separava os joelhos – usava uma pegada especial (*hook grip),* na qual o polegar, dobrado, era envolvido, junto com a barra de ferro, pelos outros quatro dedos, aumentando a pressão nela exercida. A seguir, começando a contração dos músculos pelos da face, momento em que abria a boca para inspirar o ar, o que permitia o enrijecimento do diafragma e a estabilização do *core,* puxava a barra em linha reta o mais rápido possível, para então, com a ajuda do quadril, levar as coxas de encontro a ela, instante em que chegava a tirar os pés do chão. Colocando-se embaixo do equipamento, recebia a carga com os braços esticados em um agachamento, à semelhança da fase excêntrica do *overhead squat*[283]. Por fim, sem flexionar os braços e mantendo o peito aberto, erguia o corpo, com o auxílio dos glúteos e quadríceps, para só depois finalizar o *snatch.*

Tendo Bia realizado a prova com sucesso, era a vez de Talita fazer o outro levantamento, encerrando a participação da dupla na segunda rodada. A tentativa seria suspender a maior carga até ali, 100 kg[284]. Apesar de o *clean & jerk* ser uma modalidade de LPO que possibilitava ao(à) atleta alcançar maiores números, como já afirmei, a carga escolhida era considerável, ainda mais levando em conta que não era uma especialista no exercício

---

282 Termo que designa um tipo de agachamento no qual glúteos se posicionam abaixo da linha do joelho.

283 Agachamento realizado com os braços esticados e um peso acima da cabeça.

284 Para se ter um parâmetro de comparação, o recorde mundial do *clean & jerk* na categoria correspondente ao peso corporal de Talita (76 kg) era 56 kg maior do que a marca alcançada pela crossfiteira durante a competição (CLEAN & JERK, 2020).

– apenas um entre tantos que compunham o repertório do Crossfit – e que, assim como Bia, já vinha de provas anteriores.

O físico da atleta era tão imponente que nem por um instante pareceu que falharia no desafio. As habilidades físicas, entre as quais se sobressaíam a força, faziam certo contraponto às de Bia, que conseguira compensar algumas limitações da dupla nas provas que exigiam velocidade e atleticismo. Seria a hora, portanto, em que Talita colocaria toda a potência em ação para que continuassem entre os primeiros lugares. À diferença da atleta que tentou levantar os 80 kg mas acabou se desequilibrando, realizou o movimento, valendo-se de correção técnica e vigor. Em toda a competição apenas outra atleta foi capaz de chegar à mesma marca, uma mulher tão musculosa e forte quanto ela chamada Rebeca Thomaz.

A segunda rodada se encerrou na quinta hora de prova, por volta das três da tarde. Ainda restavam duas rodadas para a definição das duplas campeãs nas diversas categorias, e o evento, já bastante atrasado, parecia não ter mais hora para acabar. Enquanto isso, ia de um lado a outro fotografando e buscando informações em meio ao barulho ensurdecedor da música, que continuava sendo despejada das caixas de som, e ao calor que abrasava os corpos, tornando difícil respirar o ar parado e excessivamente úmido do *box*. A alta temperatura tinha feito com que muitas competidoras deixassem de lado as camisetas fornecidas pelo torneio. Bia foi uma das primeiras, como aliás costumava fazer em todas as competições, ao ficar só de *top* para aliviar o corpo[285].

Tendo segurado a fome e a sede para não perder nenhum lance do campeonato, sentia-me faminto e cansado, lutando contra a vontade de voltar para casa. Para conseguir suportar o restante, saí rapidamente para comer algo enquanto as duplas iniciantes davam sequência à terceira rodada. Na volta do almoço, me dei conta de algo que não percebera antes: próxima à entrada do Porão estava estacionada uma ambulância, servindo como aparato para garantir a integridade física das atletas e como lembrança de que os acidentes ou, ainda, a possibilidade de que o corpo falhasse, eram algo intrínseco a qualquer prática esportiva.

---

285 Ao assistir ao Interbox Team Challenge, pareceu a mim que o calor não era, no fim das contas, o único fator que fazia os(as) atletas competirem usando pouca roupa. Desconfio que se apresentar assim tinha a ver também com o prazer de exibir corpos construídos e modelados com tanto esforço. Havia, dessa forma, além do prazer da performance, da competição, um gozo vinculado ao olhar do Outro.

A imagem do veículo parado me fez lembrar o frio na barriga que senti ao me deparar com a mesma cena quando de minha participação em uma competição de karatê e o quão pouco estava preparado, de fato, para lidar com as situações que poderiam acontecer comigo. "E se tivesse um nariz ou um braço quebrado?", era tudo que conseguia pensar enquanto me perguntava o que diabos estava fazendo ali. Felizmente, tive sorte na ocasião e, apesar de haver perdido a disputa, não saí machucado, fora algumas pequenas contusões superficiais. Esse medo, até mais do que a disciplina e a rotina de treinos, foi a coisa mais desafiadora nas experimentações corporais como atleta amador. A disponibilidade de colocar o corpo à prova, sujeitando-o a machucados e contusões dolorosas para a superação dos próprios limites[286], no entanto, fazia parte do "jogo" e era uma lição a ser aprendida com todas as atletas que, de uma forma ou de outra, construíram este trabalho comigo[287]. Na noite anterior à competição, me lembro de ter ido à casa de Lívia, lutadora acostumada a competir, para conversar sobre o torneio e, quem sabe, receber alguns conselhos. Como parte de um pequeno ritual de iniciação a esse mundo novo para mim, ela preparou meu protetor bucal, colocando-o em uma panela com água quente para que amolecesse e, depois de mordido, pudesse se moldar confortavelmente aos dentes. Ao me entregar o pequeno pedaço de borracha preta, sorriu e disse: "Agora sim, você tá pronto".

[286] Quando participei do campeonato brasileiro de karatê, como estava muito ansioso pela competição e temia que minha preparação não tivesse sido suficiente para evitar que me machucasse, já que lutaria contra atletas de nível nacional após um ano de meu retorno ao esporte, passei a buscar uma alimentação que estimulasse a produção "natural" de testosterona e a tomar um suplemento pretensamente fitoterápico chamado "Testo", o qual, segundo o rótulo, prometia auxiliar na elevação dos níveis do hormônio. Ocorre que boa parte dos produtos da indústria de suplementos, por serem importados, não sofrem uma regulação específica de agências reguladoras no Brasil, sendo comum que muitos deles sejam contaminados com outros tipos de substâncias. Isso quer dizer que, se eu tivesse feito um teste *antidoping* antes da competição, muito provavelmente teria sido reprovado. Tampouco poderia dizer que tal suplemento teve qualquer efeito real em mim, já que não fiz nenhum exame de sangue para averiguar os níveis hormonais antes e depois da utilização. Mas a verdade é que não senti diferença em minha disposição ou nos treinamentos, porém houve um ganho psicológico de saber que estava tomando uma substância que, em tese, ajudaria a deixar o corpo mais forte. Isso de fato representou um aumento na confiança, apesar de o resultado final não ter sido o que esperava. Mesmo tendo utilizado o medicamento sem acompanhamento, julguei que seria relativamente seguro tomá-lo. Talvez inspirado pelo espírito competitivo meu pensamento era: "Já que sou usuário eventual de drogas, que mal faria um suplemento aparentemente inofensivo?". Depois da competição, interrompi o uso e não percebi qualquer efeito colateral.

[287] Era como um carateca me havia dito, por ocasião de uma competição da qual participei em novembro de 2018: "Toda vida que eu vou competir já entro sabendo que vou me machucar".

Durante o Chicks and Barbells, embora a ambulância, felizmente, não tivesse sido requerida nenhuma vez, aconteceram alguns pequenos acidentes, principalmente nas provas de levantamento. Houve situações em que machucados mais sérios teriam sido inevitáveis não fosse a técnica demonstrada pelas competidoras na manipulação das barras e anilhas. O corpo delas, por vezes, parecia não suportar a carga imposta – braços e pernas tremiam, colunas se torciam perigosamente, escápulas não conseguiam garantir o encaixe correto dos ombros –, e, nessas circunstâncias, os equipamentos pesando 70, 80, 90 e até 100 kg tinham que ser largados de uma só vez no chão e em um ângulo tal que livrasse o corpo de um perigoso impacto com a barra.

Figura 33 – Dor

Fonte: Sucupira (2018).

Uma das competidoras da categoria RX 1, ao tentar erguer 100 kg no *clean & jerk*, por pouco não teve a testa atingida na descida do peso. Por ter se desequilibrado na segunda fase do movimento, a barra desceu sem controle, e a atleta precisou mover rapidamente o corpo para evitar o impacto. Outra, da categoria amadora, acabou machucando o ombro direito durante um *snatch* com 50 kg. No arranque para erguer a barra, esta acabou se movendo além da linha dos ombros da atleta[288]. Se, ao perceber

[288] Em virtude de o ombro ser uma articulação delicada, formada por uma intrincada estrutura óssea e uma rede de pequenos ligamentos, a técnica para mover um peso dessa magnitude precisava ser muito correta para evitar a criação de vetores de forças em pontos errados da articulação, o que

o erro, tivesse deixado o equipamento passar de uma só vez atrás de si, era possível que o impacto articular tivesse sido evitado. No entanto, por ser pouco experiente, a competidora tentou corrigir o movimento, usando a musculatura dos ombros para interrompê-lo, instante em que acabou sentindo uma forte dor. O rosto dela se contraiu por inteiro, obrigando-a a soltar o peso e a deixar o levantamento incompleto.

Sem querer abandonar a competição, foi atendida por membros da equipe, provavelmente parceiros de treino, os quais, após verificarem a mobilidade da articulação, lhe aplicaram um *spray* analgésico enquanto massageavam a área afetada. Tudo isso aconteceu muito rápido, pois a quantidade de tempo para o levantamento era limitada e, se quisesse fazer outra tentativa, deveria se apressar. A lesão, porém, mostrou-se mais séria do que poderia supor. Ao se posicionar para o segundo levantamento, o ombro voltou a doer antes mesmo que pudesse erguer a barra do chão. Apesar do esforço, dava claros sinais de que não aguentaria continuar no torneio, ainda mais levando em conta que as provas do Crossfit exigiam demais da parte superior do corpo[289].

A terceira rodada começou por volta das quatro horas da tarde, quando o sol enfim começava a baixar e a temperatura dentro do *box* ficava mais amena. Parte do público já havia deixado o Porão, pelo atraso acumulado e pelo desgaste inerente a acompanhar um torneio que se alongava já por muitas horas, restando apenas as pessoas mais vinculadas ao esporte ou que possuíam alguma ligação afetiva/profissional com as competidoras. Para o WOD 3, as atletas precisavam, em um intervalo de quatro minutos, realizar o maior número de repetições possível de um dos exercícios mais complexos e fisicamente demandantes do Crossfit: o *muscle-up*, o qual envolvia o domínio de quatro técnicas de base: *kipping pull up* (puxada na barra com balanço do corpo); *kipping chest to bar* (puxada com balanço do corpo até encostar o peito na barra); *dip* (mergulho, isto é, elevação do tronco pela flexão dos braços com auxílio dos tríceps, peitorais e músculos das costas); e, finalmente, o *strict pull up* (a puxada na barra convencional, isto é, sem o balanço do corpo).

---

poderia causar desde uma ruptura ligamentar até uma lesão de cartilagem ou a inflamação da bursa, como aconteceu comigo.

[289] Por ser uma modalidade dirigida à competição e pela lógica voltada para o desempenho atlético, o Crossfit era muito associado a lesões. Por ocasião do tratamento em decorrência do machucado no ombro, a primeira coisa que a fisioterapeuta me perguntou quando cheguei à sala de reabilitação foi: “Isso foi por causa do Crossfit, não foi?”.

Partindo de uma posição neutra, ou seja, tendo o corpo suspenso com a ajuda das mãos, a competidora fazia uma espécie de pêndulo (*kipping*), por meio do qual gerava um impulso vertical, ao mesmo tempo em que realizava uma puxada, elevando com isso o tronco acima da barra fixa. Em seguida, girando as mãos rapidamente, executava um "mergulho", empurrando a barra de ferro até os braços ficarem completamente esticados, finalizando o movimento.

A dificuldade não era compreendida por mim apenas em um nível intelectual, já que me submetera à preparação para o exercício durante o período em que pratiquei treinamento funcional. Para chegar a fazê-lo com sucesso, era preciso que o(a) praticante fortalecesse a integralidade dos grupamentos musculares do tronco, pois seria impossível repetir o *muscle-up* sem antes possuir um *core* sólido, músculos dos braços e das costas bem trabalhados, além de peitorais, ombros e tríceps potentes e resistentes ao desgaste.

Pela maneira como era produzida, em geral, a corporalidade das biomulheres, esse exercício era ainda mais desafiador para elas, na medida em que demandava a mutação, pelo ganho de massa muscular, de regiões-chave para a classificação de um corpo como "feminino", exigindo um tronco musculoso e baixo percentual de gordura. Tanto é verdade que as atletas que o executavam com perfeição fugiam ao padrão somático estabelecido para as mulheres (caso de H. e Bia). Por esse motivo, quando uma praticante conseguia realizar um *muscle-up*, produzia, ao mesmo tempo, interferências na classificação binária de gênero, ao tornar porosos os limites que separavam os corpos "masculinos" dos "femininos", passando, ainda que momentaneamente, do regime (heteronormativo) da "feminilidade" para o da "musculinidade"[290].

Na terceira rodada, a dupla vencedora seria definida pelo somatório das repetições realizadas pelas atletas individualmente. Já de início foi possível perceber o nível de dificuldade da prova para as competidoras que possuíam menos tempo de prática. Devido a isso, para as categorias iniciantes, houve adaptações do *muscle-up*, cuja exigência, em sua forma completa, só era feita em relação às amadoras e às RX 1.

---

[290] A inscrição de minhas interlocutoras nesse regime somático específico se dá de maneira apenas acidental, na medida em que a ontologia da diferença sexual ainda norteia, em alguma dimensão, a maneira como performam o gênero e/ou constroem os corpos.

Figura 34 – *Muscle-up*

Fonte: O autor (2018); localização: Porão Crossfit.

Com o *top* preto dando a ver os trapézios saltados, os braços torneados e o abdômen definido, Bia se preparou para a prova colocando uma boa quantidade de magnésio em pó nas mãos, a fim de evitar que o suor as fizesse escorregar. Em seguida, sem usar luvas, prendeu-se à barra de ferro e com um leve balançar de pernas deu início aos *muscles-ups*. Diferentemente de outras atletas – muitas delas apresentando um ótimo nível, como Geni, a qual formava dupla com Rebeca e estava no encalço da equipe de Bia em termos de pontuação –, a crossfiteira não apenas executava o movimento, mas o fazia parecer fácil, tamanha era a agilidade com que arremessava o corpo para cima, conseguindo que o tronco passasse do nível da barra até praticamente o umbigo. Isso lhe dava uma vantagem enorme em relação às outras, já que, assim, guardava energia ao partir de uma posição mais alta para a última fase do exercício, o mergulho.

A impressão era que Bia "voava" ao puxar o corpo com a ajuda dos braços, pernas e *core*, como se alguma força misteriosa a empurrasse para cima. E não estava só em minha perplexidade diante da potência atlética da competidora. Pessoas da plateia – como disse, a essa altura, a maior parte dos(as) curiosos(as) já havia ido embora, restando um público mais familiarizado com o esporte – também expressavam admiração pelo feito e pelo "show" que Bia nos proporcionava, sem aparente esforço: "Caralho!! Olha a Bia. Parece que nem tá botando força!"; "Bicha monstra!! Puta que pariu!!"; "Se garante muito!!!"; "Cavala!!"; "Será que algum dia eu vou conseguir fazer desse jeito?!".

Todas as frases entusiasmadas foram ditas por um grupo de mulheres que assistia à competição a meu lado, os olhos brilhando com a perspectiva de um dia chegarem ao nível que a *coach* alcançara em pouco mais de cinco anos em atividade. E o resultado de todas as horas de treinamento, preparação, dieta e disciplina aparecia agora diante de nós: a crossfiteira conseguiu fazer com que as concorrentes parecessem atletas em início de carreira. A impressão causada foi tão forte que, mesmo após a competição, os comentários a respeito da *performance* persistiam. Ao conversar sobre o campeonato com uma dupla que havia disputado na categoria iniciante, o namorado de uma delas – além de triatleta, era também praticante de Crossfit –, ao saber de meu trabalho com Bia, questionou-me se a atleta fazia uso de anabolizantes, pois não conseguia encontrar outra razão para dar sentido ao espanto de ver um corpo feminino auferir um desempenho esportivo tão bom.

À medida que a competição avançava, apesar do bom nível das concorrentes, a dupla formada por Bia e Talita se destacava, liderando a pontuação ao final da terceira rodada. Entre esta e a quarta, o Chicks and Barbells recebeu a visita ilustre de uma atleta muito aplaudida e admirada pela comunidade do Crossfit, Renata Pimentel, que acabara de voltar dos Crossfit Games, nos Estados Unidos, principal competição do esporte no mundo, onde conquistou o quinto lugar na categoria entre 35 e 39 anos, melhor resultado de um(a) brasileiro(a) em toda a história dos jogos.

Qualquer um que acompanhava o Crossfit inevitavelmente ouvira falar dela, pois seus feitos a precediam em muito, já que parecia se tratar de uma "supermulher". Antes de angariar o melhor resultado de um(a) brasileiro(a) nos Games, Renata havia sido bicampeã mundial de jiu-jitsu, tendo começado no Crossfit como forma de aperfeiçoamento físico para a arte marcial. E no meio de tantos treinos e títulos ainda havia encontrado tempo para estabelecer uma formação jurídica, terminando com a aprovação em um disputado concurso, sendo defensora pública estadual no Ceará desde 2008 (MENEZES, 2017).

Diante de um currículo tão impressionante e já tendo ouvido falar de Renata tantas vezes, quando pude vê-la em "carne e osso" sua presença pareceu quase irreal. Eu a seguia no Instagram desde o início da pesquisa, em

2017, mas nunca havia esbarrado com ela em minhas andanças por *boxes* e competições, em virtude de a atleta, há muito tempo, não participar de torneios de nível local ou regional. Houve uma tentativa de aproximação naquele ano, ao convidá-la, por meio da mesma rede social, a participar da pesquisa. No entanto, por não termos, à época, nenhum contato em comum, não pude estabelecer uma relação de confiança prévia, e minha mensagem nunca foi sequer visualizada. Com a pesquisa tomando outros rumos e tendo estabelecido minha colaboração com Bia, acabei deixando de lado outras tentativas de aproximação.

Ainda assim seu nome sempre retornava. Certo dia, enquanto acompanhava o treino de natação da namorada, Lívia me contou ter visto Renata saindo da piscina do clube após haver encerrado a sessão de nado. As duas não conseguiram desviar os olhos de seu corpo. Segundo minha amiga, ela parecia ter saído "diretamente de uma impressora 3D", por causa da perfeição da musculatura, tanto em volume quanto em proporção e definição. As imagens dos treinos de Renata que via com frequência no Instagram confirmavam todas as impressões de Lívia e ainda mais, pois também revelavam sua capacidade atlética, forjada desde 1999, quando, aos 15 anos, deu início aos treinos de jiu-jitsu.

A opinião de outros profissionais da área confirmava a excelência granjeada pela crossfiteira nos diferentes esportes que praticara ao longo da vida. Por ocasião do período em que me dediquei ao treinamento funcional, ao conversar sobre a pesquisa com o instrutor do espaço – ele mesmo um ex-atleta de taekwondo que chegara a ser campeão pan-americano, tendo disputado competições em nível mundial, e que atualmente participava de eventos locais de Crossfit –, perguntou-me se conhecia Renata e, após lhe responder "sim", emendou: "A bicha é monstra demais". No caso, o predicado "monstra" valia tanto pelo passado de títulos no jiu-jitsu, o que fez dela uma figura conhecida no cenário das artes marciais em Fortaleza nos anos 2000, quanto pela transição bem-sucedida para o Crossfit alguns anos depois, quando se tornou a principal brasileira da modalidade. Ao falar dela em nossas conversas, Bia me afirmou com segurança ser Renata não só a mulher mais forte do Estado, mas talvez até do Brasil, como podiam atestar os resultados dos Games.

Diante de tudo isso, quando tive a chance de encontrá-la em sua aparição surpresa, fiquei "sem ação". Valendo-me da câmera fotográfica, tudo que pude fazer foi tentar chegar mais perto sem que parecesse de propósito, pois queria ver com meus próprios olhos a encarnação de feitos tão impressionantes. De cara, Renata não era só mais alta, como também ainda mais musculosa do que eu esperava. Os antebraços, assim como os pulsos, eram grossos e pareciam extremamente potentes pela quantidade de músculos que, acompanhando os movimentos das mãos, ia produzindo arranjos sempre diferentes. O restante do corpo seguia o mesmo padrão de definição, volume e nenhuma gordura aparente.

Apesar da imagem de força que o corpo emanava (a combinação da potência muscular obtida por meio do Crossfit com as habilidades adquiridas como faixa preta de jiu-jitsu conferiam a Renata condições de um uso efetivo e técnico da força física), notava-se um esforço grande por parte da atleta para exibir uma série de características e predicados associados à feminilidade. O cabelo, longo, liso e castanho, brilhava sedoso, denunciando uma atitude de cuidado constante dos fios. A pele, branca, aparentava hidratação e suavidade, e não se podia ver nenhum pelo no corpo. As sobrancelhas eram feitas com uma atenção milimétrica aos detalhes e se destacavam pela cor escura. As unhas dos pés e das mãos pareciam ter sido pintadas há pouco tempo, exibindo uma cor clara e luminosa, assim como a maquiagem de tons também leves, ideal para o dia. Trazia adornos pequenos e delicados pelo corpo, como uma pulseira dourada em um dos braços, um colar da mesma cor, além de brincos. A impressão, de um modo geral, era que o corpo de Renata era alvo de uma atenção constante e conscienciosa e que a ida ao Chicks and Barbells fora precedida de uma "preparação" especial.

As roupas, como próteses de gênero cobrindo a musculatura avantajada, possibilitavam a Renata "vestir" sua feminilidade (HALBERSTAM, 1998), por meio da combinação de um *short jeans* curto, salto alto e uma blusa branca de "alcinha", leve e solta. Assim, apesar de a atleta descortinar os músculos pelas peças de roupas que trajava, sua imagem não era de agressividade ou ameaça. No entanto, fosse um homem a possuir os mesmos títulos e predicados físicos, seria de se esperar que, em vez de atenuar, como fazia a crossfiteira, a impressão intimidadora, fizesse questão de enfatizá-la, exibindo a potência física e capacidade de produzir violência por meio de uma hipermasculinidade intimidadora e impetuosa.

Nesse sentido, a performatividade de gênero adotada por Renata, reforçada por sua heterossexualidade – era casada com um dos preparadores físicos de Crossfit mais requisitados do Ceará –, conferia-lhe passagem relativamente segura como uma mulher "feminina", apesar dos músculos, da força e do que o corpo podia fazer. Obviamente, isso não era uma característica "natural", mas fruto de um trabalho árduo de construção protética da feminilidade. Durante o pouco mais de uma hora que ficou por ali, várias pessoas – a maioria mulheres -vieram falar com ela pedindo fotos. Renata atendia a todas com simpatia e solicitude, sempre esboçando um sorriso confortável, como se tivesse se acostumado, ao longo da carreira, com toda aquela atenção. Assim como havia entrado, foi embora sozinha antes do início da quarta e última rodada.

O WOD 4, encerrando a competição, compreendia a realização da sequência mais pesada de exercícios, os quais envolviam elementos de força, agilidade, resistência e capacidade cardiorrespiratória. Em um tempo máximo de 12 minutos, a dupla vencedora seria aquela que completasse o maior número de "voltas", cada uma compreendendo a realização de 40 *burpees*, três rodadas de *barbell cycling*[291], nove *power snatches*[292], 12 *thrusters*[293], 15 *power cleans*[294] e, por fim, 20 *over head squats*[295].

Seguindo a mesma lógica das rodadas anteriores, as provas começaram pelas iniciantes. A essa altura, a dupla com quem havia conversado no início ia ficando cada vez mais para trás na pontuação, em virtude do desgaste acumulado. Sentindo-me, por meu turno, também fisicamente extenuado – era necessária uma boa dose de preparo para acompanhar a competição por inteiro, já que não havia cadeiras ou arquibancadas disponíveis ao público –, começava a me deslocar menos pelo *box*. Porém, em razão de ter escolhido um equipamento pouco adequado para o momento

[291] Variação do *clean & jerk*, no qual a levantadora, utilizando uma carga menor, realiza a mecânica quase completa do *clean*, retirando a fase de recepção do peso com agachamento, de modo a efetuar um número alto de repetições.

[292] Exercício no qual a levantadora ergue a barra acima da cabeça da maneira mais eficiente e com o maior peso possível. Diferencia-se do LPO por privilegiar, além dos elementos mencionados, o número de repetições.

[293] Exercício realizado a partir da junção de dois movimentos: agachamento frontal e desenvolvimento com a barra.

[294] Exercício que compreende a mecânica do *clean & jerk* afora o levantamento da barra acima da cabeça.

[295] Agachamento com uma barra erguida acima da cabeça.

– uma lente fixa, isto é, sem a função de aproximação conhecida como *zoom* –, movimentar-me era uma necessidade que se impunha, a fim de que pudesse continuar fazendo boas imagens das competidoras. Por isso, quando o cansaço batia forte, quando a fadiga ameaçava me vencer por completo, eu me deixava chacoalhar pela energia e intensidade vindas da área de provas, onde centenas de corpos femininos continuavam se movimentando freneticamente na realização dos exercícios.

Uma cena em especial, ocorrida antes do início da categoria RX 1, terminou por me "acordar" de vez. Como disse no princípio, ao longo de todas as rodadas e em cada exercício, ao lado das competidoras sempre havia alguém com uma prancheta contando e anotando as repetições da tarefa, cuja somatória servia para o cálculo da pontuação final. Dessa maneira, cada movimento adquiria uma importância imensa, pois, em razão de o nível das duplas ser muito parelho, uma repetição a mais ou a menos poderia representar a diferença entre a derrota e a vitória. Por se tratar da última prova e pelo desgaste das competidoras isso ia ficando cada vez mais evidente.

No início, percebi já terem acontecido certos atritos entre atletas e árbitros(as) por discordâncias em relação à validação de algumas repetições, mas nada digno de nota. Bia inclusive havia sofrido com uma dessas marcações, a qual acabou anulando um movimento que julgara correto. Sua reclamação, no entanto, foi bastante discreta, e ela acatou a interpretação da arbitragem sem novos questionamentos. Mas outras, de temperamento mais "explosivo", respondiam a essas situações de modo bastante diferente.

Na última prova, a atleta de uma das duplas que lutava por um lugar no pódio, possuindo boas chances de ser campeã, teve vários movimentos considerados incompletos e, portanto, não contabilizados durante a execução dos *overhead squats*, fazendo com que perdesse um tempo precioso e também vários pontos. Como não havia a possibilidade de o relógio parar para reclamações, à atleta "prejudicada" não restou outra opção a não ser seguir as determinações da arbitragem de modo a que o desempenho não ficasse ainda mais prejudicado. Era visível a irritação no rosto e nos movimentos que realizava, através dos quais expressava uma raiva incontida, como se mal pudesse esperar a chance de tomar satisfações pela "injustiça". E ao final dos 12 minutos de duração da prova foi exatamente o que fez.

Assim que soou o sinal indicando o término do tempo, a crossfiteira partiu para cima da árbitra, elevando a voz e distribuindo xingamentos contundentes, para não deixar nenhuma dúvida quanto à indignação. A árbitra, tentando se arvorar, de início, em argumentos técnicos, empenhava-se em lhe mostrar que suas razões não procediam, o que só aumentava a raiva da competidora, fazendo com que o "debate" escalasse rapidamente para a troca de insultos de um lado a outro. Foi preciso que a mulher que lhe fazia dupla tirasse a companheira de perto da árbitra, evitando a possibilidade de uma agressão física ou mesmo a desclassificação.

Por causa dos *hits* de verão que continuavam sendo despejados em alto volume pelo DJ balzaquiano que pilotava o equipamento de som, só pude entender o que de fato acontecia na cena ao encostar o corpo na grade, inclinando o tronco a tal ponto para frente que, por pouco, não fui parar do outro lado. Enquanto isso, as duplas concorrentes, observando o que acontecia um pouco mais afastadas, faziam comentários depreciativos em relação à reclamante, a qual, na impressão delas, tentava ganhar o torneio "no grito"[296].

A arbitragem não recuou da marcação, e a situação acabou se "resolvendo" sem que as partes chegassem a um acordo. Pelo atraso inicial do evento e pelo teto estabelecido para o término, a organização precisava correr para garantir o encerramento das provas no horário determinado. Por isso trataram logo de trazer à área de provas as duplas do RX 1, finalizando o torneio.

A lógica corporal das provas que compunham a quarta e última rodada privilegiou, mais uma vez, os atributos físicos de Bia. Sendo assim, não houve qualquer surpresa quando começou a tomar a dianteira, auxiliada por Talita, mas seguida de perto pela dupla formada por Rebeca e Geni, esta última a que mais se aproximava da versatilidade atlética da *coach*.

Para minha surpresa, o sinal sonoro marcando o que deveria ser o final da prova e da competição, foi sucedido por um aviso, feito pelo locutor do evento, dando conta de que as duplas mais bem classificadas dentro da categoria RX 1 disputariam mais uma rodada, para que só então fosse estabelecida a equipe campeã. A dupla que vinha logo atrás de Bia e Talita, no entanto, não foi capaz de tirar a diferença estabelecida nas rodadas

---

[296] No Interbox Team Challenge, competição de maior porte que a Chicks and Barbells, o segundo e último dia de disputas se deu em um clima de muito acirramento, em virtude de várias discussões e desentendimentos entre os(as) atletas e os(as) árbitros(as).

anteriores, fazendo das "Fofurinhas", nome da equipe de minha interlocutora, as grandes vencedoras da etapa Fortaleza. De lá, a competição chegaria a Salvador no dia 27 de outubro e, em seguida, a Belo Horizonte em 24 de novembro (PAULINO, 2018).

Ao longo da disputa, reparei que muitas atletas tiveram a preocupação de usar maquiagem, mas outras tantas, arrisco dizer que a maioria, preferiram competir de "cara limpa" (o calor era tamanho dentro do *box* que a pintura não permanecia por muito tempo no rosto). Mas a verdade é que, com ou sem maquiagem, faziam careta, suavam, caíam arfando no chão, xingavam, brigavam, se descabelavam, pulmões, braços e pernas "ardendo" depois dos exercícios mais difíceis, gritavam de dor, de alegria e também de frustração.

Figura 35 – Talita Almeida ("Fofurinhas")

Fonte: O autor (2018); localização: Porão Crossfit.

As atletas mais fortes eram comparadas por pessoas do público a homens ou animais, especialmente o cavalo, símbolo de potência. Talita, por ser juntamente a Rebeca uma dessas competidoras, era quem recebia os comentários mais depreciativos. As comparações possuíam certo tom de "brincadeira", embora, pela consciência da impertinência, fossem feitas sempre em voz baixa, para evitar que outras pessoas ouvissem. Não fosse minha postura atenta e vigilante a todos os acontecimentos que se passavam durante o torneio, talvez não tivesse dado a devida atenção aos comentátios e estes passassem despercebidos.

Faltam-me elementos para afirmar a existência de outros fatores que tornavam Talita alvo preferencial dos questionamentos sobre a feminilidade das atletas, mas não posso deixar de considerar que a condição de mulher negra tivesse algo a ver com isso, uma vez que não percebi as mesmas observações em relação a Rebeca, a qual, apesar de tão corpulenta quanto Talita, era branca e loura. Afinal de contas, havia um extenso histórico de aproximações racistas entre pessoas negras e certas características animais, na tentativa de anular sua humanidade.

Em que pese isso, foi interessante observar a diversidade dos corpos que passaram pela área de provas: havia mulheres baixas, altas, gordas, musculosas, magras, maquiadas, não maquiadas, jovens, idosas, brancas e negras. Mulheres que apresentavam uma performatividade de gênero feminina e outras, como Bia, que incorporavam certas características associadas à masculinidade. Havia também atletas cujos corpos indicavam a possibilidade do uso de anabolizantes. Em minha colaboração com Larissa, a fisiculturista havia me instruído, em diversas oportunidades, sobre a presença de certas "pistas", que, mesmo sutis, apontavam para a ingestão da testosterona. Uma delas era o abdômen "cortado", ou seja, a divisão aparente do conjunto de músculos da barriga, como se podia notar em algumas atletas, embora fossem minoria[297].

4.3 Mr. Olympia (2019)

A viagem a São Paulo para acompanhar o Mr. Olympia, uma das maiores competições de fisiculturismo amador da América Latina, foi fruto de outra que não deu certo. Cerca de dois meses antes, a capital paulista recebeu um campeonato internacional chamado Muscle Contest, de similar importância, já que garantiria às atletas vencedoras a passagem para o profissionalismo, motivo pelo qual Larissa e Jeska vinham se preparando já há alguns meses.

[297] Apesar de ambas as competições acompanhadas por mim possuírem um caráter amador (apenas alguns torneios nacionais eram de fato profissionais), surpreendia o condicionamento físico dos(as) participantes tanto do Chicks quanto do Interbox, especialmente em relação aos homens, pois muitos deles ostentavam físicos de atletas profissionais, com baixíssimo percentual de gordura e músculos avantajados.

Por ser uma oportunidade única de presenciar duas de minhas interlocutoras em ação, no que poderia ser o ponto alto da carreira até ali, decidi seguir viagem com elas, exatamente como fizera no Sobral Open. Mas às vésperas acabei descobrindo por Larissa que Jeska ficara doente e que, impossibilitada de continuar a preparação, optou por não mais comparecer. Com isso, precisei reconfigurar meus planos e passei a esperar que a *figure* se recuperasse e voltasse a competir.

Ao conversar com a fisiculturista no mesmo dia em que cancelei as passagens, fui avisado de que em breve, mais precisamente entre os dias 18 e 20 de outubro de 2019, haveria uma nova oportunidade para nós. Acompanhada de Alyssandro e do casal de amigos Lucas e Larissa, Jeska tentaria, mais uma vez, dar o salto capaz de expandir suas possibilidades no esporte. O caminho estava dado. Em agosto, Larissa ganhara o Muscle Contest, tornando-se, ao lado de Rosy Silva, a segunda fisiculturista feminina profissional do Ceará. Agora era chegada a vez de Jeska.

Por já ter morado em São Paulo, Lucas ficara responsável por organizar alguns dos preparativos da viagem, o que representaria um novo voto de confiança – agora não só de Larissa, mas também de Jeska e Alyssandro – na sobriedade do atleta. Os quatro ficariam hospedados em um apartamento localizado na Vila Bertioga, bairro da Zona Leste de São Paulo, a cerca de 20 minutos de carro do local que receberia o evento, um centro de convenções de grande porte chamado Expo Center Norte.

Para Larissa e Lucas, a viagem significava não só a oportunidade de acompanhar o casal de amigos de cuja carreira participavam desde as primeiras incursões de Jeska na modalidade, em 2015. Seria também a chance de rever amigos e amigas; observar de perto o nível dos(as) atletas com quem competiriam em breve nos campeonatos profissionais; conversar com possíveis patrocinadores; colher os louros e as congratulações das recentes vitórias de ambos; além de trocar experiências com outros técnicos, aperfeiçoando seu conhecimento sobre um esporte que não parava de evoluir, turbinado por um robusto mercado de suplementos alimentares que movimentava milhões de reais ano após ano.

Como ocorrera em Sobral, não consegui ficar hospedado próximo às interlocutoras. Para reduzir os custos, tive que buscar abrigo no apartamento de um amigo no Centro da cidade, um pouco distante do local da competição e de Jeska, mas com acesso a uma extensa rede de ônibus e linhas de metrô.

Durante a viagem, boa parte da comunicação tanto com a *figure* quanto com Larissa se deu por meio de mensagens de WhatsApp, as quais, por vezes, demoravam a chegar, porque a operadora de telefonia utilizada em Fortaleza não funcionava a contento em São Paulo. Por isso, nossa tentativa inicial de encontro, no primeiro dia, uma sexta-feira, foi marcada por falhas de comunicação e pela dificuldade de achar o local do evento (apesar de seu porte, por se tratar de um espaço relativamente novo, muitas pessoas não o conheciam, o que me fez receber várias informações erradas ou imprecisas).

À diferença da primeira competição de fisiculturismo, ocorrida em uma cidade de médio porte no interior do Ceará, agora tinha a chance de acompanhar um torneio internacional em uma megalópole, o que marcava uma série de diferenças importantes. A primeira delas era que o Mr. Olympia, algo que só vim a descobrir ao chegar lá, seria apenas uma de muitas atrações que ocorreriam dentro do que os organizadores qualificavam como a maior feira *fitness* do Brasil, nomeada Brazil Trading Fitness Fair (BTFF). Desse modo, além do torneio, os três dias de programação estavam recheados de disputas e exibições em esportes tão diversos quanto MMA[298], *armwrestling*[299], *strongman*[300], Crossfit e *powerlifting*. Dentro do espaço da feira haveria ainda uma diversidade enorme de marcas relacionadas ao mercado *fitness*, desde empresas especializadas em acessórios esportivos e vestuário (incluindo bonés, roupas de banho e mesmo joias) até suplementos alimentares e nutrição. E também palestras temáticas ministradas por figuras ilustres

298 "As artes marciais mistas (AMM), ou do inglês MMA (*Mixed Martial Arts*), são uma modalidade de esportes de combate que incluem tanto golpes de combate em pé quanto técnicas de luta no chão. As artes marcais mistas podem ser praticadas como esporte de contato em uma maneira regular ou em um torneio, no qual se enfrentam dois concorrentes" (ARTES, 2020).

299 "A luta de braço (também conhecida como quebra de braço, braço de ferro ou queda de braço) é uma atividade esportiva em que dois contendores, com um dos cotovelos apoiados sobre superfície horizontal, enlaçam as mãos ou os punhos, e cada um, aplicando força muscular, tenta fazer o adversário desdobrar o braço" (LUTA, 2020).

300 "Atletismo de força, mais conhecido nas competições como *strongman* (*strength athlete*, em inglês, atleta de força), é um esporte no qual os competidores buscam demonstrar sua força numa série de testes, de diferentes formas. *Strongman* é um termo que começou a ser utilizado no século XIX para referir-se as exibições de força em circos, feiras, etc. (o mesmo termo era usado antes para o halterofilismo e o levantamento de peso básico)" (ATLETISMO, 2018).

daquele universo, cujas carreiras eram "bombadas" pela exposição que alcançavam nas redes sociais, onde possuíam milhares e às vezes milhões de seguidores.

Desse modo, a BTFF não se tratava apenas de uma ocasião destinada a competições ou de um evento onde os valores do esporte eram fomentados, servindo antes de tudo como um espaço corporativo para a realização de negócios. Segundo dados dos próprios organizadores, nos três anos de realização a feira já havia recebido um público de mais de 58 mil pessoas, tendo movimentado um total de 75 milhões de reais. Pela magnitude, participar não era algo exatamente barato, e o ingresso que dava direito aos três dias de programação, modalidade adquirida por mim, chegava a custar 130 reais.

Como vim a perceber ao longo dos dias, minha confusão inicial ao tomar o Mr. Olympia como algo separado da BTFF não se deu por acaso. O fato de os(as) atletas de fisiculturismo serem a "cara" da cultura *fitness*, com os corpos esculpidos e as dietas recheadas de novos produtos que prometiam resultados cada vez melhores, fazia com que o esporte fosse a atração principal, sendo o ponto de encontro de um conjunto de linhas de forças presentes na construção dos músculos: capital[301], gozo, técnicas de produção corporal e de gênero.

Após alguma insistência e depois de encarar uma hora de fila para ingressar no pavilhão principal, consegui entrar em contato com Jeska e Larissa para definir nosso local de encontro. Enquanto esperava pela chegada das duas, comecei a me ambientar com um cenário que, de cara, pareceu-me tão estrangeiro. Pelos alto-falantes localizados próximos aos estandes, as marcas anunciavam os produtos de maneira agressiva. As mais "criativas" organizavam gincanas e desafios com o público em troca de prêmios. Alguns deles incluíam beijos distribuídos por mulheres vestidas com roupas das empresas em rostos de adolescentes impúberes, que, em seguida, desciam vibrando para os braços dos amigos. Outras contavam com a presença de celebridades *fitness*, as quais serviam de garotos e garotas-propaganda das companhias, atraindo pequenas multidões aonde quer que fossem.

301 "O capitalismo transforma o não-capital em capital, não só em paisagens, ritmos, mas também maneiras de ser, de fazer, de ter prazer, atitudes, e nisso consiste sua inventividade nos últimos anos, na intuição de antecipar os desejos do público, com a importância crescente dos investimentos culturais e tecnológicos" (PELBART, 2011, p. 104).

A música dentro do pavilhão era altíssima e se misturava ao barulho vindo dos estandes que contavam com equipamento de som próprio. A impressão é que cada um proporcionava uma festa própria a quem quer que se dispusesse a passar em frente, numa disputa feroz pela atenção dos(as) consumidores(as) ávidos(as), que andavam de um lado a outro com sacolas nas mãos. A "mensagem" que as marcas pareciam querer passar era a que o corpo sonhado – musculoso, potente, sempre jovem, "sem limites" – estava ao alcance de quem se dispusesse a mudar o estilo de vida e a consumir os produtos certos.

Em um dos maiores e mais temáticos estandes, uma cenografia inspirada no nome que batizava a empresa, Iridium Labs (Laboratórios Irídio[302], em português), trazia barris metálicos na cor amarela, imitando recipientes para armazenamento de lixo tóxico e contendo o símbolo internacional da radiação nuclear conhecido como "trifólio", o qual também se via em outros lugares do cenário. Havia, além disso, equipamentos interativos para os(as) consumidores(as) e competições de levantamento de peso (supino e rosca direta) com a participação do público. Esse tipo de atração produzia um engajamento quase exclusivo dos homens, em sua maioria frequentadores de academias de ginástica, que mediam força com os concorrentes para empolgação da plateia que se formava a fim de prestigiar o "espetáculo".

No entanto, entre a pluralidade de atrações exibidas pela empresa, nada me chamou mais a atenção do que um vídeo de cerca de um minuto rodando em *looping* em um telão de proporções gigantescas. A narrativa trazida pela peça publicitária era a seguinte: usando uma máscara de gás e vestindo uma espécie de macacão de tecido grosso e com as mangas cortadas, um homem alto e musculoso ia caminhando em meio a escombros, lixo e corpos modificados pela contaminação radioativa, em um cenário que lembrava a Zona – área sujeita a radiações que, emitidas por misteriosos objetos vindo do espaço, causavam modificações orgânicas em quem delas se aproximava, como descrito no romance *Piquenique na estrada*, dos irmãos Strugatsky. A seguir, dentro de um galpão abandonado, nosso "herói" encontrava um pequeno frasco contendo um produto da Iridium Labs, o qual tomava imediatamente, sem pensar duas vezes. Em mais uma aproximação, provavelmente acidental, com o livro dos irmãos russos,

[302] Elemento químico da tabela periódica de número atômico 77.

com aquele gesto ele parecia finalmente haver encontrado o objeto de sua procura, à semelhança do personagem Red, caçador de recompensas que fazia incursões clandestinas à Zona em busca de artefatos alienígenas altamente valorizados no mercado ilegal pelas propriedades incomuns. Sem demora, a substância ingerida pelo personagem do vídeo começa a fazer efeito, como se uma multiplicidade de microexplosões nucleares tivesse sido disparada em cada uma das células, fazendo dele um super-humano. Energizado pelo suplemento alimentar, dirige-se a uma pequena academia montada no galpão, como se a sua espera, e passa a levantar uma barra de ferro. Nesse momento, a câmera se aproxima do corpo dele em *close-ups*, e a edição, por meio de cortes rápidos, cria uma sensação de velocidade e urgência, exteriorizando o que se passava no corpo do "herói", cuja masculinidade era intuída apenas pela ausência de seios, já que a máscara de gás continuava lhe cobrindo inteiramente o rosto.

O vídeo era interessante na medida em que explicitava a lógica subjacente à máquina de gozo mobilizada pelas campanhas de *marketing* das empresas *fitness*: com os produtos "certos" qualquer pessoa poderia atingir ou até mesmo superar as fronteiras biológicas[303].

A "estratégia" se materializava também pelo desfile de corpos musculosos, masculinos e femininos, alguns desconhecidos e outros famosos, nos corredores formados pelos estandes, carregando nas roupas, quase invariavelmente, as logomarcas dos produtos utilizados na construção do físico escultural. A operatividade do mecanismo era perceptível pela avidez com que as pessoas corriam às lojas improvisadas a fim de experimentar e ouvir sobre os produtos vendidos, e também por outros indícios não tão visíveis.

Enquanto aguardava a abertura do pavilhão, fugindo do sistema de ar-condicionado congelante, sentei-me em uma mureta, a fim de planejar minha programação para o dia. Alguns minutos depois se aproximou de mim um jovem negro aparentando ter entre 20 e 30 anos, vestindo um agasalho esportivo e trazendo a tiracolo uma grande bolsa azul, combinando com a roupa. Pedindo licença, sentou-se por

[303] Tais produtos ou próteses moleculares, como se referia Preciado (2008), também carreavam uma extrapolação dos limites do gênero, experimentados diferencialmente por homens e mulheres. Enquanto, por eles, os primeiros levavam ao limite os caracteres tradicionalmente masculinos, as mulheres se equilibravam perigosamente, por meio de avanços e recuos, na linha que as "separava" da masculinidade.

perto e perguntou a hora. A partir daí iniciamos uma conversa breve sobre o evento e os motivos que nos traziam até ali. Ao contrário do que a roupa poderia fazer crer, não era um dos atletas que competiria em alguma das modalidades, mas apenas um entusiasta da musculação que havia encarado duas horas de ônibus para chegar ali, já que não morava na capital. Na bagagem, trazia caixas contendo pequenas porções de comida para passar o dia, uma vez que a alimentação dentro do pavilhão era pouco acessível para quem não tinha muitos recursos. No entanto, apesar dos gastos e do arranjo que teve de fazer para não perder o BTFF, incluindo um pedido de folga do trabalho que teria de ser reposto depois, contou-me que todo o esforço valeria a pena, porque a feira era uma oportunidade única para saber mais a respeito das últimas novidades da prática e conhecer de perto as personalidades que faziam o esporte.

Como ele, pude encontrar na fila de espera outros(as) "manos" e "manas". Por ser uma gíria muito comum em São Paulo, acabava sendo utilizada de forma pejorativa por pessoas brancas para nomear corpos periféricos e racializados, especialmente quando passavam a circular em espaços de privilégio, na tentativa de demarcar um distanciamento simbólico entre os diferentes estratos sociais (de alguma maneira esse tipo de atitude preconceituosa se dirigia também a mim pelo fato de eu ser nordestino, ou "paraíba", como eram chamadas as pessoas que chegavam à cidade vindas dessa região). Dessa forma, ao longo dos três dias, entre uma maioria de pessoas brancas usando roupas de marca e consumindo os diferentes serviços disponibilizados a valores muitas vezes exorbitantes, pude perceber outros(as) tantos(as) frequentadores que, como meu interlocutor, encontravam estratégias possíveis para não deixar de participar. Não foram poucas as vezes que, ao dar voltas por áreas menos povoadas da BTFF, encontrei pessoas sentadas no chão segurando pequenas marmitas para aplacar a fome. Como falei no início do trabalho, diferentemente de modalidades como o Crossfit, o fisiculturismo era bem mais difundido entre as classes populares, motivo que parecia explicar certo fluxo de pessoas que fugiam ao recorte racial e de classe esperado de um evento cujo ingresso era tão caro.

Passava um pouco do meio-dia quando conseguimos nos achar, próximo à área reservada aos *trailers* de comida. Diversamente do Sobral

Open, encontrei Larissa e Lucas bem-humorados e em clima de harmonia. Como ambos haviam conquistado, em um intervalo de poucos meses, o objetivo de se tornarem profissionais, pareciam experimentar agora um sentimento de dever cumprido que os deixava leves e dispostos, podendo curtir todas as atrações sem tantas preocupações. Além disso, por estarem em período de *off*, não havia nenhuma restrição alimentar e podiam comer sem culpa, prerrogativa exercida à vontade, já que os músculos avantajados, somados às próteses moleculares que produziam a aceleração do metabolismo, faziam com que sentissem uma fome constante e insaciável.

Para Jeska e Alyssandro, por outro lado, a viagem tinha um peso diferente, pois o que estava em jogo era a possibilidade de colher os frutos de cinco anos de trabalho árduo, em busca da profissionalização e das oportunidades que se abririam com o título. Assim como Larissa, Jeska queria dar um salto de qualidade na carreira, passando a frequentar competições internacionais, o que também daria a Alyssandro, como técnico, a chance de ter seu nome conhecido e requisitado por outros praticantes. Havia, portanto, muita coisa em jogo para os dois, e a tensão provocada pela expectativa da vitória e pela necessidade de atenção constante aos menores detalhes tornava o ar carregado e sujeito a faíscas, parecido com o tempo chuvoso que se formava lá fora.

Como seria de se esperar, ainda mais levando em conta o fato de que, para Jeska, o *cutting* era ainda mais desafiador pela dificuldade de se encaixar ao *shape* exigido por sua categoria, a fisiculturista aparentava enorme cansaço, agravado pelo regime de restrição alimentar ao qual estava submetida e pelos desgastes próprios de qualquer viagem. Querendo ouvir como se sentia, sentei-me a seu lado na mesa conjugada onde os quatro se acomodavam e tentei puxar conversa, mas sem muito efeito. Com esforço, Jeska sorriu a minha pergunta sobre como estava e depois voltou a seu estado de concentração, taciturna, mascando um chiclete para enganar a fome, enquanto não dava a hora da próxima alimentação. Alyssandro estava sentado a certa distância da esposa, tendo o rosto grave e contraído, como se estivesse ruminando algum sentimento contido. Em uma tentativa de amenizar o clima, Larissa contava histórias e fazia graça, soltando gargalhadas sonoras e conversando com pessoas que conhecera nas viagens para competir e que reencontrava agora por ocasião do Mr. Olympia. Lucas permanecia ao lado de Alyssandro, dividindo com ele impressões sobre aspectos técnicos da preparação de Jeska, mas sem obter respostas do marido da fisiculturista, que permanecia em silêncio, quebrado apenas por comentários pontuais, carregados de energia.

Tudo levava a crer que havia ocorrido um conflito que não se dissipara de todo, apesar dos esforços de Lucas e Larissa para ajudar o casal de amigos a lidar com os afetos intensos que antecediam a subida da fisiculturista ao palco, no domingo. Uma divergência a respeito de uma situação ocorrida em uma competição passada, no entanto, ocasionou o fim do equilíbrio instável que se formara para impedir um novo desentendimento entre Jeska e Alyssandro. Ao conversarem sobre a programação de sábado, às vésperas de a *figure* entrar em ação, Larissa e Lucas afirmaram que deveria permanecer em repouso para não se desgastar ainda mais. Em seguida, Jeska mencionou que, outras vezes, um dia antes da competição, havia feito o que chamou de *full body workout* [trabalho de corpo inteiro], por recomendação de Alyssandro, informação que foi veementemente negada pelo marido e treinador. A partir daí, começaram a argumentar sobre a veracidade das versões, as quais defendiam arduamente. Caso Jeska tivesse razão, a competência de Alyssandro como treinador seria questionada na frente de Lucas e Larissa. Por outro lado, se Alyssandro estivesse certo, Jeska poderia ser considerada uma atleta pouco atenta aos elementos mais básicos da preparação.

Mais uma vez Lucas e Larissa tentaram colocar "panos quentes", evitando entrar no mérito sobre quem estava certo ou errado, pois, afinal de contas, o que importava é que Jeska alcançasse um bom resultado no domingo. O bate-boca foi escalando à medida que cada um trazia novos elementos para embasar seus pontos de vista. Em dado momento, a possível inadequação da corporalidade de Jeska para a Figure voltou a ser comentada. Como disse outras vezes, tanto Larissa quanto Lucas concordavam que a amiga estava na categoria "errada", devendo competir na Women's Physique, com o que Alyssandro parecia concordar (até então desconhecia a posição dele sobre esse ponto tão relevante).

Bastante irritada com o encaminhamento do acalorado debate e porque tivesse dado a hora da próxima refeição, Jeska decidiu se afastar e se sentar em uma mesa próxima. Com o rosto fechado e mantendo o olhar baixo, buscou na bolsa uma pequena caixa contendo a porção de comida adequada para a preservação do físico e, jogando o chiclete fora, passou a mastigar mecanicamente. Para que o casal resolvesse as diferenças, fui dar outra volta, a pretexto de me familiarizar com a feira. Naquele momento, bem perto de onde estávamos, uma competição feminina de *powerlifting* se desenrolava, atraindo a atenção de alguns poucos curiosos, parados em frente à grade que envolvia a plataforma de levantamento, protegendo o público da possibilidade de acidentes, em razão das altas cargas manipuladas.

Figura 36 – Competição de *powerlifting* feminino

Fonte: O autor (2019); localização: Expo Center Norte.

Suportada por dois ganchos metálicos levantados no momento em que a competidora passava a sustentar o peso na parte superior das costas, uma barra de ferro com quatro grandes anilhas acopladas em cada lado repousava indiferente, à espera de ser erguida por uma das levantadoras, que, naquele instante, se preparava para realizar um agachamento com 175 kg, no que poderia ser a segunda maior marca alcançada no primeiro dia de competição. Para ajudar a despertar o corpo, recebia sonoros tapas do treinador, que a acertava nos ombros, braços e pernas, levantando uma fina camada do pó de magnésio espalhado em variadas partes do corpo, mas principalmente nas mãos e trapézios, onde a barra ficaria posicionada. Logo abaixo dos ganchos que serviam de suporte ao peso, como forma de proteger a atleta caso os músculos não fossem capazes de superar a resistência imposta pela enorme carga, correntes e uma espécie de faixa produzida com material resistente ficavam a postos para impedir que a barra caísse sem obstáculos sobre o corpo.

Caso não tivesse me lançado à experiência de levantar pesos, seria difícil imaginar o efeito físico de ter quase 200 kg em cima das costas ou a quantidade de força necessária para vencer o empuxo gravitacional produzido por um peso tão grande. Contra a frieza esmagadora do metal, apenas a combinação de músculos, ossos, tendões e uma vontade e confiança inabaláveis poderiam fazer com que a levantadora conseguisse realizar aquele feito admirável. Quando se lidava com esse tipo de marca, qualquer falta de concentração, qualquer incerteza quanto à potência do próprio corpo, podia representar o fracasso do levantamento, além do risco de lesões e machucados.

Em meus treinos aprendera que para realizar um levantamento era preciso que este acontecesse em minha imaginação antes mesmo que viesse a existir concretamente, no espaço das causalidades físicas. Se, por algum motivo, faltasse a confiança na inevitabilidade de que, guiado por meus músculos, o peso deixaria seu lugar de repouso para obedecer minha vontade, o único resultado possível e inevitável seria a derrota, ainda que momentânea.

Certa vez, seguindo uma planilha de treinamento de *powerlifting*, a qual propunha um aumento progressivo das cargas no espaço de um ano, e já perto de alcançar meu limite físico, resolvi não escapar ao treino em um dia em que meus pensamentos não conseguiam se alinhar nem para dar conta da atividade mais simples. Ao me deitar no banco para realizar o levantamento supino com uma carga próxima ao meu PR, no fundo já sabia que meu corpo não ergueria o peso, pois simplesmente não estava sendo capaz de "ver" o movimento acontecer. O desfecho não poderia ter sido diferente: além de ter que interromper a repetição na metade, por faltar a força suficiente para completá-la, tendo os músculos incorporado a mesma confusão que se passava nos pensamentos, perdi completamente a forma do exercício e quase tive uma nova lesão no ombro que machucara no começo da pesquisa.

Com a prática e uma melhor compreensão do emaranhado de interações entre corpo e barra de ferro durante um levantamento, estava me tornando mais eficiente em "ler" os sinais indicativos de uma tentativa bem-sucedida. Na competição de *powerlifting*, parte do prazer que sentia em assisti-la estava em "adivinhar" qual das competidoras conseguiria ou não realizar os levantamentos, cujos indícios podiam ser tão múltiplos quanto a expressão facial da atleta, a maneira como se aproximava da barra, a intensidade com que se preparava para o exercício, a compleição física e tantos outros fatores (visíveis e invisíveis).

Com um "olho no peixe, outro no gato" como se diz, observava a disputa, mas sem perder de vista a sequência dos acontecimentos que se desenrolavam na mesa onde os três continuavam conversando, enquanto Jeska, tendo terminado a refeição, permanecia calada e com a cabeça presa em pensamentos insondáveis.

Com minha câmera, ia fazendo imagens da disputa, empolgado em presenciar, ao vivo e pela primeira vez, uma competição de *powerlifting*, com a vantagem ainda de ser protagonizada por mulheres. Até então tudo o que sabia do esporte se devia aos inúmeros vídeos disponibilizados por Marília Coutinho em seu canal no YouTube e às tentativas solitárias de praticar a modalidade seguindo suas orientações. Sentindo-me com sorte, pois, como disse no início, não fazia ideia de que o Mr. Olympia aconteceria em meio a uma feira *fitness*, acabei sendo tragado pelo gozo contemplativo de observar aqueles corpos suados, surrados e cansados se batendo contra os próprios limites na tarefa de levantar a maior quantidade de peso possível. Quando voltei a mim, depois de uma extensão de tempo difícil de ser quantificada, tornei a olhar para o lado, buscando os rostos conhecidos que não pude mais encontrar.

Figura 37 – "Caveira Preta"

Fonte: O autor (2019); localização: Expo Center Norte.

Ao olhar o relógio, vi que passavam das três da tarde. Imediatamente, tratei de guardar o material na intenção de me tornar mais ágil e empreendi uma busca angustiada pelo pavilhão, o qual, com a proximidade do fim da tarde, ficava cada vez mais cheio. Depois de rodar por quase meia hora, visitando alguns espaços mais de uma vez, me dei por vencido e resolvi assumir para mim mesmo a possibilidade de que os dois casais tivessem ido embora. Com o aumento do número de pessoas circulando pelo centro de eventos, o mais provável é que não tivessem conseguido me ver de onde estavam e, com a cabeça cheia em virtude da competição e das tensões acumuladas com o final da preparação, foram à procura de um lugar barato para comer ou do conforto e aconchego do apartamento onde estavam hospedados.

Como nossa troca de mensagens ocorria aos solavancos, só fui obter uma resposta sobre o paradeiro deles na manhã do dia seguinte. Ao perguntar quais seriam os planos de Jeska para o sábado, a fisiculturista pediu desculpas pelo estresse do dia anterior e disse que haviam ficado sem sinal de Internet. Apesar de não ter mais conseguido encontrá-los, descobri que permaneceram na feira até por volta das seis da noite, tendo saído para que Jeska pudesse realizar seu último treino antes da competição, o qual terminou tarde, próximo das 23 horas. Em razão disso, a atleta passaria todo o dia de sábado no apartamento, descansando, e só voltaria a colocar os pés na feira na manhã de domingo, para competir.

Ignorando todo o acontecido, ainda na sexta decidi aproveitar a oportunidade para, desgarrado do grupo, colher mais elementos sobre o evento antes de dar meu primeiro dia de BTFF por encerrado. Em um de meus tantos passeios pelo lugar e pelos estandes das marcas, chamou-me a atenção a identidade visual de um deles, situado em uma posição privilegiada, logo após a entrada principal do pavilhão. O nome da empresa, Black Skull, [Caveira Preta] evocava, de cara, uma ligação com a divisão especial da Polícia Militar do Rio de Janeiro conhecida como Batalhão de Operações Policiais Especiais (Bope), famosa pelas invasões às favelas cariocas e pela alta taxa de letalidade das ações, dirigidas quase exclusivamente contra pessoas negras.

Além da cor preta, que identificava a divisão policial e pintava todo o estande da marca, era também bastante conhecido o símbolo que a destacava, o de uma caveira atravessada verticalmente por uma adaga, tendo como segundo plano duas pistolas cruzadas, à semelhança das bandeiras Jolly Roger, utilizadas pelos navios piratas como signo da aproximação de um encontro mortífero. Na bandeira do Bope, a caveira ficava dentro de um círculo vermelho e em um fundo preto. Outra marca da unidade era o "Caveirão", veículo da mesma tonalidade e blindado, usado pelos policiais nas operações para se proteger dos fuzis manuseados pelos traficantes cariocas. O veículo de combate possuía aberturas de onde os "caveiras", como eram conhecidos, podiam disparar armas de guerra contra a população civil. No começo, o carro trazia ainda um alto-falante, entoando a frase "Eu vim buscar sua alma" (SANSÃO, 2019), para aumentar a sensação de medo e terror provocados por sua chegada.

Por se tratar de um evento esportivo, surpreendeu-me ver, tremulando no alto, à vista de todos, esse símbolo de morte. Não bastasse isso, estacionado ao lado da loja da Black Skull estava o temido veículo, exibido como mais uma das atrações da empresa e chamando a atenção das pessoas, que paravam próximo ao carro para tirar fotos ou ler o *banner* que contava um pouco de sua história. Também no alto e acima do veículo, havia a bandeira do que parecia ser outra divisão policial, exibindo uma variação dos elementos trazidos pelo símbolo do Bope. Outra ainda, dessa vez do 3º Batalhão de Polícia de Choque do Estado de São Paulo, podia ser vista próxima a uma faixa com a seguinte frase: "No feelings. Just results" [Sem sentimentos. Apenas resultados]. Esse quadro complexo, que sugeria uma ligação entre violência, morte, militarização e masculinidade, era completado por um painel de cerca de quatro metros de altura, trazendo a imagem de um homem extremamente forte, contraindo os músculos de forma contundente[304].

Outro elemento que compunha essa mistura tão própria ao Brasil se ligava à classe, já que os afetos despertados pelo conjunto de signos mobilizados pelas forças de repressão do Estado dependiam do recorte social das pessoas às quais chegavam. Portanto, se para corpos negros e periféricos tais símbolos e aparatos despertavam medo e mesmo horror, representando um encontro inescapável com a morte, paras pessoas brancas e de classe média, que formavam a maior parte do público da feira e dos frequentadores do estande, carreavam sentimentos positivos, como de curiosidade, amistosidade e proteção.

No domingo, ainda no espaço reservado à Black Skull, de longe o mais movimentado do evento, o que parecia condizer com o tamanho da empresa[305], em meio aos símbolos já mencionados uma trilha sonora performada ao vivo vinha completar o campo de sentidos incitados pela *mise-en-scène* montada, a qual podia ser entendida não só como a representação dos valores defendidos por ela, mas, no limite, do imaginário de muitos(as) participantes da comunidade de relações ligada ao universo *fitness*.

Em um palco improvisado, ladeado pelo "Caveirão" e ornamentado com as bandeiras policiais, uma banda de *rock* formada por homens de

[304] Outra *performance* que atestava a circulação desses elementos como integrantes de certa masculinidade foi presenciada por mim durante o *powerlifting* masculino, no terceiro dia de BTFF. Um dos competidores, antes de dar início à tentativa de erguer mais de 200 kg no levantamento-terra, começou a fazer uma série de rituais particulares para engajar o corpo. Tendo ao fundo uma música *heavy metal* com temática satanista, o levantador, um homem branco, baixo e atarracado, depois de fazer caras e bocas, gritando e colocando a língua para fora, levou ao rosto um pedaço de osso curvo que trazia pendurado ao pescoço, cuja forma lembrava a garra de um animal carnívoro. A seguir, como ponto alto antes da *performance* final, rasgou a própria carne com o osso-garra, dando a impressão de que, se colocasse um pouco mais de força, o sangue começaria a porejar da pele. Terminado o rito, se preparou para a ação, erguendo a barra acima da linha dos joelhos e encaixando os quadris para indicar aos árbitros que havia completado o movimento. Ainda segurando o peso, tendo as veias do pescoço saltadas e a ponto de estourar, começou a comemorar o levantamento bem-sucedido e, depois de finalmente largá-lo, distribuiu socos no ar, enquanto xingava e fazia cara de mal. Sua alegria, no entanto, durou pouco, pois o movimento acabou sendo considerado inválido pela arbitragem.

[305] Segundo matéria de 2018, a Black Skull era uma das três maiores empresas do mercado de suplementos do Brasil (TAKEY, 2018).

cabelos e barbas longas e grisalhas, vestidos de preto e com jaquetas de couro, à moda das gangues de motoqueiros norte- americanas, entoavam hinos à liberdade e à masculinidade como "Born to be wild" [Nascido para ser selvagem]. Enquanto isso, mulheres consideradas "gostosas" – brancas, de corpos esguios, seios fartos e cabelos longos e lisos – "sensualizavam" em cima de pedestais redondos, com uma haste de ferro no centro, característica do *pole dancing*, uma dança sensual e fisicamente demandante, tradicionalmente associada às boates de *strip-tease*, em que as dançarinas se valiam de barras verticais para executar uma série de elementos coreográficos. Vestiam apenas um *short* curto, uma camisa decotada colocada ao corpo e botas pretas.

A ironia da cena é que, se antes as gangues e o *rock* eram sinônimos de rebeldia e contracultura – embora isso não significasse que fossem críticos ao machismo –, agora se ligavam às forças da ordem, na defesa de um sentido "perdido" de masculinidade, cujo processo de erosão vem se intensificando cada vez mais desde as últimas décadas do século passado, graças aos importantes avanços promovidos pelos movimentos feministas. Como uma tentativa de resistir a um processo que, felizmente, parece inevitável, tem-se tornado comum o recurso ao saudosismo, à volta a uma época em que ser homem não significava discutir gênero, privilégios ou posicionalidade, mas apenas deixar o motor funcionando, em busca de aventura e de tudo que aparecesse no caminho[306] – ainda que, para isso, a desobediência tenha se transformado em alinhamento aos valores conservadores ligados à polícia e a tudo que essa instituição representa em nosso país[307].

A vinculação da empresa – durante um tempo, havia sido patrocinadora e fornecedora de suplementos alimentares para Lucas e Larissa – com a polícia era tão profunda que há cinco anos doava produtos para algumas divisões, ostentando orgulhosamente o título de ser, conforme apontava seu diretor-geral no Brasil, a "marca oficial do Bope" (DINO, 2020). Outro indício da aliança entre o evento *fitness* e as forças de repressão era a presença, na parte lateral do pavilhão, de um caminhão do exército, próximo a várias caixas de madeira cuja função parecia ser o transporte

[306] "Get your motor runnin'/Head out on the highway/Looking for adventure/In whatever comes our way" (BORN TO BE WILD, 1968).

[307] É importante lembrar que, no Brasil, as polícias militares são herança direta dos 21 anos de ditadura militar implantada, por meio de um golpe, pelas Forças Armadas, em aliança com parte da imprensa, do empresariado e da sociedade civil.

de projéteis. Quase colada ao veículo havia ainda uma arma com poder de fogo tão grande que se sustentava no chão por um tripé, já que o tamanho impedia que pudesse ser carregada. E estacionado a poucos passos dali mais um carro da polícia, para o transporte de tropas aos locais de conflito, era servido como atração. Além disso, podiam-se ver policiais fardados circulando pelo pavilhão, criando um clima pouco amistoso a qualquer ato que pudesse ser considerado um desvio de conduta frente à ética que parecia reinar ali.

Figura 38 – Caminhão do Exército

Fonte: O autor (2019); localização: Expo Center Norte.

Desse modo, tanto quanto no fisiculturismo, era possível perceber, circulando livremente pela feira, um conjunto de elementos contraditórios que apontavam ora para aspectos transgressores presentes na cultura *fitness*, ora para aspectos conservadores – uma certa militarização subjetiva, entendida muitas vezes como decorrência da disciplina de vida adotada pelos(as) atletas; concepções heteronormativas a respeito do gênero, expressas pela crença ardente na diferença biológica entre os sexos e pela sustentação de comportamentos vinculados ao machismo e à misoginia; além de um racismo nem tão velado, demonstrado pela glorificação da violência policial, mobilizada quase exclusivamente contra pessoas negras, e pela presença de um regime visual ligado aos referenciais da branquitude, como se podia ver pela imagem dos corpos representando as marcas ou pela cor das pessoas que frequentavam o ambiente.

A competição de *powerlifting*, esporte ainda minoritário no Brasil, especialmente quanto à participação de mulheres, era certamente uma dessas transgressões. Por ela, corpos femininos fora dos "padrões", devido à força e muscularidade, encontravam espaço de expressão e valorização, ao mostrarem que os esportes de força também podiam ser territórios femininos. Com isso, expandiam o repertório corporal e os espaços ocupados por mulheres, para quem, como afirma Sarah Ahmed (2014), a vulnerabilidade era atribuída como uma característica "natural", como parte de um sistema de controle que visava, por um lado, lhes restringir a circulação no espaço público e, por outro, promover uma "sobreocupação" do espaço privado, historicamente ligado aos cuidados do lar e da família. No limite, ao empregarem a energia vital, os músculos e a subjetividade no levantamento de cargas tão pesadas, as atletas (uma delas chegou à impressionante marca de 202 kg no agachamento) provocavam uma verdadeira desestabilização da economia da masculinidade (HALBERSTAM, 1998), desmontando o discurso fundamentado na univocidade da relação entre corpos masculinos, força, violência e testosterona.

O mesmo podia ser dito a respeito da competição de *strongman* feminina – uma contradição em termos, já que o nome do esporte, em tradução para o português, significava literalmente "homem forte", demarcando, portanto, um espaço de exclusão para os corpos femininos – ocorrida no último dia da feira. A modalidade, a qual fazia parte do que poderia ser nomeado de "esportes de força", assim como o *powerlifting*, compreendia uma série de provas em que os(as) atletas eram levados ao extremo. Em uma delas, as competidoras tinham que apanhar do chão uma esfera que parecia ser de cimento maciço, três vezes maior do que uma bola de basquete, e erguê-la alto o suficiente para ultrapassar um obstáculo posicionado a aproximadamente 1,30 m do solo, realizando o máximo de levantamentos possíveis dentro de um intervalo de tempo delimitado.

Relativamente às atrações que passaram pelos três dias, essas competições contaram com um público pequeno e intermitente, tanto em razão da diversidade de eventos concorrentes quanto do local onde aconteciam as disputas, as quais não gozavam, por exemplo, da mesma visibilidade reservada ao Mr. Olympia, situado em uma posição privilegiada do pavilhão, em zona de passagem próxima à entrada. Mas talvez o motivo principal para isso fosse mesmo o baixo interesse do público masculino em acompanhar as provas de força femininas.

Com a notícia de que Jeska não iria à BTFF no sábado e levando em conta que, durante a sexta, conseguira ter uma boa ideia do cenário onde se desenrolaria a competição, achei por bem me concentrar nos preparativos necessários para o domingo e não compareci à feira. Ainda no sábado, por mensagem, a fisiculturista me avisou que, se chegasse às nove e meia da manhã, ela e Alyssandro tentariam me colocar para dentro da área reservada às atletas, usando a desculpa de que eu fazia parte da equipe. Se no Sobral Open me disfarçara de fotógrafo para ficar perto de Larissa, agora adotaria uma nova identidade a fim de permanecer junto a Jeska até momentos antes de subir ao palco. Como sua categoria estava prevista para competir às 11 horas, teria bastante tempo para participar dos bastidores do Mr. Olympia antes de a atleta finalmente competir.

Conforme combináramos, um pouco antes do horário acertado, já esperava por ela e Alyssandro à frente da entrada principal, para que não houvesse risco de que entrassem no pavilhão sem os avistar. Tentando reduzir as chances de desencontro, mandei nova mensagem à Jeska, perguntando se já estavam próximos. Fazia frio em São Paulo e do lado de fora do prédio eu lutava para encontrar um resquício de sinal que pudesse levar minhas palavras à fisiculturista o mais rápido possível.

Apesar de as nuvens, por sua cor e composição, indicarem o contrário, torcia para que a chuva demorasse um pouco mais a cair e eles não fossem pegos de surpresa por algum engarrafamento fora de hora. Enquanto esperava, checava as baterias da câmera e as lentes, com a expectativa "a milhão", ansioso pelo campeonato e principalmente por ver o desempenho de Jeska. Nossos meses de contato e o conhecimento de seus caminhos no esporte, nunca fáceis e nem sempre gloriosos, haviam me tornado cúmplice de seus esforços e dedicação. Por isso, desejava que a sorte finalmente lhe sorrisse e ela tivesse a chance de alçar voos mais altos na modalidade que começara a praticar por *hobby*, mas que, em pouco tempo, se tornara seu modo de vida e ganha-pão.

Do lado de dentro, as filas já começavam a se formar e, ao olhar novamente o telefone, vi que a atleta me mandara áudio com uma informação que me deixou entre surpreso e desapontado. Disse que não só já havia chegado como estava no *backstage* para fazer a maquiagem. Falou ainda que nem eu nem Alyssandro poderíamos acompanhá-la e que procurasse ficar perto do marido até a organização do evento liberar a entrada do público, o qual comparecia em peso para o último dia de BTFF. Fiz exatamente o que a fisiculturista me sugerira e depois de rodar alguns minutos pelo saguão encontrei Alyssandro próximo a um quiosque, tomando um café para esquentar o corpo. Tentando entender o motivo de não podermos seguir Jeska aos bastidores, perguntei-lhe o que havia acontecido, mas ele tampouco soube responder, aparentando contrariedade por não fazer parte de um momento tão importante para a esposa e atleta. "Eram as regras deles", foi tudo que pôde afirmar.

As catracas para entrar no pavilhão só foram liberadas perto das 11 horas. Ansiosos com a demora injustificada e com o atraso no início do Mr. Olympia, depois de vencermos a fila que se movia lenta, fomos andando a passo rápido em direção à estrutura montada lateralmente ao palco onde as competidoras se apresentariam. No *backstage* improvisado – apesar disso, era mais equipado até do que os camarins destinados às fisiculturistas durante o Sobral Open –, havia uma longa mesa com frutas, tortas, jarras de suco e água para atender aos inúmeros competidores e competidoras que se aglomeravam dentro do cercado de aproximadamente 80 m², enquanto aguardavam o início da competição (no último dia, além da Figure e da Wellness, haveria a presença de algumas categorias masculinas).

Do lado oposto à mesa, havia uma espécie de parede erguida com a ajuda de estruturas metálicas tubulares e de uma lona, onde estava postado um espelho de cerca de quatro metros de comprimento por dois de altura, dimensões que permitiam aos(às) mais de 50 atletas usá-lo quase ao mesmo tempo, fosse para treinar as poses, fosse para avaliar a pintura corporal ou dar uma última conferida no *shape*. Próximo ao espelho dois suportes continham halteres de diferentes pesos, que ajudavam os(as) fisiculturistas a produzirem o *pump* necessário para deixar os músculos vascularizados e potencializar seu regime de visibilidade.

Figura 39 – *Backstage*

Fonte: O autor (2019); localização: Expo Center Norte.

No meio do *backstage* ficava a rampa de acesso dos(as) competidores ao palco, cujos nomes eram gritados pelos organizadores do evento sempre que se avizinhava o momento da apresentação. De sunga ou biquíni, eles ou elas formavam rapidamente uma fila indiana e então iam caminhando em direção ao tablado, sendo recebidos pelos gritos e aplausos do público. Perto da rampa, várias cadeiras de plástico serviam como amparo para o corpo cansado dos(as) fisiculturistas ou como ponto de apoio onde podiam colocar os materiais esportivos. Essa área funcionava como uma espécie de espaço de relaxamento, onde as atletas, em sua maioria, deitavam-se no chão com as pernas apoiadas nas cadeiras, enquanto esperavam a hora de competir.

Os técnicos ficavam do lado de fora, mas separados dos(as) competidores(as) apenas por uma pequena "mureta" construída com as mesmas barras tubulares utilizadas na montagem de toda a estrutura do evento. Em virtude disso, a comunicação entre eles era constante e acontecia sem maiores dificuldades. Apesar de o Mr. Olympia ter proporções incomparavelmente maiores que o Sobral Open, reunindo competidores(as) de toda a América do Sul, chamava a atenção a ausência de técnicas mulheres entre as pessoas que, direta ou indiretamente, estavam nele envolvidas. Em compensação, a quantidade de atletas femininas não ficava atrás da dos atletas masculinos, compreendendo, naquele dia, talvez o maior número de fisiculturistas circulando por ali. Tampouco pude perceber a presença de técnicos negros, em que pese haver pessoas negras entre os(as) competidores(as).

Seguindo a deixa de Alyssandro, permaneci à espera de Jeska a seu lado, colado à grade que separava o *backstage* da área exterior. Àquela altura, com a finalização da maquiagem, ela já devia estar perto de concluir a última etapa da preparação estética, cuja importância na avaliação das atletas femininas era enorme. Isso explicava a apreensão demonstrada pela *figure* quando finalmente veio a nosso encontro, cerca de duas horas após a primeira troca de mensagens do dia. Com o rosto grave, apesar da pintura feita para deixá-lo iluminado e leve ao sublinhar traços considerados atraentes nas mulheres, relatava a Alyssandro, indignada, o que lhe acontecera durante a aplicação da maquiagem, fornecida como parte dos serviços contratados no momento da inscrição.

Não bastasse a organização do Mr. Olympia ter passado outras mulheres na sua frente, privilegiando nomes mais conhecidos no esporte, quando a pintura foi finalmente realizada, ficou bem distante das instruções fornecidas por Jeska à maquiadora responsável pelo trabalho. Revoltada com o resultado do serviço que contratara a peso de ouro, a fim de não precisar se ocupar da tarefa sozinha e poder se concentrar na dieta e na preparação física, seus olhos começaram a ficar marejados de tristeza e raiva pelo potencial prejuízo que a situação poderia lhe causar, não apenas pela pintura mal feita, mas também pelo estresse experimentado. Como ocorrera com Larissa durante o Sobral Open, a irritação a que Jeska estava sendo submetida naquele momento lançaria na corrente sanguínea uma quantidade enorme de cortisol, prejudicando a qualidade da musculatura, cortando o *pump* e atrapalhando a exibição de maneira geral.

Para evitar, tanto quanto possível, as consequências do erro cometido contra ela, Jeska precisou lidar com o problema sem o apoio da "equipe". Depois de muito conversar e discutir, a profissional, sensibilizada pela situação da fisiculturista, comprometeu-se a corrigir a maquiagem, fazendo com que a pintura, dessa vez, obedecesse às recomendações da atleta. Ainda assim, Jeska continuava bastante insatisfeita com o resultado. No entanto, pela proximidade da apresentação – como o evento estava atrasado, não se sabia mais o horário exato do início das disputas, existindo por isso uma constante antecipação, entre as atletas, em relação ao momento de entrar no palco –, a fisiculturista precisava, o quanto antes, esquecer o ocorrido e voltar os pensamentos para a *performance*.

Ao pé da grade, Alyssandro ouvia com atenção as palavras da esposa, balançando a cabeça negativamente, pelo surgimento de mais um obstáculo numa preparação marcada por imprevistos. O marido e treinador se mantinha a maior parte do tempo em silêncio, parecendo caçar com o olhar as possíveis adversárias, na tentativa de antever os desafios que a esposa enfrentaria até o título. Mantendo-me sempre perto aos acontecimentos que se passavam no *backstage*, ia fazendo imagens dos(das) fisiculturistas, ao mesmo tempo em que dirigia, eventualmente, algumas palavras ao treinador, para elucidar situações novas ou inesperadas.

Foi assim quando vi uma das competidoras tirando da bolsa uma garrafa de vinho tinto, o qual bebia direto do gargalo, em pequenos goles que deixavam os lábios momentaneamente arroxeados. Em virtude de o álcool ser uma substância evitada pela grande maioria dos(as) atletas, mesmo nos momentos de lazer, por sua toxicidade atrapalhar a recuperação dos músculos além de causar sobrecarga nos rins e no fígado já ocupados em lidar com uma dieta rica em proteínas e compostos complexos, surpreendeu-me observá-la tomando a bebida minutos antes de competir. Ao sondar Jeska e Alyssandro a respeito da prática, a qual, pelo que pude perceber, não parecia de fato costumeira, já que a fisiculturista era a única atleta em todo o *backstage* a fazê-la, os dois responderam que devia estar apenas tentando relaxar[308]. E de fato podia-se perceber que a tensão estava alta nos bastidores.

Lado a lado frente ao espelho, homens e mulheres usavam os halteres disponibilizados pela organização para despertar os músculos adormecidos. Os pesos eram baixos, e as séries, curtas e velozes, já que a intenção não era causar fadiga, mas apenas fazer o sangue circular mais rápido pelo corpo. Pelo atraso na competição, muitas vezes os(as) mesmos(as) atletas voltavam a exercitar os músculos pouco tempo depois da última série, como se para garantir que o *pump* não lhes fosse escapar na hora em que tivessem os nomes finalmente proferidos pelos assistentes do evento. Aqueles(as) que não atendiam prontamente à convocação eram duramente repreendidos(as), além de correrem o risco de não subir ao palco.

[308] Posteriormente me ocorreu que o álcool, por apresentar uma função vasodilatadora, podia ajudar na vascularização dos músculos da fisiculturista, preservando o *pump* por maior tempo.

Ocupados(as) com os preparativos para competir, muitos(as) atletas, em vez de guardarem os pesos de volta no suporte, iam deixando-os jogados ao chão. Com isso, foram se acumulando próximo ao espelho, transformados em obstáculos dos quais as pessoas precisavam se desviar para não cair. Como as mulheres usavam salto, o perigo de uma eventual queda era maior para elas do que para os homens, que competiam descalços. Da mesma forma, em pouco tempo, toda a organização inicial dos bastidores foi quebrada, e os objetos começaram a se espalhar com uma lógica tão estonteantemente confusa quanto a movimentação dos próprios atletas, em especial dos menos experientes.

Um deles, perto da mesa onde era servido o *buffet*, comia compulsivamente, tirando da bolsa uma infinidade de alimentos de baixo valor nutricional, salgados crocantes como Doritos e outros de marcas genéricas, enquanto ignorava solenemente as frutas que se exibiam suculentas em cima das bandejas. Naquele momento, realizava, à sua maneira, um processo conhecido no fisiculturismo como "carbar", neologismo que fazia referência ao consumo de alimentos de alto valor energético. Com isso, a ideia era inundar o organismo, exaurido pela dieta, pela desidratação e pelos longos meses de restrição calórica, com uma grande quantidade de carboidratos, os quais, em razão do estresse fisiológico ao qual o corpo fora submetido, eram dirigidos, em forma de energia, apenas aos músculos e aos "órgãos nobres" (cérebro, coração e pulmões). Assim, ao passo que a pele permanecia fina e sem retenção hídrica, a musculatura ganhava em definição e vascularização.

Pela complexidade, era um processo difícil de ser generalizado, pois cada atleta possuía a própria individualidade biológica e respondia de maneira diversa a diferentes tipos de alimentos, como me explicara certa vez Alan, o qual, além de dono da Hércules Gym, era também fisiculturista, competindo na categoria Classic. Considerando a prática uma "verdadeira ciência", me revelou que, quando começava a "carbar" após a pesagem, a intenção era devolver "a água pra dentro da célula", devendo a ingestão dos alimentos ser feita junto à observação minuciosa do corpo, porque comer o alimento errado ou em quantidade inadequada podia comprometer a definição muscular. Ainda segundo Alan, havia atletas que se davam bem comendo arroz com passas e outros que respondiam melhor a comidas mais pesadas, como pizza, macarrão ou sanduíche. Em seu caso, por exemplo, precisava ficar longe de qualquer alimento que contivesse farinha branca, pois no dia seguinte sua barriga ficava "enorme", prejudicando completamente o *shape*.

A forma pela qual o atleta comilão escolhera "carbar" antes do torneio, porém, não parecia seguir qualquer protocolo, podendo ser considerado como um sinal de descuido, inexperiência ou falta de profissionalismo. E o resultado disso aparecia diretamente no físico. O competidor tinha o abdômen "borrado", apresentando demasiada quantidade de água na pele, o que indicava retenção de líquido, para a qual os alimentos ricos em sódio pareciam contribuir. Além disso, uma fina camada de tecido adiposo criava ainda um outro obstáculo à visibilidade da musculatura. Não fosse atleta de fisiculturismo, poderia ser considerado uma pessoa de forma física privilegiada. Mas, para os padrões da modalidade e levando em conta ainda o nível dos concorrentes, o *shape* apresentado estava longe do ideal. Ainda assim, recebia enorme atenção de um público jovem e masculino, que pedia constantemente para tirar fotos, único momento em que parava de comer.

Surpresas pela quantidade de atenção recebida pelo "atleta", as pessoas começaram a comentar que ele, na verdade, era uma celebridade digital, possuindo uma conta no Instagram com grande quantidade de seguidores e um canal no YouTube com muitos inscritos e visualizações. Os *stories* que fazia de si mesmo e da competição pareciam confirmar a veracidade dos boatos, os quais possuíam um tom crítico, pois ele parecia mais preocupado em aparecer do que em fazer um trabalho sério.

O mesmo julgamento foi dirigido a outros(as) atletas antes do início das disputas. Por se tratar de uma competição grande e com bastante visibilidade, sendo alvo de reportagens de canais de televisão de alcance nacional, como pude presenciar, muitas pessoas se valiam do espaço como trampolim para alavancar a imagem, sem a preocupação, exatamente, de se tornar atleta profissional ou apresentar um *shape* competitivo. Já tendo chegado com Lucas ao local onde estávamos, Larissa ia narrando para mim as motivações de algumas figuras conhecidas no meio do fisiculturismo por não se levarem a sério como atletas, motivo pelo qual eram objeto de certa animosidade por parte dos(as) competidores(as) "verdadeiramente compromissados" com o esporte.

Um dos casos era o de uma certa fisiculturista, uma mulher muito bonita, de cabelo afro, pele pigmentada e um físico muito mais próximo ao de uma "rainha de bateria" de escola de samba, posição que de fato ocupava, do que de uma *wellness*. Apesar de as pernas serem grossas e bem torneadas, não possuíam qualquer "corte", sinal de que não só a "atleta" não havia se preparado corretamente, como sequer se dera ao trabalho de realizar a desidratação. A musculatura dos glúteos, cuja visibilidade era outro parâmetro fundamental em qualquer categoria, masculina ou feminina, estava completamente comprometida, segundo os padrões do esporte, por um excesso de tecido adiposo. De acordo com Larissa, a atleta sabia que com esse *shape* jamais teria chances de se sair vitoriosa, mas mesmo assim não estava disposta a modificar o corpo escultural. E nem precisava. Conforme me confidenciou Larissa, era casada com um "homem rico" e, por isso, estava com a "vida ganha".

Por se tratar de uma competição amadora, havia também muitos atletas inexperientes à caça de um lugar ao sol. Um deles, competidor da categoria Men's Physique, sentado em uma cadeira de plástico próxima à mesa onde era servido o *buffet*, suava profusamente, com a respiração pesada e ofegante. As gotas de suor deslizavam pelo corpo, acomodando-se ao relevo dos músculos para em seguida irem ao chão. Apesar da pintura alaranjada, era possível perceber a palidez pela cor dos lábios, ao mesmo tempo brancos e ressecados. Com os olhos fechados, parecia tentar acalmar as batidas aceleradas do coração. Não era possível saber se o estado se devia ao processo de *cutting* ou se o corpo, enfraquecido pelo estresse da preparação, tornara-se demasiadamente sensível a algum dos estimulantes usados para ajudar com o *pump*, como fizera Larissa ao se valer da cafeína momentos antes de subir ao palco do Sobral Open. O fato é que parecia às vésperas de desmaiar. Ao se darem conta disso, alguns atletas se aproximaram para saber se estava bem, mas ele apenas balançava a cabeça afirmativamente, enquanto mantinha os olhos fechados.

Em razão de os bastidores do Mr. Olympia serem abertos, era possível a interação constante entre atletas e público, algo que era novidade, pois em minha outra experiência o acesso aos camarins se reservava apenas às pessoas credenciadas. Por causa dessa facilidade, não apenas o *youtuber* recebia pedidos para fotos, sendo a maior parte deles, na verdade, direcionado às atletas femininas. Além de as mulheres musculosas serem ainda uma novidade para um público não acostumado a acompanhar o esporte, desconfio que também contribuía para a procura a presença das *wellness* entre as competidoras. Em razão de o tipo físico delas ter se cristalizado como um novo padrão corporal, percebia que a admiração das pessoas – quase exclusivamente homens – que chegavam às fisiculturistas possuía um caráter que talvez pouco se relacionasse com a competência atlética ou com os aspectos técnicos ligados à qualidade e à simetria muscular. Na verdade, a impressão é que eram encaradas como objetos de desejo, a atiçar o gozo do olhar masculino.

Figura 40 – Conversa entre Jeska e uma competidora *master*

Fonte: O autor (2019); localização: Expo Center Norte.

O fato de as *figure* não receberem igual atenção parecia confirmar isso. Mais ainda, algumas foram até foco de crítica por homens que ficavam a certa distância da grade, trocando impressões sobre a aparência das atletas em forma de cochichos cúmplices. Uma *figure* que competia na divisão Absoluta e na Master, apesar de ser experiente e detentora de um físico construído segundo os rigorosos parâmetros da categoria, o que a tornava candidata às melhores posições, recebera julgamentos severos em razão de o rosto – marcado pela idade e pelo *cutting* – ser considerado excessivamente masculino e, portanto, "feio".

Alheias ao que se passava fora do *backstage*, ela e Jeska trocavam impressões e experiências sobre o esporte em si, os desafios da preparação e o nível do torneio, em uma demonstração de respeito mútuo pelas qualidades como atleta e pela dedicação que possuíam ao esporte. Nesse dia, me dei conta de como essas partilhas entre as competidoras eram parte importante da experiência de colocar o corpo para jogo e que, apesar de concorrentes, possuíam laços de cumplicidade que advinham da similitude dos desafios enfrentados.

Finda a conversa e já tendo aparentemente superado os problemas na maquiagem, Jeska, antes de se deitar para descansar um pouco, pegou o celular da bolsa e começou a realizar uma série de vídeos curtos destinados ao público que a acompanhava no Instagram[309]. Depois de algumas tentativas para achar o enquadramento correto e se desculpando pelo aspecto de cansaço, falou da expectativa de subir ao palco em instantes, para a primeira experiência no Olympia. O sorriso largo, emoldurado pelo batom vernelho, escondia os inúmeros desafios que teve de enfrentar para chegar até ali.

Figura 41 – *Stories* para o Instagram

Fonte: O autor (2019); localização: Expo Center Norte.

Enquanto Jeska descansava colocando os pés em cima da cadeira, levei minha câmera até o palco onde as *wellness* já haviam começado as apresentações. Sem a mesma decoração *kitsch*[310] do cenário montado em

[309] Por ser, ao lado de Larissa e Rosy Silva, uma das principais atletas do estado, Jeska experimentara um substancial aumento de seguidores em sua conta pessoal, passando de 15.800, no início da pesquisa, para 16.700 pessoas em junho de 2020.

[310] "Arte, objetos decorativos ou *design* considerado por muitos como feios, sem estilo ou falsos, mas apreciados por outros, frequentemente por serem engraçados" (KITSCH, 2020, tradução nossa).

Sobral, o palco possuía apenas refletores localizados no chão, os quais ajudavam a produzir o regime de visibilidade muscular dos(as) atletas, tendo ao fundo uma grande lona contendo a mundialmente famosa logomarca da competição, idealizada pelo ex-fisiculturista e empresário Joe Weider ainda nos anos 1960 nos Estados Unidos.

Do mesmo modo que no campeonato sobralense, o palco ficava em um nível elevado em relação ao chão, havendo entre aquele e o público uma área reservada aos jurados, que avaliariam o físico e a apresentação geral dos(as) competidores(as). Dessa vez, contudo, por não ter sido possível repetir meu "disfarce" como fotógrafo, não pude chegar muito próximo, tendo que "lutar" para ter uma boa visibilidade. Pela quantidade de pessoas que se espalhavam sentadas ou em pé para prestigiar a disputa, tive muita dificuldade em acompanhar os detalhes das apresentações, embora um telão localizado à esquerda do palco ajudasse a criar outras camadas imagéticas.

Se Larissa reclamara que a plateia em Sobral não tinha ajudado a criar um clima adequado para a *performance*, tamanha era a apatia das pessoas, o mesmo não podia ser dito do público que acompanhava o Mr. Olympia. Formado por personalidades do esporte e pessoas que apreciavam o fisiculturismo, havia uma interação constante com as atletas, apesar de muitas delas não contarem com o mesmo carisma e habilidade cênica de Larissa. A todo momento, os gritos e aplausos se sobrepunham à música despejada pelas potentes caixas de som, situadas simetricamente nas duas laterais do palco.

Para não perder a subida de Jeska, pendulava regularmente entre a área onde aconteciam as disputas e os bastidores. Terminadas as apresentações das *wellness* – pela grande quantidade de competidoras, a categoria levou quase duas horas para ser concluída –, fiz uma rápida ida ao banheiro. Como ficavam localizados fora do pavilhão principal onde ocorria a feira mas ainda dentro do centro de convenções, as incursões até eles se assemelhavam a pequenas viagens. Confiante de que ainda levaria um tempo para as *figures* darem início às disputas, mas querendo minimizar eventuais riscos, andei o mais rápido que pude.

Ao retornar – não devo ter gastado mais do que dez minutos –, fui direto aos bastidores, ainda enxugando as mãos molhadas na calça. Alyssandro não estava lá, tampouco Jeska. Com um misto de surpresa e preocupação, cheguei perto de Larissa, mas sem conseguir fazer-lhe a pergunta cuja resposta temia escutar. Abandonando meu estado de confusão por um instante, arrisquei lançar-lhe um "Cadê a Jeska?" abrupto e em alto volume. Achando, inicialmente, que eu estava vindo da área reservada ao público, a fisiculturista arregalou os olhos e respondeu a minha pergunta com outra, colada à informação que faria meus ouvidos sangrarem: "Amigo, onde é que tu tava?! Ela acabou de se apresentar!". Sem disfarçar minha vergonha, disse que dera só um pulinho rápido ao banheiro, ao que Larissa emendou de pronto: "Amigo, que merda, hein?". E a seguir soltou uma gargalhada sonora e contagiante. Diante disso, não tive alternativa a não ser me unir a ela, tornando-me cúmplice de meu próprio infortúnio.

Ainda tentei retornar ao palco a ver se conseguia pegar alguma coisa das apresentações, mas já não havia nenhuma atleta ali em cima. Meu erro foi ter tomado como parâmetro o tempo empregado com as *wellness*, sem levar em consideração, primeiro, que devido ao atraso na competição, a organização faria de tudo para acelerar as disputas, encerrando o evento dentro do horário estabelecido; e, segundo e mais importante, que a Figure possuía uma quantidade muito menor de inscritas do que outras categorias, as quais, por representarem certo padrão de feminilidade, acabavam contando com mais adeptas. No Mr. Olympia de 2019, havia apenas três representantes na faixa etária e altura em que Jeska competia.

Após confirmar com os próprios olhos a informação passada por Larissa, voltei aos bastidores enquanto tentava contornar o fato de que, após viajar mais de 2 mil km, perdera o que poderia ser considerado o momento mais importante da competição para Jeska. Conversando com Larissa, no entanto, descobri que haveria mais uma chance de vê-la em cima do palco. Após a apresentação de todas, elas retornavam para realizar ainda algumas poses, ao fim das quais era anunciado o resultado e a campeã da competição, que passaria a integrar o pequeno e disputado círculo de fisiculturistas profissionais da IFBB.

Com o corpo eletrificado pela adrenalina de ter, pela primeira vez, subido ao palco do Mr. Olympia, Jeska veio caminhando em direção a nós, que continuávamos colocados à grade, para conversar com Alyssandro, o qual havia retomado seu lugar após assistir à *performance* da esposa e analisar o *shape* exibido por ela e pelas concorrentes. No aparelho celular, trazia agora diversas imagens que havia feito, a partir de diferentes ângulos, a fim de comparar a qualidade dos grupos musculares das atletas em relação aos de Jeska. Mantendo o olhar fixo nas fotografias das demais competidoras, a *figure* ouvia atenta as considerações do marido/técnico, que ia mostrando os pontos fortes e fracos das adversárias, ao mesmo tempo em que avaliava as chances de Jeska alcançar uma boa colocação.

Figura 42 – Pose

Fonte: O autor (2019); localização: Expo Center Norte.

Depois de analisar cuidadosamente as poses, vendo as mesmas fotos passarem pela tela do celular incontáveis vezes, como se tentasse capturar uma verdade escondida, Alyssandro cravou que a esposa seria pelo menos *top* 2. Apenas uma das duas concorrentes ostentava um físico compatível ao dela, possuindo até algumas vantagens, que se davam a ver principalmente na parte dorsal, a qual envolvia a musculatura das costas, glúteos, panturrilhas e posteriores da coxa. Ao olharem as imagens, Larissa e Lucas concordaram com o técnico. Porém, apesar de reconhecerem a qualidade do físico da adversária, acreditavam que a amiga possuía, no todo, uma musculatura mais equilibrada e harmônica. Estando o resultado agora nas mãos dos jurados restava apenas torcer para que os critérios subjetivos, muito mais complexos e difíceis de antecipar que os objetivos, terminassem por favorecer a cearense.

Com uma sensação de dever cumprido, mas, ao mesmo tempo, ansiosa por saber a colocação final, resultado que teria o potencial de transformar a carreira para sempre, a fisiculturista tinha dificuldade em desacelerar.

Percebendo que eu continuava tirando fotos enquanto interagia com a equipe, a *figure* começou a posar para mim, como se quisesse me dar a oportunidade de compensar o infortúnio anterior. Com isso, pela proximidade de nossos corpos, meu tecno-olho pôde capturar toda a potência que se apresentava em imagem na geografia formada pela musculatura de Jeska, com seus relevos, montes, vales escarpados e sinuosos. Estava tudo ali: os "cortes" profundos, a densidade muscular, o volume, as veias saltadas, a pele fina, quase invisível.

Enquanto aguardava ser chamada para uma nova aparição frente aos jurados, Alyssandro, Lucas e Larissa continuavam fazendo cálculos sobre as chances de conquistar o Pro Card. Apesar da óbvia torcida para que ocupasse o lugar mais alto do pódio, existia muita serenidade e sobriedade quanto às reais possibilidades de a atleta levar o título para casa. Ainda que houvesse poucas competidoras na categoria, todas dispunham de físicos bastante competitivos, deixando aberto o cenário das disputas, cuja leitura possibilitava, no máximo, a antecipação de certas tendências.

Figura 43 – Descanso

Fonte: O autor (2019); localização: Expo Center Norte.

A um passo atrás, eu observava as interações do trio, mas sem tirar os olhos de Jeska, para que não perdesse mais nenhum movimento seu até o final da competição. Depois de ouvir a avaliação de Alyssandro e sabendo que, provavelmente, ficaria entre as duas mais bem colocadas, a fisiculturista preferiu se manter alheia aos prognósticos, indo se deitar na mesma posição de minutos antes, com as costas estendidas no chão e os pés apoiados nas cadeiras de plástico. Seus olhos, às vezes cerrados, às vezes encarando o vazio, só voltaram a divisar o entorno quando, ao perceber que eu a continuava fotografando, olhou diretamente para a câmera e abriu um sorriso. Na bolsa maior onde mantinha os equipamentos, podia ver dois pratos de plástico abrigando um pedaço de torta de frango que Jeska colhera do *buffet*, aguardando-a como um pequeno troféu, independentemente do resultado. Naquele momento, a única coisa que podia colocar na boca era um pedaço de goma de mascar para "enganar" o estômago e estimular a produção de saliva, evitando a terrível sensação de "boca seca" causada pela desidratação.

Como já passava de uma hora, havia uma movimentação grande na área próxima aos bastidores. As pessoas que acompanhavam os atletas começavam a sentir fome e se agitavam em busca de algo que pudesse fazer as vezes de almoço. Sem querer abandonar o *backstage* – a qualquer momento as competidoras seriam chamadas a retornar ao palco –, todos que faziam companhia a Jeska, eu inclusive, demos um jeito de comer por ali mesmo, nos carrinhos que, de uns tempos para cá, ganharam o pomposo nome de *food truck*.

Demoraria ainda mais alguns minutos, após termos encerrado nossas refeições, para que os organizadores viessem avisar às *figure* que a hora de retornar havia chegado. Assim que Jeska soube da anunciação do resultado, dirigindo-se à rampa que dava acesso ao palco, corri para perto do público com a câmera e comecei a disparar quando a primeira competidora colocou os pés no tablado. Seu nome era Marina Nascimento, e trazia um físico de alto nível para o Mr. Olympia, especialmente na parte superior, com muita definição abdominal e um *shape* "fibrado". A seguir, foi a vez de realizar sua *performance* Laura Saccomani – paraguaia que já havia conquistado o primeiro título em disputa no dia, ao ganhar a divisão Master, destinada a competidoras acima dos 40 anos de idade. Usando um biquíni azul, a principal rival da *figure* cearense, como fora cravado pela equipe, exibia um *shape* bastante competitivo.

Apesar da competência atlética de Marina, a diferença para a fisiculturista paraguaia, ainda mais perceptível após as considerações técnicas de Alyssandro, era difícil de ignorar. A brasileira apresentava um *shape* em geral menos volumoso do que a outra e com menos definição na musculatura das coxas, o que a colocaria em último lugar, de acordo com as projeções da equipe. Havia, no entanto, um fator a considerar que poderia complicar as coisas para a cearense. Segundo Alyssandro, durante a apresentação, a fisiculturista havia cometido um erro que, dado a paridade da competição, poderia lhe custar um resultado melhor. Enquanto avaliava a esposa com base nas imagens que fizera, o técnico apontou uma falha de execução em algumas das poses, porque Jeska não conseguiu abrir as "asas" de maneira adequada, fazendo com que ficasse um tanto pequena, em relação às outras. Com isso, Alyssandro se referia a uma deficiência na expansão dos latíssimos dorsais, os quais potencializavam sobremaneira a impressão de volume muscular. No caso de Jeska, não é que aos músculos faltasse dimensão ou qualidade. Tratava-se de não ter conseguido mostrá-los da maneira correta.

A construção árdua dos músculos e do físico não era capaz, por si só, de garantir o regime de visibilidade máximo para a muscularidade. Além disso, era preciso conhecer a melhor maneira de apresentá-los aos jurados. Não à toa ser a "arte de posar" tão determinante no fisiculturismo, a ponto de, além de treinos específicos, os(as) atletas executarem poses constantemente ao longo de toda a preparação, incorporando-as ao repertório de movimentos como se fossem uma segunda natureza. Dizia-se que certos(as) atletas possuíam a habilidade especial de "crescer" em cima do palco, aparentando um físico muito maior do que tinham a primeira vista, sendo estes(as) os(as) que geralmente conseguiam os melhores resultados. O segredo para alcançar tal efeito estava justamente na capacidade de posicionar os membros, produzir os encaixes articulares próprios, usar bem o diafragma para expandir a caixa torácica e outras tantas técnicas capazes de ampliar os contornos corporais.

Poucos(as) possuíam a habilidade, mas Laura era uma delas, o que a tornava uma competidora muito "perigosa". Essa característica presente no arsenal da paraguaia não era algo que escapava, por óbvio, a nenhum dos que acompanhavam Jeska. Não só Alyssandro, mas também Lucas, reconhecidamente um dos melhores atletas de pose do Brasil, e Larissa comentaram entre si no *backstage*, após a apresentação das atletas, como o físico de Laura parecia maior em cima do palco. Tendo a fisiculturista retornado ao tablado, agora eu tinha a chance de ver com meus próprios olhos tudo o que havia sido dito sobre ela.

Figura 44 – Jeska Barros (palco do Mr. Olympia)

Fonte: O autor (2019); localização: Expo Center Norte.

Mesmo executando apenas duas poses – a reapresentação fazia parte da liturgia da premiação, não servindo como etapa adicional de avaliação dos jurados –, Laura foi novamente capaz de performar uma muscularidade superior à das concorrentes. Foi seguida por Jeska, a qual, ao parar no centro do palco para a realização dos gestuais a que tinha direito, dava a impressão de ter um corpo não feito de carne e osso, mas compartilhando do brilho, definição e dureza do bronze. Ali em cima, tendo realizado todas as técnicas corporais que levavam à construção da muscularidade, às quais se somavam ainda a pintura corporal e até mesmo a iluminação do cenário montado, seus músculos se mostravam em toda a magnitude. Se à Jeska faltou volume em certas partes, como percebeu Alyssandro, todo o mapa de sua anatomia se desenhava diante dos olhos, a cada movimento. Finalizando a participação no Mr. Olympia 2019, a *figure* caminhou a passos firmes e ao mesmo tempo graciosos, indo até a lateral do palco, onde as adversárias lhe aguardavam em posição, braços afastados do corpo, músculos contraídos e lábios paralisados em um sorriso frio. Alinhadas lado a lado, as três esperavam com grande antecipação o apresentador do evento anunciar as colocações de cada uma, do último ao primeiro lugar.

Contrariando a previsão inicial de Alyssandro, Jeska foi a primeira a ouvir o nome ecoar pelo sistema de som anunciando a medalha de bronze. A seguir, foi a vez de Marina, premiada com a prata. Ao mesmo tempo, ainda na lateral, ao se dar conta de que tirara o primeiro lugar, Laura caiu de joelhos enquanto levava as mãos ao rosto, chorando um choro de corpo inteiro, convulso e seco, o corpo desidratado não podendo dispender o pouco de água que ainda lhe restava. Era o segundo título do dia e com ele o tão sonhado Pro Card. A façanha veio somente aos 44 anos, representando a coroação de quase duas décadas de caminhada no esporte e de muitos sacrifícios pessoais. Sua história de vida – algo muito valorizado no fisiculturismo – corria à boca pequena pelos bastidores, despertando o respeito e a admiração entre as atletas, fossem ou não adversárias.

Assim como Jeska, Laura era mãe e havia deixado as três filhas em casa, tendo viajado a São Paulo sozinha para perseguir o grande sonho. O esforço, assim, servia como prova de uma lição muito cara ao esporte e, em particular, ao fisiculturismo, prática na qual os(as) atletas muitas vezes atingiam o ápice em uma idade avançada: a sorte não falhava àqueles(as) que persistiam[311]. E, no Mr. Olympia, ela havia sorrido com todos os dentes à paraguaia. Mais tarde, a competidora ainda conquistaria outro título, o de campeã absoluta, em disputa que reuniu as atletas mais bem colocadas em todas as subdivisões da Figure.

No palco, Jeska recebeu a colocação com tranquilidade. Quando tornamos a nos encontrar, a impressão foi confirmada, ainda que entre todos permanecesse o entendimento de que o resultado mais justo deveria ter sido outro. No entanto, por ser um esporte no qual o elemento subjetivo possui peso considerável, situações como essa estavam longe de ser incomuns. Somado a isso havia também a compreensão de que aquele fora o campeonato de Laura e de que a hora de Jeksa inevitavelmente chegaria. Tratava-se de uma questão de tempo, levando em consideração que contava com somente cinco anos no fisiculturismo e que ainda tinha muito a evoluir. Agora não era hora de lamentar, portanto, mas de reconhecer o que precisava ser feito e continuar a caminhada em busca do profissionalismo. O sonho não havia acabado.

Cuidando de "sacudir a poeira" para aproveitar o que ainda lhe restava da viagem sem as limitações da preparação, o primeiro ato de Jeska, após competir, foi comer a torta de frango que guardara na bolsa, aplacando a fome que, àquela altura, passada a adrenalina do torneio, tornara-se insuportável. Enquanto mastigava, eu, Larissa e Lucas nos afastamos para decidir como gastar nossas últimas horas na BTFF. Pouco tempo depois,

---

[311] Larissa levou os mesmos quase 20 anos para se tornar profissional.

ao olhar novamente em direção aos bastidores à procura do casal, me dei conta de que Jeska e Alyssandro tinham deixado a área reservada aos(às) atletas.

Com isso, passamos a rodar em trio pelo pavilhão. Eu continuava, como de costume, empunhando minha máquina fotográfica e fazendo imagens de tudo que se passava em volta. Sem a mesma preocupação, Lucas e Larissa apenas flanavam pelos corredores formados pelos estandes das lojas, chamando a atenção das pessoas que permaneciam circulando no espaço. Olhares iam seguindo os passos do casal, que, andando de mãos dadas, lado a lado, ocupava boa parte do corredor, obrigando-me a permanecer um passo atrás, para dar passagem às pessoas.

Apesar de se tratar de um evento sobre o universo *fitness*, tendo como um de seus carros-chefes o fisiculturismo, parecia ainda causar certo espanto uma mulher tão forte quanto Larissa exibindo o físico sem culpa ou constrangimento. A isso somava-se ainda outra camada, pois, embora não fosse uma mulher como as outras, em virtude das técnicas empregadas na construção da muscularidade, era abertamente desejada por um homem, fora do enquadramento que a tornava apenas objeto de fetiche e de fantasias vivenciadas clandestinamente.

Mas, se tais olhares inquisitivos se faziam presentes mesmo em lugares como aquele, havia, por outro lado, uma quantidade enorme de afeto e admiração demonstrado em relação ao casal. Ao longo de nosso "rolê" pelo pavilhão, perdi a conta da quantidade de vezes que Larissa e Lucas foram parados por pessoas que lhes dirigiam palavras de carinho e pedidos para tirar fotos, como se fossem verdadeiras "celebridades". Dentro da comunidade de relações de que faziam parte, Lucas e Larissa eram conhecidos e respeitados, tendo em sua trajetória se tornado, segundo a interlocutora, o único casal de fisiculturistas profissionais do Brasil.

Como legítimos embaixadores do esporte, faziam questão de retribuir todo o carinho recebido, entregando sorrisos, abraços e palavras afetuosas. Aos velhos conhecidos perguntavam sobre a vida, sobre os familiares, como ia o casamento de um, por onde andava um outro. Em um desses reencontros, uma mulher com um bebê de colo, após a euforia inicial de vê-los, começou a chorar à medida que a conversa avançava, em virtude de alguns problemas de ordem pessoal. Os dois ouviam-na com atenção enquanto diziam frases de consolo, fazendo referência a Deus e à capacidade de superação das dificuldades, necessária para lidar com os infortúnios que a vida apresentava a todos. A cena se repetiu ainda outras vezes com pessoas diferentes, causando a impressão de que os laços que os unia às pessoas que conheceram por meio do esporte eram mais profundos do que podia imaginar.

Lucas e Larissa não perdiam a chance de elogiar o físico dos competidores que se aproximavam, além de fornecerem conselhos de ordem técnica para que pudessem continuar evoluindo na carreira. Foi assim com um fisiculturista negro, certamente a pessoa mais musculosa que já vi na vida, que Lucas encontrou em uma loja de roupas de ginástica. Avaliando o físico do atleta, tratou de incentivá-lo, afirmando que seu *shape* estava "sinistro" e que, se melhorasse a deficiência na panturrilha, "não ia ter pra ninguém". Ao ouvi-lo, o homem respondeu com simpatia, agradecendo o conselho. Em outro encontro inusitado, alguns minutos antes, o marido de Larissa "trombou" com um dos antigos adversários. Ao escutar o diálogo dos dois, fico sabendo ter sido aquele esportista um dos atletas mais cotados, na visão de Lucas, para conquistar o título que acabou ficando com este. A disputa, contudo, nunca chegou a acontecer, em virtude de um imprevisto ter impedido que o concorrente participasse do torneio. O que o marido de Larissa não desconfiava é que, pouco antes da competição, seu adversário ouvira de Deus – foram essas as palavras dele – que aquele título estava reservado a Lucas e que seu dia ainda não tinha chegado. Ao escutar isso, os olhos do fisiculturista ficaram marejados. A seguir, os dois homens encerraram a conversa com um abraço caloroso e uma fotografia.

Pouco depois, em uma das muitas "gaiatices", ao avistar Ronnie Coleman sentado em uma cadeira imitando um trono, enquanto distribuía autógrafos e tirava fotos com os(as) fãs, Larissa se ajoelhou aos pés do ex-fisiculturista para pedir sua "benção", valendo-se de um inglês "macarrônico", a fim de se comunicar com o norte-americano, que sorria sem graça aos "I love you" dirigidos a ele. Tamanha deferência se justificava por ser Ronnie considerado um dos maiores fisiculturistas da história, detendo o recorde de oito títulos consecutivos de Mr. Olympia. O respeito que recebia dos(as) praticantes se devia tanto ao talento físico quanto à disposição de ir até as últimas consequências para a construção da muscularidade. Tendo apenas 58 anos, o estadunidense atualmente não podia passar muito tempo em pé ou andar mais do que alguns passos, em razão dos longos anos levantando altas cargas, que lhe custaram uma dezena de cirurgias, na tentativa de corrigir inúmeras lesões nas vértebras e articulações dos quadris.

Larissa ainda concedeu uma entrevista a um canal de televisão, depois da qual executou, sem qualquer inibição, uma das poses características, revelando a musculatura dos bíceps. Antes de nos juntarmos a Jeska e Alyssandro, ao encontrar a paraguaia que derrotara a amiga, Larissa fez questão de expressar sua admiração, afinal de contas partilhavam histórias semelhantes de dedicação ao esporte, tendo percorrido um longo e tortuoso caminho para chegarem ao topo.

Nos intervalos das interações, perguntei-lhes, impressionado com a intensidade do carinho recebido, se aquilo era algo comum nas competições por onde passavam. Ainda trazia na lembrança o Sobral Open de 2017, quando, por todas as circunstâncias já mencionadas, percebi um clima árido e uma certa indiferença do público em relação aos dois. A fisiculturista respondeu afirmativamente, fazendo questão de ressaltar ainda que a postura deles era fruto de uma lição que orientava suas vidas, a de que generosidade e afetos positivos atraíam bons encontros e bons sentimentos.

Essa maneira de conduzir as relações dentro do fisiculturismo trazia a vantagem de fortalecer os laços com a comunidade do esporte, pela criação de uma rede de solidariedade e de contatos que os permitiam seguir a carreira, apesar dos inúmeros gastos. Era comum nas viagens, fosse para competir ou partilhar conhecimentos e experiências, que o casal conseguisse se hospedar na casa de amigos, ligados direta ou indiretamente ao fisiculturismo. Em outra situação, no início de 2020, quando Lucas precisou de apoio para a primeira competição como profissional, na Colômbia, os dois acionaram os(suas) seguidores(as) no Instagram através de uma campanha de doação que acabou ajudando a tornar a viagem possível.

Na parte final de nosso *tour*, já no começo da noite, Jeska e Alyssandro vieram se juntar a nós. Contrastando com a euforia de Larissa e Lucas, os dois falavam pouco, apesar de aparentarem serenidade, como se estivessem ainda tentando digerir os acontecimentos que culminaram no resultado de Jeska, àquela hora já devidamente compartilhado e celebrado junto ao público por meio do Instagram. Depois de circularmos mais um pouco, os corpos testosteronados de Larissa e Lucas, tendo passado quase um dia inteiro sem receber a energia necessária para os músculos famintos, começavam a reclamar por comida. Alyssandro se juntou ao coro, e com isso passamos a decidir onde iríamos gastar toda a fome que, àquela hora, também começara a me pegar de jeito. Estranhamente, Jeska não parecia demonstrar a mesma intenção de "encher a barriga", embora estivesse momentaneamente liberada das obrigações com a dieta.

Com o convite para que me juntasse em um jantar que faria as vezes de celebração da viagem, tive a chance de vivenciar um momento tão antecipado por mim dois anos antes, durante o Sobral Open. Aproveitando o bom clima entre nós, à diferença dos ventos que sopravam fora do pavilhão, anunciando mais uma noite chuvosa em São Paulo, atravessamos a porta principal do centro de eventos, com a intenção de conseguir um Uber ou mesmo um táxi.

Antes disso, porém, Lucas reencontrou outro velho conhecido, um fisiculturista de Cabo Verde conhecido como "Rude boy" (gíria que tinha origem na Jamaica e que podia significar um jovem ligado a atividades criminosas ou mesmo um apreciador do ritmo musical *ska*). A interação entre os dois se dava de maneira fácil, e em pouco tempo o assunto migrara para o frio, já que todos pareciam ser afetados por ele, encolhidos ou cobertos com agasalhos, menos Rude boy. Usava uma camiseta leve, deixando boa parte do tronco musculoso à mostra. Quando Lucas mencionou o fato, elogiando a capacidade do amigo de suportar uma temperatura tão baixa, ele respondeu: "É a trembolona, irmão!", ao que todos riram.

A "graça" do comentário se devia tanto pelo consumo dos anabolizantes ser algo admitido, mas cuja menção se procurava evitar – o que ficou claro durante a feira pela completa ausência de referência às substâncias, tornando sua citação objeto de "piadas internas" só compreendidas por iniciados(as) na prática – quanto pela necessidade de usar o humor para atenuar os efeitos orgânicos (mutações), muitos dos quais irreversíveis, provocados pelos ergogênicos. O que se expunha no comentário espirituoso de Rude, portanto, era o fato de que a trembolona, um dos hormônios mais usados pelos fisiculturistas em razão dos efeitos androgênicos, provocava uma aceleração do metabolismo, aumentando a produção de calor e o gasto energético do corpo.

Encerrada a conversa e depois de certa dificuldade de encontrar um motorista que topasse levar a todos de uma vez, fomos parar em um restaurante localizado a 20 minutos do centro de convenções, na Zona Norte. Nossa intenção era achar um lugar onde pudéssemos comer à vontade e a um custo baixo, e por isso acabamos escolhendo um rodízio de carnes já conhecido de Lucas. Mal tinha descido do carro, Larissa e o marido já subiam as escadas do estabelecimento para acessar o segundo andar, onde ficavam as mesas.

A fome era tanta entre nós que só pudemos conversar depois de havermos nos servido pelo menos duas vezes, colhendo de forma aleatória as comidas exibidas no *buffet* à disposição dos clientes. Lucas era o que mais comia, seguido de perto por Larissa. Jeska, ao contrário, serviu-se de uma pequena quantidade, ainda com o estômago embrulhado pela torta devorada após a competição. Os seguidos meses de dieta restrita deixavam o organismo sensível ao consumo de grandes quantidades de alimento e aos condimentos e temperos presentes na maior parte das comidas. Temendo passar mal, a fisiculturista resolveu não arriscar e preferiu ingerir líquidos, dando continuidade ao processo de reidratação.

Quando todos estavam já satisfeitos, Jeska pediu a palavra e começou a falar sobre as dificuldades que enfrentara para chegar até ali, sobre a saudade de casa e do filho adolescente, com quem tinha conversado mais cedo por telefone e a quem agradecia pela compreensão e pelo apoio que a permitia perseguir seus sonhos, apesar das viagens, dos dias longe de casa e das incontáveis horas de dedicação na tentativa de ir mais longe. A atleta agradeceu ao marido pela parceria e pelo incentivo, reconhecendo que não era fácil o trabalho que faziam juntos, mas em cujo propósito se mantinham firmes, jamais olhando para trás desde o dia em que cometeram a "loucura" de largar tudo para tentar a vida em uma carreira totalmente nova. Larissa e Lucas também ganharam palavras especiais de reconhecimento pela generosidade em partilhar seu saber, guiando o caminho deles desde os primeiros passos.

Enquanto Jeska falava, um brilho aquoso ia surgindo nos olhos. Aos poucos, ele foi se transformando em lágrimas, molhando o rosto cansado, mas contente da atleta, à medida que o líquido que na natureza era sinônimo de vida voltava a abundar em seu corpo. Ao lado de Jeska, Alyssandro não conseguiu conter a emoção diante daquelas palavras carregadas de sentimento e, apesar do esforço, também passaram a lhe brotar lágrimas, as quais ia enxugando prontamente com a ajuda de um guardanapo, áspero.

Lucas e Larissa, que eram pura emoção mesmo antes daquele momento, derreteram-se como sorvete em dia de calor, escorrendo doces pela mesa da churrascaria, coberta por uma toalha vermelha e encardida.

As palavras de Jeska não eram apenas o relato honesto dos sacrifícios e obstáculos enfrentados, os quais todos ali conheciam tão bem. O que ficou por dizer, coisas que talvez só ela soubesse, era tão ou mais eloquente do que tudo que pôde falar e que apenas se deixava ver nas linhas do rosto, nos silêncios entrecortados, na dureza dos músculos e na cadência dos gestos. Força. Era essa qualidade por vezes invisível – sintoma de sua afetação do corpo, daquela loucura da carne – que parecia envolvê-la por inteiro. Força para superar. Para seguir em frente. Para continuar no esporte que aprendera a amar e que, aos poucos, ia lhe abrindo as portas para um mundo novo.

5. UMA POÉTICA DA VIOLÊNCIA

Em uma sala escura, o som do ar saindo como um tiro pela boca e pelas narinas abertas de Cassils se une ao baque surdo dos golpes desferidos em uma sequência frenética, um após o outro. Punhos, cotovelos, joelhos, pés: todo o corpo é investido contra um bloco de argila de mais ou menos 1,70 m de altura e pesando aproximadamente 900 kg. Cada pancada é precedida de uma emissão de ar vocalizada, uma espécie de "grito" muito utilizado nas artes marciais para provocar a compressão do diafragma e, assim, aumentar a força do golpe, engajando a integralidade da musculatura na produção de uma cadeia cinética que tem como destino um único ponto de impacto, a fim de provocar o maior dano possível.

Parada a sua frente, a matéria lisa e relativamente mole da argila vai sendo moldada pelos golpes aleatoriamente desferidos pelo artista durante os 24 minutos de duração da *performance*, denunciando a marca de todos os ataques lançados contra ela e se transformando, por fim, em uma "escultura da violência". Esse processo não é dado a ver ao público, a não ser no instante em que *flashs* de luz vão sendo rapidamente disparados pela câmera de um fotógrafo documentando a obra em ato. Dessa forma, aos olhos das pessoas, a ação não se desenrola em um *continuum*, mas a partir de *frames* distantes alguns segundos entre si, convocando outras dimensões sensórias e afetivas além da visão, como a raiva e uma atmosfera de inquietação, aguçadas pelos sons produzidos pelos golpes e pela potência do corpo de Cassils em movimento.

Para suportar as demandas físicas de uma investida tão furiosa e duradoura, processo que costuma repetir em todas as *performances*, Cassils precisou passar por uma preparação corporal extensa, que incluía não apenas a construção de músculos potentes, como já descrito por mim ao falar de outros trabalhos (*Cuts* e *Hard Times*), mas também o treinamento com artes marciais – especialmente boxe, estilo de luta do qual o *performer* já era praticante – e MMA, convertendo o corpo em uma "arma".

De alguma maneira esse é o sentido subterrâneo, talvez inconsciente, assumido por *Becoming an Image*[312] [Tornando-se uma Imagem]. Em primeiro plano, a *performance* e seus desdobramentos, segundo o artista, serviriam como uma denúncia tanto da falta de representação dos corpos *trans* e *queers* quanto do arquivo de violências produzido e praticado contra eles. Em aparição pública por ocasião do evento Creative Capital Retreat[313], em que falou sobre a obra *The Resilience of the 20%* [A Resiliência dos 20%] – esculturas formadas a partir dos blocos de argila moldados pelos golpes de Cassils, espalhadas em locais onde corpos *trans* e *queers* foram assassinados ou violentados –, ele afirma o seguinte:

> Minha *performance* aponta para a evidência de que vidas *trans* e *queer* estão frequentemente ausentes da representação histórica, e o resultado dessa *performance* é uma série de corpos espancados e gravados com marcas de punhos, joelhos, cotovelos, suor e luta. O título de meu projeto-monumento é *The Resilience of the 20%* e denuncia a enojante estatística de que, em 2012, o homicídio de pessoas *trans* aumentou em 20%. Há muita cobertura midiática da representação *trans* ultimamente, mas a representação de alguns não se iguala a uma vida de qualidade para todos. Em meu projeto para o Capital Creative, vou transformar os remanescentes esmagados de *Becoming an Image* em materiais esculturais duráveis e fazer deles obras de arte pública. Ao se transformarem em monumentos públicos, eles serão colocados em espaços públicos para marcar locais onde atos de violência foram praticados contra pessoas de gênero não conformativo, e para escolher essas localizações geográficas vou trabalhar ao lado de organizações de base em cada cidade (CASSILS, 2015, tradução nossa)[314].

---

[312] Essa obra foi exibida pela primeira vez em 2012 no ONE Archive, em Los Angeles, o mais antigo arquivo LGBTQ dos Estados Unidos (CASSILS, 2013).

[313] Programa de apoio a projetos artísticos inovadores situado nos Estados Unidos. Ver Cassils (2015).

[314] No original: "My performance points to the evidence of queer and trans lives that are often missing from historical representation and the result of this performance is a series of bashed bodies marked with the imprint of fists, knees, elbows, sweat and struggle. The title of my monument project is called 'The resilience of the 20%' and points to a sickening statistic that in 2012 murders of trans people went up by 20%. Now there's been a lot of media coverage of trans representation lately but representation of some does not equate to live to quality for all. For my Creative Capital project I will cast the bashed remanence from 'Becoming an Image' in durable sculptural materials and make them into public artworks. Becoming public monuments they will be placed in public spaces to mark

Em que pese a importância do sentido explicitamente assumido, com *Becoming an Image* o artista ultrapassa a denúncia de uma grave problemática social para propor a emergência de um regime somático que defino como "musculinidade", cujas linhas tracei em momento anterior do texto e às quais retorno neste instante por identificar que a *performance* opera como um condensador das potencialidades corporais e políticas latentes nos processos de fabricação muscular de minhas interlocutoras[315].

É essa intuição que vai guiar as linhas finais deste livro. Por elas me proponho um outro desafio: em lugar de uma conclusão que estabilize os sentidos construídos pelos emaranhados agenciais encarnados em meu "corpo-campo", escolho seguir as aberturas engendradas por ele, ao refletir sobre as implicações estéticas e políticas ativadas por um processo de mutação corporal cuja radicalidade não encontra paralelo em nenhuma outra experiência com a qual tive contato ao longo do trabalho.

Figura 45 – Bloco de argila antes do ataque

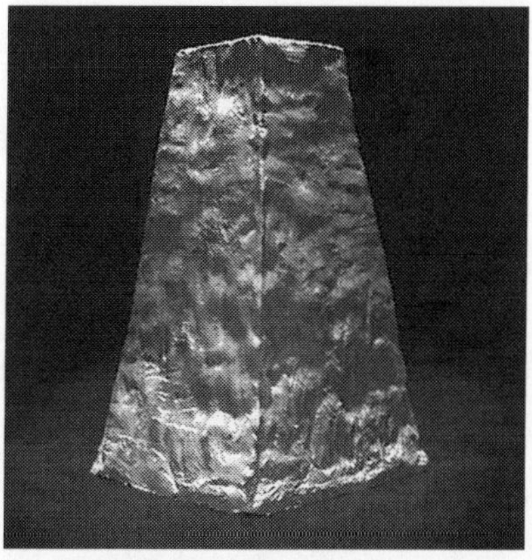

Fonte: Cassils (2012).

sites where acts of violence against gender non-conforming people have taken place and to choose these geographical locations I'll work alongside grassroots organizations in each city".

315 Nesse sentido, pensando com Adorno, tal relação entre sujeito e objeto artístico, convocaria a necessidade de imaginar a possibilidade de uma expressão não toda derivada da intencionalidade do artista. Esse não todo intencional, esse resto, demarcaria a incidência do negativo na obra. É a partir daí que se pode entender a afirmação de Lacan de que a arte é um certo modo de organização entorno do vazio, o que, em outras palavras, se coloca como uma crítica à essência afirmativa da arte. Tanto para Lacan como para Adorno, portanto, a cura do narcisismo do homem moderno, encastelado pela colonização que a noção de "eu" promove frente aos objetos do mundo, seria, então, uma experiência de descentramento e de não identidade, cujo modelo seria fornecido pela força disruptiva da arte contemporânea (SAFATLE, 2006).

Dessa maneira, intento pensar como o regime da musculinidade, mobilizado em *Becoming an Image* pela desnaturalização do gênero e pelo desmantelamento da política sexual heteronormativa, poderia ser capaz de inverter o fluxo de violência praticado contra corpos socialmente lidos como vulneráveis[316], ao dotá-los da capacidade de também serem instrumentos de sua produção, de devolverem "na mesma moeda".

É por essa via que o *performer* – além de artista, é fisiculturista e lutador, tendo atuado 18 anos como *personal trainer*[317] – coloca o corpo, por vezes nu, por vezes coberto apenas por um pedaço de pano, contra o bloco, fazendo nascer do barro uma nova matéria, constituída pela forma e força dos punhos, dos músculos e por um sistema cardiorrespiratório sistemática e tecnicamente programado, através de um regime de treinamentos específicos, para alcançar e manter entre 150 e 170 batimentos cardíacos por minuto (bpm) ao longo de toda a duração da *performance.*

Essa obra, no entanto, faz referência a apenas uma das etapas de transformação do corpo de Cassils. A origem das mutações pode ser encontrada algumas décadas atrás, mais especificamente quando tinha apenas seis anos de idade e ainda atendia pelo nome de Heather[318]. Por volta dessa época, ele, que já era uma criança doente desde a primeira infância, começa a sofrer de uma afecção misteriosa no abdômen, que perdurou dos nove aos 13. Apesar das visitas regulares a emergências ao longo de quatro anos, quando chegava a passar horas vomitando um líquido esverdeado, era sempre mandado de volta para casa pelos

[316] Para Butler (2015), a vulnerabilidade está relacionada a uma política do corpo, uma vez que é indissociável da precariedade que resulta de nossa existência social, ou seja, de nossa dependência mútua para resistir a condições políticas injustas. Nesse sentido, ela pensa a vulnerabilidade dentro de um enquadramento que torna possível a definição de fronteiras que permitem a um corpo sua vida e sua ação. Nas palavras da autora: "a vulnerabilidade não se reduz a uma particularidade ou a uma disposição episódica de um corpo distinto, mas é, na verdade, um modo de relação que repetidas vezes coloca algum aspecto dessa distinção em questão (...) Os corpos não vêm ao mundo como agentes automotrizes; o controle motor se estabelece com o tempo; o corpo é inserido na vida social antes de mais nada em condições de dependência, como um ser dependente, o que significa que mesmo os primeiros momentos de vocalização e movimento estão respondendo a um conjunto de condições para a sobrevivência em constante transformação" (BUTLER, 2015, p. 131). Com esse conceito, portanto, reflete sobre o emaranhamento de corpos humanos e não humanos como fundamento de uma ética marcada pela dependência radical dos outros e de um mundo sustentável. Importante destacar ainda que Butler (2015) não opõe a vulnerabilidade à força, sendo aquela o que vai engendrar a emergência de estratégias de resistência coletivas para além de processos identitários.

[317] Cf. Cassils (2015).

[318] Cf. Cassils (2015).

médicos, sob a justificativa de que não havia nada de errado, de que "tudo estava em sua cabeça". A situação continuou até o momento em que Cassils sofreu uma ruptura no duto biliar, fazendo com que o branco dos olhos se tornasse verde. Foi só então que os médicos o levaram a sério. Quando finalmente operado, "estava apodrecendo por dentro", cheio de ulcerações sangrentas nas vísceras, como se o corpo tivesse se transformado "no organismo de um homem alcoólatra de 60 anos" (CASSILS, 2015).

A experiência com a doença lhe ensinou uma valiosa lição: a de que não poderia seguir cegamente sistemas estabelecidos. O treinamento com pesos se tornou, então, parte fundamental da recuperação (mesmo "remédio" utilizado por Larissa para lidar com as crises de ansiedade quando adolescente e por Marilia Coutinho na tentativa de alcançar uma sensação de integralidade em relação ao corpo); e, a partir daí, Cassils incorporou, de uma maneira não usual (*queer*), conhecimentos sobre nutrição, biomecânica e fisiologia para produzir no corpo uma expressão particular de gênero e uma linha de fuga da humanidade.

O estado de liminaridade[319] provocado pela incerteza quanto ao funcionamento do organismo, na medida em que aquilo que parecia errado – as dores e os vômitos – não encontrava inscrição na simbologia médica, teve como resultado a impossibilidade de que, durante esse período, Cassils produzisse, com base em um saber estruturado, narrativas a respeito de si e de sua condição "invisível". Tal experiência disruptiva, como apresentado nesse relato, só pôde ser ressignificada quando o artista se reapropriou do corpo, anteriormente colonizado pela medicina, inscrevendo-o, de maneira singular, em um conjunto de saberes incorporados, a partir dos quais passou a contar uma nova história.

Nesse sentido, a reconfiguração da corporalidade de Cassils se deu com a encarnação de uma ontoepistemologia carreada pelas interações de sua materialidade com tecnologias e objetos incorporados, em um processo de constituição mútua pelo qual buscou desorganizar ativamente um conjunto de posições binárias (masculino/feminino, natureza/

[319] Para Turner (2008, p. 47, tradução nossa) a liminaridade é um "estado de ser entre participações sucessivas em um meio social dominado por considerações sociais estruturais". Na liminaridade, portanto, pensar é fazer e fazer é pensar. Ali, os corpos dos sujeitos operam como condensadores das dimensões simbólicas e imaginárias, e das misturas perigosas que, no correr comum dos dias, são cercadas por limites intransponíveis.

cultura) surgidas com a modernidade. Com isso, assumiu a indeterminação como condição não só de seu corpo, mas de todo corpo. Em suas palavras:

> Penso o corpo como um objeto escultural destruindo binários e a noção de que para ser oficialmente transgênero você tem que fazer cirurgias ou tomar hormônios. Eu performo *trans* não como a travessia de um sexo para o outro, mas como um contínuo tornar-se que ocupa um lugar de indeterminação, espasmo e derrapagem. Em cada uma de minhas *performances*, treino meu corpo para um propósito diferente. Ou sendo pressionado contra o gelo, ganhando 10 kg de músculos, esmurrando argila ou tendo meu corpo incendiado (CASSILS, 2015, tradução nossa)[320].

Seguindo as pistas indicadas pelo desejo, constituiu um percurso transformativo, a partir de "um processo que demanda pequenas mudanças progressivas, solução de problemas, escuta de *feedbacks* e estar presente" (CASSILS, 2015, tradução nossa)[321]. E, com o saber adquirido ao longo da experiência no treinamento com pesos (e outras modalidades) e na manipulação de uma série de tecnologias somáticas presentes no esporte, espaço privilegiado na produção do gênero e de seus desvios (LONGMAN, 2004)[322], foi conduzindo uma investigação estética e corporal que se valeu das divisas da carne para levar ao limite possibilidades de expressão de gênero, resultando em um corpo que não é masculino, feminino e que tampouco está em um movimento de trânsito entre os dois "polos". Ao

[320] No original: "I think of the body as a sculptural object bashing through binaries and the notion that in order to be officialy transgender you have to have surgery or take hormones. I performe trans not as somenthing about crossing from one sex to the other but rather as a continual becoming that occupies a space of indeterminancy, spasm and slipperiness. In each of my performances I train my body for diferente purposes. So whether it's being pressed against ice, gaining 23 pounds of muscle, pummeling clay or being lit ablaze".

[321] No original: "I'm an expert in transforming the body. A process that demands small progressive changes, troubleshooting, listening to feedbacks and being present".

[322] Um dos exemplos mais evidentes disso é o caso dos(as) atletas da antiga Alemanha Oriental que recebiam, sem seu conhecimento ou consentimento, anabolizantes ainda na puberdade, a fim de melhorar o desempenho atlético. Essa prática era patrocinada e dirigida pelo comitê olímpico do próprio Estado alemão como parte da máquina de propaganda utilizada pelos países alinhados ao bloco soviético. Em alguns casos, a administração de hormônios androgênicos – naquele período o anabolizante mais utilizado era o turinabol – era tão intensa e acontecia tão cedo que algumas atletas acabaram passando por uma transição de gênero involuntária, provocada pelos efeitos secundários surgidos do abuso da substância e pelas transformações radicais que produziam no corpo.

contrário, a proposta de Cassils é de uma corporalidade em constante estado de devir, mutação e indeterminação.

É muito importante aqui não confundir a plasticidade radical proposta pela obra com a apropriação de certo discurso sobre a transformação e a mudança presentes na subjetividade capitalista como um de seus elementos constitutivos.

Em *Ontology of the Accident: An Essay on Destructive Plasticity* [Ontologia do acidente: um ensaio sobre a plasticidade destrutiva], Catherine Malabou (2012) fala sobre formas de transformação que apontam não para o fortalecimento de identidades, mas para seu apagamento, operando como um verdadeiro ataque à ideia de indivíduo, pela constituição de uma alteridade radical sem a existência correlata de narrativas integradas a formas anteriores de manifestação. Surgiria daí um tipo de plasticidade que seria explosiva e não positiva (forma de aparição mais frequente e palatável do termo), uma vez que, segundo a filósofa, a "destruição possui suas próprias ferramentas de escultura" (MALABOU, 2012, p. 4). A implicação disso é a presença de certa negatividade, de certa experiência de vazio, que seria central a todo processo de mutação.

Figura 46 – *Becoming an Image* (1)

Fonte: Cassils (2012).

Sua marca, cuja presença a filósofa situa em algumas patologias cerebrais, seria, portanto, o de uma identidade incapaz de refletir sobre si mesma e de vivenciar a própria transformação, como no mal de Alzheimer, em que há um processo de ruptura da identidade do sujeito pelo apagamento de experiências mnêmicas que constituíam a noção de integralidade, dando lugar à impossibilidade de subjetivação (evento próximo ao trauma).

Nesse sentido, para Malabou (2012, p. 11, tradução nossa), a plasticidade destrutiva permitiria "o aparecimento ou a formação de uma alteridade em que o outro está absolutamente ausente. Plasticidade é a forma de alteridade na qual não resta qualquer transcendência, voo ou escapatória. O único outro que existe nessa circunstância é ser um outro para si mesmo"[323]. Em outras palavras, isso propiciaria a emergência de uma alteridade resultante da explosão de formas prévias, incapaz de subjetivação ou assimilação. O que Malabou chama de plasticidade aponta, no limite, para a ideia da metamorfose como um evento de consequências imprevisíveis, deslocado, no qual há a quebra de toda a cadeia de causalidade e a ruptura com modos de aparição antecedentes, resultando na criação de outra forma de vida[324].

Daí, é possível dizer que há uma distância intransponível entre o intrincado e imprevisível processo de constituição de uma alteridade não subjetivável, na qual está implícito o risco do próprio desaparecimento como realização de uma pulsão de morte latente, e os discursos de transformação que se expressam em formas de compreensão da identidade como versões de si em constante "evolução" sequencial, à maneira de um *software* ou de um telefone que exibissem sempre novas atualizações, capacidades e ferramentas para lidar com as demandas e necessidades apresentadas pelo "mercado". Esse processo de comodificação da subjetividade, perceptível de conversas corriqueiras a frases repetidas nas redes sociais

[323] No original: "appearance or formation of alterity where the other is absolutely lacking. Plasticity is the form of alterity when no transcendence, flight or escape is left. The only other that exists in this circumstance is being other to the self".

[324] Segundo Malabou (2012) os acidentes que provocariam essas transformações não passíveis de subjetivação seriam fruto do acaso, de eventos absolutamente imprevisíveis. No entanto, a *performance* de Cassils parece apontar a possiblidade de certa encenação do acidente, na medida em que busca ativamente desorganizar, com seu corpo, o campo simbólico estruturado desde o qual se produzem discursos sobre o sexo-gênero. Nesse sentido, o corpo do artista se constitui como acidente para o regime heteronormativo e com isso abre um novo campo de emergências do que não pode ainda ser dito. A ontologia apresentada por Malabou (2012) vai se instaurar na obra do artista em um segundo momento, como parte dos agenciamentos imprevisíveis ativados por seu projeto estético.

de celebridades, artistas, atletas e empresários(as) – "Seja a melhor versão de si mesmo"; "Em evolução sempre"; "Você pode ser tudo o que quiser" –, apesar do teor motivacional e da importância que possam ter na construção de autoestima e na ativação de certa capacidade de resiliência frente à crescente complexidade da vida social, transferem para o indivíduo, ao custo de sua carne e subjetividade, a tarefa de conciliar as linhas de força do poder em sua manifestação mais recente, ou seja, como tecnobiopoder (HARAWAY, 1997).

A investida no fortalecimento de identidades organizadas sob a rubrica de uma subjetividade não mais estável, porém em permanente estado de "evolução", constitui um processo de indexação da temporalidade biológica às dinâmicas de circulação de mercadorias, ativos financeiros e informações digitais. No entanto, quando a mutação se impõe sem fazer do corpo lugar privilegiado de reprodução da vida material, mas como indeterminação, caminho aberto para consequências imprevisíveis, ou, em outras palavras, como uma infinitude produtiva resultante da negatividade estrutural do sujeito, torna-se possível o surgimento de um gozo não nomeável, que o capitalismo busca a todo custo eliminar (SAFATLE, 2019).

A construção corporal de Cassils se configuraria, em última análise, como esse devir sempre inconcluso e indeterminado, o que se dá a ver não só em *Becoming an Image*, mas ao longo de toda sua obra, uma vez que o *performer*

> adaptou métodos de autotransformação em sua prática artística, usando exercícios, educação física especializada e nutrição para mudar seu corpo e seus parâmetros. Uma preocupação recorrente para Cassils tem sido o uso desses métodos de uma maneira selvagem. Os protocolos para uma construção muscular e uma alimentação tão extrema são altamente generificados, com diferentes métodos e objetivos prescritos ao longo de linhas binárias bem definidas. Cassils reconfigura esses métodos como um meio para demonstrar o potencial para transformações corporais e para refazer o corpo sexuado (GETSY, 2015, p. 13).

Mediante a produção de um regime somatopolítico baseado em dieta, treinamento com pesos e/ou ingestão de anabolizantes, os efeitos da construção técnica do gênero em Cassils não são contidos, mas, ao contrário, potencializados por meio de uma *performance* da incorporação material do "desvio", do "erro", da transformação permanente. Pela produção de sua "musculinidade", o artista acaba por desmontar o regime escópico de classificação do gênero, o qual se vale da visualidade para determinar, muitas vezes de forma violenta, que gênero pode ser atribuído a qual corpo. Dessa forma, o que vai me interessar em *Becoming an Image* é a emergência de uma forma nascida da plasticidade destrutiva, firmando-se como abertura a um infinito que, parafraseando Safatle (2019), busca dar corpo ao impossível[325].

Figura 47 – *Becoming an Image* (2)

Fonte: Cassils (2012).

A razão pela qual insisto na ideia de destruição tem a ver com o fato de que o corpo fabricado pelo artista surge como uma forma que aniquila outras que lhe antecedem, instituindo uma linha de ruptura que se impõe como acidente, na medida em que interrompe a sequência diacrônica de

[325] Com essa afirmação, busco apenas apontar a função radical da arte como forma privilegiada de emergência de processos de desidentificação e descentramento do sujeito, e não estabelecer uma espécie de hierarquia, no sentido de dizer que o artista teria chegado "mais longe" que minhas interlocutoras na produção de um corpo carregado de agência política, pois não é disso que se trata. Minha intenção, na verdade, é mapear zonas de intensidade engendradas pela produção de diferenças que importam.

eventos que constituiriam uma narrativa subjetivada e integrativa, processo por meio do qual se forma a identidade. Em Cassils, portanto, o corpo não é marcado por identificações – o trânsito entre masculinidade e feminilidade dá lugar à criação de uma zona de indeterminação, de escombros e destroços, como uma área que acaba de ser atingida por um bombardeio –, mas por um devir que o constitui como um contínuo tornar-se: "Como se houvesse uma morte parcial resultante de uma misteriosa metamorfose do corpo e de seus afetos, a qual não coincidiria com o fim da relação de movimento e descanso das diferentes partes do corpo, mas que procederia da desorganização dessa relação" (MALABOU, 2012, p. 33).

Em razão da constante mutação, esse corpo desorganizado, levado ao limite da materialidade, ao incorporar-se como acidente pelo emprego de uma multiplicidade de técnicas e tecnologias que desmontam as ferramentas classificatórias do sexo-gênero, põe em questão o binarismo "homem-mulher", decorrente do sistema moderno colonial de gênero[326]. *Becoming an Image*, além disso, ativa outras zonas de indeterminação, presentes nos protocolos de fabricação da matéria em movimento e na maneira como produz atravessamentos entre diferentes artes do corpo para compor a obra.

De um lado, há a dimensão do treinamento físico necessário para a consecução da *performance*. Cassils mobiliza e engaja todas as partes do corpo, enquanto mantém os batimentos do coração em um platô necessário a que o gesto de violência continue dando forma ao material, sem pausa ou recuo. Assim, além da produção de músculos, processo que culminaria na proposição de obras como *Cuts* e *Hard Times* alguns anos mais tarde, precisou dotar o corpo de outras habilidades específicas, sem as quais a realização da *performance* seria impossível.

Além da musculatura, incorporou a capacidade física, o fôlego e as habilidades marciais de um lutador, a fim de desferir ataques mais eficientes, causando o maior dano possível com o mínimo de impacto em articulações,

[326] Para María Lugones (2014, p. 935), a crítica ao universalismo feminista deve estar centrada na "reivindicação de que a intersecção entre raça, classe, sexualidade e gênero vai além das categorias da modernidade". Assim, o conceito "sistema moderno colonial de gênero" funcionaria como um enquadramento a partir do qual se poderia fazer uma crítica decolonial ao uso opressivo das dicotomias hierárquicas dele resultantes. Nesse sentido, a separação entre "homens" e "mulheres" seria decorrência de outra fronteira imprescindível à modernidade colonial presentificada pela clivagem entre humanos e não humanos. Segundo Lugones (2014, p. 936), então, só "os civilizados são homens ou mulheres. Os povos indígenas das Américas e os/as africanos/as escravizados/as eram classificados/as como espécies não humanas – como animais, incontrolavelmente sexuais e selvagens".

ligamentos e ossos. Se Cassils se entregasse ao ímpeto de despejar sobre o bloco uma fúria cega e desordenada, desferindo uma bateria de golpes de maneira inconsequente, correria facilmente o risco de sofrer alguma lesão, como uma ruptura ligamentar ou fratura de alguns dos frágeis ossos que dão sustentação às mãos e aos pés. Contando com a experiência anterior como pugilista, arte de combate que utiliza somente as mãos para golpear o adversário, o artista potencializou a força e a intensidade dos ataques pelo acréscimo de outras armas, como as artes marciais mistas, ampliando o repertório do corpo para a produção da violência, ao adicionar à dureza dos punhos, a força cortante dos cotovelos, o impacto penetrante de joelhos e pés, além dos "pisões", que, valendo-se da energia cinética de saltos e do peso corporal, causavam um impacto devastador no bloco.

De outro, esse processo também denota a utilização do esporte, bem como de suas tecnologias de produção corporal e de gênero, como parte dos elementos nucleares da *performance*, desfazendo as separações entre a prática corporal e o que poderia ser considerado arte ou estética[327]. *Becoming an Image* é, portanto, o resultado de uma multiplicidade de atravessamentos, ajudando a marcar o lugar de fronteira habitado pelo corpo. Um vídeo de apresentação do *performer*, anterior ao processo de transição de gênero, quando ainda trabalhava como *personal trainer*, revela parte das práticas corporais que o influenciaram:

> Meu nome é Heather Cassils, e eu sou treinadora. Além de ser treinadora, também sou dublê, fisiculturista, e ex-boxeadora semiprofissional. Sou artista visual. Tenho mestrado em Belas Artes. Meus exercícios são

[327] No vídeo *Esporte é arte? Uma reflexão sobre powerlifting como arte*, Marilia Coutinho fala de sua prática como uma forma de manifestação cultural, uma vez que, com ela, é capaz de traduzir suas percepções subjetivas sobre o mundo. Dentro do regime estético apresentado, no instante em que realiza execuções com carga máxima, os limites da representação de si desaparecem, ao existir "inteirinha" nas ações que compõem o levantamento. Em razão disso, tal gesto seria capaz de mobilizar tanto afetos quanto outras formas estéticas, tendo chegado mesmo a chorar vendo levantamentos de "artistas do peso". Ao lançar a questão "Que tipo de movimento é capaz de fazer a pessoa transbordar de si mesma?", produz uma abertura que possibilita pensar relações de parentesco entre artes do corpo como dança e performance, por exemplo, e o esporte de maneira geral, ao enfatizar a ligação mútua por meio da ideia de "movimento". Em seu caso, cada ângulo e técnica aprendida contribui para a execução perfeita do levantamento, permitindo uma expressividade contida em uma forma específica, mas que guarda em si uma multiplicidade de agenciamentos pelos quais Marilia afeta e é afetada pelo conjunto "anilhas-barra de ferro". Cada um dos levantamentos do *porwelifting*, portanto, encenaria uma performatividade diferente, sendo o levantamento-terra um "movimento mais guerra"; o supino, "mais meditativo"; e o agachamento, uma "celebração da vida" (ESPORTE, 2013).

criativos e diversos, e você nunca terá que fazer o mesmo mais de uma vez. Eles são realmente diversos e muito, muito difíceis. Eu incentivo as pessoas. Exercício é uma metáfora que você aplica. Você tem que quebrar as coisas para construí-las (WHO, 2010, tradução nossa)[328].

Figura 48 – *Becoming an Image* (3)

Fonte: Vason (2013).

Com essa fala, torna-se perceptível a existência do que eu poderia definir como um espaço topológico, composto não por coordenadas definidas, mas por zonas de fluxo, onde tudo quanto é mobilizado por ele, isto é, o que poderia ser definido como "arte", "esporte", "masculino",

[328] No original: "My name is Heather Cassils and I'm a personal trainer. As well as being a personal trainer, I am also a stunt woman. I am a bodybuilder and ex-semi-pro-boxer. I am a visual artist and I have a masters in Fine Arts. My workouts are creative and diverse and you'll never have the same one twice. They're really really hard. I push people. Exercise is a metaphor that you can apply. You have to break things down in order to build things up".

"feminino", "natureza", "cultura" vai sendo produzido através de uma interação material contínua, tornando o que seria interno a um campo socialmente demarcado algo externo a ele, e vice-versa.

Entendendo o corpo como *locus* terminal do poder (FELDMAN, 1991), a *performance* apontaria ainda para o redirecionamento das linhas de força em operação dentro do regime heteronormativo, através da produção de um reverso da violência em que o corpo, antes reificado por ela, se transformaria em instrumento de sua produção. Em outras palavras, a violência mobilizada pelo artista operaria uma espécie de mimese (rebelde) dos ataques mobilizados contra corporalidades inscritas em um registro de vulnerabilidade física e/ou social em razão do gênero. A mutação corporal que dá passagem a essa inversão do fluxo de poder, eu insistiria, está imbricada aos protocolos de produção da musculinidade de Cassils, pelos quais, com a ajuda de um conjunto de técnicas de construção de músculos, força e capacidade atlética, ativa a potência de indeterminação da carne, recriando-se como uma corporalidade não apenas passível de ser violada, mas de ativar arquivos e repertórios de violência.

A noção de que *Becoming an Image* proporia a materialização de uma espécie de reverso da violência se deve à presença de uma racionalidade não só no ataque efetuados, mas sobretudo na maneira como o corpo é propositalmente dotado das capacidades necessárias para produzir uma investida brutal contra o bloco. Trata-se, portanto, da mobilização de uma agressão furiosa, mas que se dá de forma relativamente organizada, na intenção de conflagrar a maior destruição possível no intervalo de tempo estabelecido para a duração da *performance*. Ao final, o artista fica banhado com uma mistura de suor e argila, a qual, ao se desprender do bloco, vai cobrindo a superfície da pele, como uma segunda camada. Para aumentar o impacto dos socos e ao mesmo tempo proteger as mãos, estas são revestidas por faixas, tornando os ossos mais compactos e aptos a receber a contundência do impacto devolvido pelo bloco, mesma tecnologia usada por boxeadores desde o início do esporte para evitar fraturas.

Como venho afirmando, a disposição corporal engendrada na *performance* apontaria para a construção de um arquivo cuja função seria a de simbolizar a violência sofrida por corpos socialmente vulneráveis; e, principalmente, para a apresentação de outra forma de organização somática, surgida da incorporação de um conjunto de técnicas de "pirataria"

(PRECIADO, 2008) do sexo-gênero e da fabricação de uma muscularidade qualificada pela aquisição de capacidade atlética acima da média e por habilidades marciais de autodefesa e ataque.

Assim, o que Cassils parece propor com *Becoming an Image* é a indeterminação de um corpo que se impõe como uma arma simbólica, na medida em que colocaria em suspensão a ontologia da divisão sexual, e também como artefato de produção da violência, capaz de resistir e se insurgir contra opressões e ameaças à vida. Além disso, operando nos interstícios do aparato de produção de gênero e do sistema de diferenças que estratificam o espaço social em regiões de circulação concentrada de poder, esse corpo também funcionaria como uma "máquina de guerra" (DELEUZE; GUATARRI, 1997), ao se apresentar como uma força informe e múltipla contra o regime heteronormativo, em particular, e contra o Estado, de maneira geral, uma vez que a diferença sexual age como um de seus alicerces.

Para pensar os agenciamentos envolvidos na produção desse corpo, recorro à ideia elaborada por Feldman (1991) de que as práticas de violência, corporais e espaciais, formam uma linguagem unificada de significação material, na qual a agência política não é dada, mas alcançada pelas práticas que transformam o sujeito. Dessa forma, o poder passa a ser pensado do ponto de vista de sua geração e de seu efeito, descentrando-o, portanto, de concepções que sustentariam a distribuição racional de suas consequências. Além disso, o que vai me interessar mais de perto na proposição de Feldman (1991), em virtude de sua imbricação às forças encarnadas por Cassils, são as noções de que toda agência política é uma força incorporada; de que o corpo transformado em artefato, por um ato de violência incorporado, é tão político quanto os autores da violência contra ele cometida e, finalmente, de que a

> violência em certa magnitude e para locais específicos de ancoragem simbólica é um veículo privilegiado para a abertura da ordem simbólica às exigências da descentralização do processo diacrônico. Essas exigências não são externas à ordem simbólica, mas habitam essa ordem na forma de seus próprios efeitos. Essa ordem simbólica é condenada a produzir um excesso de experiências não codificadas e incodificáveis que não podem ser internalizadas, que resistem às categorias convencionais e práticas de incorporação representacional. Esse domínio de resistência é "real",

embora exceda qualquer noção residual de realidade convencional e práticas de convencionalização (FELDMAN, 1991, p. 79, tradução nossa)[329].

Dessa forma, muito mais do que um arquivo materializando uma denúncia crua das violências praticadas contra corpos *trans e queer,* o artista produz, com as fibras dos músculos, com as técnicas de luta que incorpora, com o avanço brutal contra bloco, com seu suor, sangue e fluidos, um ato de revolta, insurgindo-se contra os processos de fragmentação simbólica e reificação do corpo – reduzido, pelo regime heteronormativo, a um órgão reprodutor que o identifica e, pelo capitalismo, a um objeto de gozo alienado do próprio desejo – e redirecionando, assim, os agenciamentos que buscam capturá-lo.

Figura 49 – Bloco de argila depois do ataque

Fonte: Cassils (2012).

[329] No original: "Violence of a certain magnitude and directed at specific sites of simbolic anchorage is a privileged vehicle for opening a symbolic order to the exigencies of descentering diachronic process. These exigencies are not external to the symbolic order but inhabit this order in the form of its own effetcs. The symbolic order is condemned to produce an excess of uncoded and uncodifiable experience that cannot be internalized, that resists the conventional categories and practices of representational incorporation. This domain of resistance is 'real', yet it exceeds any residual notion of conventional reality and practices of conventionalization".

Fabricado por processos transformativos ativados desde uma ontologia do acidente (MALABOU, 2012)[330], o corpo de Cassils reenvia a violência experimentada na carne às enervações mais profundas do sistema de coerções produzido contra ele. Cada soco, chute ou joelhada funciona como uma marca da ativação política do corpo, pela manipulação de tecnologias somáticas encarnadas em sua desconstrução e remontagem, fazendo de seu devir, de sua liminaridade, incompletude e rebeldia condições-chave para sua gênese.

A completa escuridão na qual se desenrola a *performance,* quebrada apenas pelos *flashs* da câmera fotográfica, para além de pôr em destaque a contradição de o aumento da visibilidade de corpos *trans* vir acompanhado do recrudescimento dos ataques realizados contra eles, como se sua matéria só pudesse encontrar lugar como corpo fetichizado ou violentado, parece também ativar uma dimensão imaginária. Isso porque, quando do início, o alvo da investida, além de não poder ser visto por Cassils, está intacto, não marcado e, portanto, passível de ser o suporte material do Outro contra o qual o artista se bate na passagem de um corpo violentado para um corpo instrumento de violência. Esta, encenada a partir da não simbolização da corporalidade do artista, dada a recusa de permitir-lhe outras formas de inscrição fora de um discurso patologizante, é o que vai, no limite, propiciar as condições para um outro simbólico. Com isso, Cassils dá gênese a um corpo "inapropriado/vel", capaz de "estar em uma relação crítica e desconstrutiva com uma racionalidade difratária mais que refratária, como forma de estabelecer conexões potentes que excedam a dominação" (HARAWAY, 1999, p. 126, tradução nossa)[331]. Se, por um lado, o artista se lança em uma jornada na qual o corpo vai se encarnando, em virtude das diversas transformações, como "acidente", por outro as atletas com as quais estabeleci uma partilha de experiências somáticas, apesar de se valerem, por vezes, de tecnologias corporais que extrapolam os protocolos físicos adotados por Cassils, rejeitam ocupar um lugar de indeterminação. Essa recusa, no entanto, por se tratar de três experiências distintas, não se dava do mesmo modo para elas.

[330] Ao deslocar "sexo" e "gênero" (dois dos significantes que estruturam o sistema de produção de diferenças do qual o sujeito moderno é a encarnação), a corporalidade do artista tensiona os próprios limites da linguagem.

[331] No original: "estar en una relación crítica y deconstructiva, en uma racionalidade difractaria más que refractaria, como formas de establecer conexiones potentes que excedan la dominación".

Larissa, por exemplo, a mais musculosa entre as três, fazia uso de um programa de transformação física que lhe conferia uma muscularidade muito mais avantajada que a de Cassils, cujo corpo poderia ser considerado mais atlético do que propriamente musculoso. A corporalidade hipertrofiada e testosteronada, tanto por sua imagem quanto pelos recortes agenciais estabelecidos pelo discurso médico (não nos esqueçamos de que o nível de hormônios androgênicos no sangue da *physique* se assemelhava ao de um homem cisgênero), lançava Larissa para fora do sistema binário de gênero, na medida em que suportava caracteres "masculinos" e "femininos". Fora da rede de sociabilidade do fisiculturismo, o corpo dela muitas vezes se tornava inclassificável, ao não se encaixar à ordem instaurada pela sexo-política heteronormativa, o que fazia com que fosse interpelada em situações cotidianas por olhares investigativos ou aproximações diretas, mesmo violentas, quando era instada por estranhos a revelar a "verdade" de seu sexo. Afinal, homem ou mulher? Para frustrar a pacificação do efeito disruptivo causado pelo corpo, Larissa por vezes afirmava ser uma travesti que acabara de se operar, aumentando o "pânico de gênero" (HALBERSTAM, 1998).

Diferente de Cassils, no entanto, não se valia, de modo geral, da posição de exterioridade enquanto mulher musculosa para fazer do corpo uma encarnação do "acidente", daquilo que escapa ao campo do sentido. Em outras palavras, se o desejo do artista era destruir, com o corpo, o binarismo de gênero, a produção somática de Larissa, embora engendrada por mecanismos talvez até mais complexos, não tinha a mesma intencionalidade, estabelecendo-se por uma dinâmica pendular, de avanços e recuos. Dessa maneira, se a radicalidade do fisiculturismo tornava inevitável a torsão e o reenvio de certo *quantum* dos agenciamentos que orientavam a produção técnica de seu sexo-gênero, em contrapartida outra parte continuava agindo diretamente sobre o corpo dela, no sentido de "retificar" os "desvios" efetuados em relação à "feminilidade".

Nesse sentido, o que parecia balizar a construção de seu físico era a ideia de uma incorporação calculada de certos caracteres "masculinos" (músculos e testosterona), sendo os "excessos" "corrigidos" pelo investimento nas diferenças anatômicas que separavam "homens" e "mulheres", efeito alcançado principalmente pelas próteses de silicone e pela maquiagem, cuja função era atenuar as consequências do uso prolongado dos hormônios. Assim, era como se a violência do gesto de Larissa, ao dar existência a um corpo feminino musculoso e anabolizado, não se completasse devido à adoção de um conjunto de contra-técnicas (heteronormativas) de retificação somática, fazendo com que, no lugar da instauração de um simbólico não referenciado pelo binarismo, houvesse certo alargamento do conjunto de prescrições já instituídas a respeito da feminilidade.

No caso das fisiculturistas, a conciliação entre "masculinidade" e "feminilidade" (com a prevalência desta última) era expressa nas palavras de Jeska ao se referir à difícil tarefa de incorporar o "melhor dos dois mundos", constituindo-se como uma mulher musculosa, mas, ainda assim, feminina e vaidosa. A construção de uma feminilidade testosteronada, no entanto, encontrava resistência mesmo dentro do "universo do fisiculturismo" e de sua rede de sociabilidade, o que era possível de ser constatado tanto na fala das atletas quanto em algumas atitudes preconceituosas, dirigidas particularmente contra as fisiculturistas mais musculosas, nas competições que pude acompanhar. Fora dessa paisagem específica, o corpo delas era muitas vezes recebido como objeto de fetiche e desejo ou então rejeitado como inapropriado e inadequado, sendo conduzido para o campo da abjeção, daquilo que, por não encontrar inscrição simbólica, deveria permanecer fora de qualquer regime de visibilidade.

Parte da política de existência desses corpos, portanto, tinha a ver com uma luta pelo reconhecimento da feminilidade enquanto mulheres musculosas, o que se dava por um reinvestimento na ontologia da diferença sexual, pela encarnação de atributos que, dentro do regime escópico de classificação do gênero, ajudavam a traçar uma linha "definitiva" entre "homens" e "mulheres". Por isso, era difícil encontrar competidoras que não incorporassem o repertório somático de atributos que ajudam a identificar sua feminilidade, como cabelos e unhas longos, seios grandes, salto alto e maquiagem.

Esse "equilíbrio" demandava muito tempo e energia das atletas, pois, além de se preocuparem em esculpir o corpo, tinham que se submeter, até momentos antes de subir ao palco, a uma série de procedimentos estéticos para atenuar os efeitos da transformação radical que o regime de treinos provocava, aliado aos hormônios androgênicos, na tentativa de levar ao limite a fabricação muscular sem prejuízo da identificação como mulher. À exceção de H., isso não era visto como peso por parte das atletas com quem tive contato ao longo da pesquisa, mas uma condição para a prática do esporte que amavam, o qual, como qualquer outro, cobrava dos(as) adeptos(as) dedicação e sacrifícios na busca dos objetivos desejados.

Especificamente no caso de Jeska, havia um elemento adicional que tornava a conciliação entre "masculinidade" e "feminilidade" ainda mais delicada, em virtude da dificuldade de conter a muscularidade do corpo, cujo volume a empurrava para uma categoria, que, em sua visão, poderia ser considerada "menos feminina". Para evitar isso, precisava redobrar os esforços com a dieta e com os treinos cardiorrespiratórios, a fim de não ficar "grande demais". Como consequência das longas horas de atividade física diárias e da dieta restritiva, o organismo costumava ficar enfraquecido e a imunidade, baixa – o que a deixava suscetível a lesões e doenças oportunistas.

O caso de Bia, não só por ser praticante de outra modalidade esportiva, mas também por se identificar como mulher lésbica, estando fora, portanto, do regime heterossexual[332], era diferente. A maneira como torcia os vetores de força da sexo-política heteronormativa e as violentas tentativas de assalto sobre sua carne[333] fazia com que, por sua prática corporal, conseguisse produzir significados compartilhados a respeito de si, constituindo-se como um corpo carregado de potência, não só física, mas também política, e também local privilegiado de resistência.

Além disso, como a lógica do Crossfit se pautava pelo desempenho atlético e não pela construção de certa imagem corporal, não tinha que responder a demandas para conter as transformações pelas quais o corpo ia passando com os treinos, a dieta e a suplementação alimentar. No entanto, em virtude de Bia não se valer de uma tecnologia somática tão radical quanto a testosterona, a mutação do corpo, embora sua imagem não obedecesse a uma feminilidade "padrão", parecia não ser suficiente para lançá-lo ao mesmo território de indeterminação habitado por Larissa e Jeska. Não era comum que as pessoas tomassem Bia por um homem

---

332 Para Wittig, citada por Haraway (2014), a "mulher" só existiria como um produto das relações heteropatriarcais e da hierarquia social lastreada na diferença sexual, conferindo aos homens poder político e ideológico sobre os corpos femininos. Desse modo, para o patriarcado, as lésbicas não seriam "mulheres" por estarem fora economia política heterossexual.

333 Logo após a eleição do candidato presidencial ligado à extrema-direita, Bia fez uma postagem em seus stories afirmando que, se algo acontecesse a ela, seu sangue estaria nas mãos de todos(as) que o haviam apoiado.

ou lhe dirigissem questionamentos a respeito de seu sexo-gênero. O que mais acontecia, na verdade, era ser confundida com uma atleta das lutas, tanto pela figuta quanto pela presença de certa marcialidade na maneira de conduzir o corpo.

A possibilidade de autodefesa era, inclusive, um dos possíveis ganhos que, segundo ela, o Crossfit poderia trazer para a vida das praticantes, ao fazer com que percebessem do que o corpo era fisicamente capaz, pela quebra de uma série de impedimentos sociais que limitavam seu repertório de movimentos, invertendo um processo de alienação corporal cujo vínculo com políticas de opressão de gênero se tornou cada vez mais evidente, à medida que a partilha com as interlocutoras foi ganhando densidade.

Ao refletir sobre as interações diferenciais, desde um modelo difrativo, entre a produção somática de Cassils em *Becoming an Image* e a das atletas que acompanhei ao longo da pesquisa, cada uma de acordo com as demandas específicas de seus esportes, minha intenção é pensar a diferença não como marca que produz separações, mas como um fenômeno pelo qual se dão a ver zonas de intensidade em cujo esteio surgem outros recortes agenciais e outras ontoepistemologias possíveis. Isso implica que o corpo e suas manifestações somáticas sejam entendidos não como entidades independentes e autocontidas, mas como um emaranhado de intrarrelações constituído por agências humanas, não humanas e materiais.

Como espero ter podido evidenciar, não tomo nenhuma delas como experiências completas em si mesmas, porém como fenômenos que possuem diferentes limites e intencionalidades. Assim, por exemplo, se Cassils se lança à tentativa de produção de um corpo indiferenciado e radicalmente mutante, ele o faz a despeito de não levar às últimas consequências, como as fisiculturistas, a construção e a exibição dos músculos. Embora o artista faça uso dos esteroides anabolizantes em algumas *performances*, sua agência não assume a mesma dimensão molecular constitutiva do organismo das fisiculturistas, as quais, para a construção do regime de visibilidade máximo dos músculos, ainda se valem de protocolos de desidratação e restrição calórica cuja ativação se dá por meio de um equilíbrio instável, ameaçando ruir a todo momento caso as técnicas que permitem sua higidez sejam descuidadas, ainda que por alguns instantes.

Nesse sentido, se a *performance* de Cassils, ao rasgar qualquer perspectiva de unidade corporal, instaura outro campo simbólico, Larissa e Jeska, a partir das tentativas de conciliar a radicalidade de sua tranformação com as prescrições heteronormativas, estão em constante contato com o real do corpo, seus limites físicos e, em última instância, com o próprio desaparecimento. De seu modo, portanto, elas se lançam em busca de um (im)possível, urdindo, com fios vitais, uma amarração entre "masculino" e "feminino", que, muitas vezes, se dá à custa da própria carne. Em que pese isso, é possível afirmar que tanto o corpo de Cassil quanto o das atletas, por motivos distintos, habitam regiões de indeterminação, diferindo entre si pela maneira como encaminham sua exterioridade aos processos de simbolização instituídos.

A experiência de Bia, por seu lado, aponta para uma modalidade de produção somática sublinhada pela identidade lésbica. Embora sua expressão de gênero não seja marcada, como a de Cassils e das fisiculturistas, por certa indeterminação relativamente ao regime escópico de classificação, sua feminilidade se apresenta de um modo singular, ou seja, em certa medida não referenciada pelo receituário heteronormativo. Isso se revela não só pela "escolha" de objeto (de desejo), mas principalmente por se apresentar como um corpo desalienado em relação aos agenciamentos da política heterossexual e seu sistema de produção de diferenças, fruto de uma ontologia transcendental em que a natureza comparece como um conjunto de fenômenos *a priori*, em oposição ao entendimento que anima esta pesquisa, isto é, de que ela seria, na verdade, "resultado de interações entre atores semiótico-materiais, humanos e não humanos" (HARAWAY, 1999, p. 124).

Não tomar a experiência proposta em *Becoming an Image* como baliza ético-material a ditar outras normas de produção corpórea abre espaço a que possamos seguir sua topologia particular, formada por regiões de atravessamento; pelas dobras e torsões produzidas contra agenciamentos instituídos; e por modalidades de resistência somática que, ao reenviar a violência dirigida contra sua matéria, torna possível certa desorganização de processos de exclusão. Com isso, desde sua posição de exterioridade e pela produção de um sensório corporal inapropriável, Cassils é capaz de reorientar, por sua potência e indeterminação, agenciamentos que, ao passarem pelas fraturas constitutivas de qualquer campo de sentido dado, agem não só para desestruturá-lo, mas também reinstaurá-lo, tornando possíveis novos processos de nomeação.

Ao renunciar à constituição de hierarquias, deslocando o enfoque para o mapeamento de espaços onde efeitos de diferença se tornam sensíveis, partilho do entendimento de que a obra de Cassils, pensada em sua radicalidade, aponta para a possibilidade de nomear o que ainda não pode ser simbolizado, sem perder, com isso, uma opacidade constituinte, guardando em si uma forma de pensamento não redutível ao conceito. *Becoming an Image* pode ser pensada, portanto, como uma *performance* cuja potência, a exemplo da corporalidade de Cassils, é constituída pela proposição de processos de não identificação e descentramento radical, em que o instituinte não passa a instituído, mantendo-se em um movimento infinito.

A partilha corporal, também infinita, em que se transformou esta pesquisa, gravada em minhas células e inscrita em minha carne, continuará seguindo por novas paisagens, emaranhando-se em outros corpos e interagindo com outras matérias. Inspirado em Exu, orixá que abre os caminhos, o que proponho ao trazer *Becoming an Image* é já um novo começo, jamais uma chegada, pois, como diria David Wojnarowicz[334], esta "significa a morte para mim. Se eu conseguisse achar uma maneira de permanecer para sempre em transição, naquilo que é estranho, que não tem conexão, eu poderia permanecer em um estado de perpétua liberdade" (WOJNAROWICZ, 1991, p. 48, tradução nossa)[335].

É, portanto, com esse exercício de incorporação do estranho, do que não tem conexão, que me despeço para seguir outros padrões difrativos, outras configurações diferenciais em constante devir.

334 Artista visual e ativista pelos direitos das pessoas portadoras de HIV/aids nascido nos Estados Unidos.

335 No original: "Destination means death to me. If I could figure out a way to remain forever in transition, in the disconnected and unfamiliar, I could remain in a state of perpetual freedom".

REFEFÊNCIAS

8 CATEGORIAS do fisiculturismo: conheça as principais!. Base Fitness, [*s. l.*], 23 jan. 2018. Disponível em: https://www.basefitness.com.br/categorias-fisiculturismo/. Acesso em: 25 nov. 2019.

ABREU, Mafalda. Vitamina C efervescente: para que serve e como tomar. **Tua Saúde**, Vila Nova de Gaia, [2019]. Disponível em: https://www.tuasaude.com/vitamina-c-efervescente/. Acesso em: 15 jul. 2019.

ÁCIDO lipoico. *In*: WIKIPÉDIA. [San Francisco: Wikimedia Foundation], 19 jul. 2017. Disponível em: https://pt.wikipedia.org/w/index.php?-title=%C3%81cido_lipoico&oldid=49344905. Acesso em: 3 jul. 2019.

AHMED, Sarah. **The cultural politics of emotions**. Edimburgo: University Press, 2014.

AIN'T I A WOMAN?. *In*: WIKIPÉDIA. [San Francisco: Wikimedia Foundation], 4 jun. 2019. Disponível em: https://en.wikipedia.org/w/index.php?title=Ain%27t_I_a_Woman%3F&oldid=900234956. Acesso em: 18 fev. 2019.

ANZALDÚA, Glória. **Borderline/La Frontera**. The New Mestiza. San Francisco: aunt lute books, 1987.

ARAÚJO, Rosângela Costa. **Iê, viva meu mestre**: a Capoeira Angola da "escola pastiniana" como práxis educativa. Tese (Doutorado em Educação) – Faculdade de Educação, Universidade de São Paulo, São Paulo, 2004.

ARAÚJO, Larissa. **Amar a vida é saber aproveitar todos os momentos que ela lhe oferece!**. Fortaleza, 14 dez. 2018. Instagram: @larissaphysiquepro. Disponível em: https://www.instagram.com/p/BrXqw4Tgdje/. Acesso em: 9 jul. 2019.

ARAÚJO, Larissa. **Sozinho podemos muito, mas trabalhando em equipe podemos tudo!**. Fortaleza, 9 jun. 2019. Instagram: @larissaphysiquepro. Disponível em: https://www.instagram.com/p/ByfuO6kgL-l/. Acesso em: 9 jul. 2019.

ARAÚJO, Leonardo Vasconcelos de. **Comunicação para mobilização**: quem dera ser um peixe, internet e ativismo político. Dissertação (mestrado) – Universidade Federal do Ceará, Instituto de Cultura e Arte, Programa de Pós-Graduação em Comunicação, Fortaleza, 2016.

ARTES marciais mistas. *In*: WIKIPÉDIA. [San Francisco: Wikimedia Foundation], 2020. Disponível em: https://pt.wikipedia.org/w/index.php?title=Artes_marciais_mistas&oldid=58566579. Acesso em: 30 jun. 2020.

ASSUMPÇÃO, Pablo. Queimando o filme: performance, gênero, afetividade e coletividade. *In*: OLIVEIRA JÚNIOR, Antonio Wellington (org.). **O corpo implicado**: leitura sobre corpo e performance na atualidade. Fortaleza: Expressão Gráfica e Editora, 2011.

ATLETISMO de força. *In*: WIKIPÉDIA. [San Francisco: Wikimedia Foundation], 2018. Disponível em: https://pt.wikipedia.org/w/index.php?title=Atletismo_de_for%C3%A7a&oldid=53340612. Acesso em: 9 set. 2019.

BAIN NEWS SERVICE. Katie Sandwina, the Lady Hercules (holding up three men). [192-?]. 1 fotografia, preto e branco, 12,7 x 17,78 cm. Disponível em: https://www.loc.gov/pictures/item/2014686831/. Acesso em: 5 mar. 2018.

BARAD, Karen. **Meeting the Universe Halfway**: Quantum Physics and the Entanglement of Matter and Meaning. Durham, Londres: Duke University Press, 2007.

BARROS, Jeska. Instagram: @jeska.figure. Disponível em: https://www.instagram.com/jeska.figure/. Acesso em: 26 jun. 2020.

BARROS, Jeska. **A ficha ainda não caiu**. Fortaleza, 23 abr. 2019. Instagram: @jeska.figure. Disponível em: https://www.instagram.com/jeska.figure/. Acesso em: 23 abr. 2019.

BARTHES, Roland. **Sade, Fourier, Loyola**. São Paulo: Martins Fontes, 2005.

BHASIN, Shalender; JASUJA, Ravi. Selective Androgen Receptor Modulators (SARMs) as Function Promoting Therapies. **Current Opinion in Clinical Nutrition and Metabolic Care**, Londres, v. 12, n. 3, p. 232-240, maio 2009. Disponível em: https://www.ncbi.nlm.nih.gov/pmc/articles/PMC2907129/. Acesso em: 11 jul. 2019.

BODYBUILDER SOLITÁRIO. Intérprete: Sonhador Rap Motivação. Disponível em: https://www.letras.mus.br/sonhador/bodybuilder-solitario/. Acesso: 17 ago 2019.

BORN TO BE WILD. Intérpretes: Steppenwolf. Compositores: Mars Bonfire. *In*: Steppenwolf. Estados Unidos: ABC Dunhill, 1968. Disponível em: https://www.letras.mus.br/steppenwolf/38274/traducao.html. Acesso em: 22 jun. 2020.

BRASILEIRO, Castiel Vitorino. **Quando encontro vocês**: macumbas de travestis, feitiços de bixa. Vitória: Editora da Autora, 2019.

BRETON, David Le. **Adeus ao corpo**: antropologia e sociedade. Campinas: Papirus, 2003.

BRUNA, Maria Helena Varella. Hirsutismo (excesso de pelos). **Drauzio**, São Paulo, [20-?]. Disponível em: https://drauziovarella.uol.com.br/doencas-e-sintomas/hirsutismo-excesso-de- pelos/. Acesso em: 18 abr. 2020.

BURPEE. *In*: WIKIPÉDIA. [San Francisco: Wikimedia Foundation], 15 out. 2018. Disponível em: https://pt.wikipedia.org/wiki/Flex%C3%A3o-Burpee. Acesso em: 15 out. 2018.

BUTLER, Judith. **Undoing Gender**. Nova York: Routledge, 2004.

BUTLER, Judith. **Gender Trouble**. Nova York: Routledge, 1999.

BUTLER, Judith. **Corpos em aliança e a política das ruas**: Notas para uma teoria performativa de assembleia. Rio de Janeiro: Civilização Brasileira, 2018.

BUTOH. *In*: WIKIPÉDIA. [San Francisco: Wikimedia Foundation], 9 maio 2020. Disponível em: https://pt.wikipedia.org/wiki/Butoh. Acesso em 17 jul. 2018.

CASSILS. Hard Times. **Cassils**, Los Angeles, 2010. Disponível em: https://www.cassils.net/cassils-artwork-hard-times. Acesso em: 26 set. 2019.

CASSILS. Cuts: A Traditional Sculpture. **Cassils**, Los Angeles, 2011. Disponível em: https://www.cassils.net/cassils-artwork-cuts. Acesso em: 19 abr. 2017.

CASSILS. Becoming an Image. **Cassils**, Los Angeles, 2012. Disponível em: www.cassils.net/cassils-artwork-becoming-an-image. Acesso em: 10 set. 2020.

CASSILS, Heather. Bashing Binaries – Along with 2,000 Pounds of Clay (PHOTOS, VIDEO). **Huffpost**, Nova Iorque, 9 jul. 2013. Disponível em: https://www.huffpost.com/entry/bashing-binaries- along-with-2000-pounds-of-clay_b_3861322. Acesso em: 11 set. 2020.

CASSILS Presents "The Resilience of the 20%" at the 2015 Creative Capital Retreat. [*s. l.*], 21 out. 2015. 1 vídeo (7min6seg). Publicado pelo canal Creative Capital. Disponível em: https://www.youtube.com/watch?v=CIuvsqpzTns. Acesso em: 10 set. 2020.

CISCATI, Rafael. Por que a sigla LGBTQI+ mudou ao longo dos anos. **Brasil de Direitos**, São Paulo, 30 set. 2019. Disponível em: https://www.brasildedireitos.org.br/noticias/500-por- que-a-sigla-lgbti-mudou-ao-longo-dos-anos. Acesso em: 18 maio 2020.

CLEAN & JERK. *In*: WIKIPÉDIA. [San Francisco: Wikimedia Foundation], 23 nov. 2020. Disponível em: https://en.wikipedia.org/w/index.php?title=Special:CiteThisPage&page=Clean_and_jerk&id= 988646727&wpFormIdentifier=titleform. Acesso em: 22 maio 2020.

CHAPMAN, David L.; VERTINSKY, Patricia. **Venus with Biceps**. Vancouver: Arsenal Pulp Press, 2010.

COACHING. *In*: WIKIPÉDIA. [San Francisco: Wikimedia Foundation], 13 nov. 2019. Disponível em: https://pt.wikipedia.org/w/index.php?title=Coaching&oldid=56716488. Acesso em: 3 abr. 2020.

CONTRATURA. *In*: WIKIPÉDIA. [San Francisco: Wikimedia Foundation], 26 fev. 2019. Disponível em: https://pt.wikipedia.org/wiki/Contratura. Acesso em: 26 fev. 2019.

CORNELL UNIVERSITY. Panel B. **Mnemosyne**, Ithaca, 2016. Disponível em: https://warburg.library.cornell.edu/image-group/panel-b-introduction-1-3?sequence=944. Acesso em: 8 set. 2020.

COUTINHO, Marilia. Alienação corporal. **Coutinho**, [*s. l.*], 11 mar. 2006. Disponível em: http://www.mariliacoutinho.com/pt-br/alienacao--corporal/. Acesso em: 12 ago. 2018.

COUTINHO, Marilia. Ela tem a força. Entrevista concedida a Bruno Torturra Nogueira. **Trip**, São Paulo, n. 196, 9 fev. 2011. Disponível em: https://revistatrip.uol.com.br/trip/ela-tem-a- forca. Acesso em: 8 ago. 2018.

COUTINHO, Marilia. Flow, ou o transe do atleta. **Coutinho**, [*s. l.*], 2 maio 2012a. Disponível em: http://www.mariliacoutinho.com/pt-br/flow-ou-o-transe-do-atleta/. Acesso: 16 maio 2020.

COUTINHO, Marilia. O perigo dos maniqueísmos: demonização e apologia ao uso de esteroides anabólicos. **Coutinho**, [*s. l.*], 5 maio 2012b. Disponível em: https://www.mariliacoutinho.com/pt-br/o-perigo-dos-maniqueismos-demonizacao-e-apologia- ao-uso-de-esteroides-anabolicos/. Acesso em: 10 jun. 2019.

COUTINHO, Marilia. Marilia Coutinho – Entrevista com a atleta de *powerlifting* e um dos pilares dos esportes de força. Entrevista concedida a Daniel Eduardo Barbosa. *In*: BARBOSA, Daniel Eduardo. **Força Total**, [*s. l.*], 23 set. 2012c. Disponível em: https://ftforcatotal.blogspot.com/2012/09/marilia-coutinho-entrevista-com-atleta.html. Acesso em: 8 ago. 2018.

COUTINHO, Marilia. Uso, mau uso e abuso de ergogênicos numa classe pouco estudada: as pseudo-quase-atletas. **Coutinho**, [*s. l.*], 5 out. 2013. Disponível em: https://www.mariliacoutinho.com/pt-br/uso-mau-uso-abuso-de-ergogenicos-numa-classe- pouco-estudada-pseudo-quase-atletas/. Acesso em: 17 abr. 2019.

COUTINHO, Marilia. A bunda – série Açougue. **Coutinho**, [*s. l.*], 26 jan. 2014. Disponível em: http://www.mariliacoutinho.com/pt-br/bunda-serie-acougue-2/. Acesso em: 2 abr. 2020.

CUNHA, Thaís. Brasil lidera ranking mundial de assassinatos de transexuais. **Correio Brasiliense**, Brasília, DF, [201-]. Disponível em: http://especiais.correiobraziliense.com.br/brasil-lidera-ranking-mundial-de-assassinatos-de- transexuais. Acesso em: 21 maio 2020.

DAVIS, Angela. **Mulheres, raça e classe**. São Paulo: Boitempo, 2016.

DIAS, Surenã. Conheça o significado de 9 bandeiras que representam os LGBTs. **Observatório G**, São Paulo, 29 jun. 2019. Disponível em: https://observatoriog.bol.uol.com.br/listas/2019/06/conheca-o-significado-de-9-bandeiras-que-representam-os-lgbts. Acesso em: 18 maio 2020.

DINO. Empresa doa suplementos para policiais no Rio de Janeiro. **AB Notícia News**, Salvador, 4 abr. 2020. Disponível em: abnoticianews.com.br/noticia/19030/empresa-doa-suplementos-para-policiais-no-rio-de-janeiro. Acesso em: 22 jun. 2020.

DELEUZA, Gilles; GUATARRI, Félix. **Mil platôs**: capitalismo e esquizofrenia (vol. 5). São Paulo: Ed. 34, 1997.

DERRIDA, Jacques. **Posições**. Belo Horizonte: Autêntica, 2001.

DIÓGENES, Glória. A arte urbana entre ambientes: "dobras" entre a cidade "material" e o ciberespaço. **Etnográfica [Online]**, Lisboa, v. 19, 3ª ed., 2015.

DOPAGEM química. *In*: WIKIPÉDIA. [San Francisco: Wikimedia Foundation], 25 nov. 2019. Disponível em: https://pt.wikipedia.org/w/index.php?title=Dopagem_bioqu%C3%ADmica&oldid=56816517. Acesso em: 10 jan. 2020.

DURAS, Marguerite. **O amante**. Rio de Janeiro: Nova Fronteira, 1985.

ESPORTE é arte? Uma reflexão sobre powerlifting como arte, por Marilia Coutinho. [*s. l.*], 18 jan. 2013. 1 vídeo (19min15seg). Publicado pelo canal Marilia Coutinho. Disponível em: https://www.youtube.com/watch?v=01XTUI9WVIk&t=. Acesso em: 3 mar. 2018.

ESTRADIOL. *In*: WIKIPÉDIA. [San Francisco: Wikimedia Foundation], 27 nov. 2018. Disponível em: https://pt.wikipedia.org/w/index.php?title=Estradiol&oldid=53699853. Acesso em: 3 jul. 2019.

ESTROGÊNIO e câncer de mama. **Blog Bela Gil**, [*s. l.*], [2014?]. Disponível em: http://www.belagil.com/blog/2014/3/3/estrognio-e-o-cncer-de-mama. Acesso em: 9 out. 2017.

EVARISTO, Conceição. **Becos da memória**. Rio de Janeiro: Pallas, 2018.

EX-MULHER confirma morte de atleta que estava há duas semanas internado em coma. **iG Esporte**, São Paulo, 25 ago. 2017. Disponível em: https://esporte.ig.com.br/maisesportes/2017-08-25/atleta-rich-piana-morte.html. Acesso em: 12 jul. 2019.

FACEBOOK. *In*: WIKIPÉDIA. [San Francisco: Wikimedia Foundation], 15 abr. 2019. Disponível em: https://pt.wikipedia.org/w/index.php?title=Facebook&oldid=54831362. Acesso em: 5 jun. 2019.

FAVRET-SAADA, Jeanne. Ser afetado. **Cadernos de Campo**, São Paulo, n. 13, p. 155-161, 2005.

FEED. *In*: WIKIPÉDIA. [San Francisco: Wikimedia Foundation], 21 ago. 2018. Disponível em: https://pt.wikipedia.org/w/index.php?title=Feed&oldid=52954355. Acesso em: 5 jun. 2019.

FERRÉZ: Em construção – Linn da Quebrada. São Paulo, 30 ago. 2018. 1 vídeo (55min05seg). Publicado pelo canal TV 247. Disponível em:

https://www.youtube.com/watch?v=IZTZtcegoBg. Acesso em: 30 ago. 2018.

FELDMAN, Allen. **Formations of Violence**: The Narrative of the Body and Political Terror in Northern Ireland. Chicago: University Press of Chicago, 1991.

FICA-DC ARCHIVE. **Salvador da Bahia**: aniversário de Mestre Janja. 2008. 1 fotografia. Disponível em: https://ficadc.blogspot.com/2008/09/salvador-da-bahia-aniversario-de-mestre.html. Acesso em: 14 jan. 2020.

FIGUEIREDO, Eurídice. **Mulheres ao espelho**: autobiografia, ficção e autoficção. Rio de Janeiro: EdUERJ, 2013.

FOUCAULT, Michel. **História da sexualidade**: a vontade de saber. São Paulo: Edições Graal,1988. v. 1.

FOUCAULT, Michel. **Microfísica do poder**. Rio de Janeiro: Edições Graal, 2004.

FOUCAULT, Michel. **As palavras e as coisas**: uma arqueologia das ciências humanas. São Paulo: Martins Fontes, 2007.

FOUCAULT, Michel. **Nascimento da biopolítica**. Curso no Collège de France (1978-1979). São Paulo: Martins Fontes, 2008.

FOUCAULT, Michel. **Segurança, território, população**. Curso no Collège de France (1977- 1978). São Paulo: Martins Fontes, 2009.

FOUCAULT, Michel. **Vigiar e punir**: nascimento da prisão. Lisboa: Edições 70, 2013.

FRIZZELL, Nell. **Heather Cassils**: The Transgender Bodybuilder who Attacks Heaps of Clay. *The Guardian, Londres, 3 out. 2013. Sculpture. Disponível em:* https://www.theguardian.com/artanddesign/2013/oct/03/heather-cassils-transgender- bodybuilder-artist. Acesso em: 4 fev. 2020.

GADELHA, José Juliano Barbosa. **O sensível e o cruel**: uma aprendizagem pelas performances sadomasoquistas. Dissertação (Mestrado em Artes) – Instituto de Cultura e Arte, Universidade Federal do Ceará, Fortaleza, 2016.

GEERTZ, Clifford. Deep Play: Notes on the Balinese Cockfight. *In*: **The Interpretation of Cultures**. Nova York: Basic Books, 1973.

GELL, Alfred. **Art and Agency**: An Anthropological Theory. Oxford: Clarendon Press, 1998.

GESTRINONA. Responsável técnico: Francielle Tatiana Mathias. Local: Laboratório Sanofi-Aventis, 11 jan. 2020. 1 bula de remédio. Disponível em: https://consultaremedios.com.br/gestrinona/bula. Acesso em: 10 dez. 2020.

GETSY, David J. **The Image of Becoming**: Heather Allegories of Transformation. Eindhoven: MU, 2015.

GIL, José. **Monstros**. Lisboa: Relógio D'água, 2006.

GINZBURG, Carlo. **Mitos, emblemas e sinais**: morfologia e história. São Paulo: Companhia das Letras, 1999.

GLITTER. *In*: WIKIPÉDIA. [San Francisco: Wikimedia Foundation], 19 abr. 2019. Disponível em: <https://pt.wikipedia.org/w/index.php?-title=Gl%C3%ADter&oldid=54874921>. Acesso em: 5 maio 2018.

GONADOTROFINA coriônica humana. *In*: WIKIPÉDIA. [San Francisco: Wikimedia Foundation], 19 abr. 2019. Disponível em: https://pt.wikipedia.org/w/index.php?title=Gonadotrofina_cori%-C3%B4nica_humana&oldid= 54875899. Acesso em: 3 jul. 2019.

GRANCHI, Giulia; PEREIRA, Gislene. 6 dúvidas sobre fita kinésio respondidas por especialistas. **Boa Forma**, São Paulo, 4 jul. 2017. Disponível em: https://boaforma.abril.com.br/fitness/6-duvidas-sobre-fita-kinesio-respondidas-por- especialistas/. Acesso em: 26 fev. 2019.

GUANABARA, André. **Dr. André Guanabara**. Fortaleza, 2017. Disponível em: drandreguanabara.com.br. Acesso em: 10 dez. 2017.

HANDBALL. *In*: WIKIPÉDIA. [San Francisco: Wikimedia Foundation], 5 jun. 2019. Disponível em: https://en.wikipedia.org/w/index.php?-title=Handball&oldid=900292063. Acesso em: 6 jun. 2019.

HALTEROFILISMO. *In*: WIKIPÉDIA. [San Francisco: Wikimedia Foundation], 19 maio 2019. Disponível em: https://pt.wikipedia.or-g/w/index.php?title=Halterofilismo&oldid=55200321. Acesso em: 5 maio 2019.

HALBERSTAM, Judith. **Female Masculinity**. Durham: Duke University Press, 1998.

HARAWAY, Donna. "Gênero" para um dicionário marxista: a política sexual de uma palavra. **Cadernos Pagu**, Campinas, n. 22, p. 201-246, jun. 2004.

HARAWAY, Donna. "Manifesto ciborgue: ciência, tecnologia e feminismo socialista no final do século XX", in: **Antropologia do ciborgue**:

as vertigens do pós-humano/organização e tradução Tomaz Tadeu – 2 ed. – Belo Horizonte: Autêntica Editora, 2000.

HARAWAY, Donna. O humano numa paisagem pós-humanista. **Estudos Feministas**, Florianópolis, v. 1, n. 2, p. 277-292, 1993.

HARAWAY, Donna. Las promesas de los monstruos: una política regeneradora para otros inapropiados/bles. **Politica y Sociedad**, Madri, n. 30, p. 121-163, 1999.

HARAWAY, Donna. **modest_Witness@Second_Millennium. Female Man©_Meets_OncoMouse™**: Feminism and Technoscience. New York: Routledge, 1997.

HIP THRUST: The Most Important Exercise You're Not Doing. **Stack**, [*s. l.*], 10 abr. 2017. Disponível em: https://www.stack.com/a/hip-thrust. Acesso em: 5 maio 2019.

HULLS, Tessa. The Great Sandwina, Circus Strongwoman and Restaurateur. **Atlas Obscura**, [*s. l.*], 26 dez. 2017. Disponível em: https://www.atlasobscura.com/articles/the-great-sandwina. Acesso em: 27 jun. 2019.

IFBB BRASIL (CONFEDERAÇÃO BRASILEIRA DE FISICULTURISMO E FITNESS). **Modalidades**. São Paulo, 2019. Disponível em: https://ifbbbrasil.com.br/modalidades/. Acesso em: 25 jun. 2019.

IMPLANTE de silicone corresponde a quase 20% das cirurgias plásticas no Brasil. **Folha Vitória**, Vitória, 8 nov. 2019. Saúde. Disponível em: https://www.folhavitoria.com.br/saude/noticia/11/2019/implante-de-silicone-corresponde-a-quase-20-das-cirurgias-plasticas-no-brasil. Acesso em: 15 dez. 2019.

INGOLD, Tim. Trazendo as coisas de volta à vida: emaranhados criativos num mundo de materiais. **Horizontes Antropológicos**, Porto Alegre, ano 18, n. 37, p. 25-44, jan./jun. 2012.

INSTAGRAM. *In*: WIKIPÉDIA. [San Francisco: Wikimedia Foundation], 23 abr. 2019. Disponível em: https://pt.wikipedia.org/w/index.php?title=Instagram&oldid=54921480. Acesso em: 5 jun. 2019.

IOIMBINA. *In*: WIKIPÉDIA. [San Francisco: Wikimedia Foundation], 24 abr. 2019. Disponível em: https://pt.wikipedia.org/w/index.php?title=Ioimbina&oldid=54926769. Acesso em: 12 jul. 2019.

JAEGER, Angelita Alice. **Mulheres atletas da potencialização muscular e a construção de arquiteturas corporais no fisiculturismo.**

Tese (Doutorado) – Programa de Pós-Graduação em Ciências do Movimento, Escola de Educação Física, Universidade Federal do Rio Grande do Sul, Porto Alegre, 2009.

JESUS, Jaqueline Gomes de. **Orientações sobre a população transgênero**: conceitos e termos. Brasília: Autor, 2012.

JOE ROGAN Experience #989 – Dorian Yates. [*s. l.*], 26 jul. 2017. 1 vídeo (3h03min06seg). Publicado pelo canal PowerfulJRE. Disponível em: https://www.youtube.com/watch?v=cu-7WSjaVyU. Acesso em: 26 nov. 2017.

KATIE SANDWINA. *In*: WIKIPÉDIA. [San Francisco: Wikimedia Foundation], 25 maio 2019. Disponível em: https://en.wikipedia.org/w/index.php?title=Katie_Sandwina&oldid=898748770. Acesso em: 27 jun. 2019.

KIM Gutierrez apresenta ganadoras da categoria Women's Figura no Olympia Amador Brasil. São Paulo, 23 out. 2019. 1 vídeo (6min22seg). Publicado pelo canal Muscular Development Latino. Disponível em: https://www.mdlatino.com.br/resultados_y_resenas/premiacao-fotos-e-entrevistas-na-olympia-amador-2019/. Acesso em: 20 jun. 2020.

KITSCH. *In:* CAMBRIDGE DICTIONARY. [*s.l.*], [2020]. Disponível em: dictionary.cambridge.org/pt/dicionario/ingles/kitsch. Acesso em: 26 jun. 2020.

KRISTEVA, Julia. **Powers of horror**: an essay on abjection. Nova York: Columbia University Press, 1982.

KUNDALINI yoga. *In*: WIKIPÉDIA. [San Francisco: Wikimedia Foundation], 30 maio 2019. Disponível em: https://en.wikipedia.org/w/index.php?title=Kundalini_yoga&oldid=899531730. Acesso em: 5 maio 2019.

KUNDERA, Milan. **The Unbearable Lightness of Being**. Nova York: Harper Perennial Modern Classics, 2009.

KUZNETSOVA, Nataliya. **You'll Never Not Take a Second Look; Her Presence Demands Attention No Matter Where She Goes**. [*s. l.*], 20 jan. 2020. Instagram: @nataliya.amazonka. Disponível em: https://www.instagram.com/p/B7iALKNAbBD/. Acesso em: 20 jan. 2020.

LACAN, Jacques. **Encore**. Rio de Janeiro: Escola Letra Freudiana, 2010.

LACAN, Jacques. **Seminário XXII – RSI**. No prelo.

LACAN, Jacques. **O Seminário, livro 3, as psicoses**. Rio de Janeiro: Zahar, 1985.

LAVOR, Thays. Um ano depois, acusados de linchar e matar travesti Dandara vão a julgamento. **BBC News Brasil.** Fortaleza, 4 abr. 2018. Disponível em: www.bbc.com/portuguese/brasil-43648715. Acesso em: 21 maio 2020.

LEMINSKI, Paulo. **A hora da lâmina**: últimos textos-ninja de Paulo Leminski. Londrina, Grafatório, 2017.

LESSA, Patrícia. **Corpos blindados**: a desconstrução de gênero no fisiculturismo feminino. Ártemis, v. 13, p. 210-221, jan./jul. 2012. Disponível em: <https://periodicos.ufpb.br/index.php/artemis/article/view/14225>. Acesso em mai. 2019.

LEVANTAMENTO-terra. *In*: WIKIPÉDIA. [San Francisco: Wikimedia Foundation], 10 mar. 2018. Disponível em: https://pt.wikipedia.org/w/index.php?title=Levantamento_terra&oldid=51477944. Acesso em: 5 maio 2019.

LISPECTOR, Clarice. **Aprendendo a viver**. Rio de Janeiro: Rocco, 2004.

LONGMAN, Jere. Drug Testing; East German Steroids' Toll: 'They Killed Heidi'. **The New York Times**, Nova York, 26 jan. 2004. Disponível em: www.nytimes.com/2004/01/26/sports/drug-testing-east-german-steroids-toll-they-killed- heidi.html. Acesso em: 05 set. 2020.

LOVELOVE6. **Fortona**. Brasília, 3 dez. 2017. Instagram: @6lovelove6. Disponível em: https://www.instagram.com/p/BcPvT7fg2md/. Acesso em: 5 maio 2018.

LUGONES, María. Rumo a um feminismo descolonial. **Estudos Feministas**, Florianópolis, v. 22, n. 3, p. 320, set.-dez. 2014.

LUTA de braço. *In*: WIKIPÉDIA. [San Francisco: Wikimedia Foundation], 2020. Disponível em: https://pt.wikipedia.org/w/index.php?title=Luta_de_bra%C3%A7o&oldid=58515803. Acesso em: 20 jul. 2020.

MALABOU, Catherine. **Ontology of the Accident**: An Essay on Destructive Plasticity. Cambridge: Polity Press, 2012.

MALINOWSKI, Bronislaw. **Argonautas do Pacífico Ocidental**. São Paulo: Abril Cultural, 1978.

MBEMBE, Achille. **Necropolitics.** Durham: Duke University Press, 2003.

MENEZES, Irailton. A mulher-maravilha. **Diário do Nordeste**, Fortaleza, 17 abr. 2017. Disponível em: //diariodonordeste.verdesmares.com.br/editorias/jogada/a-mulher-maravilha- 1.1738921. Acesso em: 26 maio 2020.

MERLEAU-PONTY, Maurice. **O visível e o invisível**. São Paulo: Perspectiva, 2009.

MESQUITA, Paula Fabricia Brandão Aguiar. **Envelhecimento feminino**: estilo de vida, afetividade e sexualidade aos 60. 2014. 201 f. Tese (doutorado) – Universidade Federal do Ceará, Centro de Humanidades, Departamento de Ciências Sociais, Programa de Pós- Graduação em Sociologia, Fortaleza, 2014.

MESQUITA, Bia. **Crossfit Games Open 2015**. Fortaleza, 15 mar. 2015. Instagram: @biamesquit. Disponível em: https://www.instagram.com/p/0Qe7WZizYo/. Acesso em: 4 abr. 2020.

MESQUITA, Bia. **Depois de quase três anos de Crossfit**. Fortaleza, 10 set. 2017. Instagram: @biamesquit. Disponível em: https://www.instagram.com/p/BY4cfBZDWBD/. Acesso em: 7 abr. 2020.

MESQUITA, Bia. **Palavra do dia é Fluir**. Fortaleza, 4 abr. 2019a. Instagram: @biamesquit. Disponível em: https://www.instagram.com/p/Bv2Yj6_HRor/. Acesso em: 4 abr. 2020.

MESQUITA, Bia. **É com imenso prazer**. Fortaleza, 12 mar. 2020a. Instagram: @gritamulher. Disponível em: https://www.instagram.com/p/B9pWhvxgW9D/. Acesso em: 24 mar. 2020.

MESQUITA, Bia. *****ACEITAÇÃO*****. Fortaleza, 17 mar. 2020b. Instagram: @biamesquit. Disponível em: https://www.instagram.com/p/B91K1ZsnWQY/. Acesso em: 24 mar. 2020.

MESQUITA, Bia. **Você já se olhou no espelho hoje?**. Fortaleza, 24 mar. 2020c. Instagram: @gritamulher. Disponível em: https://www.instagram.com/p/B-HjVmHHdEp/. Acesso em: 24 mar. 2020.

MESQUITA, Bia. **Porque mulheres FORTES incomoda?**. Fortaleza, 29 mar. 2020d. Instagram: @gritamulher. Disponível em: https://www.instagram.com/p/B-UROidn6X6/. Acesso em: 29 mar. 2020.

MESQUITA, Bia. **Porque mulheres fortes incomodam tanto??**. Fortaleza, 30 mar. 2020e. Instagram: @biamesquit. Disponível em: https://www.instagram.com/p/B-Wt8fDn6JN/. Acesso em: 23 mar. 2020.

MEU NEGÓCIO é a força – SESC TV – Julho de 2012. São Paulo, 1 nov. 2012. 1 vídeo (17min49seg). Publicado pelo canal Marilia Coutinho. Disponível em: https://www.youtube.com/watch?v=MRP3DWPY_tk&t=. Acesso em: 20 out. 2017.

MOL, Annemarie. **The body multiple**: ontology in medical practice. Durham, Londres: Duke University Press, 2002.

MOMBAÇA, Jota. Notas estratégicas quanto ao uso político do lugar de fala. **Buala**, [*s. l.*], 19 jul. 2017. Corpo. Disponível em: https://goo.gl/DpQxZx. Acesso em: 22 nov. 2019.

MUSCLE-UP. *In*: WIKIPÉDIA. [San Francisco: Wikimedia Foundation], 16 maio 2019. Disponível em: https://en.wikipedia.org/w/index.php?title=Muscle-up&oldid=897315628. Acesso em: 5 maio 2019.

MÚSCULO reto do abdome. *In*: WIKIPÉDIA. [San Francisco: Wikimedia Foundation], 16 jun. 2019. Disponível em: https://pt.wikipedia.org/w/index.php?title=M%C3%BAsculo_reto_do_abdome&oldid=55505 663. Acesso em: 25 jun. 2019.

OLIVEIRA, Luiz Henrique de. "Escrevivência" em Becos da memória, de Conceição Evaristo. **Estudos Feministas**, Florianópolis, v. 17, n. 2, p. 621-623, maio-ago. 2009.

OLIVEIRA, Thaís Z. G. de; GUIMARÃES, Ludmilla de V. M.; CAEIRO, Mariana de L.; GOMES JÚNIOR, Admardo B. Identifying As a Drag Queen and the Meaning of Work. **Revista de Administração Mackenzie**, v. 19, n. spe., 2018. Disponível em: doi:10.1590/1678-6971/eRAMD180060.

OMEGA-3 fatty acid. *In*: WIKIPEDIA. [San Francisco: Wikimedia Foundation], 11 jul. 2019. Disponível em: https://en.wikipedia.org/w/index.php?title=Omega- 3_fatty_acid&oldid=905765499. Acesso em: 15 jul. 2019.

O'MALLEY, Gerald F.; O'MALLEY, Rika. Esteroides anabolizantes. **Manual MDS**, Kenilworth, ago. 2017. Disponível em: https://www.msdmanuals.com/pt-br/casa/assuntos-especiais/drogas-recreativas-e-entorpecentes/esteroides-anabolizantes. Acesso em: 20 abr. 2019.

ORIGINS of Crossfit. **The Box**, Boulder, 12 maio 2017. Disponível em: https://www.theboxmag.com/crossfit-training/origins-of-crossfit-9629. Acesso em: 22 mar. 2020.

PAINS, Clarissa. Conhecido como "chip da beleza", implante hormonal divide médicos. **O Globo**, Rio de Janeiro, 6 ago. 2017. Saúde. Disponível em: https://oglobo.globo.com/sociedade/saude/conhecido-como-chip-da-beleza-implante-hormonal-divide-medicos-21672555. Acesso em: 10 dez. 2017.

PAULINO, Nícolas. Chicks and Barbells: a força das mulheres no Crossfit. **Hora do Cross**, Fortaleza, 7 out. 2018. Disponível em: //blogs.diariodonordeste.com.br/horadocross/ceara/chicks-and-barbells-a-forca-das-mulheres-no-crossfit/324. Acesso em: 10 out. 2018.

PELBART, Peter Pál. **Vida Capital**: ensaios de biopolítica. São Paulo: Iluminuras, 2011.

PERRONI, Cristiane. Recursos ergogênicos surgem para melhorar a performance nos treinos. **Globo Esporte**, Rio de Janeiro, 22 jan. 2016. Disponível em: http://globoesporte.globo.com/eu-atleta/noticia/2016/01/recursos-ergogenicos-surgem-para-melhorar-performance-nos-treinos.html. Acesso em: 11 jul. 2019.

PINHEIRO, Marcelle. Ventosaterapia: o que é, benefícios, como fazer e contraindicações. **Tua Saúde**, Vila Nova de Gaia, 2020. Disponível em: https://www.tuasaude.com/ventosaterapia/. Acesso em: 9 mar. 2020.

PRECIADO, Beatriz. **Testo Yonqui**. Madrid: Espasa, 2008.

PROPIONATO de testosterona. *In*: WIKIPÉDIA. [San Francisco: Wikimedia Foundation], 11 out. 2017. Disponível em: https://pt.wikipedia.org/w/index.php?title=Propionato_de_testosterona&oldid=50103919. Acesso em: 15 jul. 2019.

RANCIÈRE, Jacques. **O inconsciente estético**. São Paulo: Editora 34, 2009.

RIFIOTIS, Teophilos. **Duas ou três coisas sobre elas, as comunidades virtuais.** *In* RIFIOTIS, Teophilos et al. (orgs.). Antropologia no ciberespaço. Florianópolis: Editora da UFSC, 2010, p. 71-82.

ROGERS, Paulo. **Os afetos mal-ditos**: o indizível das sexualidades camponesas. Dissertação (Mestrado em Antropologia) – Programa de Pós-Graduação em Antropologia Social. Universidade de Brasília, Brasília, 2006.

ROMANO, John. The Death of Women's Bodybuilding. **T Nation**, Colorado Springs, 18 ago. 2015. Disponível em: https://www.t-nation.

com/powerful-words/death-of-womens-bodybuilding. Acesso em: 25 jun. 2019.

ROUDINESCO, Elizabeth; PLON, Michel. **Dicionário de psicanálise**. Rio de Janeiro: Zahar, 1998.

SAFATLE, Vladimir. **Dar corpo ao impossível**: o sentido da dialética a partir de Theodor Adorno. Belo Horizonte: Autêntica Editora, 2019.

SAFATLE, Vladimir. **A paixão do negativo**: Lacan e a dialética. São Paulo: Editora Unesp, 2006.

SALES, Janyele. Distensão muscular: o que é, quais os sintomas e como tratar?. **Médico Responde**, Matosinhos, [201-?]. Disponível em: https://medicoresponde.com.br/distensao-muscular-o-que-e-quais-os-sintomas-e-como-tratar/. Acesso em: 26 fev. 2019.

SAMAIN, Etienne. As imagens não são bolas de sinuca. Como pensam as imagens. *In*: **Como pensam as imagens** (Org.). Campinas: Editora da Unicamp, 2012.

SANDWINA. *In*: WIKIPÉDIA. [San Francisco: Wikimedia Foundation], 2018. Disponível em: https://en.wikipedia.org/w/index.php?title=Katie_Sandwina&oldid=898748770. Acesso em: 27 jun. 2019.

SANSÃO, Luiza. Caveirão; o carro da morte. **Blog da Luiza Sansão**, São Paulo, 25 jun. 2019. Disponível em: https://outraspalavras.net/luizasansao/2017/12/15/caveirao-o-carro-da- morte. Acesso: 20 jun. 2020.

SANTIAGO, Renato. Corda naval – o que é o treino rope?. **Hora do treino**, São Paulo, 26 ago. 2020. Disponível em: https://horadotreino.com.br/corda-naval-o-que-e-o-treino-rope/. Acesso em: 5 maio 2019.

SANTOS, Renato dos. A *carne* como estrutura ontológica em Merleau-Ponty. **Intuitio**, Porto Alegre, v. 10, n. 2, p. 116-129, dez. 2017.

SCHUCMAN, Lia Vainer. **Entre o "encardido", o "branco" e o "branquíssimo"**: raça, hierarquia e poder na construção da branquitude paulistana. Tese (Doutorado em Psicologia) – Instituto de Psicologia, Universidade de São Paulo, São Paulo, 2012.

SCHWARZENEGGER, Arnold; DOBBIS, Bill. **The New Encyclopedia of Modern Bodybuilding**. Nova York: Simon & Schuster, 1998.

SEREMETAKIS, Nadia C. **Last word**: women, death, and divination in inner Mani. Chicago: The University of Chicago Press, 1991.

SILVA, André Luiz dos Santos. **Imperativos da beleza**: corpo feminino, cultura *fitness* e nova eugenia. Cad. Cedes, Campinas, vol. 32, n. 87, p. 211-222, mai-ago.2012.

SILVA, Alan Camargo. **"Limites" corporais e riscos à saúde na musculação**: etnografia comparative entre duas academias de ginástica cariocas. Rio de Janeiro: UFRJ / Instituto de Estudos em Saúde Coletiva, 2014.

SOJOURNER TRUTH. *In*: WIKIPÉDIA. [San Francisco: Wikimedia Foundation], 2019. Disponível em: https://en.wikipedia.org/w/index.php?title=Sojourner_Truth&oldid=906527435. Acesso em: 18 fev. 2019.

SPIVAK, Gayatri Chakravorty. Foreword: Upon Reading the Companion to Postcolonial Studies. *In*: RAY, Sangeeta; SCHWARZ, Henry. (Orgs.). **A Companion to Postcolonial Studies**: An Historical Introduction. Oxford: Blackwell Publishing, 2005.

STAR WARS. *In*: WIKIPÉDIA. [San Francisco: Wikimedia Foundation], 26 jun. 2019. Disponível em: https://pt.wikipedia.org/w/index.php?title=Star_Wars&oldid=55587226. Acesso em: 26 mai. 2017.

SUCUPIRA, André. Chicks and Barbells Crossfit. **Behance**, Fortaleza, 6 out. 2018. Disponível em: www.behance.net/gallery/71159381/Chicks-and-Barbells-Crossfit. Acesso em: 4 maio 2020.

SUPINO. *In*: WIKIPÉDIA. [San Francisco: Wikimedia Foundation], 19 dez. 2017. Disponível em: https://pt.wikipedia.org/w/index.php?title=Supino_(exerc%C3%ADcio)&oldid=50800328. Acesso em: 6 jun. 2019.

TAEKWONDO. *In*: WIKIPÉDIA. [San Francisco: Wikimedia Foundation], 6 jun. 2019. Disponível em: https://en.wikipedia.org/w/index.php?title=Taekwondo&oldid=900598005. Acesso em: 24 maio 2019.

TAKEY, Thiago. Black Skull: muito além de suplementos, um estilo de vida. **Torcedores.com**, [*s.l.*], 5 maio 2018. Disponível em: www.torcedores.com/noticias/2018/05/black-skull-muito-alem-de-suplementos-um-estilo-de- vida. Acesso: 2 jun. 2020.

TAVARES, Gonçalo. **Atlas do corpo e da imaginação**. Alfragide: Editorial Caminho, 2013.

TAYLOR, Diana. **The archive and the repertoire**. Durham: Duke University Press, 2003.

TEIXEIRA, Analba Brazão; SILVA, Ariana Mara da; FIGUEIREDO, Ângela. Um diálogo decolonial na colonial cidade de Cachoeira/BA – Entrevista com Ochy Curiel. **Cadernos de Gênero e Diversidade**, Salvador, v. 3, n. 4, p. 106-120, out.- dez. 2017.

TERMINATOR 2: Sarah Connor Chin-Ups. [*s. l.*], 18 nov. 2018. 1 vídeo (43 seg). Publicado pelo canal Alex Gonzalez. Disponível em: https://www.youtube.com/watch?v=GhitEObNgOU. Acesso em: 12 maio 2018.

THE DIET OF A CHAMPION Female Bodybuilder: Fuel – temporada 1, episódio 3. [*s. l.*], 23 fev. 2015. 1 vídeo (9min45seg). Publicado pelo canal Munchies. Disponível em: https://www.youtube.com/watch?v=qjlpBiQjzPg. Acesso em: 10 jan. 2019.

TRANCE psicodélico. *In*: WIKIPÉDIA. [San Francisco: Wikimedia Foundation], 1 jun. 2020. Disponível em: https://pt.wikipedia.org/w/index.php?title=Trance_psicad%C3%A9lico&oldid=59619558. Acesso: 1 jun. 2020.

TREINAMENTO funcional: o que é, seus benefícios, exercícios e um comparativo com a musculação. **Portal da Educação Física**, [*s. l.*], 27 ago. 2015. Disponível em: https://www.educacaofisica.com.br/fitness2/treinamento-funcional-o-que-e-seus-beneficios-exercicios-e-um-comparativo-com-a-musculacao/. Acesso em: 8 maio 2019.

TURNER, Victor. Dewey, Dilthey, and Drama: An Essay in the Anthropology of Experience. *In*: **Dramas, campos e metáforas**: ação simbólica na sociedade humana. Niterói: Editora da Universidade Federal Fluminense, 2008.

VAINFAS, Ronaldo. **Herotismo feminino e o santo ofício**. In PRIORI, Mary Del (org). História das mulheres no Brasil. São Paulo: Contexto, 2004. p. 146-180.

VASON, Manuel. Photographing Heather Cassils' 'Becoming an Image' at Fierce Festival 2013. [*s.l.*], 13 nov. 2013. Disponível em: www.manuelvason.com/photographing-heather-cassils-becoming-an-image--at-fierce-festival-2013. Acesso em: 9 out. 2020.

VIANA, Aleksana. O que é alopecia, principais causas e tratamento. **Tua Saúde**, Vila Nova de Gaia, [2019]. Disponível em: https://www.tuasaude.com/alopecia/. Acesso em: 18 abr. 2020.

VILANOVA, Andréa. Um corpo, três registros: R.S.I. Considerações sobre o fenômeno psicossomático. **Ágora**, Rio de Janeiro, v. XIII, n. 1, p. 63-79, jan.-jun. 2010.

VITAMINA A: conheça sua importância para o corpo humano. **Veja Saúde**, São Paulo, 12 set. 2013. Disponível em: https://saude.abril.com.br/bem-estar/vitamina-a-conheca-sua- importancia-para-o--corpo-humano/. Acesso em: 15 jul. 2019.

WACQUANT, Loïc. **Body & Soul**: Notebooks of an Apprentice Boxer. Nova York: Oxford Press, 2004.

WHATSAPP. *In*: WIKIPÉDIA. [San Francisco: Wikimedia Foundation], 16 abr. 2019. Disponível em: https://pt.wikipedia.org/w/index.php?title=WhatsApp&oldid=54845844. Acesso em: 5 jun. 2019.

WHO is Heather Cassils?, por Cassils. [*s.l.*], 9 nov. 2010. 1 vídeo (2min10seg). Publicado pelo canal Heather Cassils. Disponível em: https://www.youtube.com/watch?v=j52YxHKWcQM. Acesso em: 5 set. 2020.

WHYTE, William Foote. **Sociedade de esquina**: a estrutura social de uma área urbana pobre e degradada. Rio de Janeiro: Zahar, 2005.

WILD THOUGHTS. Intérpretes: Rihanna, DJ Khaled. Compositores: Bryson Tiller, Carlos Santana, David Mcrae *et al. In*: GRATEFUL. Estados Unidos: Warner Chappell Music, Sony/ATV, Wixen, BMG, 2017. Disponível em: https://www.letras.com/rihanna/wild- thoughts-ft-dj-khaled-bryson-tiller/. Acesso: 30 abr. 2020.

WILKSON, Adriano. A perda. **Uol Esporte**, Rio de Janeiro, 31 ago. 2018. Disponível em: https://www.uol/esporte/especiais/parada-cardiaca-no-mma.htm. Acesso em: 8 ago. 2018.

WOJNAROWICZ, David. **Close to the Knives**: A Memoir of Desintegration. Nova York: Open Road, 1991.

ZANIN, Tatiana. Vitamina E: para que ser e quando tomar o suplemento. **Tua Saúde**, Vila Nova de Gaia, [2019]a. Disponível em: https://www.tuasaude.com/vitamina-e/. Acesso em: 15 jul. 2019.

ZANIN, Tatiana. Bioimpedância: o que é, como funciona e resultados. **Tua Saúde**, Vila Nova de Gaia, [2019]b. Disponível em: https://www.tuasaude.com/bioimpedancia/. Acesso em: 26 fev. 2019.

ZANIN, Tatiana. Magnésio: 6 motivos porque você deveria tomar. **Tua Saúde**, Vila Nova de Gaia, [201-?]. Disponível em: https://www.tuasaude.com/magnesio/. Acesso em: 9 mar. 2020.

ANEXO A – GUIA DE PERGUNTAS PARA CONVERSA COM BEATRIZ (BIA) MESQUITA

1) *Inicialmente, gostaria de saber, o que, para você, é um corpo bonito;*
2) *Ter um corpo forte e potente sempre foi uma coisa importante para você?;*
3) *Como você começou a construí-lo?;*
4) *Como se dá esse processo atualmente?;*
5) *Para além dos exercícios, que outras técnicas corporais você utiliza para construir sua força?;*
6) *Como as pessoas, de maneira geral, reagem à imagem de seu corpo?;*
7) *Como você acha que ele é recebido nos espaços que você frequenta?;*
8) *Para você, importa mais a performance atlética ou existe uma estética corporal que você busque alcançar?;*
9) *Como o esporte entrou em sua vida?;*
10) *Ser uma mulher forte te faz se sentir mais segura para enfrentar possíveis situações de assédio?;*
11) *Você já teve que se valer de sua força alguma vez?;*
12) *Havia algo que você não fazia antes de se tornar uma pessoa forte e passou a fazer depois?;*
13) *Considerando que a força é um atributo associado à masculinidade, como você acha que os homens veem uma mulher forte? E as outras mulheres?;*
14) *Você está satisfeita com seu corpo atualmente ou pretende buscar outras coisas?;*
15) *Os meninos têm os super-heróis e os astros dos filmes de ação para referenciarem sua ideia de masculinidade e força. Você tinha algo parecido quando criança?;*
16) *Quais foram suas influências/inspirações para ser uma mulher forte?*

pólen bold 90 gr/m2
tipologia garamond
impresso no verão de 2023